Die Regelung der Anstiftung in einem europäischen Modellstrafgesetzbuch

Europäische Hochschulschriften
Publications Universitaires Européennes
European University Studies

Reihe II
Rechtswissenschaft

Série II Series II
Droit
Law

Bd./Vol. 4644

PETER LANG
Frankfurt am Main · Berlin · Bern · Bruxelles · New York · Oxford · Wien

Olga Syrrothanassi

Die Regelung der Anstiftung in einem europäischen Modellstrafgesetzbuch

PETER LANG
Internationaler Verlag der Wissenschaften

Bibliografische Information der Deutschen Nationalbibliothek
Die Deutsche Nationalbibliothek verzeichnet diese Publikation in der Deutschen Nationalbibliografie; detaillierte bibliografische Daten sind im Internet über <http://www.d-nb.de> abrufbar.

Zugl.: Heidelberg, Univ., Diss., 2007

D 16
ISSN 0531-7312
ISBN 978-3-631-57112-5

www.peterlang.de

Meinen Eltern

Vorwort

Die vorliegende Arbeit wurde im Sommersemester 2007 von der juristischen Fakultät der Ruprecht-Karls-Universität Heidelberg als Dissertation angenommen.

Für die vertrauensvolle und vorbildliche Betreuung möchte ich herzlich meinem Doktorvater und akademischen Lehrer, Prof. Dr. iur. Dr. h. c. Thomas Hillenkamp danken. Stets hilfsbereit und interessiert, fand er immer Zeit für Gespräche und lieferte zahlreiche Anregungen, die für den Fortgang der Arbeit wichtig waren. Daneben bedanke ich mich bei Prof. Dr. Ralph Ingelfinger für seine Hilfe und für die zügige Erstellung des Zweitgutachtens.

Ich widme die Arbeit meinen Eltern, Christina und Athanasios Syrrothanassis. Für ihren seelischen Zuspruch und ihre ständige aktive Ermunterung bin ich äußerst dankbar.

Besonders bedanken möchte ich mich bei meiner Schwester Nota Syrrothanassi, die mich in vielerlei Hinsicht mit Rat und Tat unterstützt hat und bei meinem Freund Dr. Nikos Tzevelekos – University of Oxford für seine wertvolle Hilfe bei der Sammlung der englischen Literatur.

Die Arbeit ist entstanden im Andenken an meinen Großvater Ioannis Syrrothanassis.

Von Herzen danken möchte ich schließlich meinem Ehemann, Elias, der für mich immer da ist.

Inhaltsverzeichnis

Abkürzungsverzeichnis

Abs.	Absatz
Art.	Artikel
AP	Areopag
AT	Allgemeiner Teil
Bd.	Band
BGE	Entscheidungen des Schweizerischen Bundesgerichts
BGH	Bundesgerichtshof
BGHSt	Amtliche Entscheidungssammlung des Bundesgerichtshofs in Strafsachen
BT	Besonderer Teil
bzw.	beziehungsweise
dänStGB	dänisches Strafgesetzbuch
DDR	Deutsche Demokratische Republik
ders.	derselbe
d.h.	das heißt
Diss.	Dissertation
DRiZ	Deutsche Richterzeitung
dStGB	deutsches Strafgesetzbuch
dVStGB	deutsches Völkerstrafgesetzbuch
EG	Europäische Gemeinschaft
EGV	Vertrag zur Gründung der Europäischen Gemeinschaften
EU	Europäische Union
EUV	Vertrag über die europäische Union
EuGH	Gerichtshof der Europäischen Gemeinschaften
EvBI	Evidenzblatt der Rechtsmittelentscheidungen.
f.	folgende
ff.	fortfolgende
finnStGB	finnisches Strafgesetzbuch
franzStGB	französisches Strafgesetzbuch
FS	Festschrift
Fn.	Fußnote
GA	Goltdammer's Archiv für Strafrecht
GASP	Gemeinsame Außen- und Sicherheitspolitik
GG	Grundgesetz für die Bundesrepublik Deutschland

GrStGB	griechisches Strafgesetzbuch
h.L.	herrschende Lehre
h.M.	herrschende Meinung
Hrsg.	Herausgeber
ICC	International Criminal Court
ICTR	International Criminal Tribunal For Ruanda
ICTY	International Criminal Tribunal For The Former Yugoslavia
IMG	Internationaler Militärgerichtshof (Nürnberg)
IMGFO	IMG für den Fernen Osten (Tokyo Tribunal)
IStGH	Internationaler Strafgerichtshof
IStGH-Statut	Rom/Römisches-Statut des IStGH
IStTJ	Internationaler Strafgerichtshof für Jugoslawien
IStTR	Internationaler Strafgerichtshof für Ruanda
JA	Juristische Arbeitsblätter
JR	Juristische Rundschau
Jura	Juristische Ausbildung
JuS	Juristische Schulung
JZ	Juristenzeitung
Kap.	Kapitel
KritV	Kritische Vierteljahresschrift für Gesetzgebung und Rechtswissenschaft
LG	Landgericht
LSK	ÖJZ-Leitsatzkartei
MDR	Monatsschrift für Deutsches Recht
MPC	Model Penal Code
MRK	Menschenrechtskonvention
NJW	Neue Juristische Wochenschrift
NorwStG	norwegisches Strafgesetz
Nr.	Nummer
NStZ	Neue Zeitschrift für Strafrecht
OGH	Oberster Gerichtshof
OLG	Oberlandesgericht
öStGB	österreichisches Strafgesetzbuch
OWiG	Gesetz über Ordnungswidrigkeiten i.d.F. der Bekanntmachung vom 19.2.1987 (BGBl. I, 602)
ÖJZ	Österreichische Juristen-Zeitung
polnStGB	polnisches Strafgesetzbuch
PChr	Poinika Chronika
RG	Reichsgericht
RGSt	Entscheidungen des Reichsgerichts in Strafsachen

Rdn.	Randnummer(n)
RZ	Österreichische Richterzeitung
S.	Seite
sog.	so genannte, -r, -s
StGB	Strafgesetzbuch
StPO	Strafprozessordnung
StR	Strafrecht
StV	Strafverteidiger
Urt	Urteil
v.	von/vom
vgl.	vergleiche
VO	Verordnung
Vor. / Vorbem.	Vorbemerkung
VStGB	Völkerstrafgesetzbuch
z.B.	zum Beispiel
ZfRV	Zeitschrift für Rechtsvergleichung
ZRP	Zeitschrift für Rechtspolitik
ZStR	Schweizerische Zeitschrift für Strafrecht
ZStW	Zeitschrift für die gesamte Strafrechtswissenschaft

1. Teil: Einführung

A. „Europäisierung" des Strafrechts

I. Hintergründe der „Europäisierung" des Strafrechts

Bereits 1894 hat *Franz von Liszt* die These vertreten, dass die Strafrechtswissenschaft nicht eine rein nationale Wissenschaft sei. Vielmehr war er davon überzeugt, dass „die Wissenschaft des Strafrechts als die Klarstellung der allgemeinen Merkmale des Verbrechensbegriffs... notwendig international ist"[1].

Heutzutage ist die Notwendigkeit einer europäischen Betrachtungsweise im Bereich des Strafrechts größer denn je geworden. In diesem Rahmen sind insbesondere die gesellschaftlichen Veränderungen und die Globalisierung der organisierten Kriminalität als neue Herausforderungen für die Entwicklung des europäischen Strafrechts und die Schaffung einer europäischen Kriminalpolitik anzusehen. Die rasche Verbreitung von Informationen durch die neuen Technologien und vor allem die illegale Begehrlichkeit dieser Technologien, die zunehmenden Risiken in der modernen Gesellschaft (z.B. Katastrophen in Kernkraftwerken) sowie die größere Mobilität von Personen und Sachen sind eng miteinander verknüpft und haben unsere Lebensverhältnisse in erheblichem Maße verändert[2]. Sie haben darüber hinaus zum Auftreten neuer Kriminalitätsformen und zwangsläufig zu einem Bedeutungsverlust der nationalen Schranken des Strafrechts geführt[3]. Phänomene wie Terrorismus, Drogen- und Waffenhandel, Betrug aber auch Computermissbrauch in internationalen Datennetzen und Umweltdelikte sind keine rein nationalen Angelegenheiten mehr[4]. Die Bekämpfung grenzüberschreitender Kriminalität macht die enge Zusammenarbeit der Europäischen Staaten er-

---

1 Vgl. *von Liszt*, Das Strafrecht der Staaten Europas, 1894, S.XXIV.

2 Von „Informationsgesellschaft", „Risikogesellschaft" und „Weltgesellschaft" spricht *Sieber*, JZ 1997, 369, 370; siehe auch *Albrecht*, ZRP 2004, 3; *Castaldo*, in: Festschrift für Roxin, 2001, 1100; *Hassemer*, in: Strafrecht und Kriminalität in Europa, 2003, 15; *Hilgendorf*, in: Raum und Recht, 2002, 333, 338; *Vogler*, in: Strafrechtsreform und Rechtsvergleichung, 1979, 152, 153.

3 Vgl. *Dannecker*, Jura 2006, 95; *Hilgendorf*, in: Raum und Recht, 2002, 339; *Sieber*, JZ 1997, 370; *Zieschang*, ZStW 113 (2001), 255.

4 Vgl. *Dannecker*, ZStW 2005, 697; ders., Jura 2006, 95; *Ligeti*, Strafrecht und strafrechtliche Zusammenarbeit in der Europäischen Union, 2005, 364; *Pradel*, in: Wirtschaftsstrafrecht in der Europäischen Union, 2002, 55; *Sieber*, JZ 1997, 370.

forderlich, und diese lässt sich nur durch eine „Europäisierung“ des Strafrechts erreichen[5].

II. Der europäische Rechtsraum und die Entwicklungslinien des europäischen Strafrechts

Die Europäische Union, die mit dem Maastrichter Vertrag[6] vom 7. Februar 1992 gegründet wurde, ist als ein „Drei-Säulen-Modell“ strukturiert[7]. Insbesondere umfasst die Erste Säüle die Europäischen Gemeinschaften (EG), wobei die Zweite Säule die Zusammenarbeit auf den Gebieten der Außen- und Sicherheitspolitik (GASP) betrifft[8]. Die Dritte Säule, die mit dem Vertrag von Maastricht entstanden ist, regelt die polizeiliche und justizielle Zusammenarbeit in Strafsachen[9]. Durch die Dritte Säule erweiterten sich die Europäischen Gemeinschaften zur Europäischen Union. Im Gegensatz zur EU handelt es sich bei der EG um eine internationale Organisation mit eigener Rechtspersönlichkeit (Art. 281 EGV)[10].

Der Vertrag von Maastricht wurde durch den Vertrag von Amsterdam vom 2. Oktober 1997 abgeändert[11]. Beachtenswert ist, dass der Vertrag von Amsterdam wichtige Teile (die nicht die polizeilich-justizielle Zusammenarbeit betreffenden Elemente der vormaligen intergouvernementalen Zusammenarbeit in den Bereichen Justiz und Inneres) aus der Dritten in die Erste Säule und dadurch in die Zuständigkeit der EG überführte[12].

Innerhalb dieses europäischen Rechtsraums muss die Struktur festgelegt werden, die die Integration im Bereich des Strafrechts fördern kann[13]. Zur Verfügung stehen drei Wege, die nach dem Grad des Einflusses auf das nationale Recht zu

---

5 Vgl. *Dannecker*, ZStW 2005, 697; ders., Jura 2006, 95; *Hecker*, Europäisches Strafrecht, 2005, 18.

6 Siehe *Kellerbauer*, Von Maastricht bis Nizza, 2003, 26 ff.

7 Vgl. *Ambos*, Internationales Strafrecht, 2006, 308; *Ambos/Rackow*, Jura 2006, 506; *Nelles*, ZStW 1997, 727, 728; *Wasmeier*, Das Strafrecht der Europäischen Union, 2003.

8 Vgl. *Ambos*, Internationales Strafrecht, 2006, 308; *Ambos/Rackow*, Jura 2006, 506; *Hecker*, Europäisches Strafrecht, 2005, 158.

9 Vgl. *Ambos*, Internationales Strafrecht, 2006, 308; *Ambos/Rackow*, Jura 2006, 506; *Dannecker*, Jura 2006, 98; *Hecker*, Europäisches Strafrecht, 2005, 158.

10 Vgl. *Ambos/Rackow*, Jura 2006, 506; *Hecker*, Europäisches Strafrecht, 2005, 114.

11 Siehe *Kellerbauer*, Von Maastricht bis Nizza, 2003, 166 ff.

12 Vgl. *Ambos*, Internationales Strafrecht, 2006, 309; *Ambos/Rackow*, Jura 2006, 506.

13 Vgl. *Pradel*, in: Wirtschaftsstrafrecht in der Europäischen Union, 2002, 56.

differenzieren sind[14]. Die Assimilation stellt den Weg mit dem geringsten Einflussgrad auf das nationale Recht dar, da die Mitgliedstaaten her lediglich verpflichtet sind, ihre Vorschriften zum Schutz der EU-Finanzinteressen anzunähern. Das Ermessen des nationalen Gesetzgebers bleibt daher unberührt[15]. Die Verfahrensweise der Assimilation wird in Art. 280 EGV konkretisiert[16]. Bei der Harmonisierung handelt es sich um eine Art europäischer Strafrechtsintegration, die mittels Richtlinien und Übereinkommen eine intensivere Beeinflussung des nationalen Rechts dastellt[17]. Der dritte Weg zur europäischen Strafrechtsentwicklung ist die Vereinheitlichung, die in der Schaffung eines europäischen Gesetzbuches zum Ausdruck kommt. Die Vereinheitlichung wird durch unmittelbar geltendes EU-Sanktionen- und Untersuchungsrecht realisiert und ist als der Weg mit dem stärksten Einflussgrad auf die nationalen Rechtsordnungen zu bezeichnen[18].

III. Der Entwicklungsstand der „Europäisierung" im Bereich des Strafrechts

Bis Anfang der neunziger Jahre wurde die Europäisierung des Strafrechts aus der rechtspolitischen Diskussion ausgeklammert[19]. Vielmehr sei eine solche Idee nicht von derselben Dringlichkeit im Vergleich zum Öffentlichen- und zum Privatrecht[20]. Seitdem hat sich die Situation jedoch allmählich geändert und das Thema der europäischen Entwicklung hat insbesondere in der Strafrechtswissenschaft erheblich an Bedeutung gewonnen[21]. Die gemeineuropäische Zukunftsperspektive hinsichtlich des Strafrechts ist eng an die Notwendigkeit der Zusammenarbeit zwischen den Staaten Europas geknüpft. Das Bemühen, den grenzübergrei-

---

14 Vgl. *Albrecht/Braum*, KritV 2001, 319; *Vogel*, in: Strafrecht und Kriminalität in Europa, 2003, 33 ff.

15 Vgl. *Tiedemann*, NJW 1993, 25; *Vogel*, in: Strafrecht und Kriminalität in Europa, 2003, 33.

16 Vgl. *Albrecht/Braum*, KritV 2001, 319; *Pradel*, in: Wirtschaftsstrafrecht in der Europäischen Union, 2002, 58.

17 Vgl. *Albrecht/Braum*, KritV 2001, 320; *Pradel*, in: Wirtschaftsstrafrecht in der Europäischen Union, 2002, 57; *Vogel*, in: Strafrecht und Kriminalität in Europa, 2003, 33 ff.

18 Vgl. *Albrecht/Braum*, KritV 2001, 320, 321; *Pradel*, in: Wirtschaftsstrafrecht in der Europäischen Union, 2002, 56, 57.

19 Vgl. *Dannecker*, in: Festschrift für Hirsch, 1999, 141; *Zieschang*, ZStW 113 (2001), 51.

20 Vgl. *Kühl*, ZStW 109 (1997), 788; *Tiedemann*, in: Die Europäisierung der mitgliedstaatlichen Rechtsordnungen in der Europäischen Union, 1997, 134; *Zieschang*, ZStW 113 (2001), 255, 256.

21 Vgl. *Vogel*, in: Strafrecht und Kriminalität in Europa, 2003, 31; *Zieschang*, ZStW 113 (2001), 52.

fenden Kriminalitätsformen adäquat zu begegnen, erfordert eine effektive zwischenstaatliche Kooperation, die durch die Strafrechtsvereinheitlichung erleichtert werden kann[22]. Die „Europäisierung" der Kriminalität führt zwingend zur „Europäisierung" des Strafrechts[23]. Die Notwendigkeit der „Europäisierung" des Strafrechts wird deutlich in der derzeitigen ausformulierten Kriminalpolitik der Europäischen Union ausgedrückt. Ihre Leitidee liegt darin, einen Raum der Freiheit, der Sicherheit und des Rechts (Art. 29 Abs. 1 EUV) für die Unionsbürger zu schaffen. Als Hauptziel dieser Kriminalpolitik wird die Harmonisierung des materiellen Strafrechts angesehen[24].

Festzustellen ist, dass bislang die Harmonisierungsversuche vorwiegend den Besonderen Teil des materiellen Strafrechts betroffen haben[25]. Für das Bedürfnis nach einer Vereinheitlichung der Regelungen des Allgemeinen Teils sprechen mehrere Gründe[26]. Vor allem wird aber die Angleichung der allgemeinen Zurechnungsregeln für unabdingbar gehalten, aufgrund der Tatsache, dass allein die Harmonisierung der einzelnen Straftatbestände lediglich als eine partielle Harmonisierung verstanden werden kann[27].

In diesem Zusammenhang sollte jedoch darauf hingewiesen werden, dass der Europäischen Gemeinschaft nach h.M. bis heute keine primäre strafrechtliche „Legislativ"-Kompetenz gewährt worden ist[28]. Das bedeutet, dass sie nicht befugt ist, unmittelbar Strafnormen zu erlassen und anzuwenden[29]. Für die EG verbleibt nur die Möglichkeit im Rahmen der Ersten Säule (durch Verordnungen oder Richtlinien – Art. 249 EGV) Vorgaben oder Empfehlungen an die Mitgliedstaaten zu richten bezüglich der Übernehmung oder der Änderung von Strafvorschrif-

---

22 Vgl. *Hecker*, Europäisches Strafrecht, 2005, 18; *Pradel*, in: Wirtschaftsstrafrecht in der Europäischen Union, 2002, 55.

23 Vgl. *Hassemer*, in: Strafrecht und Kriminalität in Europa, 2003, 14 ff.

24 Vgl. *Vogel*, in: Strafrecht und Kriminalität in Europa, 2003, 33.

25 Vgl. *Dannecker*, in: Festschrift für Hirsch, 1999, 141; *Vogel*, in: Strafrecht und Kriminalität in Europa, 2003, 43.

26 Vgl. *Vogel*, JZ 1995, 332; *Weigend*, ZStW 105 (1993), 783, 784.

27 Vgl. *Dannecker*, in: Festschrift für Hirsch, 1999, 144; *Sieber*, JZ 1997, 374.

28 Vgl.*Albrecht/Braum/Frankenberg/Günther/Naucke/Simitis*, KritV 2001, 287; *Albrecht/Braum*, KritV 2001, 313; *Ambos/Rackow*, Jura 2006, 506; *Dannecker*, Jura 2006, 96; ders., in: Festschrift für Schroeder, 2006, 768 f.; *Eisele*, JA 2000, 897, 898; *Hecker*, Europäisches Strafrecht, 2005, 155; *Filopoulos*, Europarecht und nationales Strafrecht, 2004, 19; *Schünemann*, GA 2004, 195; *Tiedemann*, NJW 1993, 23; *Vogler*, in: Strafrechtsreform und Rechtsvergleichung, 1979, 147.

29 Vgl. *Dannecker*, in: Festschrift für Hirsch, 1999, 147; *Hilgendorf*, in: Raum und Recht, 2002, 340; *Jung*, JuS 2000, 419; *Tiedemann*, NJW 1993, 24; *Vogel*, JZ 1995, 332.

ten des Besonderen und des Allgemeinen Teils[30]. Durch Art. 280 Abs. 4 EGV in der Fassung des Amsterdamer Vertrags, der als Bestandteil der ersten Säule konzipiert ist, wurde der Rat ermächtigt, Maßnahmen zur Bekämpfung und Verhütung von Betrugsdelikten gegen die finanziellen Interessen der Gemeinschaft zu ergreifen[31]. Zweifelhaft ist, ob damit eine kriminalstrafrechtliche Rechtsetzungsbefugnis der Gemeinschaft anerkannt wird[32]. Nach herrschender Meinung ist die Kompetenz zum Erlass genuin supranationaler europäischer Strafrechtsnormen gestützt auf Art. 280 EGV zu verneinen[33].

Im Rahmen der Dritten Säule der Europäischen Union kann der Rat Art. 34 EUV zufolge das nationale Strafrecht im Wege der unionsvertraglichen Zusammenarbeit beeinflussen und umgestalten. Die Annäherung der strafrechtlichen Regelungen in den Mitgliedstaaten auf dem Gebiet des Wirtschafts- und Verwaltungsstrafrechts kommt durch verbindliche, mittelbar wirksam werdende Rechtsakte, nämlich durch Rahmenbeschlüsse und Übereinkommen, zustande[34].

Die EG kann hingegen punitive Verwaltungsstrafen und Geldbußen im Bereich des Gemeinschaftsrechts setzten[35]. Auf diese Weise bestätigt sich, dass die Entwicklung in Richtung auf die Einführung eines Allgemeinen Teils für Europa bereits vorangeschritten ist. Ansätze zu europäisch-einheitlichen Regelungen im Allgemeinen Teil des Strafrechts sind demnach sowohl in der Rechtsprechung des EuGH über das gemeinschaftsrechtliche Verwaltungssanktionenrecht als

30 Vgl. *Dannecker*, in: Festschrift für Hirsch, 1999, 147; ders., ZStW 2005, 723; ders., Jura 2006, 95; *Hilgendorf*, in: Raum und Recht, 2002, 340; *Sieber*, in: Bausteine des europäischen Wirtschaftsstrafrechts, 1994, 359, 360; ders., JZ 1997, 371; *Weigend*, in: Strafrecht und Kriminalität in Europa, 2003, 58.

31 Vgl. *Ambos*, Internationales Strafrecht, 2006, 380 ff; *Dannecker*, Jura 2006, 96; *Hilgedorf*, in: Raum und Recht, 2002, 340; *Kaiafa-Gbandi*, in: European Journal of Crime, Criminal Law and Criminal Justice, 2001, 257; *Zieschang*, ZStW 113 (2001), 270.

32 Vgl. *Dannecker*, Jura 2006, 96, 97; *Weigend*, in: Strafrecht und Kriminalität in Europa, 2003, 62, 63.

33 Vgl. *Albrecht/Braum/Frankenberg/Günther/Naucke/Simitis*, KritV 2001, 288; *Ambos*, Internationales Strafrecht, 2006, 382; *Eisele*, JA 2000, 897; *Hecker*, Europäisches Strafrecht, 2005, 155; *Hilgendorf*, in: Raum und Recht, 2002, 340; *Kaiafa-Gbandi*, in: European Journal of Crime, Criminal Law and Criminal Justice, 2001, 257; ders, KritV 2001, 292; *Köhler*, KritV 2001, 307.

34 Vgl. *Albrecht/Braum/Frankenberg/Günther/Naucke/Simitis*, KritV 2001, 283 ff.; *Ambos/Rackow*, Jura 2006, 510; *Dannecker*, Jura 2006, 99; *Eisele*, JA 2000, 898; *Schünemann*, GA 2004, 193, 195.

35 Vgl. *Albrecht/Braum*, KritV 2001, 320, 321; *Dannecker*, in: Festschrift für Hirsch, 1999, 147; *Eisele*, JA 2000, 899; *Sieber*, in: Bausteine des europäischen Wirtschaftsstrafrechts, 1994, 354 f.; *Tiedemann*, NJW 1993, 27; *Vogel*, JZ 1995, 332; *Vogler*, in: Strafrechtsreform und Strafrechtsvergleichung, 1979, 147.

auch in völkerrechtlichen Übereinkommen und Konventionen, wie die Europäische Menschenrechtskonvention (MRK) zu finden[36].

Anlass für Diskussion hinsichtlich der strafrechtlichen Kompetenz der Gemeinschaft hat neuerdings die Entscheidung des Europäischen Gerichtshofes (EuGH) vom 13. 9. 2005 gegeben[37]. Insbesondere hat der EuGH einen Rahmenbeschluss über den Schutz der Umwelt wegen Verletzung der Gemeinschaftszuständigkeit für nichtig erklärt[38]. Ein Vorgehen nach Art. 29 ff. EUV berühre nach dem Urteil die nach dem EG-Vertrag bestehende Kompetenz. Die Argumente der Entscheidung werden vom Schrifttum kritisiert[39]. Zweifellos ist aber diese Entscheidung von besonderer Bedeutung für die Zukunft des europäischen Strafrechts.

Nicht nur die weiter oben erwähnten Ansätze, sondern auch einzelne Projekte der Strafrechtswissenschaft führen zu der Schlussfolgerung, dass eine neue Ära in der Harmonisierung des Strafrechts in Europa schon begonnen hat[40]. Ein anschauliches Beispiel für die Fortschritte, die auf dem Weg zur Schaffung einheitlicher Strafrechtsvorschriften bereits erzielt worden sind, stellt der Entwurf des *Corpus Juris* zum Schutz der finanziellen Interessen der Europäischen Union dar[41]. Der im Auftrag des Europäischen Parlaments und von Strafrechtswissenschaftlern vorgelegte Entwurf des *Corpus Juris* hat Modellcharakter für die Vereinheitlichung der materiellen und prozessualen Strafrechtsregelungen und fördert überdies die Angleichung der nationalen Strafrechtsordnungen.

Ein weiteres Projekt, das in Richtung der Europäisierung des Strafrechts weist, ist das von *Sieber* im Jahr 1996 entwickelte Konzept eines europäischen Modellstrafgesetzbuches[42]. Als gedankliche „Paten" für diesen Ansatz werden die Initiativen des Europarates von 1971 und 1993 sowie der amerikanische *Model Penal Code* angesehen[43].

---

36 Vgl. *Eisele*, JA 2000, 900; *Sieber*, JZ 1997, 371; ausführlich zu diesen Ansätzen siehe *Tiedemann*, in: Die Europäisierung der mitgliedstaatlichen Rechtsordnungen in der Europäischen Union, 1997, 141, 142, 143; *Vogel*, JZ 1995, 332, 333.

37 Vgl. *Böse*, GA 2006, 211 ff.

38 Vgl. *Böse*, GA 2006, 211; *Kaiafa-Gbandi*, PChr 2006, 579.

39 Vgl. *Böse*, GA 2006, 221 ff; *Kaiafa-Gbandi*, PChr 2006, 580.

40 Vgl. *Hilgendorf*, in: Raum und Recht, 2002, 340, 341; *Ligeti*, Strafrecht und strafrechtliche Zusammenarbeit in der Europäischen Union, 2005, 363.

41 Vgl. *Dannecker*, in: Festschrift für Hirsch, 1999, 143; *Eisele*, JA 2000, 901; *Hilgendorf*, in: Raum und Recht, 2002, 341; *Jung*, JuS 2000, 423; *Kaiafa-Gbandi*, in: European Journal of Crime, Criminal Law and Criminal Justice, 2001, 255 f.; *Zieschang*, ZStW 113 (2001), 257.

42 Vgl. *Sieber*, JZ 1997, 369 ff.; siehe auch *Hilgendorf*, in: Raum und Recht, 2002, 341; *Jung*, JuS 2000, 423.

43 Vgl. *Sieber*, JZ 1997, 369 ff.

Im Rahmen der Strafrechtsharmonisierung ist ferner ein privates Forschungsprojekt entwickelt worden, das auf die Ausgestaltung eines Europäischen Wirtschaftstrafrechts abzielt. Bei zwei großen Symposien in Madrid und Freiburg wurde ein Katalog von „Europa-Delikten" erarbeitet, der Vorschriften eines Allgemeinen und eines Besonderen Teils enthält[44].

IV. Die Schaffung eines europäischen Modellstrafgesetzbuches

Das Strafrecht ist immer national orientiert, d.h., es ist stärker als andere Rechtsmaterien Ausdruck nationaler Souveränität[45]. Der Staat hat das Strafmonopol, nämlich die Befugnis, Strafen zu verhängen, wobei die Bindung des Strafrechts an die Tradition und Kultur des jeweiligen Staates besonders stark ist[46]. Die moralischen Überzeugungen und das Wertebewusstsein eines Volkes üben einen wichtigen Einfluss auf das Strafrecht aus. Die nationale Verwurzelung des Strafrechts lässt sich jedoch auch aus dem Grund rechtfertigen, dass die Strafgewalt grundsätzlich auf das Territorium des Staates beschränkt ist[47].

Das Argument des Souveränitätsgedankens wird häufig von denjenigen verwendet, die Zweifel an dem fortschreitenden europäischen Einigungsprozess äußern[48]. Trotz der angenommenen nationalen Orientierung des Strafrechts wird im Schrifttum weitgehend die Auffassung vertreten, dass die bestehenden europäischen Strafrechtsordnungen gemeinsame Wurzeln haben[49]. Die wesentliche Gemeinsamkeit der europäischen Strafgesetzbücher besteht „in der...Äußerlichkeit

---

44 Vgl. *Schünemann/Suarez Gonzales* (Hrsg.), Bausteine des europäischen Wirtschaftsstrafrechts, Madrid-Symposium für Klaus Tiedemann, 1994; *Tiedemann* (Hrsg.), Wirtschaftsstrafrecht in der Europäischen Union, Rechtsdogmatik, Rechtsvergleich, Rechtspolitik, Freiburg-Symposium, 2002.

45 Vgl. *Dannecker*, ZStW 2005, 699; ders., Jura 2006, 95; *Eisele*, JA 2000, 897; *Hilgendorf*, in: Raum und Recht, 2002, 339; *Kaiafa-Gbandi*, in: European Journal of Crime, Criminal Law and Criminal Justice, 2001, 239.

46 Vgl. *Weigend*, ZStW 105 (1993), 785.

47 Vgl. *Hilgendorf*, in: Raum und Recht, 2002, 340.

48 Vgl. *Böse*, GA 2006, 212; *Vogler*, in: Strafrechtsreform und Rechtsvergleichung, 1979, 150, 151; *Weigend*, ZStW 105 (1993), 784, 785.

49 Vgl. *Löschnig-Gspandl*, in: Strafrechtliche Probleme der Gegenwart, 1997, 1; *Pagliaro*, in: Bausteine des europäischen Wirtschaftsstrafrechts, 1994, 379: „Das kulturelle Europa ist die Frucht der griechischen Zivilisation, des Christentums und des römischen Rechts, wie sie sich aus einer neuen historischen Situation heraus entwickelten, die vom Aufstieg der germanischen-und viel später der slawischen-Völker bestimmt wurde. Die heute existierenden Strafgesetzgebungen in ganz Europa sind der Schlußpunkt einer Entwicklung, die im hohen Mittelalter begann."; *Wittemann*, Grundlinien und Grenzen der Notwehr in Europa, 1997, 254.

einer ausdrücklichen Normierung zahlreicher Geltungs- und Zurechnungsregeln des dogmatischen Allgemeinen Teils"[50]. Ferner stellen die Prinzipien, von denen die Strafrechtssysteme der europäischen Länder geprägt sind, europäisches Gemeingut dar[51]. Auf der Feststellung der Gemeinsamkeiten der verschiedenen Strafrechtsordnungen basiert die Idee der Schaffung eines europäischen Modellstrafgesetzbuches, die in der Literatur bejaht wird. Vorgeschlagen wird demnach der Weg der Vereinheitlichung. Es handelt sich hier um einen Versuch zur Kodifikation der wesentlichen Fragen und Kernbereiche des Strafrechts. Es besteht Uneinigkeit darüber, ob hierbei möglicherweise der amerikanische *Model Penal Code* als Vorbild gedient haben könnte[52]. Letztlich ist das europäische Modellstrafgesetzbuch jedoch nicht mit dem *Model Penal Code* vergleichbar, denn in den USA ging es „weniger um eine Vereinheitlichung als um eine Reform des Strafrechts"[53]. Darüber hinaus ist in Betracht zu ziehen, dass die nationalen Rechtssysteme in Europa heterogener sind, d.h, sie haben unterschiedliche geschichtliche Ursprüngen im Vergleich immer mit dem Strafrecht des *common law*[54].

Für ein europäisches Modellstrafgesetzbuch sprechen sich mehrere Stimmen in der Literatur aus. *Dannecker* findet als zutreffend, allgemeine Rechtsprinzipien und Gesetzesregelungen zu normieren und dadurch die Harmonisierung in der Gemeinschaft zu erreichen[55]. Er hebt besonders hervor, dass sich die Vereinheitlichung auf die Gebiete des Wirtschafts- und Umweltstrafrechts konzentrieren muss[56]. Nach *Vogel* sollten sich die Harmonisierungsbestrebungen zunächst auf den Allgemeinen Teil beschränken. Er sieht als erforderlich an, eine Differenzierung zwischen den verschiedenen Allgemeinen Teilen des Kriminal-, Verwal-

---

50 Vgl. *Tiedemann*, in: Festschrift für Lenckner, 1998, 415.

51 Vgl. *Pagliaro*, in: Bausteine des europäischen Wirtschaftsstrafrechts, 1994, 379; *Klip*, ZStW 2005, 907; *Sieber*, JZ 1997, 373: „Die grundlegenden Prinzipien zur Bewertung eines zukünftigen Europäischen Strafrechtssystems finden sich in den staatsphilosophischen und verfassungsrechtlichen Grundsätzen des Föderalismus, der Subsidiarität und des Minderheitenschutzes sowie in den Rechtsideen der Gerechtigkeit, der Gleichheit und der Rechtssicherheit."; *Vogler*, in: Strafrechtsreform und Strafrechtsvergleichung, 1979, 146.

52 Vgl. *Tiedemann*, in: Die Europäisierung der mitgliedstaatlichen Rechtsordnungen in der Europäischen Union, 1997, 136; *Vogler*, in: Strafrechtsreform und Rechtsvergleichung, 1979, 148; *Weigend*, ZStW 105 (1993), 790.

53 Vgl. *Wittemann*, Grundlinien und Grenzen der Notwehr in Europa, 1997, 253; *Weigend*, ZStW 105 (1993), 791.

54 Vgl. *Weigend*, ZStW 105 (1993), 790; *Wittemann*, Grundlinien und Grenzen der Notwehr in Europa, 1997, 253.

55 Vgl. *Dannecker*, in: Festschrift für Hirsch, 1999, 147.

56 Vgl. *Dannecker*, JZ 1996, 878 f.

tungs- und Unternehmensstrafrechts vorzunehmen[57]. Zu den hauptsächlichen Verfechtern des Harmonisierungsgedankens mittels eines einheitlichen Modellstrafgesetzbuchs zählt *Sieber*. Seines Erachtens nach ist die Harmonisierung vor allem im Bereich des materiellen Strafrechts sinnvoll[58]. Im europäischen Rechtsraum stellen die Ideen der Aufklärung und die Werte der Europäischen Menschenrechtskonvention ein gemeinsames Fundament dar, auf das sich die Vereinheitlichung der Strafrechtssysteme stützen kann[59]. Aus diesen Gründen vertritt *Sieber* die Meinung, dass „ein europäisches Modellstrafgesetzbuch alle möglichen Formen der Zusammenarbeit in einer flexiblen und „weichen" Weise unterstützen und insbesondere die Berücksichtigung kultureller Besonderheiten ermöglichen würde"[60].

Die Idee der Schaffung eines Strafgesetzbuches für den ganzen Europa wird vereinzelt auch kritisiert. *Weigend* äußert sich gegenüber der Ausarbeitung eines europäischen Modellstrafgesetzbuches skeptisch, vor allem wegen der „unterschiedlichen kriminalpolitischen Ausrichtung der europäischen Staaten"[61]. Er ist daher davon überzeugt, dass ein solches Strafgesetzbuch die Weiterentwicklung des Strafrechts in keiner Weise fördern kann. Der gleichen Ansicht ist *Hilgendorf*, der die „erheblichen kulturellen Differenzen" in Europa als Hindernis für den Europäisierungsprozess ansieht. Ein zukünftiges einheitliches Strafrecht würde sich aus diesem Grunde in der Praxis seiner Auffassung nach als unflexibel erweisen.

B. Ziel der Untersuchung

Die Idee der Vereinheitlichung der europäischen Strafrechtsordnungen wird seit langem diskutiert und sie hat in der Literatur weitgehend Zustimmung gefunden. Im Rahmen der Europäisierung des Strafrechts hat sich das Schrifttum mit dem Thema der Angleichung des materiellen Strafrechts im Sinne einer Mindestharmonisierung beschäftigt. Es wird daher der Versuch unternommen, eine Einigung auf gemeinsame europäische Strafrechtsprinzipien im dogmatischen Allgemeinen Teil zu erreichen. Festzustellen ist, dass die Allgemeinen Teile der verschiedenen europäischen Strafrechtsordnungen harmonisierungsfähig sind. Das ergibt sich aus der Tatsache, dass die Dogmatik des Allgemeinen Teils in besonderem Maße

57 Vgl. *Vogel*, JZ 1995, 334.
58 Vgl. *Sieber*, JZ 1997, 374.
59 Vgl. *Albrecht*, ZRP 2004, 2; *Albrecht/Braum/Frankenberg/Günther/Naucke/Simitis*, KritV 2001, 280.
60 Vgl. *Sieber*, JZ 1997, 380.
61 Vgl. *Weigend*, ZStW 105 (1993), 790.

ein gemeinsames europäisches Erbe darstellt[62]. Die Erarbeitung eines einheitlichen Allgemeinen Teils und die Schaffung eines europäischen Modellstrafgesetzbuches sind Möglichkeiten, die in der Zukunft realisiert werden könnten.

Unter Berücksichtigung der europäischen Dimension des materiellen Strafrechts und insbesondere dessen Allgemeinen Teils wird durch diese Arbeit zunächst angestrebt, die Möglichkeit einer einheitlichen Anstiftungsregelung zu untersuchen. Die Teilnahmedogmatik der einzelnen europäischen Länder, und vorwiegend die Vorschriften hinsichtlich der Anstiftung, werden unter dem Blickwinkel der Ausgestaltung eines supranationalen Strafrechts gegenübergestellt. Die Untersuchung zielt darauf ab, die Gemeinsamkeiten ebenso wie die auffälligsten Abweichungen der nationalen Lösungen im Bereich der Anstiftungsproblematik zu klären. Vor allem beschäftigt uns aber die Frage, wie die Teilnahmefigur der Anstiftung in einem künftigen europäischen Modellstrafgesetzbuch geregelt werden könnte. Die Ausarbeitung einer solchen Anstiftungsregelung, die die Bestandteile unserer gemeinsamen europäischen Kultur und Strafrechtsdogmatik wiederspiegeln würde, stellt den hauptsächlichen Kern dieser Arbeit dar.

C. Gang der Untersuchung

In der folgenden Arbeit sollen zunächst die grundsätzlichen Aspekte der Anstiftungsproblematik in verschiedenen europäischen Staaten untersucht werden. Eine Darstellung der in Literatur und Rechtsprechung hinsichtlich Täterschaft und Teilnahme vertretenen Theorien wird ebenfalls als notwendig angesehen. Darüber hinaus wird es für sinnvoll gehalten im zweiten Teil dieser Untersuchung, einen Überblick über den aktuellen Rechtszustand im europäischen Raum in Bezug auf die Anstiftungsdogmatik zu geben. Zu berücksichtigen sind daher zuerst die nationalen Anstiftungsregelungen der deutschsprachigen Länder (Deutschland, Österreich, Schweiz), die viele Ähnlichkeiten zueinander aufweisen. Versucht wird weiterhin eine Skizzierung der Vorschriften über die Anstiftung im Rahmen des französischen und englischen Strafrechtssystems. Da das englische Strafrecht in den angloamerikanischen Rechtskreis des *Common Law* gehört, wird kurz auf die Teilnahmeregelungen des amerikanischen *Model Penal Code* hingewiesen. Auch in den skandinavischen Ländern (Dänemark, Schweden, Norwegen und Finnland) gewinnt die Teilnahme- und Anstiftungslehre an Interesse. In Osteuropa zählt Polen zu den untersuchten Staaten, während unter den südeuropäischen Ländern Spanien, Italien und Griechenland begutachtet werden.

---

62 Vgl. *Tiedemann*, in: Festschrift für Lenckner, 1998, 412.

Der dritte Teil der Arbeit betrifft die übernationalen Lösungsansätze für die Teilnahmeform der Anstiftung. Maßgeblich für die hier anzustrebende Entwicklung einer Modellvorschrift sind Projekte wie das *Corpus Juris*, die die Strafrechtsvereinheitlichung in entscheidendem Maße gefördert haben. Unsere Aufmerksamkeit verdienen vor allem die Vorschriften über die Anstiftung, die in diesen Projekten enthalten sind. Jedoch nicht nur die europäischen Initiativen, sondern auch die Fortschritte, die auf internationaler Ebene erzielt worden sind, sind für unsere Untersuchung von Bedeutung. Die Einrichtung eines ständigen Internationalen Strafgerichtshofes und die Herausarbeitung einheitlicher Grundsätze, unter anderem in Bezug auf den Tatbestand der Anstiftung, geben Anlass zur Diskussion und lassen uns wichtige Schlussfolgerungen ziehen.

Die Berührungspunkte bezüglich der Anstiftung, die sich aus der Beschäftigung mit den Anstiftungsregelungen einzelner europäischer Länder ergeben, sollen als Grundlage für die Schaffung einer gemeinsamen europäischen Anstiftungsregelung betrachtet werden. Im vierten Teil der Arbeit wird daher der Versuch unternommen, die Ergebnisse der Untersuchung miteinander zu vergleichen. Die Rechtsvergleichung zielt gleichzeitig darauf ab, die wichtigsten Unterschiede des kontinentaleuropäischen Rechts und des ungeschriebenen Rechts, nämlich des *common law*, zu erwähnen. Aus der Gegenüberstellung der europäischen wie der internationalen Entwicklungen im Bereich des dogmatischen Allgemeinen Teils sollen folglich Anhaltspunkte für die Formulierung der angestrebten Modellvorschrift gewonnen werden. Die Aufgabe der Interpretation der Anstiftung muss aus diesem Grunde bei Wortlaut und Sinn der Anstiftungsregelungen der verschiedenen europäischen Staaten sowie der übernationalen Projekte ansetzen. Das Ergebnis der Untersuchung und der Vorschlag einer einheitlichen Anstiftungsregelung im Rahmen eines europäischen Modellstrafgesetzbuches sind schließlich im fünften Teil der Arbeit zu finden.

2. Teil: Grundlinien der Anstiftung in verschiedenen europäischen Staaten

§ 1. Deutschland

A. Einführung

I. Die Beteiligungsregelungen

Die Täterschaft und die Teilnahme sind im deutschen Strafgesetzbuch folgendermaßen geregelt:

§ 25 Täterschaft. (1) Als Täter wird bestraft, wer die Straftat selbst oder durch einen anderen begeht.

(2) Begehen mehrere die Straftat gemeinschaftlich, so wird jeder als Täter bestraft (Mittäter)

§ 26 Anstiftung. Als Anstifter wird gleich einem Täter bestraft, wer vorsätzlich einen anderen zu dessen vorsätzlich begangener rechtswidriger Tat bestimmt hat.

§ 27 Beihilfe. (1) Als Gehilfe wird bestraft, wer vorsätzlich einem anderen zu dessen vorsätzlich begangener rechtswidriger Tat Hilfe geleistet hat.

(2) Die Strafe für den Gehilfen richtet sich nach der Strafdrohung für den Täter. Sie ist nach § 49 Abs. 1 zu mildern.

II. Die Beteiligungsformen

1. Die Dreiteilung der Beteiligungsformen

Nach dem geltenden deutschen StGB stellt die Anstiftung (§ 26) neben der Beihilfe (§ 27) eine der Erscheinungsformen der Teilnahme dar. Die zwei Figuren der Teilnahme bilden zusammen mit der Täterschaft (§ 25) die so genannte Dreiteilung der Beteiligungsformen, die der Gesetzgeber für das deutsche StGB gewählt hat[63]. Diese Dreiteilung, die typisch für die meisten europäischen Strafgesetzbücher ist[64], hat ihren Ursprung im römischen Recht und in der italienischen

63 Vgl. *Maiwald*, in: Festschrift für Schroeder, 2006, 283.

64 Vgl. *Delmas-Marty*, Corpus Juris der strafrechtlichen Regelungen zum Schutz der finanziellen Interessen der Europäischen Union, 1998, 42.

Teilnahmedoktrin des Mittelalters[65]. Die Differenzierung zwischen Täter („principalis"), Anstifter (in der Regel „mandatum") und Gehilfen („auxiliator oder consiliator") ist schon im italienischen Recht des 16. Jahrhunderts bekannt[66]. Überdies hat der französische *Code Penal* von 1810 das preußische StGB von 1851 beeinflusst, und die Dreiteilung ist in das StGB von 1871 gelangt[67]. Der deutsche Gesetzgeber bedient sich folglich heute des Differenzierungsmodells[68] (auch dualistische Beteiligungsmodell genannt), das zwischen Täter und Mitwirkenden bzw. mehreren Beteiligungsformen an einer Straftat unterscheidet, und verzichtet auf die Einführung des gegenteiligen Systems der Einheitstäterschaft[69].

2. *Das Gegenmodell der Einheitstäterlehre*

Im Gegensatz zum dualistischen Beteiligungssystem hat ein kleiner Teil der Lehre[70] das so genannte Einheitstätersystem entwickelt, das nicht nur von einigen europäischen Strafgesetzbüchern[71], sondern auch vom deutschen Gesetzgeber im

65 Vgl. *v. Liszt,* Lehrbuch des Deutschen Strafrechts, 1903, 217; *Maiwald*: Festschrift für Bockelmann, 1979, 344 ff; *Roxin*, Strafrecht, AT, Band II, 2003, 5; *Schaffstein,* Die allgemeinen Lehren vom Verbrechen in ihren Entwicklung durch die Wissenschaft des gemeinen Strafrechts, 1930, 169, 170; *Stein,* Die strafrechtliche Beteiligungsformenlehre, 1988, 17.

66 Vgl. *Heimberger,* Die Teilnahme am Verbrechen in Gesetzgebung und Literatur von Schwarzenberg bis Feuerbach, 1896, 6, 26

67 Vgl. *Jescheck/Weigend*, Lehrbuch des Strafrechts, AT, 1996, 646; *Köhler*, Strafrecht, AT, 1997, 502; *Maiwald*, in: Festschrift für Schroeder, 2006, 294: „Da der Code Penal bis 1851 in den preußischen Rheinprovinzen geltendes Recht war, drängten die dortigen Juristen darauf, dass seine Rechtsgedanken sich auch im preußischen Strafgesetzbuch durchsetzten... Zu den Elementen des Code Penal, die das prStGB stark beeinflussten, gehörte nun in der Tat die Teilnahmelehre."

68 Vgl. *Bottke*, Täterschaft und Gestaltungsherrschaft, 1992, 18.

69 Vgl. *Hamdorf,* Beteiligungsmodelle im Strafrecht, 2002, 25 ff.; *Küper,* ZStW 105 (1993), 447 ff.; *Noltenius,* Kriterien der Abgrenzung von Anstiftung und mittelbarer Täterschaft, 2003, 194 ff.; *Seier,* JA 1990, 342; *Triffterer,* Die österreichische Beteiligungslehre, 1983, 33; *Volk,* JZ 1982, 90.

70 Vgl. *Detzer,* Die Problematik der Einheitstäterlösung, 1972, 272 ff.; *Geerds,* GA 1965, 218; *Geerds,* Jura 1990, 174; *Kienapfel,* NJW 1970, 1826; *Kienapfel,* Der Einheitstäter im Strafrecht, 1971; *Kienapfel,* JuS 1974, 1; *Kienapfel,* NJW 1983, 2236; *Schönenborn,* ZStW 87 (1975), 902; *Seier,* JA 1990, 342, 382 *Volk,* Festschrift für Roxin, 2001, 563.

71 Vgl. *Geerds,* Jura 1990, 174; *Stein,* Die strafrechtliche Beteiligungsformenlehre, 1988, 20; *Tiedemann,* Festschrift für Nishihara, 1998, 499; *Tiedemann,* ZStW 1998, 509.

Ordnungswidrigkeitenrecht[72] seit 1968 und in Abweichung vom geltenden StGB übernommen worden ist. Das Einheitstäterprinzip ist dadurch gekennzeichnet, dass es jeden Beteiligten als Täter behandelt. Die Einheitstäterlehre verzichtet auf die Unterscheidung von Tätern und Teilnehmern bzw. auf die Typenvielfalt und stützt sich auf den einheitlichen Typus des „Urhebers“, das heißt des „Einheitstäters“. Nach diesem System fallen alle Personen, die an einer Straftat oder an einer Ordnungswidrigkeit[73] teilnehmen bzw. die einen kausalen Beitrag zur Verwirklichung des Tatbestandes geleistet haben, unter den gleichen Strafrahmen[74]. Das Alternativkonzept der Einheitstäterlehre wurde als Lösung auch für das allgemeine Strafrecht vorgeschlagen und hatte die Vermeidung von Abgrenzungsschwierigkeiten und die Vereinfachung des Systems zum Ziel[75]. Die Unterscheidung zwischen Täter und Teilnehmer wird von den Anhängern des Einheitstäterprinzips als überflüssig erachtet. Die Zusammenfassung aller Beteiligungsformen unter dem Begriff des „Einheitstäters“ ist in der herrschenden deutschen Lehre jedoch auf Ablehnung gestoßen[76].

Die Verwaltungsvereinfachung[77] war das entscheidende Argument, das für die Verankerung des Einheitstätersystems in der Neufassung des OWiG vorge-

---

72 Vgl. *Cramer,* NJW 1969, 1929 ff.; *Lange*, Festschrift für Maurach, 1972, 237 ff.; *Schumann*, Zum Einheitstätersystem des § 14 OwiG, 1979, 9 ff.

73 Vgl. *Lange*, Festschrift für Maurach, 1972, 239.

74 Vgl. *Hamdorf*, Beteiligungsmodelle im Strafrecht, 2002, 44 ff.; *Schönke/Schröder* 2006 Vorbem §§ 25 Rdn. 11, 12.

75 Vgl. *Kienapfel,* Der Einheitstäter im Strafrecht, 1971: „Nach der hier vertretenen Ansicht liegt das primäre Merkmal eines Einheitstäterstrafrechts nicht in der begrifflichen Verschmelzung der überkommenen Teilfiguren auf dem Täter-Teilnahme-Bereich, sondern in der konsequenten Vereinheitlichung der Strafrahmen.“

76 Vgl. Eine kurze Darstellung der Gründe, die gegen eine Einheitstäterlehre sprechen findet man in: *Jescheck/Weigend*, Lehrbuch des Strafrechts, Allgemeiner Teil, 1996, 645, 646; *Renzikowski,* Restriktiver Täterbegriff und fahrlässige Beteiligung, 1997, 13, 14; *Schönenborn*, ZStW 87 (1975), 908 ff.; *Seier,* JA 1990, 342, 343: „Vor allem hieran entzündet sich die Kritik am Einheitstätermodell. Man hält ihm vor, sich rigoros über spezielle Deliktstypen (eigenhändige Tatbestände und solche mit besonderen Subjektsqualitäten oder subjektiven Unrechtselementen wie Absichten und Tendenzen) hinwegzusetzen und dem Akzessorietätsprinzip keine Rechnung zu tragen.“ „All das in einem Vorwurf zusammengefaßt: Der Einheitstäterbegriff ist bei stringenter Durchführung deshalb bedenklich, weil er den Kreis sanktionsbewehrter Handlungen gefährlich weit ausdehnt und sich ein Mitwirkender unter Umständen im kriminellen Bereich besser steht.“; *Spendel,* JuS 1974, 753.

77 Vgl. *Bottke*, Täterschaft und Gestaltungsherrschaft, 1992, 19; *Cramer,* NJW 1969, 1931; *Dreher,* NJW 1970, 217, der als einer der Verteidiger des Gesetzes über Ordnungswidrigkeiten die Einführung des Einheitstäterbegriffs vorgeschlagen hat; *Schumann,* Zum Einheitstätersystem des § 14 OwiG, 1979, 9.

bracht wurde[78]. Beabsichtigt wurde dadurch die Beseitigung der komplizierten Unterscheidung der Beteiligungsarten durch die Schaffung der einheitlichen Begehungsform des „Sichbeteiligens“[79]. Das Ordnungswidrigkeitenrecht in § 14 OWiG hält nämlich die „Beteiligung“[80] für den zentralen Begriff des Einheitstätersystems und verzichtet auf die Verwendung von Begriffen wie „Anstifter“ oder „Gehilfe“[81]. Beachtenswert ist, dass die Anstiftung und die Beihilfe nach § 14 OWiG[82] in Bezug auf die Rechtsfolgen der Täterschaft gleichgestellt sind[83].

Hinsichtlich des Fahrlässigkeitsdelikts muss Rücksicht darauf genommen werden, dass als Täter derjenige bezeichnet wird, der einen ursächlichen und ihm zurechenbaren Beitrag zur Erfolgsverursachung leistet. Angesichts der Tatsache, dass das Gewicht der Mitwirkung des Fahrlässigkeitstäters im Rahmen des Gesamtgeschehens irrelevant ist, wird die Schlussfolgerung gezogen, dass im Fall des Fahrlässigkeitsdelikts nur das Prinzip der Einheitstäterschaft Anwendung finden kann[84]. Das Gesetz unterscheidet allerdings im Fahrlässigkeitsbereich ausdrücklich nicht zwischen den verschiedenen Beteiligungsformen[85], da ein Differenzierungsmodell in diesem Fall nicht in Betracht kommen kann[86].

Als kennzeichnender Punkt des Einheitstätersystems erscheint folglich die Bestimmung des Täters anhand des Kriteriums seiner (Mit-)ursächlichkeit für die Tatbestandsverwirklichung, und zwar ohne Rücksicht auf das Gewicht seines Tatbeitrags[87]. Die Kausalität[88] entwickelt sich nach dem Einheitstäterbegriff zu

---

78 Vgl. *Hünerfeld*, in: Strafrechtsreform in der Bundesrepublik Deutschland und in Italien, 1981, 116.

79 Vgl. *Lange*, Festschrift für Maurach, 1972, 238; *Schumann*, Zum Einheitsätersystem des § 14 OWiG, 1979, 14; *Seier*, JA 1990, 343.

80 Vgl. *Kienapfel*, NJW 1970, 1826: „Das OWiG überläßt den Begriff der „Teilnahme“ bewußt dem Strafrecht und ersetzt ihn für den eigenen Regelungsbereich durch den terminus der „Beteiligung“.

81 Vgl. *Mitsch*, Recht der Ordnungswidrigkeiten, 2005, 134; *Rosenkötter*, Das Recht der Ordnungswidrigkeiten, 2000, Rdn. 132.

82 Vgl. *Mitsch*, Recht der Ordnungswidrigkeiten, 2005, 131 ff.

83 Vgl. *Detzer*, Die Problematik der Einheitstäterlösung, 1972, 102 ff.; *Schwalm*, in: Festschrift für Engisch, 1969, 551.

84 Vgl. *Joecks*, Studienkommentar, 2005 § 25 Rdn. 82.

85 Vgl. *Engländer*, Jura 2004, 235; *Gallas*, Beiträge zur Verbrechenslehre, 1968, 91; *Jakobs*, GA 1996, 266; *Küpper*, JuS 2004, 759; *Pfeiffer*, Jura 2004, 520, 524; *Vassilaki*, in: Festschrift für Schreiber, 2003, 504; *Wessels/Beulke*, Strafrecht, Allgemeiner Teil, 2006 § 13 Rdn. 507.

86 Vgl. *Hünerfeld*, in: Strafrechtsreform in der Bundesrepublik Deutschland und in Italien, 1981, 121.

87 Vgl. *Maiwald*, in: Festschrift für Bockelmann, 1979, 362; *Schmidhäuser*, Strafrecht, AT, 1975, 501: „Der Einheitstäterbegriff stellt im wesentlichen lediglich auf den ursächlichen oder zurechenbaren Beitrag zur Tat ab, ohne im Strafrahmen zwischen dem Gewicht der Tatbeiträge zu unterscheiden.“

einem zentralen Kriterium für die Charakterisierung der Täterschaft, was aber als Feststellung im Widerspruch zu der Lehre des Finalismus steht, die von der These ausgeht, dass Täter derjenige ist, der die finale Tatherrschaft über das Geschehen hat bzw. der Herr über die Tatbestandsverwirklichung ist[89]. Dem Einheitstäterbegriff liegt den Finalisten zufolge also der kausale Handlungsbegriff zugrunde und dieser ist folglich nicht mit der finalen Handlungslehre vereinbar[90].

3. *Die dogmatischen Grundthesen des Einheitstätersystems*

Aus der Dogmatik des Einheitstätersystems lassen sich einige Schlussfolgerungen ziehen, die in den folgenden vier Punkten zusammengefasst werden können. Erstens benennt dieses System, wie weiter oben erwähnt, als Täter jeden, der an der Verwirklichung eines Tatbestandes teilnimmt. Die Teilnahme als Begriff existiert also in der Lehre der Einheitstäterschaft überhaupt nicht. Sofern für die Bezeichnung einer Person als Täter die kausale Verknüpfung ihrer Handlung mit dem Tatbestandserfolg ausreicht, sind folglich alle Tatbeiträge der Mitwirkenden nach der Äquivalenztheorie gleichwertig[91]. Jeder Beteiligte haftet drittens für eigenes Unrecht und eigene Schuld und der uns aus dem Teilnahmesystem bekannte Grundsatz der Akzessorietät der Teilnahme von der Hauptat eines anderen findet in dem Einheitstätersystem keine Grundlage[92].

---

88 Vgl. *Hassemer*, Produktverantwortung im modernen Strafrecht, 1996, 38 ff.

89 Vgl. *Küpper*, Grenzen der normativierenden Strafrechtsdogmatik, 1990, 136, 138.

90 Vgl. *Welzel*, Abhandlungen zum Strafrecht und zur Rechtsphilosophie, 1975: „Eine Unterscheidung von Täterschaft und Teilnahme ist allein für finale Tatbestände möglich und hier notwendig. Ein allgemeiner Täterbegriff, bei welchem die Formen finaler Teilnahme völlig in Täterschaft aufgehen, ist sachlich wie terminologisch undurchführbar.“; anders, *Detzer*, Die Problematik der Einheitstäterlösung, 1972, 135 ff.: „Enheistäterlösung und finale Handlungslehre widersprechen einander dann nicht, wenn der theoretische Ausgangspunkt der finalen Handlungslehre auch auf der Grundlage des Einheitstäterbegriffes vertreten werden kann. Das ist dann möglich, wenn der Einheitstäterbegriff den praktischen Konsequenzen, zu denen die finale Handlungslehre führt, nicht widerstrebt.“

91 Vgl. *Roxin*, Täterschaft und Tatherrschaft, 2000, 5; *Schumann*, Zum Einheitstätersystem des § 14 OWiG, 1979, 14: „Für die Feststellung der Kausalität gelten die allgemeinen Grundsätze. Nicht erforderlich ist daher, daß die fragliche Handlung conditio sine qua non wird.“

92 Vgl. *Detzer*, Die Problematik der Einheistäterlösung, 1972, 82; *Kienapfel*, NJW 1983, 2236; *Kienapfel*, JuS 1974, 4; *Schumann*, Zum Einheitstätersystem des § 14 OWiG, 1979, 50; *Triffterer*, Die Österreichische Beteiligungslehre, 1983, 34 ff.;

a. Die formale Einheitstäterschaft

Die Einheitstäterlehre lässt sich weiter in zwei Grundformen aufteilen: die formale Einheitstäterschaft und die funktionale Einheitstäterschaft. Nach Kienapfel[93], der erstmals diese Begriffe verwendet, ist die formale Einheitstäterschaft ein Eintypensystem, ein Ein-Täter-System, denn sie lehnt jegliche typenmäßige Unterscheidung unter den Beteiligten ab[94]. Für das Vorliegen von Täterschaft reicht aus, dass der Beteiligte eine Bedingung für den Erfolgseintritt gesetzt hat. Daraus resultiert, dass die Kausalität zwischen Handlung und Erfolg den Ausgangspunkt für die Tatzurechnung bildet[95]. Es handelt sich hier im Grunde genommen um die „klassische" Konzeption der Einheitstäterschaft, die sich auf das Kausalitätsprinzip und die Theorie der Gleichwertigkeit aller Ursachen für den Erfolg stützt[96]. Ein solches System liegt dem italienischen StGB und dem OWiG zugrunde.

b. Die funktionale Einheitstäterschaft

Das funktionale Einheitstätersystem[97] erweckt dagegen den Anschein, dass es sich um ein Mehrtypensystem handelt. Doch obwohl es zwischen bestimmten Tatbegehungsformen differenziert, ist es dennoch nur „äußerlich"[98] ein solches System. Die Täterschaft wird hier „aus Gründen des rechtsstaatlichen Bestimmtheitsgebots und der traditionellen Tatbestandsauslegung als auch zum Zweck spezifischer Strafbarkeitsbegrenzung in Teilbereiche aufgespalten und in verschiedenen Täterformen gegliedert."[99]

Ein typisches Beispiel des funktionalen Einheitstätersystems ist im österreichischen StGB zu finden, wo zwischen unmittelbarem Täter, Bestimmungstäter und Beitragstäter unterschieden wird. Die funktionale Einheitstäterschaft geht davon aus, dass ein einheitlicher Strafrahmen erforderlich ist, da sie in jedem Fall alle Tatbegehungstypen als gleichwertig anerkennt[100]. Wie beim formalen, so

93 Vgl. *Kienapfel,* JuS 1974, 5.

94 Vgl. *Triffterer,* Die österreichische Beteiligungslehre, 1983, 36.

95 Vgl. *Bloy,* Die Beteiligungsform als Zurechnungstypus im Strafrecht; *Kienapfel,* NJW 1970, 1828; *Renzikowski,* Restriktiver Täterbegriff und fahrlässige Beteiligung, 1997, 11.

96 Vgl. *Hünerfeld,* in: Strafrechtsreform in der Bundesrepublik Deutschland und in Italien, 1981, 117.

97 Vgl. *Kienapfel,* Der Einheitstäter im Strafrecht, 1971, 22.; *Kienapfel/Höpfel,* Strafrecht, AT, 2005, 207, 208.

98 Vgl. *Kienapfel,* NJW 1970, 1828.

99 Zitiert nach *Kienapfel/Höpfel,* Strafrecht, AT, 2005, 207.

100 Vgl. *Renzikowski,* Restriktiver Täterbegriff und fahrlässige Beteiligung, 1997, 10: „Der funktionale Einheitstäterbegriff erkennt die Möglichkeit einer begrifflichen

wird auch beim funktionalen Einheitstätersystem jede Mitwirkung als Täterschaft erfasst, d.h., alle Tatbegehungsformen sind „einander wert-, wesens- und haftungsmäßig gleichgestellt.[101]" Die Typendifferenzierung auf der Ebene der Tatbestandsmäßigkeit im funktionalen Einheitstätersystem ist folglich lediglich begrifflich[102] und von „bloß technischer Bedeutung."[103]

4. *Die Grundlage der Regelungsunterschiede – Der extensive und der restriktive Täterbegriff.*

Die Einheitstäterschaft beruht auf dem extensiven Täterbegriff („auctor in sensu generali"), der als Täter denjenigen bezeichnet, der den tatbestandsmäßigen Erfolg verursacht[104]. Anstiftung und Beihilfe stellen daher nur gesetzliche Einschränkungen dar[105]. Der extensive Täterbegriff, der von *Eb. Schmidt*[106] und *Mezger*[107] vorwiegend zur Rechtfertigung der mittelbaren Täterschaft bzw. zur Ausfüllung der strafrechtlichen Lücken geschaffen wurde, hat als dogmatische Grundlage die Bedingungstheorie, die davon ausgeht, dass alle Erfolgsbedingungen gleichwertig sind[108]. Maßgeblich für den extensiven Täterbegriff ist folglich, dass der Täter einen kausalen Beitrag[109] zur Verursachung des Erfolgs geleistet hat[110]. Die Erfolgsverursachung, namentlich der Erfolgsunwert, entwickelt sich zu einem Hauptkriterium für die Annahme des Vorliegens der Täterschaft, und das Verstehen der Handlung als Erfolgsverursachung führt zwangsläufig auf den extensiven Täterbegriff zurück. Diese Feststellung verweist aber weiter auf die Bestimmung des Unrechtsbegriffs, da die Erfolgsverursachung dem extensiven Täterbegriff zufolge für die Erfüllung des Unrechtstatbestandes ausreicht. Für die

---

Unterscheidung verschiedener Mitwirkungsformen an, mißt ihnen jedoch für die Bestimmung des Strafrahmens keine Bedeutung zu."; *Roxin*, in: Leipziger Kommentar 2003 Vor § 25 Rdn. 4.

101 Zitiert nach *Kienapfel/Höpfel*, Strafrecht, AT, 2005, 207.

102 Vgl. *Triffterer*, Das österreichische Beteiligungslehre, 1983, 37.

103 Zitiert nach *Schöberl*, Die Einheitstäterschaft als europäisches Modell, 2006, 59.

104 Vgl. *Kohlrausch*, ZStW 55, 393.

105 Vgl. *Baumann*, NJW 1962, 375; *Roeder*, ZStW 69, 228.

106 Vgl. *Schmidt*, Festgabe für Reinhard von Frank, Band II, 1930, 117 ff.

107 Vgl. *Mezger*, Deutsches Strafrecht, 1943, 132; *Mezger*, ZStW 52, 537, 538.

108 Vgl. *Herzberg*, Täterschaft und Teilnahme, 1977, 2: „Die Anhänger des extensiven Täterbegriffs übertragen die der Verursachungslehre zugehörige Äquivalenztheorie in die Täterlehre."; *Jescheck/Weigend*, Lehrbuch des Strafrechts, AT, 1996, 649; *Roxin*, Strafrecht, AT, Band II, 2003, 7.

109 Vgl. aber *Detzer*, Die Problematik der Einheitstäterlösung, 1972, 150 ff.

110 Vgl. *Frank*, Das Strafgesetzbuch für das Deutsche Reich, 1925, 97: „Täter kann nur sein, wer eine Bedingung zur Verwirklichung des Tatbestandes setzt."

Unterscheidung zwischen Täterschaft und Teilnahme[111] nach diesem Täterbegriff wird das Kriterium der Kausalität eingesetzt[112]. Die subjektive Teilnahmetheorie ist offenbar mit dem extensiven Täterbegriff verbunden[113]. Der extensive Täterbegriff wird folgerichtig heutzutage als „Produkt der kausalen Verbrechenslehre"[114] angesehen und ist als solcher mit der modernen Lehre bzw. der personalen Unrechtslehre *Welzels* und dem Wortlaut des Gesetzes nicht zu vereinbaren[115]. Die Einwände, die gegen eine extensive Interpretation der Tatbestände vorgebracht werden können[116], lassen sich wie folgt zusammenfassen: Der extensive Täterbegriff widerspricht den gesetzlichen Bestimmungen, denn § 25 StGB verwendet das Wort „begeht", um den Täter zu beschreiben, der also nicht bloß als „Verursacher" erscheint. Er passt ebenfalls nicht bei den Sonderdelikten und den eigenhändigen Straftaten[117] und führt außerdem zu einer Ausdehnung der Strafbarkeit bei der versuchten Teilnahme[118].

Das geltende Recht bestimmt jedoch in § 25 StGB als Täter denjenigen, der die Tat „selbst begeht", und nimmt dadurch die restriktive Definition des Täters („auctor in sensu speciali")[119] an[120]. Nach diesem Begriff bedeutet die bloße

---

111 Vgl. *Zimmerl*, ZStW 54 (1934), 582: „Eine Unterscheidung zwischen Täterschaft und Teilnahme ist unerläßlich. Daher wird sich der restriktive Täterbegriff zur Erfassung der „richtigen" inhaltlichen Regelung besser eignen als der extensive."

112 Vgl. *Schröder*, ZStW 1938, 473; *Zimmerl*, ZStW 49 (1929), 42: „Denn ist das Kriterium der Tatbestandsmäßigkeit die Kausalität, dann ist nur eine subjektive Abgrenzung durch das Verschulden möglich. Diese Einschränkung durch das Verschulden genügt aber im heutigen Strafrechstssystem nicht mehr."

113 Vgl. *Bloy*, Die Beteiligungsform als Zurechnungstypus im Strafrecht, 116; *Hünerfeld*, ZStW 99 (1987), 230; *Jescheck/Weigend*, Lehrbuch des Strafrechts, AT, 1996, 651: „Der extensive Täterbegriff und die subjektive Teilnahmelehre sind abzulehnen. Sie widersprechen dem Aufbauprinzip des geltenden Strafrechts, das aus vornehmlich objektiv umschriebenen und abgegrenzten Tatbeständen besteht"; *Lony*, Extensiver oder restriktiver Täterbegriff, 1934, 13: „Der Anhänger der subjektiven Teilnahmetheorie kann also nicht Vertreter einer restriktiven, der Anhänger der objektiven Teilnahmetheorie wohl aber Vertreter einer extensiven Täterlehre sein."; *Roxin*, Täterschaft und Tatherrschaft, 2000, 5, 6; *Schaffstein*, ZStW, 54, 138; Vgl. aber *Spendel*, JuS 1974, 754.

114 Vgl. *Schroeder*, Der Täter hinter dem Täter, 1965, 45.

115 Vgl. *Hünerfeld*, ZStW 99 (1987), 231.

116 Vgl. *Roxin*, Strafrecht, AT Band II, 2003, 7.

117 Vgl. *Cramer*, NJW 1969, 1931; *Nowakowski*, JZ 1956, 550; *Roxin*, JuS 1973, 334.

118 Vgl. *Gallas*, in: *Dreher*, ZStW 67, 446: „Es sei ein aus der naturalistischen Periode strafrechtlichen Denkens stammender, rein kausaler Täterbegriff, der bei den eigenhändigen Straftaten und den Sonderdelikten versage und zur Folge habe, daß jeder Teilnahmeversuch zur versuchten Täterschaft werde."

119 Vgl. *Jescheck/Weigend*, Lehrbuch des Strafrechts, AT, 1996, 648, 649; *Lony*, Extensiver oder restriktiver Täterbegriff, 1934, 17.

Mitverursachung des Erfolges keine Täterschaft. Die Täterschaft wird vielmehr durch das Verhalten geschildert, das in den Tatbeständen des Besonderen Teils typisiert ist. Jede andere Beteiligungshandlung stellt nicht Täterschaft dar, sondern ist ein „aliud". Die Anstiftung und die Beihilfe (§§ 26 und 27) bilden daher Strafausdehnungsgründe[121], da auf diese Weise der Kreis strafbaren Unrechts, der durch die Täterschaft bezeichnet wird, erweitert wird. Damit ist nach *Roxin*[122] „der richtige Ansatz für die Abgrenzung von Täterschaft und Teilnahme gefunden: Er liegt in der Tatbestandsverwirklichung und nicht in der Verursachung."

Täterschaft und Teilnahme werden demnach nach objektiven Kriterien abgegrenzt und deshalb ist der restriktive Täterbegriff mit der objektiven Teilnahmetheorie verbunden[123].

III. Die Abgrenzung von Täterschaft und Teilnahme in der deutschen Rechtslehre und Rechtsprechung

Erhellend für die Erläuterung und Darstellung der Problematik des Strafgrunds der Anstiftung, mit der wir uns befassen wollen, mag die Erwähnung der verschiedenen Theorien sein, die in Bezug auf die Abgrenzung von Täterschaft und Teilnahme vom Schrifttum und der Rechtsprechung entwickelt worden sind[124]. Der Meinungsstreit über die für den Täterbegriff ausschlaggebenden subjektiven Theorien auf der einen und die objektiven Theorien auf der anderen Seite war seit Beginn des 19. Jahrhunderts heftig und hat auch die heutige herrschende Lehre beeinflusst und geprägt[125].

Entscheidend für die Bestimmung der Täterschaft ist hauptsächlich die Beantwortung der Frage, wer die tatbestandsmäßige Handlung vorgenommen hat, das heißt, wer als Täter zu bezeichnen ist. Die Lösung ergibt sich in diesem Fall schon aus der Regelung der Täterschaft, wie sie im geltenden StGB vom Gesetzgeber klar getroffen worden ist. Entsprechend dem Wortlaut des § 25 StGB lässt sich derjenige als Täter definieren, der „die Straftat selbst oder durch einen ande-

---

120 Vgl. *Rutkowsky*, NJW 1952, 608.

121 Vgl. *Mezger*, Deutsches Strafrecht, 1943, 132.

122 Vgl. *Roxin*, Strafrecht, AT, Band II, 2003, 7; Vgl auch *Herzberg*, Täterschaft und Teilnahme, 1977, 3: „Sie haben klargestellt, daß die Täterschaft sich unmittelbar aus der Tatbestandsverwirklichung ergibt und die Abgrenzung zwischen Täterschaft und Teilnahme systematisch zur Lehre vom Unrechtstatbestand gehört."

123 Vgl. *Hünerfeld*, ZStW 99 (1987), 231.

124 Zur einer ausführlichen Darstellung der verschiedenen Theorien siehe: *Hillenkamp*, 32 Probleme aus dem Strafrecht, AT, 2006, 115 ff.

125 Siehe *Engisch*, Die Kausalität als Merkmal der strafrechtlichen Tatbestände, 1931, 77 ff.

ren begeht". Diese Vorschrift akzeptiert demnach die Form nicht nur des unmittelbaren, sondern auch des mittelbaren Täters. Ein Kriterium, das der Bejahung von Täterschaft dient, muss dennoch offenbar dann gefunden und angewandt werden, wenn an der Tatbestandsverwirklichung mehrere Personen beteiligt sind. In diesem Fall soll besonders die Frage beantwortet werden, ob dieses Kriterium mit objektiven oder mit subjektiven Ansätzen verbunden ist.

1. Subjektive Theorien

Über einen längeren Zeitraum wurden die subjektiven Theorien von der Rechtslehre und insbesondere von der Rechtsprechung vertreten[126]. Als Anhaltspunkt für die Abgrenzung von Täterschaft und Teilnahme gilt nach der subjektiven Theorie das Kriterium des „Täterwillens", nämlich die psychische Anteilnahme bzw. die innere Einstellung des Beteiligten zur Tat. Maßgebend für die Abgrenzung ist dementsprechend, ob der an der Erfolgsherbeiführung Beteiligte über einen Täterwillen (animus auctoris = Willen zur eigenen Tat) oder einen Teilnehmerwillen (animus socii = Willen zur fremden Straftat) verfügt[127]. Zur Feststellung des Vorliegens des „Täterwillens" wurden im Rahmen der subjektiven Theorie die Dolustheorie und die Interessentheorie entwickelt.

Der Dolustheorie zufolge stellt die Willensunterordnung bzw. die Willensunterwerfung das Leitprinzip dar, das für die Annahme des animus socii von Bedeutung ist. Wer sich und seinen Tatbeitrag dem Willen eines anderen unterordne, sei Teilnehmer[128]. Der Reichsgerichtsrat *v. Buri*[129], der einer der Hauptbefürworter dieser These war, hat die Dolustheorie in die Rechtsprechung des Reichsgerichts eingeführt.

Unter Heranziehung subjektiver Momente versucht auch die so genannte Interessentheorie die Täterschaft zu definieren. Der Grad des eigenen Interesses am Taterfolg[130] war nach dem RG nicht nur ein Indiz, sondern vielmehr ein wesent-

---

126 Siehe *Ebert*, Strafrecht, AT, 2001, 189 f.; *Kühl*, Strafrecht, AT, 2005, § 20 Rdn. 23; *Wessels/Beulke*, Strafrecht, AT, 2006, § 13 II 4 Rdn. 515.

127 Vgl. *Joecks*, in: Münchener Kommentar zum Strafgesetzbuch 2003 § 25 Rdn. 6; *Lampe*, ZStW 77 (1965), 271; *Roxin*, Höchstrichterliche Rechtsprechung zum Allgemeinen Teil des Strafrechts, 1998, 112; ders., in: Leipziger Kommentar 2003 § 25 Rdn. 3; ders., Strafrecht, AT, Band II, 2003, 11; *Stein*, Die strafrechtliche Beteiligungsformenlehre, 1988, 124; *Stratenwerth, /Kuhlen*, Strafrecht, AT I, 2004, 265.

128 Vgl. *Roxin*, in: Leipziger Kommentar 2003 § 25 Rdn. 3.

129 Vgl. *von Buri*, Die Kausalität und ihre strafrechtlichen Beziehungen, 1885, 41.

130 Vgl. *Dallinger*, MDR 1974, 547; *Geerds*, Jura 1990, 177: „Gewichtiger für die Abgrenzung der Täterschaft von der Teilnahme ist des öfteren das Interesse des Rechtsbrechers an der fraglichen Tat oder ihrem Erfolg, was-wie gesagt-insb. die Rechtsprechung, obwohl vom subjektiven Standpunkt ausgehend, schon früh be-

licher Anhaltspunkt, der zur Abgrenzung von Täterschaft und Teilnahme benutzt wurde[131]. Derjenige also, der kein oder nur ein geringes Interesse an der Erfolgsverursachung hat, kann nach dieser Theorie nur als Teilnehmer charakterisiert werden[132].

Im Schrifttum haben die subjektiven Theorien niemals großen Beifall gefunden[133]. Zu den wichtigeren Verfechtern der subjektiven Theorie in der Nachkriegszeit gehören insbesondere *Bockelmann*[134] und *Baumann*[135]. Doch obwohl diese Theorie in der Rechtslehre nie eine erhebliche Bedeutung erlangt hat, ist sie in der Rechtsprechung des RG und BGH ständig vertreten worden[136]. Im so genannten „Badewannenfall"[137] fand insbesondere die Interessentheorie ihren Höhenpunkt. Das RG bestimmte den Täterwillen auf der Basis des eigenen Interesses am Erfolg. Aber auch der BGH hat über Jahrzehnte hinweg an der „animus-Theorie" festgehalten. In vielen Entscheidungen ist entweder der Täterwille oder die Willensunterordnung zum entscheidenden Kriterium für die Annahme von Täterschaft gemacht worden. In der „Stachynskij-Entscheidung"[138] setzte der BGH, im Anschluss an die vorherige Rechtsprechung des Reichsgerichts[139] als Ansatzpunkt wieder das subjektive Moment des Interesses des Beteiligten am Taterfolg ein. Seit dem Inkrafttreten des neuen StGB im Jahre 1975 verlor die

---

rücksichtigt hat... Um die Formel für dieses Kriterium präziser zu fassen, sprechen wir deshalb vom unmittelbaren, d.h. typischerweise eigenen Interesse des Rechtsbrechers an der Tat oder ihrem Erfolg, weil nur dies ein Indiz für Täterschaft sein kann".

131 Vgl. *Roxin*, Höchstrichterliche Rechtsprechung zum Allgemeinen Teil des Strafrechts, 1998, 112.

132 Vgl. *Baumann/Weber/Mitsch*, Strafrecht, AT, 2003, § 29 Rdn. 41–47; *Joecks*, in: Münchener Kommentar zum Strafgesetzbuch 2003 § 25 Rdn. 8.

133 Vgl. *Spendel*, JuS 1969, 315.

134 *Bockelmann*, Strafrechtliche Untersuchungen, 1957, 76.

135 Vgl. *Baumann*, NJW 1962, 374 ff.; *Baumann*, JuS 1963, 58; *Baumann/Weber*, Strafrecht, AT, 1985, 535 ff.; *Baumann*, JZ 1958, 232: „Der Wille zur Tatherrschaft (und nicht die objektive Tatherrschaft als solche) würde den Täterwillen, der Wille, bei fremdbeherrschter Straftat mitzutun oder sie hervorzurufen, den Teilnehmerwillen indizieren."

136 Vgl. *Baumann*, JuS 1963, 58, 88; *Baumann*, in: Festschrift für Jescheck, Erster Halbband, 1985, 109; *Geerds*, Jura 1990, 174; *Gössel*, in: Festschrift für Jescheck, Erster Halbband, 1985, 543 f.; *Herzberg*, JuS 1976, 41; *Spendel*, JuS 1969, 315; RGSt74, 84; BGH NJW 1951, 323; BGH GA 1974, 371; BGH NStZ 1981, 394; BGH GA 1984, 287; BGH NJW 1987, 2881; BGH MDR 1991, 105; BGH NStZ 1999, 451; BGH NStZ 2000, 482; BGH StV 2000, 261.

137 Vgl. RGSt. 74, 85.

138 Vgl. BGHSt. 18, 87; *Roxin*, Höchstrichterliche Rechtsprechung zum Allgemeinen Teil des Strafrechts, 1998, 113; *Sax*, JZ 1963, 329 ff.

139 Vgl. *Baumann*, NJW 1962, 375; *Dreher*, MDR 1964, 337.

subjektive Theorie ihre Grundlage und ist mit dem neuen Recht nicht mehr vereinbar[140]. Beachtenswert ist, dass selbst unter der Geltung des alten Rechts die Rechtsprechung nicht durch eine einheitliche Entwicklung charakterisiert war[141]. Vielmehr lässt sich oft in manchen Entscheidungen[142] eine konkrete Annäherung an die objektive Theorie erkennen[143].

Die subjektive Theorie wurde in der Literatur zum größten Teil abgelehnt und scharf kritisiert[144]. Der Hauptgrund liegt darin, dass die subjektive Theorie im Grunde mit der Äquivalenztheorie[145] und der überholten kausalen Handlungslehre verbunden ist. Diese kausale Betrachtungsweise stützt sich, wie *Roxin* treffend bemerkt, auf den „naturalistischen Positivismus des 19. Jahrhunderts, der auch in den Geisteswissenschaften auf „Naturgesetze" wie die Kausalität glaubte zurückzugreifen zu müssen und andere nicht als naturwissenschaftlich faßbare Unterschiede in der *objektiven* Erscheinungswelt ignorierte[146]." Die These der Gleichwertigkeit aller Tatbeiträge bezüglich ihrer Notwendigkeit für die Erfolgsherbeiführung und die Bestimmung des Unrechtsbegriffs nach rein subjektiven Kriterien bzw. anhand von Gesinnungsmomenten geriet in Widerspruch zur fina-

---

140 Vgl. *Cramer,* in: Festschrift für Bockelmann: „Entscheidungen wie sie im sog. Badewannen-Fall oder im Stachynskij-Urteil getroffen wurden entsprechen dem Täterbegriff des § 25 Abs. 1 StGB folglich nicht mehr."; *Herzberg*, ZStW 99 (1987), 52; *Küpper*, GA 1986, 438; *Roxin*, JuS 1973, 335; ders., in: Leipziger Kommentar 2003 § 25 Rdn. 33.

141 Vgl. *Kindhäuser,* Strafgesetzbuch, 2006, Vor §§ 25–31 Rdn. 30.

142 Vgl. BGHSt. 11, 68; BGHSt. 9, 370, 380; BGHSt. 13, 162, 166; BGHSt. 2, 150, 156; BGHSt. 36, 363, 367; BGHSt. 8, 393; BGHSt. 28, 346.

143 Vgl. *Lackner/Kühl*, 2004 Vor § 25 Rdn. 5; *Martin*, JuS 2000, 96; *Roxin*, Strafrecht, AT, Band II, 2003, 11; *Wessels/Beulke*, Strafrecht, AT, 2006, § 13 Rdn. 516, 518.

144 Vgl *Cramer*, in: Festschrift für Bockelmann, 1979, 402; *Gallas*, Beiträge zur Verbrechenslehre, 1968, 82 ff.; *Herzberg,* JuS 1976, 41: „Die subjektive Theorie verkennt den Ausgangssatz der Täterlehre: Täter ist, wer – subjektiv und objektiv – die Tatbestandsmerkmale erfüllt."; *Herzberg,* ZStW 99 (1987), 51 ff.; *Jescheck/Weigend*, Lehrbuch des Strafrechts, AT, 1996, 651; *Otto*, Grundkurs Strafrecht, 2004, 292; *Rosenfeld*, in: Festgabe für Frank, Band II, 1930, 169; *Schmidhäuser*, in: Festschrift für Stree/Wessels, 1993, 345; *Schönke/Schröder*, 2006 Vorbem §§ 25 ff. Rdn. 56; *Welzel*, Das Deutsche Strafrecht, 1969, 109: „Die subjektive Theorie ist aber auch darum gefährlich, weil sie zum Gessinungsstrafrecht führen muß."; *Wessels/Beulke*, Strafrecht, AT, 2006, § 13 Rdn. 517.

145 Vgl *Baumann/Weber*, Strafrecht, AT, 1985, 53: „Diese von Köstlin und v. Buri begründete und vom Reichsgericht von Anfang an vertretene Lehre war (ebenso wie die subjektive Versuchstheorie) ein Kind der Äquivalenztheorie."; *Baumann/Weber/Mitsch*, Strafrecht, AT, 2003, § 29 Rdn. 38; *Bloy,* Die Beteiligungsform als Zurechnungstypus im Strafrecht, 100; *Kindhäuser,* Strafrecht, AT, 2005, 310; *Kühl,* Strafrecht, AT, 2005, § 20 Rdn. 22; *Küpper*, GA 1986, 437; *Murmann,* GA 1996, 270.

146 Vgl. *Roxin,* Strafrecht, AT, Band II, 2003, 12.

len-objektiven Handlungslehre[147], von der die heute geltende Strafrechtslehre geprägt ist[148]. Die psychischen Elemente gehören nicht mehr zur Schuld, wie die subjektive Theorie behauptet. Der Vorsatz ist also mit dem Willensbegriff gleichzusetzen und nach der personalen Unrechtslehre dem Unrecht zuzuordnen[149]. Die Annahme der subjektiven Theorie zur Abgrenzung von Täterschaft und Teilnahme führt ferner zwangsläufig zur extensiven Interpretation des Täterbegriffs[150], was jedoch dem geltenden Recht widerspricht. Aus allen diesen Gründen, die gegen die subjektive Theorie sprechen, ergibt sich, dass sie nur noch als historisches Relikt betrachtet werden kann.

2. *Objektive Theorien*

Eine früher vertretene Auffassung zur Abgrenzung von Täterschaft und Teilnahme stellt die formal-objektive Theorie dar, die heute keine Anhänger mehr hat. Im 19. Jahrhundert war sie herrschende Meinung in der Literatur und wurde von vielen bedeutenden Wissenschaftlern, wie *v. Liszt*[151], *Beling*[152] und *Mezger*[153] unterstützt. Diese Theorie, die erst von *Birkmeyer*[154] mit dem Begriff „objektiv" versehen wird, geht davon aus, dass Täter derjenige ist, der die im Tatbestand umschriebene Handlung selbst ausführt[155]. Als entscheidender Gesichtspunkt gilt die Erfüllung der Tatbestandsmerkmale ohne Berücksichtigung des Tatinteresses

---

147 Vgl. *Welzel*, ZStW 58 (1939), 542: „Maßgebend ist die objektive Tatsache, daß die Tat wirklich das Werk des Täters ist. Diese objektive Tatsache ist allerdings von subjektiven Momenten abhängig, nämlich von der finalen Tatherrschaft, die jedoch mehr ist als „bloß" subjektiv. Es ist die einfache Tatsache, die die Eigenart des menschlichen Handelns als Willensverwirklichung ausmacht, daß der Mensch nach einem sich gesetzten Ziel die Gestaltung der Zukunft (des Kausalwerdens) zweckvoll ins Werk setzen kann."

148 Vgl. *Nowakowski*, JZ 1956, 545.

149 Vgl. *Welzel*, Das Deutsche Strafrecht, 1969, 98, 100: „Er ergibt sich aus den Grundbestimmungen des finalen Handlungs- und des personalen Unrechtsbegriffs für die vorsätzliche Handlung, da die Täterschaft nichts anderes bezweckt, als das personale Aktionszentrum der rechtswidrigen Tat herauszustellen. Daher gehört zur Täterschaft (eines vorsätzlichen Delikts) allgemein die finale Herrschaft über die Tat (als das generelle personale Unrechtsmoment der vorsätzlichen Tatbestände)."

150 Vgl. *Ebert*, Strafrecht, AT, 2001, 189; *Haft*, Strafrecht, AT, 2004, 198; *Jescheck/Weigend*, Lehrbuch des Strafrechts, Allgemeiner Teil, 1996, 650.

151 Vgl. *v. Liszt*, Lehrbuch des Deutschen Strafrechts, 1900, 199 ff.

152 Vgl. *Beling*, Die Lehre vom Verbrechen, 1906, 408 ff.; ders., Gründzüge des Strafrechts, 1928, 29–31.

153 Vgl. *Mezger*, Deutsches Strafrecht, 1943, 131.

154 Vgl. *Birkmeyer*, Teilnahme, in: Vergleichende Darstellung des deutschen und ausländischen Strafrechts, 1908, 23, 24.

155 Vgl. *Schwalm*, in: Festschrift für Engisch, 1969, 551, 552.

oder anderer subjektiver Momente. Die formal-objektive Theorie verwendet demnach rein objektive Kriterien zur Feststellung der Täterschaft und stützt sich nicht so stark auf den Kausalitätsgedanken. Sie betrachtet alle Tatbeiträge als gleichwertig[156]. Die Schwäche dieser Theorie ist das Fehlen einer hinreichenden Erklärung sowohl der mittelbaren Täterschaft als auch der Mittäterschaft. Da die Bestimmung des Täterbegriffs sich im Sinne der Forderung der Selbstausführung[157] zu formal[158] realisiert, kann die mittelbare Täterschaft, die keine eigenhändige Tatbestandsverwirklichung verlangt, nicht hinreichend erläutert werden[159]. Auch bei der Mittäterschaft geht diese Ansicht von der Forderung aus, dass jeder der Beteiligten die Tatbestandshandlung selbst vornimmt[160]. So interpretiert die formal-objektive Theorie das „arbeitsteilige Vorgehen".

Die materiell-objektive Theorie[161], die auch Rücksicht auf objektive Gesichtspunkte nimmt, beruht nicht auf dem formalistischen Kriterium der Ausführung der tatbestandsmäßigen Handlung. Vielmehr versucht sie nach dem Grad der Kausalbeziehung des Beteiligten zum tatbestandsmäßigen Erfolg die Täterschaft von der Teilnahme abzugrenzen. Maßgebend ist daher die Gefährlichkeit[162] des Tatbeitrags zur Erfolgsverursachung, unabhängig davon, ob der Tatbestand mit eigener Hand herbeigeführt wird oder nicht[163]. Das Leitprinzip der intensiven Kausalbeziehung zum Erfolg hat sich aber für eine sachgerechte Differenzierung der Täterschaft von der Teilnahme[164] als unangemessen erwiesen.

Die vorherrschende Ansicht in der Literatur ist heute die Tatherrschaftslehre (materiell-objektive Theorie)[165], die eine Synthese aus objektiven und subjek-

---

156 Vgl. *Roxin*, Täterschaft und Tatherrschaft, 2000, 35.

157 Vgl. BGHSt 18, 87; *Stratenwerth/Kuhlen*, Strafrecht, AT, 2004, 264.

158 Vgl. *Roxin*, Strafrecht, AT, Band II, 2003, 15.

159 Vgl. *Bloy*, Die Beteiligungsform als Zurechnungstypus im Strafrecht, 118.

160 Vgl. *Baumann*, JuS 1963, 88.

161 Vgl. *Roxin*, Täterschaft und Tatherrschaft, 2000, 38 ff.

162 Vgl. *Gallas*, Beiträge zur Verbrechenslehre, 1968, 85; *Jescheck/Weigend*, Lehrbuch des Strafrechts, 1996, 648, 649.

163 Vgl. *Baumann/Weber/Mitsch*, Strafrecht, AT, 2003, § 29 Rn. 48; *Kühl*, Strafrecht, AT, 2005, § 20 Rdn. 25.

164 Vgl. *Schönke/Schröder*, 2006, Vorbem §§ 25 ff Rdn. 61; *Stratenwerth/Kuhlen*, Strafrecht, AT, 2004, 264, 265.

165 Vgl. *Hirsch*, in: Festschrift für Schreiber, 2003, 158, 162; *Kindhäuser*, Strafrecht, AT, 2005, 311; *Maurach/Gössel/Zipf*, Strafrecht, AT, Teilband 2, 1989, 246; *Seelmann*, JuS 1980, 573: „Die Tatherrschaftstheorie der herrschenden Lehre hat dagegen nicht nur den Gesetzeswortlaut für sich (gemeinschaftliches „Begehen" der Tat), sondern vermeidet auch die aus der Theorie der Rechtsprechung folgende Rechtsunsicherheit, die den Anforderungen der Gesetzesbestimmtheit widerspricht".

tiven Kriterien darstellt[166]. Sie wurde zuerst von *Lobe*[167] begründet, ist aber in ihrer heutigen Form von *Roxin*[168] weiterentwickelt worden. Die Tatherrschaftslehre[169], die auf den restriktiven Täterbegriff abstellt, bezeichnet als Täter denjenigen, der den Tatablauf beherrscht[170] und die Entscheidung über „Ob" („Entscheidungsherrschaft") und „Wie" („Gestaltungsherrschaft")[171] der Tat im Wesentlichen selbst trifft. Die bloße Mitverursachung des tatbestandsmäßigen Erfolgs reicht also nicht aus. Vielmehr wird als maßgeblich das „in den Händen Halten" des Tatgeschehens angesehen[172], in dem der Täter die „Schlüsselfigur" oder die „Zentralgestalt" des Geschehens bildet[173]. Voraussetzung für das Vorliegen der Täterschaft ist also nicht mehr die Herbeiführung der tatbestandsmäßigen Handlung im formellen Sinne[174]. Auf diese Weise wird die Anerkennung der drei Formen der Täterschaft[175], nämlich der unmittelbaren, der mittelbaren und der Mittäterschaft gerechtfertigt. Wer dementsprechend den Erfolg mit eigener Hand bewirkt, wird als unmittelbarer Täter bezeichnet, da er über „Handlungsherrschaft" verfügt[176]. Die Tatherrschaftstheorie erleichtert ferner eine sachgerechte Erklärung der mittelbaren Täterschaft[177]. Der Beteiligte, der den Ausführenden mittels Zwang oder Täuschung beherrscht, ist als Täter zu charakterisieren, weil er die „Willensherrschaft"[178] hat. Irrelevant ist, ob der mittelbare Täter

---

166 Vgl. *Franzheim*, Die Teilnahme an unvorsätzlicher Haupttat, 1961, 35 ff.; *Geerds*, Jura 1990, 175: „Man kann die Tatherrschaftslehre sogar unschwer als eine Synthese verschiedener Theorien auffassen."; *Jescheck/Weigend*, Lehrbuch des Strafrechts, 1996, 652; *Küpper*, ZStW 105 (1993), 300, 301; *Nowakowski*, JZ 1956, 545: „Die Tatherrschaft ist also eine komplexe Erscheinung von außerpsychischen und innerpsychischen Sacherhaltselementen."; *Roxin*, Strafrecht, AT, Band II, 2003, 15; *Sax*, ZStW 69, 431.

167 Vgl. *Lobe*, Einführung in den Allgemeinen Teil des Strafgesetzbuches, 1933, 123.

168 Vgl. *Roxin*, Täterschaft und Tatherrschaft, 2000, 60 ff.

169 Zu der Tatherrschaftslehre siehe auch *Schmidhäuser*, in: Festschrift für Stree/Wessels, 1993, 354.

170 Vgl. *Hanack*, JZ 1967, 331: „Diese Theorie ist geprägt von der Vorstellung des final und eigenverantwortlich handelnden Menschen."; *Murmann*, GA 1996, 275; *Rudolphi*, in: Festschrift für Bockelmann, 1979, 370.

171 Vgl. *Jakobs*, Strafrecht, AT, 1991, 613, 21. Abschn, Rdn. 35.

172 Vgl. *Lackner/Kühl*, 2004, Vor § 25 Rdn. 4.

173 Vgl. *Bottke*, in: Bausteine des europäischen Strafrechts, Coimbra-Symposium für Claus Roxin, 1995, 238; *Roxin*, Strafrecht, AT, Band II, 2003, 14; *Vest*, ZStW 2001, 494.

174 Vgl. *Beulke*, Anmerkung, JR 1980, 424.

175 Vgl. *Küpper*, GA 1998, 519 ff.

176 Vgl. *Lange*, Literaturbericht, AT, ZStW 77, 315; *Roxin*, Strafrecht, AT, Band II, 2003, 15;

177 Vgl. *Jescheck/W*eigend, Lehrbuch des Strafrechts, AT, 1996, 653.

178 Vgl. *Geerds*, Schriftum, GA 1965, 217; *Lange*, Literaturbericht, AT, ZStW 77, 315.

am Tatort anwesend ist oder nicht und ob er bei der Tatbestandsausführung selbst mitwirkt. Im Falle der Mittäterschaft wird im Rahmen der Arbeitsteilung die so genannte „funktionelle Tatherrschaft“[179] als das entscheidende Indiz erachtet, das für die Bejahung von Täterschaft spricht. Wesentlich ist nämlich, dass jeder Mittäter eine entscheidende Rolle bei der Ausführung spielt.

Die theoretische Konstruktion der „Zentralgestalt“[180] sei trotzdem keine Definition des Täterbegriffs, sondern könne lediglich als ein „leitender Maßstab“[181] zur Konkretisierung von Täterschaft eingesetzt werden[182]. *Roxin* selbst geht davon aus, dass die Tatherrschaft ein offener und „ausfüllungsbedürftiger“ Begriff ist.[183] Er meint, dass ein Verfahren gefunden werden müsse, „mit Hilfe dessen sich der Begriff der Tatherrschaft inhaltlich so ausfüllen läßt, daß er einerseits den wechselnden Lebenserscheinungen gerecht werden, andererseits aber auch ein großes Maß an Bestimmtheit erreichen kann“[184]. „Dabei bildet die Tatherrschaft den allgemeinen Täterbegriff‘, heißt es bei ihm[185]. Dieser Terminus findet aber hauptsächlich bei den Herrschaftsdelikten Anwendung, denn bei den Pflichtdelikten und den eigenhändigen Delikten sind die besondere Pflichtenstellung und die Eigenhändigkeit zur Annahme von Täterschaft erforderlich[186]. So versucht *Roxin* die Idee der Tatherrschaft an die einzelnen Delikttypen anzupassen. Andererseits wird das Leitprinzip der Tatherrschaft von manchen Autoren[187] als inadäquat für die Bestimmung des Täters der Sonderdelikte bezeichnet. Daher glaubt *Hardwig*, dass neben der Beherrschung des Tatgeschehens auch die Intensität einer Pflichtenstellung, das Interesse am Taterfolg oder die Abhängigkeit

---

179 Vgl. *Ingelfinger*, JZ 1995, 708; *Jescheck/Weigend*, Lehrbuch des Strafrechts, AT, 1996, 653; *Küpper*, GA 1986, 439; *Lange*, Literaturbericht, AT, ZStW, 77, 316; *Roxin*, Strafrecht, AT, Band II, 2003, 15; *Rudolphi*, in: Festschrift für Bockelmann, 374; *Seelmann*, JuS 1980, 574.

180 *Schmidhäuser*, in: Festschrift für Stree/Wessels, 1993, 352 ff., der den Begriff der Zentalgestalt kritisiert: „Ist demnach mit „Zentralgestalt“ für die Begriffe von Täter und Teilnehmer nichts gewonnen als ein schmückendes Beiwort…“

181 Vgl. *Roxin*, Strafrecht, AT, Band II, 2003, 14; *Schumann*, NStZ 1990, 33: „... als der Begriff der Tatherrschaft ein sog. normativer, „wertausfüllungsbedürftiger“ Begriff ist.“

182 Vgl. *Hardwig*, JZ 1965, 667: „Freilich blieb der Inhalt dieses Begriffes weithin unbestimmt.“

183 Vgl *Bottke*, in: Bausteine des europäischen Strafrechts, Coimbra-Symposium für Claus Roxin, 1995, 238; vgl. aber. *Schroeder*, JR 1995, 177.

184 Vgl. *Roxin*, Täterschaft und Tatherrschaft, 2000, 122, 123.

185 Vgl. *Roxin*, JZ 1966, 293.

186 Vgl. *Roxin*, JZ 1966, 293.

187 Vgl. *Hardwig*, JZ 1965, 668; *Lange*, Literaturbericht, ZStW 77, 321: „Dem Verfasser (Roxin) ist der Nachweis gelungen, daß es keinen Schlüssel gibt, der die Täterschaft aller Tatbestände erschließt.“

zwischen den Beteiligten für die Abgrenzung von Täterschaft und Teilnahme im Einzelfall von Bedeutung sein können[188].

Die Tatherrschaftslehre hat viele Befürwörter gefunden, wie z.B. *Welzel*[189], *Gallas*[190], *Maurach*[191], *Sax*[192] und *Jescheck*[193], wird jedoch vereinzelt kritisiert. *Arzt* ist gegenüber dem Begriff der Tatherrschaft skeptisch und geht davon aus, dass „der Täter im Strafrecht nur subjektiv als geistige Zentralfigur zu erfassen ist[194]." Der Auffassung *Schummanns* zufolge gelangt die Tatherrschaftslehre zu der Schlussfolgerung, dass die unmittelbare und die mittelbare Täterschaft „gleichberechtigt und normativ gleichartig" seien. Was *Schumann* dadurch der Tatherrschaftstheorie vorwirft ist ihre Unfähigkeit, eine klare Differenzierung zwischen der unmittelbaren und der mittelbaren Täterschaft zu erreichen[195].

Dennoch hat die Tatherrschaftslehre als herkömmliche Meinung im Schrifttum auch die neure Rechtsprechung[196] beeinflusst, die sich zur Konkretisierung des Täterbegriffs nicht mehr ausschließlich auf den Täterwillen beruft. Es hat den Anschein, dass es in den Entscheidungen, die vorwiegend die Abgrenzung von Mittäterschaft und Beihilfe betreffen[197], eine Objektivierung in dem Sinne vorliegt, dass die Rechtsprechung den „gesamten Umständen"[198] des Tatgeschehens Rechnung trägt und sich nicht ausschließlich auf subjektive Momente stützt. Für die Beurteilung eines jeden Falles ist deshalb eine „Gesamtwertung"[199] anhand von Kriterien von Bedeutung, wie der Grad des eigenen Interesses am Taterfolg, der Umfang der Tatbeteiligung, die Tatherrschaft oder der Wille zur Tatherrschaft[200]. Dementsprechend hat die Rechtsprechung die so genannte „normative

---

188 Vgl. *Hardwig/Buschendorf*, JZ 1967, 88.
189 Vgl. *Welzel*, ZStW 58 (1939), 542; ders., Das Deutsche Strafrecht, 1969, 100.
190 Vgl. *Gallas*, Beiträge zur Verbrechenslehre, 1968, 95 ff.
191 Vgl. *Maurach/Gössel/Zipf*, Strafrecht, AT, Teilband 2, 1989, 247.
192 Vgl. *Sax*, ZStW 69, 431 ff.; *Sax*, JZ 1963, 338.
193 *Jescheck/Weigend*, Lehrbuch des Strafrechts, AT, 1996, 651.
194 Vgl. *Arzt*, JZ 1984, 429; *Arzt*, JZ 1981, 414.
195 Vgl. *Schumann*, Strafrechtliches Handlungsunrecht und das Prinzip der Selbstverantwortung der Anderen, 1986, 73.
196 Vgl. BGHSt 19, 135.
197 Vgl. BGH 87, 106.
198 Vgl. BGHSt 34, 125; 36, 367; 37, 291; 38, 319.
199 Vgl. BGH 87, 106; BGH, Beschl. v. 6.4.2006, in: NStZ 2006, 454.
200 Vgl. BGHSt 37, 291; 38, 319; 43, 219, 232; *Bringewat*, Grundbegriffe des Strafrechts, 2003, 295; *Jescheck/Weigend*, Lehrbuch des Strafrechts, 1996, 654; *Kühl*, Strafrecht, AT, 2005, § 20 Rdn. 31 ff.; *Otto*, Festschrift für Roxin, 2001, 485, 486; *Roxin*, Anmerkung, StV 1985, 279: „Auch der vorliegende Beschluß liegt auf dieser Linie der Hinwendung zur Tatherrschaftslehre (obwohl diese nicht ausdrücklich genannt wird). Er stellt sogar einen besonderen Fortschritt in Richtung auf eine materiell-objektive Abgrenzung dar..."; *Roxin*, Anmerkung, JZ 1995, 51: „Auch dieses

Kombinationstheorie" entwickelt, die wie Roxin ausdrücklich erwähnt „in der Mitte zwischen der ursprünglichen subjektiven Theorie und der Tatherrschaftslehre liegt"[201]. Diese Theorie, fügt Roxin zu, „hat von der subjektiven Theorie den Terminus des Täterwillens und das Eigeninteresse als wesentlichen Abgrenzungsgesichtspunkt beibehalten und läßt mit der gesonderten Erwähnung des Tatherrschaftswillens auch die Dolustheorie noch durchscheinen."[202]

3. Ganzheitstheorie

Nach der Ganzheitstheorie[203], die von Schmidhäuser entwickelt worden ist, wird eine Synthese aus objektiven und subjektiven Anhaltspunkten für maßgeblich zur Bestimmung des Täterbegriffs gehalten. Insbesondere bezeichnet *Schmidhäuser* denjenigen als Täter, der „nach der Ganzheit aller Momente des Sachverhalts der Tatbestandsbeschreibung des Täterdelikts (auch des Mittäterdelikts) entspricht."[204] Die Gegenwart am Tatort, die zeitliche Nähe des Einsatzes zum Erfolg, die Intensität der Tatvorbereitung oder die Verabredung über die Art der Teilung der Verbrechensbeute stellen einige Momente dar, die der Abgrenzung des Täters vom Teilnehmer dienen sollen[205]. Insgesamt setzt er sechzehn solcher Momente ein, versteht diese jedoch nur als Beispiele, da die Aufzählung nicht abschließend sei. Diese Theorie „sieht sich aber dem Vorwurf der unkontrollierbaren Beliebigkeit ausgesetzt", meint *Küpper*[206], während *Roxin* der Auffassung ist, dass sie „die Abgrenzung von Täterschaft und Teilnahme weitgehend in das Ermessen des Richters legt und gegen den Grundsatz nullum crimen sine lege verstößt."[207]

IV. Zwischenergebnis

Die weiter oben vorgenommene Darlegung der Dogmatik der Teilnahmelehre in Deutschland sowie der Theorien und Thesen, die hinsichtlich der Abgrenzung von Täterschaft und Teilnahme in Rechtslehre und Rechtsprechung entwickelt

---

Urteil führt – wie die gesamte Rspr. des BGH – neben der Tatherrschaft noch den „Willen zur Tatherrschaft" als selbsständiges Kriterium auf."; *Schumann*, Anmerkung, NStZ 1990, 32 ff.; *Wessels/Beulke*, Strafrecht, AT, 2006, § 13 Rdn. 516.

201 Vgl. *Roxin*, Strafrecht, AT, Band II, 2003, 13.
202 Vgl. *Roxin*, Strafrecht, AT, Band II, 2003, 13.
203 Vgl. *Roxin*, ZStW 83 (1971), 394; *Sax*, ZStW 90 (1978), 935.
204 Vgl. *Schmidhäuser*, Strafrecht, AT, 1975, Rn 10/168.
205 Vgl. *Schmidhäuser*, in: Festschrift für Stree/Wessels, 1993, 350.
206 Vgl. *Küpper*, GA 1986, 444.
207 Vgl. *Roxin*, Strafrecht, AT, Band II, 2003, 17.

worden sind, stellt im Wesentlichen eine Einführung in die Anstiftungsproblematik dar. Die Erläuterung der wichtigeren Begriffe und Prinzipien der Beteiligungslehre und die Beschreibung der allgemeinen theoretischen Konzeptionen, die das Dogma der Teilnahme betreffen, wurden für das Verständnis der Beteiligungsform der Anstiftung als unerlässlich angesehen.

Im Folgenden soll folglich der Versuch unternommen werden, die Regelung der Anstiftung näher zu betrachten, und den Meinungsstand sowohl bezüglich der Auslegung des Wortlauttatbestandes als auch bezüglich des Strafgrunds der Anstiftung zu schildern.

B. Die Anstiftung

I. Die Anstiftungsregelung

Im deutschen Strafgesetzbuch ist die Anstiftung in § 26 folgendermaßen geregelt:

§ 26 Anstiftung. Als Anstifter wird gleich einem Täter bestraft, wer vorsätzlich einen anderen zu dessen vorsätzlich begangener rechtswidriger Tat bestimmt hat.

II. Der Unrechtsgehalt der Anstiftung

1. Das „Bestimmen" zur Tat

Anstiftung ist die vorsätzliche Bestimmung eines anderen zu dessen vorsätzlich begangener rechtswidriger Tat (§ 26 StGB). Aus dem Wortlaut des Gesetzes ergibt sich keine Klarheit hinsichtlich der Qualität der Einwirkung des Anstifters auf den Haupttäter. Die Auslegung des „Bestimmens"[208] und die Frage nach den Anforderungen an die objektive Konkretheit dieses Begriffes haben Anlass für eine umfangreiche wissenschaftliche Diskussion gegeben[209], mit der wir uns später befassen wollen. Zunächst bedeutet „Bestimmen", dass der Anstifter für den Tatentschluss ursächlich wird[210]. Streitig ist, ob die „Bestimmung" zur Tat den

208 Vgl. *Less*, ZStW 69 (1957), 46: „Die „Bestimmung" eines anderen zu einer Straftat ist daher nicht nur Schuld-, sondern Unrechtsmerkmal der Anstiftung."

209 Vgl. *Jakobs*, Strafrecht, AT, 1991, 666; *Rudolphi*, Fälle zum Strafrecht, AT, 2000, 118.

210 Vgl. *Duttge*, Anmerkung, NStZ 1997, 595; *Kühl*, Strafrecht, AT, 2005, § 20 Rdn. 169; *Lackner/Kühl* 2004 § 26 Rdn. 2; *Roxin*, in: Festschrift dür Schröder, 1978, 154 ff.; ders., in: Leipziger Kommentar 2003 § 26 Rdn. 17; *Rudolphi*, Fälle zum Strafrecht, AT, 2000, 118; *Schönke/Schröder* 2006 § 26 Rdn. ½.

Charakter einer Aufforderung[211] haben muss.[212] Eine Aufforderung verlangt neuerdings *Amelung*. Insbesondere sieht er die Anstiftung als „eine situationsverändernde sprachliche Handlung, ein sog. Sprechakt, in Gestalt eines gegennormativen bzw. sanktionsträchtigen Appells zur Begehung einer Straftat.[213]“ Das Wort „bestimmen“ sei nach Amelung noch lexikalisch als „auffordern“ auszulegen[214].

Für die Bejahung der Anstiftung ist nach der herrschenden Ansicht die Erfüllung zweier Voraussetzungen notwendig: die Hervorrufung des Tatentschlusses[215] und zusätzlich die vom Täter vorsätzliche Begehung der rechtswidrigen Tat[216]. Das „Hervorrufen“ wird von der herrschenden Meinung durch den Begriff „verursachen“ übersetzt. Die Mittel, die der Anstifter zur Willensbeeinflussung anwendet, sind belanglos und an sich nicht begrenzt[217]. Überredung, Beauftragung, Geschenke, Zusage einer Belohnung, konkludentes Auffordern oder auch Drohung sind lediglich Beispiele und stellen keine abschließende Aufzählung der Anstiftungsmittel dar[218].

2. Der „omnimodo facturus“

Von einer Anstiftung kann aber nicht die Rede sein, wenn der anzustiftende Täter schon fest zur Tat entschlossen ist[219]. Der so genannte omnimodo facturus[220] kann nicht mehr bestimmt werden[221], weil die Entscheidung über die Tatbegehung bei ihm schon getroffen ist. Möglich ist deshalb nur eine Bestrafung wegen

---

211 Vgl. *Herzberg*, JuS 1987, 620.

212 Vgl. siehe *Amelung*, in: Festschrift für Schroeder, 2006, 173; *Roxin*, in: Festschrift für Salger, 1995, 131.

213 Zitiert nach *Amelung*, in: Festschrift für Schroeder, 2006, 177.

214 Vgl. *Amelung*, in: Festschrift für Schroeder, 2006, 149.

215 Vgl. *Roxin/Arzt/Tiedemann*, Einführung in das Strafrecht und Strafprozeßrecht, 2003, 23; *Schönke/Schröder* 2006 § 26 Rdn. 4.

216 Vgl. *Heinrich*, Strafrecht, AT II, 2005, 173, 174.

217 Vgl. *Lackner/Kühl* 2004 § 26 Rdn. 2.

218 Vgl. *Meyer*, Die Strafwürdigkeit der Anstiftung dem Grade nach, 1970, 114; *Schönke/Schröder* 2006 § 26 Rdn. 5; *Wessels/Beulke*, Strafrecht, AT, 2006, § 13 IV 4 Rdn. 568.

219 Vgl. *Bemmann*, Beiträge zur Strafrechtswissenschaft, 1993, 77; *Hillenkamp*, 32 Probleme aus dem Strafrecht, AT, 2006 14 ff.; *Hünerfeld*, in: Drittes deutsch-polnisches Kolloquium über Strafrecht und Kriminologie, 1988, 142; *Krey*, Deutsches Strafrecht, AT, Band 2, 2002/2005 Rdn. 260; *Kühl*, Strafrecht, AT, 2005, § 20 Rdn. 177; *Küpper*, JuS 1996, 23; *Roxin*, in: Festschrift für Schröder, 1978, 155; *Schönke/Schröder* 2006 § 26 Rdn. 7.

220 Vgl. *Heinrich*, Strafrecht, AT II, 2005, 178.

221 Vgl. *Cramer*, Anmerkung, JZ 1965, 31; *Freund*, Strafrecht, AT, 1998, 358; *Grünwald*, JuS 1965, 313; *Otto*, JuS 1982, 561.

psychischer Beihilfe oder versuchter Anstiftung nach § 30 StGB[222]. Beachtenswert in diesem Zusammenhang ist, dass das deutsche Strafrecht die versuchte Teilnahme lediglich im Fall der versuchten Anstiftung zu einem Verbrechen für strafbar erklärt[223].

Die Bestimmungshandlung wird andererseits als ursächlich betrachet, wenn der Täter noch unschlüssig ist oder Hemmungen in Bezug auf die Weiterführung einer begonnenen fortgesetzten Tat hat[224]. Dasselbe gilt, wenn jemand tatgeneigt ist[225]. In diesen Fällen kann vollendete Anstiftung in Betracht kommen[226].

3. Die Voraussetzung der „vorsätzlich begangenen rechtswidrigen Tat"

Zu den Erfordernissen des objektiven Tatbestandes der Anstiftung gehört die Bestimmung eines anderen zu dessen vorsätzlich begangener rechtswidriger[227] Tat. Der Täter muss also alle objektiven und subjektiven Merkmale des Tatbestands eines Strafgesetzes verwirklichen, ohne dass Rechtfertigungsgründe vorliegen[228]. Anstiftung zu unvorsätzlicher Tat scheidet von vorherein aus[229], wobei die Haupttat zumindest in das Versuchstadium gelangt sein muss[230].

---

222 Vgl. *Hünerfeld*, in: Drittes deutsch-polnisches Kolloquium über Strafrecht und Kriminologie, 1988, 142; *Kühl*, Strafrecht, AT, 2005, § 20 Rdn. 177; *Lackner/Kühl* 2004 § 26 Rdn. 2a; *Roxin*, in: Festschrift für Schröder, 1978, 156; *Schönke/Schröder* 2006 § 26 Rdn. 7; *Wessels/Beulke*, Strafrecht, AT, 2006, § 13 IV 4 Rdn. 569.

223 Vgl. *Hünerfeld*, in: Strafrechtsreform in der Bundesrepublik Deutschland und in Italien, 1981, 122.

224 Vgl. *Bemmann*, Beiträge zur Strafrechtswissenschaft, 1993, 77: „ ...eine Anstiftung des zur Tat bereits Entschlossenen kommt insoweit nur in Betracht, als der Tatentschlossene zu etwas Zusätzlichem, also zu etwas veranlaßt wird, was über das von ihm zunächst ins Auge gefaßte Tatgeschehen hinausgeht." *Lackner/Kühl* 2004 § 26 Rdn. 2a; *Stree*, in: Festschrift für Heinitz, 1972, 277 ff.; *Schönke/Schröder* 2006 § 26 Rdn. 7; *Tröndle/Fischer*, 2006, § 26 Rdn. 3.

225 Vgl. *Kühl*, Strafrecht, AT, 2005, § 20 Rdn. 179; *Lackner/Kühl* 2004 § 26 Rdn. 2a; *Schönke/Schröder* 2006 § 26 Rdn. 7.

226 Vgl. *Lackner/Kühl*, 2004 § 26 Rdn. 2a; *Schönke/Schröder*, 2006 § 26 Rdn. 7

227 Vgl. *Herzberg*, Jura 2004, 670; *Hünerfeld*, in: Drittes deutsch-polnisches Kolloquium über Strafrecht und Kriminologie, 1988, 140; *Jakobs*, Strafrecht, AT, 1991, 662; *Kühl*, Strafrecht, AT, 2005, § 20 Rdn. 166; *Mitsch*, Jus 1999, 373; *Schönke/Schröder* 2006 § 26 Rdn. 24; *Schumann*, in: Festschrift für Stree/Wessels, 1993, 383 ff.

228 Vgl. *Jakobs*, Strafrecht, AT, 1991, 662.

229 Vgl. *Köhler*, Strafrecht, AT, 1997, 524; anders, *Franzheim*, Die Teilnahme an unvorsätzlicher Haupttat, 1961, 54 ff.; *Lange*, JZ 1959, 560 ff.; *Mezger*, JZ 1954, 312 ff.; *Welzel*, JZ 1954, 429 ff.

230 Vgl. *Kühl*, Strafrecht, AT, 2005 § 20 Rdn. 166.

III. Die subjektive Seite der Anstiftung

Zur Erfüllung des subjektiven Tatbestandes der Anstiftung ist der so genannte „doppelte“ Anstiftervorsatz[231] erforderlich. Er muss sich einerseits auf die Anstiftungshandlung als solche, namentlich auf das Hervorrufen des Tatentschlusses beim Täter beziehen[232]. Bezüglich des Erfolgs des „Bestimmens“ eines anderen zur Tat reicht nach der Lehre und Praxis[233] auch Eventualvorsatz aus[234]. Andererseits muss der Anstifter über Vorsatz hinsichtlich der vom Täter zu begehenden Handlung verfügen, nämlich hinsichtlich der Ausführung der Haupttat einschließlich der subjektiven Tatbestandsmerkmale und der Verwirklichung des Erfolgs. Das heißt, dass der Anstifter auch Vollendungsvorsatz[235] haben muss, denn sonst wäre er als „agent provocateur“[236] zu bezeichnen.

Das Vorsatzerfordernis ist explizit im Gesetzestext erwähnt. Dadurch hat der deutsche Gesetzgeber seinen Willen geäußert, die fahrlässige Anstiftung auszuschließen[237]. Da die fahrlässige Anstiftung als solche nach deutschem Strafrecht für nicht strafbar gehalten wird, kommt in diesem Fall nach einhelliger Ansicht Täterschaft eines Fahrlässigkeitsdelikts in Betracht[238].

Die Anstiftungshandlung muss sich auf eine bestimmte Haupttat beziehen, wobei die Merkmale dieser Bestimmtheit in Wissenschaft und Judikatur noch ungeklärt sind. Die Haupttat des unmittelbaren Täters muss nach der überwie-

---

231 Vgl. *Ambos*, Jura 2004, 498; *Geerds*, Jura 1986, 442; *Geppert*, Jura 2002, 282; *Graul*, Anmerkung, JR 1999, 250; *Heinrich*, Strafrecht, AT II, 2005, 182; *Hünerfeld*, in: Drittes deutsch-polnisches Kolloquium über Strafrecht und Kriminologie, 1988, 141; *Kühl*, Strafrecht, AT, 2005 § 20 Rdn. 195; *Lackner/Kühl* 2004 § 26 Rdn. 4; *Maaß*, Jura 1981, 514; *Streng*, JuS 1991, 910; *Suhr*, JA 1985, 629.

232 Vgl. *Ingelfinger*, Anstiftervorsatz und Tatbestimmtheit, 1991, 82 ff.

233 Vgl. BGHSt. 2 279, 281 f.; BGH GA 1980 183 f.

234 Vgl. *Roxin*, in: Leipziger Kommentar 2003 § 26 Rdn. 65.

235 Vgl. *Lackner/Kühl* 2004 § 26 Rdn. 4; *Roxin*, Strafrecht, AT, Band II, 2003, 172; *Schönke/Schröder* 2006 § 26 Rdn. 20.

236 Vgl. *Franzheim*, NJW 1979, 2014 ff.; *Herzberg*, JuS 1983, 745 ff.; *Küper*, GA 1974, 321; *Maaß*, Jura 1981, 517 f.; *Sommer*, JR 1986, 485 ff.; *Stratenwerth*, MDR 1953, 717 ff.; *Suhr*, JA 1985, 629: „Der Anstifter muß neben dem Willen zur Beeinflussung des Täters auch die Verursachung des tatbestandlichen Unrechts in seinen Vorsatz angenommen haben. Wollte der agent provocateur den Täter bereits im Stadium des Versuches – also vor Vollendung des Tatbestandes – festnehmen, fehlt bei ihm der Verursachungsvorsatz.“

237 Vgl. *Hünerfeld*, in: Drittes deutsch-polnisches Kolloquium über Strafrecht und Kriminologie, 1988, 141; *Lackner/Kühl* 2004 § 26 Rdn. 1; *Schönke/Schröder* 2006 § 26 Rdn. 16.

238 Vgl. *Vassilaki*, in: Strafrecht Biorecht Rechtsphilosophie, 2003, 504; anders *Hruschka*, ZStW 1998, 609, 610.

genden Auffassung vom Anstifter hinreichend,[239] aber nicht in allen Einzelheiten konkretisiert[240] sein, d.h. der Anstifter muss die Umstände bzw. die „wesentlichen Dimensionen" kennen, die die Strafbarkeit der Haupttat begründen[241]. *Roxin* geht davon aus, dass „mit den „wesentlichen Dimensionen" das ungefähre Ausmaß des Schadens und die Angriffsrichtung gemeint sind."[242] Die bloße Aufforderung eines anderen zur Vornehmung unbestimmter Taten reicht demnach nicht aus und ist folglich nicht unter Strafe gestellt[243]. Die Festlegung von Ort und Zeit der Tat oder die Individualisierung des Tatopfers werden für die Erfüllung des Tatbestands der Anstiftung nach einer Ansicht in der Lehre[244] und in der Rechtsprechung[245] nicht verlangt, d.h. sie brauchen von dem Vorsatz des Anstifters nicht umfasst zu sein. Vom BGH[246] wurde aber auch die Auffassung vertreten, dass der Anstifter die „individualisierenden Merkmale" des konkreten Geschehens, nämlich den Ort, die Zeit und das Objekt kennen muss. Dagegen ist das Unrechtsbewußtsein des Anstifters keine unabdingbare Voraussetzung für die Erfüllung des subjektiven Tatbestandes der Anstiftung[247].

---

239 Vgl. *Graul*, Anmerkung, JR 1999, 249 f.; *Kühl*, Strafrecht, AT, 2005, § 20 Rdn. 188 ff.; *Roxin*, Strafrecht, AT, Band II, 2003, 173.

240 Vgl. *Küpper*, Anmerkung, JR 1992, 296; *Küpper*, JuS 1996, 25; *Lackner/Kühl* 2004 § 26 Rdn. 5; *Rogall*, GA 1979, 14, 15; *Schönke/Schröder* 2006 § 26 Rdn. 17; *Schlüchter/Duttge*, Anmerkung, NStZ 1997, 595.

241 Vgl. *Roxin*, Anmerkung, JZ 1986, 909; ders., Höchstrichterliche Rechtsprechung zum Allgemeinen Teil des Strafrechts, 1998, 125; ders., in: Festschrift für Salger, 1995, 131: „Vielmehr muß es genügen, wenn der Anstiftervorsatz neben dem zu verwirklichenden Tatbestand die wesentlichen Dimensionen des Unrechts der Tätertat erfaßt."; ders., Anmerkung, JZ 1997, 211; ders., Strafrecht, AT, Band II, 2003, 174; anders *Maurach/Gössel/Zipf*, Strafrecht, AT, Teilband 2, 1989, 343: „Die bloße Fixierung der „wesentlichen Dimensionen des Unrechts" reicht entgegen Roxin nicht aus... Dem Erfordernis der Konkretisierung der Tat ist genügt, wenn der Anstifter die zu begehende Handlung in groben Umrissen (d.h. einzelne der zur Tatindividualisierung tauglichen Merkmale dürfen fehlen, soweit die Tat nur im übrigen individualisierbar ist) nach Rechtsgutsbeeinträchtigung, sonstigen Unrechtsgehalt und konkreter Angriffsrichtung wie konkretem Angriffsobjekt bezeichnet."

242 Vgl. *Roxin*, Strafrecht, AT, Band II, 2003, 174.

243 Vgl. *Roxin*, Höchstrichterliche Rechtsprechung zum Allgemeinen Teil des Strafrechts, 1998, 125; ders., in: Festschrift für Salger, 1995, 129, 131; *Schönke/Schröder* 2006 § 26 Rdn. 17.

244 Vgl. *Roxin*, Strafrecht, AT, Band II, 2003, 173.

245 Vgl. RGSt 26, 361; BGHSt 15, 276.

246 Vgl. BGHSt. 34, 63; ausführlich zu dieser Entscheidung siehe *Herzberg*, JuS 1987, 617 ff.; *Ingelfinger*, Anstiftervorsatz und Tatbestimmtheit, 1991, 23 ff.; *Krey*, Deutsches Strafrecht, AT, Band 2, 2002/2005 Rdn. 272; *Roxin*, Höchstrichterliche Rechtsprechung zum Allgemeinen Teil des Strafrechts, 1998, 125 f.

247 Vgl. *Lackner/Kühl* 2004 § 26 Rdn. 4.

Der Anstiftervorsatz muss ferner auf eine bestimmte Person oder einen bestimmten Personenkreis gerichtet sein[248], da andernfalls nicht die Anstiftung des § 26 StGB, sondern die öffentliche Aufforderung zu Straftaten des § 111 StGB Anwendung findet[249].

IV. Der agent provocateur

Die Anstiftung setzt den Vollendungsvorsatz des Anstifters voraus, d.h. der Anstifter muss die Vollendung der Tat durch den Haupttäter beabsichtigen. Sofern diese Bedingung nicht erfüllt wird, bleibt die Anstiftung straflos. Es gibt jedoch Fälle, bei denen der Veranlasser die Haupttat lediglich bis zum Versuchsstadium gelangen lassen will[250]. Die Figur des so genannten agent provocateur ist im deutschen Strafgesetzbuch in keiner Vorschrift geregelt. Sie ist dennoch vom Schrifttum anerkannt worden[251]. Als agent provocateur wird derjenige bezeichnet, dessen Wille entweder nicht auf die tatsächliche Verletzung des geschützten Rechtsguts gerichtet ist, oder der die Vollendung des Delikts durch sein Eingreifen verhindert[252]. Der Lockspitzel[253] (agent provocateur) bestimmt eine andere Person zu einer unerlaubten Handlung mit dem Ziel sie zu überführen und im Versuchsstadium festnehmen zu lassen[254].

Trotz der fehlenden Erwähnung des agent provocateur im Gesetzestext beschäftigt diese Figur heute recht häufig die Literatur und die Praxis, angesichts ihrer zunehmenden Bedeutung im Rahmen der Bekämpfung der modernen Erscheinungsformen des organisierten Verbrechens[255]. Im Bereich sowohl der Rauschgift- und Falschgeldkriminalität als auch des illegalen Waffenhandels werden üblicherweise verdeckt operierende Polizeibeamten eingesetzt[256], wodurch sich typische Fälle der Problematik des agent provocateur ergeben.

---

248 Vgl. *Roxin*, Strafrecht, AT, Band II, 2003, 173; *Schönke/Schröder* 2006 § 26 Rdn. 18.

249 Vgl. *Kühl*, Strafrecht, AT, 2005, § 20 Rdn. 188.

250 Siehe *Roxin*, in: Leipziger Kommentar 2003 § 26 Rdn. 67 ff.

251 Vgl. *Sommer*, JR 1986, 485.

252 Vgl. *Schönke/Schröder* 2006 § 26 Rdn. 20; *Suhr*, JA 1985, 629.

253 Vgl. *Herzog*, NStZ 1985, 153 ff.; *Maaß*, Jura 1981, 514; *Ostendorf/Meyer-Seitz*, StV 1985, 73 ff.; *Schünemann*, StV 1985, 424 ff.; *Seelmann*, ZStW 95 (1983), 797 ff.; *Suhr*, JA 1985, 629 ff.; *Wessels/Beulke*, Strafrecht, AT, 2006, § 13 IV 4 Rdn. 573, 574.

254 Vgl. *Maaß*, Jura 1981, 514; *Roxin*, Strafrecht, AT, Band II, 2003, 179; *Suhr*, JA 1985, 629.

255 Vgl. *Franzheim*, NJW 1979, 2014; *Lüderssen*, Jura 1985, 113; *Sommer*, JR 1986, 485.

256 Vgl. *Franzheim*, NJW 1979, 2014; *Lüderssen*, Jura 1985, 113; *Suhr*, JA 1985, 629.

Lehre und Rechtsprechung haben sich umfangreich mit der materiellrechtlichen Frage der Strafbarkeit bzw. Straflosigkeit des agent provocateur befasst. Aufgrund mangelnden Vollendungsvorsatzes soll der agent provocateur nach der herrschenden Auffassung straflos bleiben, da es an dem Rechtsgutsangriff, der jede Teilnahme charakterisiert, fehle[257]. Diese Ansicht stimmt mit der Verursachungstheorie überein, die den Strafgrund der Anstiftung und der Teilnahme in der Verletzung des Rechtsgutes sieht[258]. Dieser Fall stellt die klassische Konstellation des agent provocateur dar. Umstritten ist andererseits die Behandlung des Lockspitzels bei Delikten wie Diebstahl, Betrug oder Urkundenfälschung, deren Vollendung und Beendigung zeitlich auseinanderfallen[259]. Die Literatur hat hinsichtlich dieser Problematik keine einheitliche Antwort gegeben[260]. Eine ausführliche Darstellung der verschiedenen Meinungen und der dogmatischen Auseinandersetzung würde jedoch den Rahmen dieser Arbeit sprengen.

V. Der rechtfertigende Grund der Bestrafung des Anstifters

Zu den am meisten diskutierten Problemen der Dogmatik gehört der Strafgrund der Anstiftung. Die deutsche Strafrechtslehre hat sich ausgiebig damit beschäftigt, da der rechtfertigende Grund des gleichen Strafrahmens für Täter und Anstifter als eine Problematik angesehen werden muss, die mit vielen anderen Dimensionen des Wesens der Teilnahme verbunden ist wie dem Teilnahmeunrecht und dem Grundsatz der Akzessorietät. Im Folgenden soll deshalb der Versuch unternommen werden, die im Schrifttum herrschende Ausprägung sowie einzelne Ansichten hinsichtlich des Grunds der Bestrafung des Anstifters darzustellen.

---

257 Vgl. *Lüderssen*, Jura 1985, 119; *Küper*, GA 1974, 321; *Maaß*, Jura 1981, 517; *Roxin*, Strafrecht, AT, Band II, 2003, 179; *Stratenwerth*, MDR 953, 718; *Suhr*, JA 1985, 629.

258 Vgl. *Franzheim*, NJW 1979, 2015; *Herzberg*, Jus 1983, 737, 738; *Lüderssen*, Jura 1985, 119; *Maaß*, Jura 1981, 517; *Roxin*, in: Leipziger Kommentar 2003 § 26 Rdn. 67; *Seelmann*, ZStW 95 (1983), 799 f.

259 Vgl. *Janssen*, Anmerkung, NStZ 1992, 238; *Joecks*, Studienkommentar, 2005 § 26 Rdn. 21, 22; *Maaß*, Jura 1981, 520: Hinsichtlich dieser Delikte findet er, dass „je nach der Ausgestaltung des Rechtsgüterschutzes zu differenzieren ist. Der Anstifter ist nur dann straflos, wenn er es nicht zur Rechtsgutsverletzung kommen lassen will, wobei dies der Zeitpunkt der Vollendung (§ 263) oder aber der der Beendigung (§§ 242, 267) sein kann."; *Suhr*, JA 1985, 629.

260 Zum Meinungsstand in der Theorie siehe *Krey*, Deutsches Strafrecht, AT, Band 2, 2002/2005 Rdn. 279 ff.; *Maaß*, Jura 1981, 520; *Roxin*, in: Leipziger Kommentar 2003 § 26 Rdn. 79, 81, 83; *Suhr*, JA 1985, 634.

1. Das Unrecht der Anstiftung – selbständig oder aus dem Unrecht der Hauptat abgeleitet?

Die deutsche Strafrechtsdogmatik geht von der These der von der Haupttat abhängigen Deliktsnatur der Anstiftung aus. Im Hinblick auf den Strafgrund der Teilnahme stellt die akzessorietätsorientierte Verursachungs-Förderungstheorie (oder anders gesagt die modifizierte Unrechtsteilnahmetheorie[261]) die in der Literatur[262] vorherrschende Ansicht dar. Sie basiert auf der Unselbstständigkeit[263] der Teilnahme[264] und nennt als primären Grund für die Bestrafung der Teilnahme die Verursachung der durch den Täter begangenen Rechtsgutsverletzung[265]. Das Unrecht der Anstiftung wird nach dieser Auffassung von dem Unrecht der Haupttat abgeleitet, d.h. es lehnt sich immer an die „vorsätzlich begangene rechtswidrige Tat" an[266]. Die Verwirklichung des Handlungs- und Erfolgsunwertes durch den Täter, aus denen sich das Unrecht der Haupttat zusammensetzt, wird als notwendige Voraussetzung für das Vorliegen der Anstiftung erachtet[267]. Der Strafgrund

---

261 Vgl. *Stratenwerth/Kuhlen*, Strafrecht, Allgemeiner Teil I, 2004, 298; *Heghmanns*, GA 2000, 473.

262 Vgl. *Baumann*, JuS 1963; *Baumann/Weber*, Strafrecht, AT, 1985, 553, 554: „Darüber hinausgehenden Bestrebungen, die Abhängigkeit des Anstifter- (und Gehilfen-) Unrechts vom Unrecht der Haupttat zu bagatellisieren, kann schon angesichts des klaren Wortlautes des §§ 26 und 27 StGB nicht gefolgt werden."; *Hake*, Beteiligtenstrafbarkeit und „besondere persönliche Merkmale", 1994, 110; *Herzberg*, JuS 1983, 738; *Hirsch*, in: Festschrift für Schreiber, 2003, 161, 162; *Ingelfinger*, Anstiftervorsatz und Tatbestimmtheit, 1991, 123, 124; *Jescheck/Weigend*, Lehrbuch des Strafrechts, AT, 1996, 685, der die Lehre der Selbsständigkeit des Teilnahmeunrechts mit dem geltenden Recht für unvereinbar hält; *Maurach/Gössel/Zipf*, Strafrecht, AT, Teilband 2, 1989, § 50 III Rdn. 57; *Nowak*, JuS 2004, 198; *Stratenwerth/Kuhlen*, Strafrecht, AT I, 2004, § 12 Rdn. 121; *Welzel*, Das deutsche Strafrecht, 1969, 115.

263 Vgl. *Hünerfeld*, ZStW 99 (1987), 234: „Der Versuch einer entsprechenden Begründung selbständiger Teilnehmerdelikte ist daher auf dem Boden des geltenden Rechts zum Scheitern verurteilt."; *Otto*, JuS 1982, 558, 559, der die von dem Teilnehmer mittelbare und unselbstständige Gefährdung der Vertrauensgrundlage der Rechtsgesellschaft betont.

264 Vgl. *Meyer*, Die Strafwürdigkeit der Anstiftung dem Grade nach, 1970, 136.

265 Zu dieser Theorie siehe auch *Nikolidakis*, Grundfragen der Anstiftung, 2003, 44 ff.

266 Vgl. *Schumann*, in: Festschrift für Stree/Wessels, 1993, 383: „In der Mitverursachung dieses Unrechts und dem darin liegenden mittelbaren Angriff auf das durch die Haupttat betroffene Rechtsgut sieht die herrschende akzessorietätsorientierte Verursachungs- bzw. Unrechtsteilnahmetheorie den strafwürdigen Unrechtsgehalt der Teilnahme."

267 Vgl. *Mylonopoulos*, Über das Verhältnis von Handlungs- und Erfolgsunwert im Strafrecht, 1981, 52, 53; *Roxin*, in: Festschrift für Stree/Wessels, 1993, 369, der die Teilnahme als akzessorische über den Täter Herbeiführung einer tatbestandsmäßi-

der Teilnahme ist aber nicht mit dem Handlungsunwert der Tat identisch, da der Teilnehmer an der Normverletzung des Täters lediglich mitwirkt[268]. Die Gegenmeinung, die heute überholt ist, will den Strafgrund der Teilnahme daraus herleiten, dass der Teilnehmer den Täter „in Schuld und Strafe führt.“[269]. Die Schuldteilnahmetheorie[270] ist aber heute nicht mehr vertretbar, da sie gegen die Regeln der limitierten Akzessorietät verstößt und insbesondere mit den Vorschriften der §§ 28, 29 StGB, die die Bestrafung eines jeden Täters nach seiner eigenen Schuld regeln, unvereinbar ist.

Im Gegensatz zur h.M. liegt bei den Befürwortern der reinen Verursachungs- oder Schuldteilnahmetheorie die Auffassung zugrunde, dass der rechtsgutsverletzende Charakter der Anstiftung nicht auf die Existenz einer Haupttat angewiesen sei[271]. In Wirklichkeit sei nach *Lüderssen*[272] die Abhängigkeit der Anstifterstrafbarkeit vom Vorhandensein einer Haupttat „rein faktischer Natur“[273], denn „auch der Teilnehmer selbst handelt tatbestandsmäßig“[274]. Zu den Anhängern der These der eigenen Struktur der Teilnahme im Vergleich zur Täterschaft gehört auch *Sax*, der eine sachliche Abhängigkeit des Teilnahmedelikts vom Täterdelikt annimmt[275]. Die Begriffe „Täterdelikt“ und „Teilnahmedelikt“ verwendet auch Schmidhäuser[276], und *Herzberg* hält die Verhaltensbeschreibungen der §§ 26, 27

---

gen Rechtsgutsverletzung bezeichnet, aber zusätzlich von der These des „akzessorischen Rechtsgutsangiffs“ des Teilnehmers ausgeht. Er findet nämlich, daß bezüglich des Strafgrunds der Teilnahme eine gemischte Theorie ausschlaggebend ist, „die das Teilnahmeunrecht teils aus der Zurechnung des Täterunrechts (also akzessorisch), teils aus selbstständigen Elementen (dem Rechtsgutsangriff) begründet.“; Roxin, Strafrecht, AT, Band II, 2003, 131; *Roxin*, Leipziger Kommentar, 2003, § 26 Rdn. 4.

268 Vgl. *Haft*, Strafrecht, AT, 2004, 210; *Kaufmann*, JZ 1962, 782; *Mylonopoulos*, Über das Verhältnis von Handlungs-und Erfolgsunwert im Strafrecht, 1981, 52, 53.

269 Kritik an die Schuldteilnahmetheorie wird von *Otto* geübt, in: Festschrift für Lange, 1976, 202, 203.

270 Vertreten von: *Maurach*, Schuld und Verantwortung im Strafrecht, 1948, 61 ff.; *H. Mayer*, in: Festschrift für Rittler, 1957, 254 ff.; *Trechsel*, Der Strafgrund der Teilnahme, 1967, 50, 51, 53.

271 Zu einer Darstellung der reinen Verursachungstheorie und ihrer Anhängern siehe auch *Nikolidakis*, Grundfragen der Anstiftung, 2003, 36 ff.

272 Vgl. *Lüderssen*, in: Festschrift für Miyazawa, 1995, 450, der gegen die akzessorietätsorientierte Verursachungstheorie Einwände erhebt.

273 Vgl. *Lüderssen*, Zum Strafgrund der Teilnahme, 1966, 119; anders, *Hünerfeld*, ZStW 99 (1987), 234.

274 Vgl. *Lüderssen*, Zum Strafgrund der Teilnahme, 1966, 25; vgl. in dieser Richtung auch die Ansicht von *Langer*, Das Sonderverbrechen, 1972, 465, 466.

275 Vgl. *Sax*, ZStW 90 (1978), 929.

276 Vgl. *Schmidhäuser*, Strafrecht, AT, 1970, 396 14/1,2, 429 14/77: „Seine Besonderheit (des Teilnehmerdelikts) liegt in erster Linie in seiner – gesetzestechnisch be-

StGB für eigenständige und vollwertige Straftatbestände bzw. für echte Delikte[277]. Schließlich ist *M. Meyer* der Ansicht, dass „nur die Anerkennung eines Teilnehmerdelikts dem Grundsatz der Individualisierung strafrechtlicher Verantwortlichkeit Rechnung trägt und Systembrüche vermeidet."[278]

Zwischen diesen beiden Theorien hinsichtlich des Strafgrunds der Anstiftung liegt eine mittlere Auffassung vor. Sie stützt sich vor allem auf die These, dass das Unrecht der Anstiftung nicht ausschließlich nach dem Grundsatz der Akzessorietät zu erklären sei. Die Förderung fremden Unrechts stellt insbesondere den Handlungsunwert des Anstifters dar und ist als ein *akzessorischer Rechtsgutsangriff* charakterisiert[279], da das Rechtsgut auch gegenüber dem Anstifter geschützt sein müsse. Die Lehre vom *akzessorischen Rechtsgutsangriff*, die von *Roxin* entwickelt worden ist, unterscheidet einen unselbständigen und einen selbständigen Aspekt der Anstiftung. Vertreten wird daher, dass das Anstiftungsunrecht teilweise aus dem Täterunrecht abzuleiten sei und teilweise davon nicht abhänge[280]. Dies lässt sich aus dem Umstand begründen, dass nicht nur der Täter, sondern auch der Anstifter durch ein rechtsgutsgefährdendes Handlungsunrecht charakterisiert wird. Auf dieser „gemischten Theorie" *Roxins* leitet *Amelung* seine Ansicht ab, dass die Anstiftung als „ein Rechtsgutsangriff durch Korrumpierung eines anderen[281]" charakterisiert werden müsse.

2. *Der Grundsatz der limitierten Akzessorietät*

Die Teilnahme wird als akzessorisch bezeichnet, weil für die Vollendung des Unrechtstatbestandes der §§ 26, 27 eine Haupttat eines anderen erforderlich ist. Durch die Akzessorietät „wird die Rechtsunsicherheit verhindert, die eine Ab-

---

dingte – Tatbestandlichkeit, die sich aus der Kombination der Strafvorschriften des Besonderen Teils und einiger Strafvorschriften des Allgemeinen Teils ergibt, und erst in Zweiter Linie in dem Bezogensein auf eine tatbestandlich-rechtwidrige Haupttat". Bezüglich der Akzessorietät der Teilnahme erwähnt *Schmidhäuser*, (431 14/83): „Ihrer Natur nach setzt die Teilnahme keine Haupttat voraus, sondern nur die Richtung auf eine fremde Tat."

277 Vgl. *Herzberg*, GA 1971, 1.

278 Vgl. *Meyer*, GA 1979, 254.

279 Vgl. *Hirsch*, in: Festschrift für Schreiber, 2003, 162: „... der Handlungsunwert nur in der Verwirklichung der Förderungshandlung (Hervorrufen des Tatentschlusses oder Erbringen der Tathilfe) liegt und deren Wirkung durch einen die Tatherrschaft aufweisenden anderen herbeigeführt wird."; *Roxin*, in: Leipziger Kommentar 2003 § 26 Rdn. 4.

280 Vgl. *Roxin*, Strafrecht, AT, Band II, 2003, 130, 131.

281 Zitiert nach *Amelung*, in: Festschrift für Schroeder, 2006, 151.

weichung vom Tatbestandserfordernis sonst mit sich bringt"[282]. Aus der Unrechtsteilnahmetheorie resultiert ferner der Grundsatz der limitierten Akzessorietät[283], den die VO vom 29. Mai 1943 in die deutsche Teilnahmedogmatik einführte. Die limitierte Akzessorietät, die sich aus dem Gesetzestext ergibt, stellt eine Abkehr von der streng akzessorischen Begrenzung der Teilnahme dar, die bis 1943 galt und eine schuldhafte Tatbegehung, nämlich eine volldeliktische Tat des Täters erforderte[284]. Rechtsprechung und Rechtslehre haben sich seit der Reform von 1975 dafür entschieden, dass eine vorsätzlich begangene rechtswidrige Haupttat die unerlässliche Voraussetzung für das Vorhandensein der Anstiftung bildet. Die Einführung der Limitierung der Akzessorietät veranschaulicht das Bestreben des Gesetzgebers, Strafbarkeitslücken zu schließen[285], die in der Vergangenheit wegen der Forderung der Zurechnungsfähigkeit des Haupttäters entstanden. Trotz dieser Erwartung liegen aber nach einer Meinung auch unter der neuen Regelung des § 26 StGB Lücken vor[286]. Dabei handele es sich um Fälle, in denen der Hintermann z.B. bei eigenhändigen Delikten nicht über die Täterqualität verfügt[287], oder der Täter fahrlässig handelt. Da hier der Täter keine vorsätzliche rechtswidrige Handlung vornimmt, liege keine Anstiftung vor. Problematisch erscheine noch die Situation, in der dem Haupttäter infolge Irrtums die Einsicht in den Sachverhalt fehlt. Aus all diesen Gründen wurden Einwände[288] gegen die Entscheidung des Gesetzgebers erhoben, die Teilnahme an unvorsätzlichen

---

282 Vgl. *Roxin/Arzt/Tiedemann*, Einführung in das Strafrecht und Strafprozeßrecht, 2003, 24.

283 Vgl. *Baumann*, JuS 1963, 128; *Börker*, JR 1953, 166; *Hruschka*, ZStW 1998, 603 ff.; *Hünerfeld*, ZStW 99 (1987), 246; *Jakobs*, GA 1996, 254; *Nowak*, JuS 2004, 198; *Otto*, JuS 1982, 559; *Piotet*, ZStW 69 (1957), 17; *Sax*, MDR 1954, 65 ff.; *Welzel*, Das deutsche Strafrecht, 1969, 113.

284 Vgl. *Noltenius*, Kriterien der Abgrenzung von Anstiftung und mittelbarer Täterschaft, 2003, 241.

285 Vgl. *Bindokat*, Anmerkung, NJW 1962, 687; *Herzberg*, ZStW 99 (1987), 64, 65.

286 Vgl. *Jescheck/Weigend*, Lehrbuch des Strafrechts, AT, 1996, 656.

287 *Jescheck/Weigend* (Lehrbuch des Strafrechts, AT, 1996, 656) verwendet das folgende Beispiel: „Wer einen Arzt zur fahrlässigen Mitteilung einer Tatsache verleitet, auf die sich die Schweigepflicht bezieht, kann nicht wegen Anstiftung zur Geheimnisverletzung (§ 203 Nr. 1) bestraft werden (anders BGH 4, 355; 5, 47)."

288 Siehe: *Dahm*, MDR 1959, 508 ff.; *Jakobs*, Strafrecht; AT, 1991, 662; *Lampe*, ZStW 77 (1965), 262 ff.; *Lange*, JZ 1959, 560 ff.; *Kaufmann*, JZ 1962, 782 ff.; *Mezger*, JZ 1954, 312 ff.; *Roxin*, ZStW 83 (1971), 398: „ ... als ich wenigstens bei den Pflichtdelikten und ausnahmsweise (z. B. beim Irrtum über den Tätervorsatz) auch sonst eine Teilnahme an unvorsätzlicher Tat sehr wohl für möglich halte."; *Roxin*, JuS 1973, 335 ff.; *Roxin*, Täterschaft und Tatherrschaft, 2000, 367 ff.; *Schöneborn*, ZStW 87 (1975), 912; *Welzel*, JZ 1954, 429, der im Gegenteil der Auffassung ist, daß die Möglichkeit der Anstiftung zu unvorsätzlicher Tat dem positiven Recht widerspricht.

Handlungen auszuschließen. *Cramer* hält „die Einschränkung der Teilnahmemöglichkeiten gegenüber dem – richtig verstandenen – früheren Recht für sachlich nicht berechtigt" und findet ferner, daß „die Reform insoweit ein rechtspolitischer Mißgriff ist"[289].

Die Akzessorietät der Teilnahme wird aber durch die Regelung des § 28 StGB gelockert, da für den Tatbeteiligten derselben Tat unterschiedliche Strafrahmen gelten. Das hängt nach Abs. 1 immer vom Fehlen oder Vorliegen von „besonderen persönlichen Merkmalen" ab[290]. Nach Abs. 2 ist sogar eine Tatbestandsverschiebung vorgesehen, wenn „besondere persönliche Merkmale" die Strafe nicht begründen, sondern schärfen, mildern oder ausschließen[291].

3. *Die relative Strafwürdigkeit der Anstiftung*

Der Strafgrund der Anstiftung ist mit der theoretischen Problematik ihrer Strafwürdigkeit verbunden. Unter Strafwürdigkeit ist der spezifische Unwert jedes Handlungstypus zu verstehen. In § 26 StGB ist für den Anstifter keine Strafmilderung vorgesehen. Der Anstifer wird gleich einem Täter bestraft[292]. Dagegen ist beim Gehilfen die Strafe gem. § 27 StGB zwingend zu mildern. Diese Strafrahmengleichstellung der Anstiftung mit der Täterschaft bezieht sich auf die relative Strafwürdigkeit der Anstiftung, die der Gesetzgeber durch die Vorschrift des § 26 StGB geregelt hat[293].

4. *Die absolute Strafwürdigkeit der Anstiftung*

Während die relative Strafwürdigkeit eine Antwort auf die Frage bildet, in welchem Grade die Anstiftung strafwürdig ist, handelt es sich bei der absoluten Strafwürdigkeit um die Problemstellung der Strafwürdigkeit der Anstiftung überhaupt, namentlich um den Strafgrund der Anstiftung[294]. Es geht eigentlich um „die Art und Weise des Handlungsvollzugs, die im Falle des „Bestimmens" rechtfertigt, daß an ihn überhaupt eine Bestrafung des Handelnden geknüpft

---

289 Vgl. *Cramer*, in: Schönke/Schröder, 2006 Vorbem §§ 25 ff Rdn. 29.

290 Vgl. *Herzberg*, JuS 1983, 737 ff.; *Langer*, in: Festschrift für Lange, 1976, 241 ff.; *Otto*, Jura 2004, 469 ff.; *Vogler*, in: Festschrift für Lange, 1976, 265 ff.

291 Vgl. *Tröndle/Fischer*, 2006 § 28 Rdn. 8 ff.

292 Vgl. *Mitsch*, Jus 1999, 373: „Der Anstifter wird ebenso wie der Täter bestraft, weil er über die Haupttat mittelbar ein fremdes Rechtsgutsobjekt angreift. Einen anderen Grund für die Bestrafung des Teilnehmers gibt es nicht."

293 Vgl. *Bloy*, Die Beteiligungsform als Zurechnungstypus im Strafrecht, 1985, 323, 336; *Ingelfinger*, Anstiftervorsatz und Tatbestimmtheit, 1991, 112.

294 Vgl. *Meyer*, Die Strawürdigkeit der Anstiftung dem Grade nach, 1970, 133.

ist“[295]. Im Folgenden werden deshalb die in der Rechtslehre grundlegenden Theorien[296] in Bezug auf den Strafgrund der Anstiftung dargestellt.

a. Die reine Verursachungstheorie

Die Aufklärung der Art des Einflusses, den der Anstifter auf die Haupttat ausüben muss, damit die tätergleiche Bestrafung legitimiert wird, stellt den Kern des theoretischen Streits dar. Heftig umstritten ist wie das „Bestimmen„ zur Tat auszulegen ist. Die Vertreter[297] der reinen Verursachungstheorie stellen nur wenige Anforderungen an das Tatbestandsmerkmal „Bestimmen“ des § 26 StGB und beharren auf einer eher extensiven Interpretation. In concreto reicht für das Vorliegen der Anstiftung jede Form der Verursachung des Tatentschlusses aus (Rat oder bloße Information) und zwar wegen ihrer „rein kausalen Verknüpfung mit der später begangenen Rechtsgutsverletzung“[298]. Hinreichend ist nach dieser Theorie, der grundsätzlich auch die Rechtsprechung[299] folgt, „das Schaffen einer zur Tat sozialinadäquat anreizenden Sachlage“[300]. Ein typischer Fall der Schaffung einer tatanreizenden Situation ist z.B wenn der Räuber, der ein Juweliergeschäft ausgeräumt hat, einige der Beutestücke auf der Flucht fallen lässt, die die Verfolger an sich nehmen. Der Anstifter könnte nach der reinen Verursachungs-

295 Vgl. *Bloy*, Die Beteiligungsform als Zurechnungstypus im Strafrecht, 323.

296 Zu den vertretenen Theorien hinsichtlich des Strafgrunds der Anstiftung siehe auch *Christmann*, Zur Strafbarkeit sogenannter Tatsachenarrangements wegen Anstiftung, 1997, 31 ff.

297 Vgl. *Baumann/Weber*, Strafrecht, AT, 1985, 553, 559; *Bloy*, Die Beteiligungsform als Zurechnungstypus im Strafrecht, 1985, 328 f.; *Christmann*, Zur Strafbarkeit sogenannter Tatsachenarrangements wegen Anstiftung, 1997, 110 ff., 145; *Gropp*, Strafrecht, AT, 2005, 387, der den Anstifter als den „Vater des bösen Gedankens“ bezeichnet.; *Hauf*, Strafrecht, AT, 2001, 94; *Heghmanns*, GA 2000, 487: „Die Anstiftung durch Schaffung provokanter Situationen ohne unmittelbare Kommunikation zwischen Anstifter und Täter beinhaltet das volle Anstifterunrecht.“; *Herzberg*, Die Unterlassung im Strafrecht und das Garantenprinzip, 1972, 12 ff.; ders., JuS 1976, 41; *Hilgendorf*, Fallsammlung zum Strafrecht, 2003, 152; *Hilgendorf*, Jura 1996, 9, 13: „Auch nicht – kommunikative Beeinflussungen wie das Schaffen einer zur Tat provozierenden Situation können einen hohen Unrechtsgehalt aufweisen.“; *Hillenkamp*, JR 1987, 256; *Kuhlen/Roth*, JuS 1995, 712: „ § 26 enthält keinen Anhaltspunkt dafür, daß nur ein in bestimmter Weise erfolgendes Hervorrufen des fremden Tatentschlusses erfaßt sein soll.; *Lackner/Kühl*, 2004 § 26 Rdn. 2; *Tröndle/Fischer*, 2006, § 26 Rdn. 3; *Widmaier*, JuS 1970, 242, 243, der die Veranlassung zur vorsätzlichen Ausführung einer Straftat für die Definition des „Bestimmens“ hält.

298 Vgl. *Wessels/Beulke*, Strafrecht, AT, 2006, § 13 IV 4 Rdn. 568.

299 Vgl. BGHSt. 9, 370, 379; BGH v. 3. 10. 1978.

300 Vgl. *Hillenkamp*, 32 Probleme aus dem Strafrecht, Allgemeiner Teil, 2006, 136.

theorie wegen Anstiftung zu einer Unterschlagung verurteilt werden. Anstifter wäre auch, wer eine verschlossene Tür oder ein Fenster öffnet in der Erwartung, dass ein Dieb sich daraufhin entschließen werde, um fremde Sachen zu stehlen.

b. Die Theorie des geistigen Kontakts

Nach einer anderen, restriktiven Sichtweise[301] wird für die Bejahung von Anstiftung mehr als das bloße Schaffen einer tatanreizenden Situation verlangt[302]. Anhand der Tatsache, dass laut § 26 StGB der Unwertsgehalt der Anstifterhandlung dem eines Täters entsprechen muss, ist eine Einschränkung der Strafbarkeit geboten. Das Verhalten des Anstifters, das durch das Tatbestandsmerkmal „Bestimmen" konkretisiert wird, darf dieser Ansicht zufolge, nicht so weit ausgelegt werden. Die Rechtfertigung des gleichen Strafrahmens[303] zwischen Anstifter und Täter kann daher lediglich durch eine psychische oder kommunikative Beeinflussung[304] des Täters geleistet werden. Die Befürwörter[305] der Theorie des geistigen

---

301 Vgl. *Roxin*, Anmerkung, JZ 1986, 908.

302 Vgl. *Heinrich*, Strafrecht, AT II, 2005, 174: „Aufgrund der hohen Strafdrohung für den Anstifter, der in gleicher Weise wie der Täter zu bestrafen ist, muss im Rahmen des Bestimmens mehr als eine bloß kausale Verursachung gefordert werden. Das Veranlassen einer fremden Tat muss seinen Grund in einer zielgerichteten Aufforderung zur Begehung einer bestimmten Tat haben."

303 Vgl. *Geppert*, Jura 1997, 304, der als Grund, der für diesen befürwörtenden restriktiven Ansatz spricht, neben dem vom Gesetz erforderlichen Gleichstellung des Anstifterunrechts mit dem täterschaftlichen Unrecht auch das Verantwortungsprinzip sieht.

304 Vgl. *Neidlinger*, Zur Abgrenzung von Anstiftung und Beihilfe; insbesondere: der bedingt Tatentschlossene und Tatgeneigte, 1989, 51.

305 *Ambos*, Jura 2004, 496; *Amelung/Boch*, JuS 2000, 262; *Brammsen*, StV 1994, 137; *Ebert*, Strafrecht, AT, 2001, 210: „Der Anstifter wirkt im Wege geistiger Beeinflussung auf den Angestifteten lenkend (auffordernd oder auch nur anregend; umstr.) ein."; *Geppert*, Jura 1997, 303, 304, ders., Jura 2002, 282; *Haft*, Strafrecht, AT, 2004, 215; *Heinrich*, Jus 1995, 1117; *Hünerfeld*, in: Drittes deutsch-polnisches Kolloquium über Strafrecht und Kriminologie, 1988, 141; *Jescheck/Weigend*, Lehrbuch des Strafrechts, AT, 1996, 686; *Kelker*, Jura 1996, 95, die der Meinung ist, daß die weite Auslegung von § 26 als Folge die Ausuferung der Strafbarkeit hat; *Keller*, Rechtliche Grenzen der Provokation von Straftaten, 1989, 250 ff., 261 ff.; *Kudlich*, Strafrecht, AT, 2006, 267: „Vielmehr wird als Minimalvoraussetzung ein offener geistiger Kontakt zwischen Anstifter und Täter verlangt. Dieser h.M ist zuzustimmen, da sich eine bloße sonstige Verursachung des Tatentschlusses sowohl sehr weit vom Wortlaut („bestimmen") als auch vom „Regelbild der Anstiftung" entfernt."; *Kühl*, Strafrecht, AT, 2005, § 20 Rdn. 172: „Dahinter steht die Überzeugung, daß die Gleichbestrafung des Anstifters mit dem Täter nur dann zu rechtfertigen ist, wenn seine mangelnde Tatbeherrschung infolge seiner Tatferne durch eine besonders intensive Einwirkung auf den Täter kompensiert wird."; *Maurach/*

Kontakts[306] halten eine Begrenzung der Strafbarkeit in denjenigen Fällen für zutreffend, die in der Regel als weniger strafwürdig erscheinen. Wegen der Notwendigkeit einer Strafbarkeitsbegrenzung ist das „Hervorrufen des Tatentschlusses" als kaum geeignetes Anstiftungsmittel anzusehen. Vielmehr wird die Hinzufügung des Elements der lenkenden Einwirkung[307] bzw. der Beeinflussung des Willens[308] des Haupttäters mit dem Ziel der Verursachung des Tatentschlusses als maßgeblich erachtet. Zu den typischen Fällen der kommunikativen Beeinflussung des Veranlassenden durch den Anstifter zählen die Raterteilung, die Überredung oder das Versprechen einer Belohnung[309]. *Jakobs* geht jedoch noch weiter und hält nicht irgendeine Beeinflussung für hinreichend. Zusätzlich verlangt er für die Einschränkung der Anstifterstrafbarkeit eine „Abhängigkeit", nämlich eine Beeinflussung, die nicht nur „vollzogen" sondern auch „wirksam" sein muss, in dem Sinne, dass sie den Tatvorsatz des Haupttäters erweckt[310].

c. *Die Kollusionstheorie*

Nach den Anhängern[311] der so genannten Kollusionstheorie bedarf es eines konkretisierenden Kriteriums, damit die Strafbarkeit des Anstifters nicht zu weit ist.

Gössel/Zipf, Strafrecht, AT, Teilband 2, 1989, 343; *Mayer*, Strafrecht, AT, 1953, 320: „Die Anstiftung ist die vorsätzliche Bestimmung eines noch nicht tatentschlossenen Täters zu einer bestimmten vorsätzlichen strafbaren Handlung auf dem Wege geistig-verstehender Beeinflussung."; *Meier/Loer*, Jura 1999, 426; *Momsen*, NStZ 1999, 307; *Ranft*, Jura 1994, 662; *Rogall*, GA 1979, 11, 12; *Schmidhäuser*, Strafrecht, AT, 1970, 452, 453: Insbesondere spricht Schmidhäuser von „Verhaltensvorschlag" des Anstifters; *Schönke/Schröder/Cramer/Heine*, 2006, § 26 Rdn. 4: „Der Anstifter muß daher nicht nur einen Rechtsgutsangriff durch einen anderen ermöglichen, sondern das Rechtsgut auch selbst mittelbar angreifen. Dieser mittelbare Angriff liegt in der kommunikativen Beeinflussung des Täters."; *Sowada*, Jura 1994, 41; *Stein*, Die strafrechtliche Beteiligungsformenlehre, 1988, 271; *Stratenwerth*, Strafrecht, AT I, 2004, 304; *Welzel*, Das deutsche Strafrecht, 1969, 116.

306 Siehe *Hillenkamp*, 32 Probleme aus dem Strafrecht, AT, 2006, 137 f.

307 Vgl. *Maurach/Gössel/Zipf*, Strafrecht, AT, Teilband 2, 1989, 343.

308 Vgl. *Cramer*, Anmerkung, JZ 1965, 31.

309 Vgl. *Kühl*, Strafrecht, AT, 2005, § 20 Rdn. 176.

310 Vgl. *Jakobs*, Strafrecht, AT, 1991, 666.

311 Vgl. *Frisch*, Tatbestandsmäßiges Verhalten und Zurechnung des Erfolgs, 1988, 337, 338, der die Anstiftung als ein Verhalten ansieht, das danach strebt, den deliktischen Entschluss herbeizuführen.; *Jakobs*, Strafrecht, AT, 1991, 666 ff.; *Joecks*, Münchener Kommentar zum Strafgesetzbuch, 2003, § 26 Rdn. 9; *Köhler*, Strafrecht, AT, 1997, 525 ff.; *Meyer*, JuS 1970, 530: „Es ist vielmehr objektiv eine Art „kollusives Zusammenwirken" zwischen dem Bestimmenden und Bestimmten erforderlich."; ders., MDR 1975, 984; *Müther*, JR 2000,250; *Noltenius*, Kriterien der

Dieses Kriterium darf aber nicht im bloßen Setzen einer Bedingung oder der „Angabe rein theoretischer Möglichkeiten und Belehrungen“[312] ihren Ausdruck finden. So vertritt *Freund* die Meinung, dass „das Verständnis des „Bestimmens“ des § 26 als menschliche Gedankenerklärung, die besagt, daß die Haupttat begangen werden soll“, ein „tragfähiges qualitatives Abschichtungskriterium“ bildet[313]. Maßgeblich ist dementsprechend nicht nur das Element des psychischen Kontakts, sondern auch die Einwirkung dieser Kommunikation auf den Willen des Täters, die einen unmittelbar auffordernden Charakter haben muss. Das Verhalten des Anstifters soll erkennbar auf die Beeinflussung des Täters abzielen und diese Anregung zur Tat muss vorwiegend vom Täter subjektiv gewollt sein.

Ein kollusives Zusammenwirken mit dem Täter verlangt *Roxin*, „denn der Anstifter muß nicht nur einen Rechtsgutsangriff durch einen anderen ermöglichen, sondern das Rechtsgut auch selbst durch...eine direkte Aufforderung des Täters mittelbar angreifen.“[314]

Puppe geht von einem noch restriktiveren Verständnis der Anstiftung aus. Sie ist daher davon überzeugt, dass die Gleichsetzung von Täterschaft und Anstiftung nur dann berechtigt ist, wenn eine Unrechtsvereinbarung stattfindet und zwar durch Kommunikation zwischen Anstifter und Täter[315]. Im Wesentlichen müssen Täter und Anstifter durch einen „Unrechtspakt“[316], nämlich durch eine Plangemeinschaft[317], verbunden sein. Insbesondere muss der Anstifter „dem Täter ein Versprechen oder eine Verpflichtung zur Tat abnehmen, die diesen zwar nicht rechtlich, aber doch faktisch binden und ihm das Aufgeben des Tatplans er-

---

Abgrenzung von Anstiftung und mittelbarer Täterschaft, 2003, 285 ff.; *Otto*, Grundkurs Strafrecht, 2004, 327: „Vergegenwärtigt man sich aber, welche kriminelle Energie der Haupttäter im Regelfall aufbringt und wie gering der Aufwand des Anstifters ist, wenn jede Verursachung eines Tatentschlusses genügt, so ist die Diskrepanz augenfällig.“; ders., JuS 1982, 560; *Roxin*, in: Festschrift für Stree/Wessels, 1993, 377: „Ein Tatentschluß kann überhaupt nur über die Psyche des Täters, also im Wege geistiger Beeinflussung, erzielt werden. Was man aber für die Anstiftung richtigerweise verlangen muß, ist mehr als dies: nämlich eine Kollusion zwischen Anstifter und Täter, eine zielgerichtete Aufforderung durch den Anstifter.“; ders., in: Leipziger Kommentar, 2003, § 26 Rdn. 3, 4; *Schlüchter/Duttge*, NStZ 1997, 595; *Wessels/Beulke*, Strafrecht, AT, 2006, § 13 IV 4 Rdn. 568.

312 Vgl. *Hillenkamp*, 32 Probleme aus dem Strafrecht, Allgemeiner Teil, 2006, 138.

313 Vgl. *Freund*, Strafrecht, AT, 1998, 359.

314 Zitiert nach *Roxin*, in: Leipziger Kommentar 2003 § 26 Rdn. 4.

315 Vgl. *Puppe*, NStZ 2006, 425 f.

316 Vgl. *Ingelfinger*, JZ 1995, 709.

317 Vgl. *Puppe*, Anmerkung, JR 2006, 76.

schweren soll[318]". Der Täter müsse daher die Straftat ausführen, um den Unrechtspakt zu erfüllen[319].

Schulz, der ebenfalls zu den Vertretern der Kollusionstheorie zählt, ist der Auffassung, dass der Anstifterwille dem des Haupttäters untergeordnet ist. Der Anstifter verfügt daher über Herrschaft lediglich „während der Planungs- und Willensbildungsphase"[320]. Die Planungsherrschaft des Anstifters und nicht das bloße Schaffen einer den Tatentschluss auslösenden Situation stellt also, nach *Schulz*, den entscheidenden Gesichtspunkt dar, der zur Rechtfertigung der im Gesetz angeordneten Gleichstellung des Täters mit dem Anstifter führt.

Meyer[321] versucht ebenfalls die bestehenden Strafrahmen durch das Erfordernis der Kollusion zu begründen. Er geht davon aus, dass das Wesen der Anstiftung eine Willensabstimmung voraussetzt. Das ergebe sich aus der Akzessorietät der Anstiftung und werde ferner vom Grundsatz der Bestimmtheit des gesetzlichen Tatbestandes des Anstiftungsdelikts vorgeschrieben.

d. Eine gemischte Theorie

Ausgehend vom Korrumpierungsgedanken vertritt *Amelung* eine restriktive Auslegung des Begriffes „Bestimmen"[322]. Er geht davon aus, dass „die Korruptionstheorie im Wettstreit um die richtige Anstiftungstheorie als Konkurrentin der Lehre vom akzessorischen Rechtsgutsangriff ausfällt.[323]" *Amelung* findet, dass die zutreffendere Interpretation des Gesetzeswortlauts des § 26 StGB das „Auffordern" ist. Die Anstiftung habe daher Aufforderungscharakter, weil sie als eine Motivierung, d.h., als „Korrumpierung" verstanden werden müsse. Die Aufforderung sei eine sprachliche Handlung, die ausdrücklich oder konkludent erfolgen könne und jedoch nicht mit einem einfachen Informationstransfer verwechselt werden sollte. Sie sei vielmehr eine „sanktionsträchtige Äußerung eines Handlungswunsches.[324]" Eine solche Aufforderung erfordere eindeutig eine Kommunikation zwischen dem Anstifter und dem Angestifteten. Als unangemessen für die Definition der Anstiftung wird daher nach Amelung die reine Verursachungstheorie erachtet. Der Handlungsunwert des Anstifters liege in dem „Rechtsgut-

---

318 Vgl. *Puppe*, GA 1984, 112; dies., Strafrecht Allgemeiner Teil im Spiegel der Rechtsprechung, 2005, 146, 147, 148.
319 Vgl. *Puppe*, Anmerkung, JR 2006, 76.
320 Vgl. *Schulz*, JuS 1986, 938; ders., Die Bestrafung des Ratgebers, 1980, 137 ff.
321 Vgl. *Meyer*, Das Erfordernis der Kollusion bei der Anstiftung, 1973, 34, 135.
322 Vgl. *Amelung*, in: Festschrift für Schroeder, 2006, 155.
323 Zitiert nach *Amelung*, in: Festschrift für Schroeder, 2006, 151.
324 Zitiert nach *Amelung*, in: Festschrift für Schroeder, 2006, 164.

sangriff durch Korrumpierung eines anderen.[325]" Die Anstiftung sei damit nicht nur unrechtsakzessorisch, sondern auch teilweise vom Unrecht des Haupttäters unabhängig. Aus diesem Grund werde die Anstiftung als ebenso gefährlich und strafwürdig wie die Täterschaft angesehen.

VI. Der Unterschied des Rechtsgutsangriffs des Anstifters im Vergleich zu dem Gehilfen

Nach § 27 StGB wird als Gehilfe derjenige bezeichnet, der Hilfe zur Begehung einer vorsätzlich rechtswidrigen Tat leistet. Mit dem Begriff der „Hilfeleistung"[326] ist nach herrschender Ansicht und insbesondere nach der Rechtsprechung[327] die Erleichterung oder Förderung[328] der tatbestandsmäßigen Handlung des Täters gemeint[329]. Die Beihilfe soll nach der herrschenden Meinung in der Literatur kausal für den Erfolg der Tat sein[330]. Bezüglich des Gehilfenvorsatzes ist wie bei der Anstiftung ein doppelter Vorsatz erforderlich[331], der sich einerseits auf die Hilfeleistung zur Tat und andererseits auf die Verletzung des Rechtsguts richtet[332]. Die Art der Hilfeleistung kann physisch oder psychisch sein[333].

---

325 Zitiert nach *Amelung*, in: Festschrift für Schroeder, 2006, 151.

326 Vgl. *Müller*, in: Festschrift für Schreiber, 2003, 343 ff.; *Roxin*, in: Festschrift für Miyazawa, 1995, 501; *Rudolphi*, in: Festschrift für Jescheck, Erster Halbband, 1985, 559 ff.

327 Vgl. RGRspr. 4, 464; RGSt 4, 95 f.; BGHSt 8, 390; BGH StV 1981, 72; BGH MDR/D 1967, 173; OLG Hamm HESt 2, 244.

328 Vgl. *Lüderssen*, in: Festschrift für Grünwald, 1999, 337; *Rudolphi*, Anmerkung, StV 1982, 519.

329 Vgl. *Tröndle/Fischer*, 2006, § 27 Rdn. 2; *Weigend*, in: Festschrift für Nishihara, 1998, 206 f.

330 Vgl. *Duttge*, Anmerkung, NStZ 1997, 595, 596; *Haft*, Strafrecht, AT, 2004, 219 f.; *Herzberg*, GA 1971, 4 f.; *Hillenkamp*, 32 Probleme aus dem Strafrecht, Allgemeiner Teil, 2006, 153 ff.; *Otto*, JuS 1982, 562; *Roxin*, in: Festchrift für Miyazawa, 1995, 501, 509 f.; *Rudolphi*, Anmerkung, StV 1982, 519; *Vogler*, in: Festschrift für Heinitz, 1972, 295 ff.; anders die Rechtsprechung, die auch die nichtkausale Beihilfe für strafbar erklärt: RGSt 6, 169; RGSt 67, 193.

331 Vgl. *Kindhäuser*, Anmerkung, NStZ 1997, 273 ff.; *Otto*, JuS 1982, 565.

332 Vgl. *Otto*, JuS 1982, 565; *Roxin*, Strafrecht, AT, Band II, 2003, 224, ders., in: Festschrift für Salger, 1995, 136 ff.

333 Vgl. *Baumann*, JuS 1963, 136; Zur Abgrenzung zwischen Anstiftung und psychischer Beihilfe siehe auch *Baunack*, Grenzfragen der strafrechtlichen Beihilfe, 1999, 132 ff.; *Charalambakis*, in: Festschrift für Roxin, 2001, 625 ff.; *Lackner/Kühl*, 2001, § 27 Rdn. 4; *Otto*, JuS 1982, 564; *Roxin*, Strafrecht, AT, Band II, 2003, 198; ders., in: Festschrift für Miyazawa, 1995, 505 f.; *Rudolphi*, Anmerkung, StV 1982, 520; *Weigend*, in: Festschrift für Nishihara, 1998, 209.

Zur Abgrenzung von Anstiftung und Beihilfe wurden im Schrifttum verschiedene Gesichtspunkte herangezogen[334]. Gemäß § 27 StGB ist für den Fall der Beihilfe im Gegensatz zu dem der Anstiftung eine obligatorische Strafmilderung vorgesehen[335]. Der Gehilfenbeitrag ist daher ersichtlich als untergeordnet bzw. schwächer im Verhältnis zu dem des Anstifters zu werten. Bei der Gegenüberstellung der zwei Beteiligungsformen geht es allerdings um zwei verschiedene Handlungstypen, da der Anstifter den Täter zur Tat „bestimmt", während der Gehilfe ihm lediglich „Hilfe leistet"[336]. Maßgeblich ist vor allem, dass die Anstiftung ein lenkendes Moment enthält, angesichts der Tatsache, dass der Anstifter derjenige ist, der die entscheidende Ursache für die Herbeiführung des Tatentschlusses setzt[337]. Der Anstifter ist als Initiator zu charakterisieren wegen des Einflusses, den er auf den Täter ausübt und zwar ganz am Anfang der deliktischen Entwicklung[338]. Der Gehilfe andererseits erleichtert nur die Begehung des bereits vorhandenen deliktischen Entschlusses des Täters[339]. Das unterschiedliche Strafmaß im Falle der Anstiftung und der Beihilfe ist aus diesem Grund gerechtfertigt und entspricht dem unterschiedlichen Rechtsgutsangriff und Handlungsunwert der beiden Teilnehmertypen.

VII. Die versuchte Anstiftung

Nach Abs. 1 Satz 1 § 30 StGB wird bestraft, „wer einen anderen zu bestimmen versucht, ein Verbrechen zu begehen oder zu ihm anzustiften" (sog. Kettenanstiftung). In objektiver und subjektiver Hinsicht unterscheidet sich die versuchte Anstiftung nicht von der vollendeten Anstiftung[340]. Vorausgesetzt wird, dass der Anstifter den Tatentschluss beim Haupttäter hervorzurufen versucht. Das bedeutet, dass der Anstifter nach seiner Vorstellung unmittelbar auf die Bildung des Tatentschlusses beim Angestifteten hinwirken muss. Die zu begehende Tat muss wie bei der vollendeten Anstiftung nicht in allen Einzelheiten konkretisiert

---

334 Vgl. *Lackner/Kühl* 2004 § 26 Rdn. 2b.

335 Vgl. *Neidlinger*, Zur Abgrenzung von Anstiftung und Beihilfe; insbesondere: der bedingt Tatentschlossene und Tatgeneigte, 1989, 3.

336 Vgl. *Bloy*, Die Beteiligungsform als Zurechnungstypus im Strafrecht, 1985, 322: „In den damit umrissenen Handlungstypen verköpert sich der spezifische Strafwürdigkeits- und Strafbedürftigkeitsgehalt der einzelnen Teilnahmeformen."; *Neidlinger*, Zur Abgrenzung von Anstiftung und Beihilfe; insbesondere: der bedingt Tatentschlossene und Tatgeneigte, 1989, 50, 51.

337 Vgl. *Ingelfinger*, Anstiftervorsatz und Tatbestimmtheit, 1991, 125.

338 Vgl. *Ingelfinger*, Anstiftervorsatz und Tatbestimmtheit, 1991, 125, 126.

339 Vgl. *Ambos*, Der Allgemeine Teil des Völkerstrafrechts, 2002, 654.

340 Vgl. *Lackner/Kühl* 2004 § 30 Rdn. 4, 5; *Roxin*, Strafrecht, AT, Band II, 2003, 290 ff.

sein[341]. Dem Täter müssen daher nur die wesentlichen Merkmale der Handlung (Tatobjekt, Ort, Zeit) bekannt sein. Versuchte Anstiftung liegt vor, wenn z.B. der „Täter“ keinen Tatentschluss fasst oder wenn er bereits zur Tat entschlossen war[342]. Subjektiv wird doppelter Anstiftervorsatz verlangt.

Die versuchte Anstiftung wird mit der für den Versuch des betreffenden Delikts vorgesehenen Strafe bestraft, wobei auch eine obligatorische Strafmilderung nach § 23 Abs. 3 geregelt ist.

VIII. Die öffentliche Aufforderung zu Straftaten

Als Anstifter wird laut Gesetz nicht nur der Beteiligte des § 26 StGB bestraft, sondern auch derjenige, der „öffentlich zu einer rechtswidrigen Tat auffordert“. Die Vorschrift des § 111 StGB ergänzt nach einhelliger Ansicht §§ 26 und 30 des Allgemeinen Teils[343]. Damit werden besonders gefährliche Formen der Anstiftung und der versuchten Anstiftung bestraft, die diese allgemeinen Bestimmungen nicht erfassen[344].

Der wesentliche Unterschied zwischen § 26 und § 111 liegt darin, dass der Täter des § 111 sich nicht an eine individuelle, konkretisierte Person zu richten braucht[345]. Vielmehr verlangt der Tatbestand dieser Vorschrift ausdrücklich eine öffentliche Aufforderung, nämlich eine Veranlassung zur Tat, die sich an unbestimmte Adressaten wendet[346]. Die Aufforderung muss daher in einer Versammlung oder durch die Verbreitung von Schriften stattfinden[347]. Die besondere Gefährlichkeit des § 111 liegt in der Art und Weise der Aufforderung[348]. Die herrschende Meinung definiert das „Auffordern“ enger als das „Bestimmen“ zur Tat im Rahmen des § 26[349]. Voraussgesetzt wird eine über das bloße Befürworten hinausgehende Erklärung[350].

Die Regelung der öffentlichen Aufforderung zu Straftaten unterscheidet sich von derjenigen der Anstiftung daneben auch bezüglich des geschützten Rechtsgutes. Gefährdet wird dementsprechend sowohl das von der herbeigeführten Haupt-

---

341 Vgl. *Kindhäuser*, Strafgesetzbuch 2006 § 30 Rdn. 2.

342 Vgl. *Joecks*, Studienkommentar, 2005 § 30 Rdn. 5; Zu der Erscheinungsformen der versuchten Anstiftung siehe *Roxin*, Strafrecht, AT; Band II 2003, 289, 290.

343 Vgl. *Lackner/Kühl*, 2004 § 111 Rdn. 1; *Tröndle/Fischer*, 2006 § 111 Rdn. 1.

344 Vgl. *Schönke/Schröder*, 2006 § 111 Rdn. 1.

345 Vgl. *Ambos*, Der Allgemeine Teil des Völkerstrafrechts, 2002, 646.

346 Vgl. *Lackner/Kühl*, 2004 § 111 Rdn. 1, 2; *Paeffgen*, in: Festschrift für Hanack, 1999, 609; *Schönke/Schröder*, 2001 § 111 Rdn. 1.

347 Vgl. *Schönke/Schröder*, 2006 § 111 Rdn. 7–10.

348 Vgl. *Lackner/Kühl*, 2004 § 111 Rdn. 1; *Schönke/Schröder*, 2006 § 111 Rdn. 2.

349 Vgl. *Paeffgen*, in: Festschrift für Hanack, 1999, 602.

350 Vgl. *Lackner/Kühl*, 2004 § 111 Rdn. 3; *Tröndle/Fischer*, 2006 § 111 Rdn. 2a.

tat bedrohte Rechtsgut als auch das Rechtsgut des inneren Friedens der Gemeinschaft[351].

Die aufgeforderte Tat muss darüber hinaus, ähnlich wie bei der Anstiftung, vorsätzlich und rechtswidrig sein[352].

C. Zusammenfassung

Das deutsche Strafrecht ist vom Teilnahmesystem geprägt, das zwischen verschiedenen Beteiligungsformen differenziert. Mehrheitlich abgelehnt wird dagegen das monistische Einheitstätermodell. Der Täterbegriff ist im deutschen Strafgesetzbuch nach herrschender Ansicht restriktiv zu interpretieren, wobei die Regelungen in Bezug auf die Anstiftung und die Beihilfe für Straferweiterungstatbestände gehalten werden.

Hinsichtlich der Abgrenzung zwischen Täterschaft und Teilnahme geht heute die überwiegende Auffassung in der Dogmatik von der materiell-objektiven oder der Tatherrschaftstheorie aus.

Die Beteiligungsform der Anstiftung und die Täterschaft werden laut Gesetz der gleichen Strafdrohung unterstellt und die Rechtfertigung dieser Gleichstellung zählt zu den am meisten diskutierten Problemen der deutschen Teilnahmelehre. Umstritten ist folglich die Auslegung des Wortlauttatbestandes und vornehmlich das Verständnis des Begriffes „Bestimmen". In der Rechtslehre und der Rechtsprechung wird teilweise die Auffassung vertreten, dass die Bestimmung zur Tat als Verursachung des Tatentschlusses zu bezeichnen ist. In der Literatur mehren sich aber die Stimmen, die das bloße Schaffen einer tatanreizenden Situation nicht als taugliches Kriterium für die Bejahung von Anstiftung erachten. Vielmehr wird nach dieser Gegenmeinung die kommunikative bzw. geistige Einflussnahme des Täters oder eine Unrechtsvereinbarung zwischen Bestimmten und Bestimmenden verlangt.

Die Anstiftung ist ferner, angesichts der Tatsache, dass im dualistischen Teilnahmesystem das Akzessorietätsprinzip grundlegend ist, auf die Haupttat des unmittelbaren Täters angewiesen. Insbesondere in der deutschen Beteiligungslehre ist der Grundsatz der limitierten Akzessorietät vorherrschend. Die deutsche Strafrechtsdogmatik kennt keine selbständige Teilnahmetatbestände.

---

351 Vgl. *Kindhäuser*, Strafgesetzbuch 2006, § 111 Rdn. 1; *Schönke/Schröder*, 2006 § 111 Rdn. 1.

352 Vgl. *Tröndle/Fischer*, 2006 § 111 Rdn. 4.

§ 2. Österreich

A. Einführung

I. Die Beteiligungsregelung

§ 12 des österreichischen StGB lautet:

Behandlung aller Beteiligten als Täter

§ 12. Nicht nur der unmittelbare Täter begeht die strafbare Handlung, sondern auch jeder, der einen anderen dazu bestimmt, sie auszuführen, oder der sonst zu ihrer Ausführung beiträgt[353].

II. Die Beteiligungsformen

Die bestehenden Regelungen in Österreich lassen erkennen, dass sie vom Einheitstäterprinzip[354] geprägt sind[355], da der Gesetzgeber auf die begriffliche Gegenüberstellung von Tätern und Teilnehmern verzichtet[356]. Die Bezeichnung „Anstiftung" wird dementsprechend nicht verwendet[357], während auf der anderen Seite alle Täterschaftsformen als gleichwertig behandelt werden[358] und derselben Strafdrohung unterstellt sind[359]. Eine individuelle Bewertung des Tatbeitrags eines jeden Täters findet erst auf der Ebene der Strafzumessung statt[360]. Die Unterscheidung nach drei Tätertypen[361] besteht trotzdem und hat Anlass für einen an-

353 Zitiert nach *Fuchs/Maleczky*, Kodex des Österreichischen Rechts, Wien 2005.

354 Vgl. *Bacigalupo*, in: Festschrift für Roxin, 2001, 1371; *Nowakowski*, in: Das ausländische Strafrecht der Gegenwart, 1959, 455; *Schick*, ZStW 1998, 492; *Schmoller*, in: Gedächtnisschrift für Zipf, 1999, 306; *Schünemann*, GA 1986, 327.

355 Vgl. *Foregger/Serini*, Strafgesetzbuch, 1991, 20.

356 Vgl. *Roeder*, ZStW 62, 317; *Kienapfel*, JuS 1974, 3; *Kienapfel/Höpfel*, Strafrecht, AT, 2005, 205; *Tiedemann*, in: Festschrift für Nishihara, 1998, 499; *Nowakowski*, Das österreichische Strafrecht in seinen Gründzügen, 1955, 96, 97: „Will man zwischen Täterschaft und Teilnahme unterscheiden, so hat das nur technische Bedeutung."

357 Vgl. *Dietz*, Täterschaft und Teilnahme im ausländischen Strafrecht, 1957, 123; *Gerling*, Die Anstiftung im kommenden deutschen Strafrecht auf rechtsvergleichender Grundlage, 1936, 78.

358 Vgl. *Leukauf/Steininger*, Kommentar zum Strafgesetzbuch, 1979, § 12 Rdn. 4.

359 Vgl. *Kienapfel*, RZ 1975, 165; *Nowakowski*, in: Das ausländische Strafrecht der Gegenwart, 1959, 455.

360 Vgl. *Burgstaller*, in: Strafrechtsreform und Rechtsvergleichung, 1979, 52.

361 Vgl. *Ambos*, Der Allgemeine Teil des Völkerstrafrechts, 2002, 544; *Hamdorf*, Beteiligungsmodelle im Strafrecht, 2002, 106.

dauernden Theorienstreit gegeben[362]. Nach herrschender Ansicht[363] ist in der österreichischen Beteiligungslehre von einer „funktionalen Einheitstäterschaft"[364] zu sprechen. Insbesondere §§ 12 und 14 des österreichischen StGB stellen eine der Grundlagen des Einheitstätersystems dar[365] und dienen der extensiven[366] Interpretation der Tatbestände[367].

Die Gegenmeinung[368] in der wissenschaftlichen Diskussion geht aber nicht von der Annahme eines funktionalen Einheitstätersystems aus[369]. Die Befürwörter dieser Auffassung sehen in der Regelung des § 12 Elemente eines akzessorischen Teilnahmesystems[370]. Die drei Täterformen des § 12 werden folglich trotz der im Gesetz angeordneten gleichen Strafdrohung als rechtlich ungleichwertig betrachtet[371]. Insbesondere *Burgstaller*[372] führt in die Beteiligungsdogmatik Österreichs den Begriff der „reduzierten Einheitstäterschaft"[373] ein. Die Täter-

---

362 Vgl. *Kienapfel*, in: Strafrechtliche Probleme der Gegenwart, 1979, 54 ff.

363 Vgl. *Ambos*, Der Allgemeine Teil des Völkerstrafrechts, 2002, 544; *Fabrizy*, in: Wiener Kommentar zum Strafgesetzbuch, 1992, § 12 Rdn. 13; *Leukauf/Steininger*, Kommentar zum Strafgesetzbuch, 2003, § 12 Rdn. 49 ff.; *Nowakowski*, RZ 1982, 124,125; *Triffterer*, Die österreichische Beteiligungslehre, 1983, 48; ders., Österreichisches Strafrecht, AT, 1994, 391.

364 Vgl. *Kienapfel*, RZ 1975, 167; *Kienapfel/Höpfel*, Strafrecht, AT, 2005, 207, 208, 211; *Hamdorf*, Beteiligungsmodelle im Strafrecht, 2002, 104; *Stein*, Die Regelungen von Täterschaft und Teilnahme im europäischen Strafrecht am Beispiel Deutschlands, Frankreichs, Spaniens, Österreichs und Englands, 2002, 206.

365 Vgl. *Bacigalupo*, in: Festschrift für Roxin, 2001, 1371; *Jescheck/Weigend*, Lehrbuch des Strafrechts, AT, 1996, 661; *Triffterer*, Die österreichische Beteiligungslehre, 1983, 49 ff.; *Schmidhäuser*, Strafrecht, AT, 1975, 501.

366 Der „extensive" Täterbegriff wird in der Literatur auch als „exklusiver" Täterbegriff bezeichnet, angesichts der Tatsache, daß es einen Teilnahmebegriff überhaupt nicht gibt. Siehe *Kienapfel/Höpfel*, Strafrecht, AT, 2005, 200; *Nowakowski*, Das österreichische Strafrecht in seinen Grundzügen, 1955, 97; *Triffterer*, Die österreichische Beteiligungslehre, 1983, 32.

367 Vgl. *Fabrizy*, in: Wiener Kommentar zum Strafgesetzbuch, 1992, § 12 Rdn. 3; *Schmoller*, in: Gedächtnisschrift für Zipf, 1999, 306; *Triffterer*, Die österreichische Beteiligungslehre, 1983, 29, 30.

368 Vgl. *Burgstaller*, RZ 1982, 216 f.; *Fuchs*, in Strafrechtliche Probleme der Gegenwart, 1986, 14 ff.; ders., Österreichisches Strafrecht, AT I, 1997, 286 ff.; ders., in: Festschrift für Burgstaller, 2004, 49: „So sprechen mehrere praktische Argumente für ein – wenngleich modifiziertes – Einheitstätersystem der Beteiligung."

369 Vgl. *Kienapfel*, ÖJZ 1979, 90 f.

370 Vgl. *Fabrizy*, in: Wiener Kommentar zum Strafgesetzbuch, 1992, § 12 Rdn. 14.

371 Vgl. *Triffterer*, Österreichisches Strafrecht, AT, 1994, 392.

372 Vgl. *Burgstaller*, RZ 1975, 13 ff.

373 Vgl. *Kienapfel*, in: Strafrechtliche Probleme der Gegenwart, 1979, 54, 55: „Burgstaller meint demgegenüber auch nur eher vorsichtig, daß eine „grundsätzlich andere" Auslegung des StGB zumindest möglich sei, und versteht darunter eine In-

schaftsformen, die in § 12 vorgesehen werden, verfügen nach Burgstaller[374] über einen verschiedenen Unwerts- und sozialen Sinngehalt[375], und dadurch wird die Einheitstäterschaft „reduziert"[376]. Der Begriff des Einheitstätersystems im österreichischen Strafrecht existiert also dieser Auffassung zufolge nur aufgrund der Gleichstellung hinsichtlich des Strafmaßes der drei Tätertypen in § 12, wobei „die Art der Beteiligung im Einzelfall nur ein Strafzumessungsgesichtspunkt neben anderen ist"[377].

Die Judikatur folgt der herrschenden Ansicht, nämlich der Lehre von der funktionalen Einheitstäterschaft[378]. Insbesondere im Leitsatz der Entscheidung LSK 1976/205 wird die Regelung des § 12 als „authentische Interpretation des strafrechtlichen Täterbegriffs" bezeichnet[379].

Aus dem Gesetz (§ 12 StGB) ergeben sich verschiedene Täterformen[380]:

1. Unmittelbare Täterschaft
   Als unmittelbarer Täter wird derjenige bezeichnet, der „die strafbare Handlung begeht", bzw. der, wie sich aus dem Wortlaut des § 15 Abs. 2 ergibt, „die Tat ausführt[381]".
2. Bestimmungstäterschaft
   Wer einen anderen „dazu bestimmt", eine strafbare Handlung zu begehen, ist als Bestimmungstäter zu charakterisieren.

---

terpretation, die dann freilich der Sache nach in den entscheidenden Beziehungen auf die limitiert-akzessorische Teilnahmeregelung des deutschen Rechts mit ihren unzähligen dogmatischen Spitzfindigkeiten und Abgrenzungsprobleme hinausläuft"

374 Vgl. *Burgstaller*, RZ 1982, 216.

375 Anders *Nowakowski*, RZ 1982, 124; *Triffterer*, Die österreichische Beteiligungslehre, 1983, 49, 50.

376 Vgl. *Burgstaller*, RZ 1975, 13; anders, *Kienapfel*, RZ 1975, 168: „Daß Burgstaller unter der Bezeichnung „reduzierte Einheitstäterschaft" tatsächlich nichts anderes als ein limitiert akzessorisches Teilnahmemodell praktiziert, wird besonders deutlich, wenn man seine Ausführungen mit den bereits klassischen Begriffsbestimmungen von „Anstiftung" und „Beihilfe" im neuen deutschen StGB vergleicht."

377 Vgl. *Burgstaller*, RZ 1975, 13.

378 Vgl. LSK 1976/205, LSK 1979/231, LSK 1982/ 21; *Kienapfel*, in: Strafrechtliche Probleme der Gegenwart, 1979, 55, 57.

379 Vgl. *Foregger/Fabrizy*, Strafgesetzbuch, 1999, § 12 Rdn. 2; *Leukauf/Steininger*, Kommentar zum Strafgesetzbuch, 1979, § 12 Rdn. 5; *Schmoller*, ÖJZ 1983, 344; *Stein*, Die Regelungen von Täterschaft und Teilnahme, 2002, 204.

380 Vgl. *Schmoller*, ÖJZ 1983, 345.

381 Zitiert nach *Fuchs/Maleczky*, Kodex des Österreichischen Rechts, 9: „§ 15. (2) Die Tat ist versucht, sobald der Täter seinen Entschluß, sie auszuführen oder einen anderen dazu zu bestimmen (§ 12), durch eine der Ausführung unmittelbar vorangehende Handlung betätigt."

3. Beitragstäterschaft

Beitragstäter ist derjenige, der einen „Beitrag“ zur Ausführung der strafbaren Handlung leistet.

Da das monistische Einheitstätersystem statt des dualistischen Teilnahmesystems in der österreichischen Strafrechtsdogmatik vorherrscht, ist zu beachten, dass die in der Literatur überwiegende Ansicht den Begriff der „Täterformen“ und nicht der „Beteiligungsformen“ verwendet[382]. Die Auffassung der Theoretiker, die die Regelung des § 12 StGB anders als die herkömmliche Lehre auslegen, geht aber davon aus, dass es sich in Wirklichkeit um eine „sorgfältige Vermeidung“[383] der Begriffe „Anstifter“ und „Gehilfe“ handelt. Der Bestimmungstäter ist laut dieser Meinung mit dem Anstifter identisch, wobei mit der Beitragstäterschaft die Beihilfe gemeint ist[384]. Die Verwendung entweder des einen oder des anderen Begriffes ist trotzdem im Grunde irrelevant, da es um einen rein terminologischen Unterschied geht. Von Bedeutung ist, was dahinter steht, namentlich die Annahme des Einheitstätersystems oder des akzessorischen Teilnahmesystems, da diese entgegengesetzten dogmatischen Konzeptionen mit den Begriffen der Bestimmungstäterschaft und des Anstifters entsprechend verbunden sind[385].

B. Die Bestimmungstäterschaft (Anstiftung)

I. Die Struktur der Bestimmungstäterschaft

Die Bestimmungstäterschaft besteht aus zwei Teilen, der Bestimmungshandlung durch den Bestimmenden und der Ausführung der Tat durch den unmittelbaren Täter[386]. Es handelt sich daher um „eine auf zwei Handelnde aufgeteilte dogmatisch-legistische Struktur“[387]. Die vollendete Bestimmungstäterschaft ist auf die Vollendung der Haupttat angewiesen, aber diese Bezogenheit soll nicht auf die limitierte Akzessorietät des Teilnahmesystems zurückgeführt werden[388]. Die

382 Vgl. *Schild*, ZfRV 1976, 198.
383 Vgl. *Fuchs*, Österreichisches Strafrecht, AT I, 1997, 289.
384 Vgl. *Burgstaller*, RZ 1975, 18.
385 Vgl. *Kienapfel*, in: Strafrechtliche Probleme der Gegenwart, 1979, 72.
386 Vgl. *Stein*, Die Regelungen von Täterschaft und Teilnahme, 2002, 215.
387 Vgl. *Kienapfe/Höpfel*, Grundriss des Strafrechts, AT, 2005, 226.
388 Vgl. *Stein*, Die Regelungen von Täterschaft und Teilnahme, 2002, 215.

herrschende Meinung spricht lediglich von einer „faktisch-strukturellen Bezogenheit“[389].

II. Inhalt des Bestimmens

Aus dem Wortlaut des Gesetzes ist keine konkrete Definition der Bestimmungshandlung zu entnehmen[390]. Nach der im Schrifttum herkömmlichen Meinung[391] bedeutet die Bestimmungshandlung nichts anderes als eine Veranlassung[392], die für den Tatentschluss des unmittelbaren Täters kausal ist[393]. Daraus resultiert, dass der so genannte *omnimodo facturus*, der schon zur Tat entschlossen ist, nicht mehr bestimmt werden kann. Wer beim *omnimodo facturus* die Ausführung der Tat hervorzurufen versucht, wird folglich nur wegen versuchter Bestimmungstäterschaft oder psychischer Beitragstäterschaft bestraft[394].

Belanglos sind auch die Mittel[395], die zur Herbeiführung des Handlungsentschlusses des unmittelbaren Täters eingesetzt werden[396]. Aufforderungen, Befehle, Drohungen, Täuschungen oder Versprechungen, aber auch eine verschlüsselte Bestimmung, die „nur dem Adressaten als solche erkennbar ist“[397], können vom Bestimmungstäter verwendet werden[398], da die Ursächlichkeit[399] der Handlung für das Bewirken des Tatentschlusses maßgeblich ist.

---

389 Vgl. *Kienapfel/Höpfel*, Strafrecht, AT, 2005, 226; *Schild*, ZfRV 1976, 192: „Daneben kann man eine zweite Art von Akzessorietät herausstellen, die ein völlig anderes Problem betrifft: die innere Beziehung einer Handlung auf die Handlung eines anderen, welche nicht über die Frage der Strafbarkeit, sondern über die Form der Beteiligung selbst bestimmt.“

390 Vgl. *Kienapfel*, ÖJZ 1979, 90; *Kienapfel/Höpfel*, Strafrecht, AT, 2005, 227; *Schmoller*, in: Gedächtnisschrift für Zipf, 1999, 314.

391 Vgl. *Triffterer*, Österreichisches Strafrecht, AT, 1994, 402.

392 Vgl. *Burgstaller*, RZ 1975, 14; *Kienapfel*, ÖJZ 1979, 92; *Leukauf/Steininger*, Kommentar zum Strafgesetzbuch, 1979, § 12 Rdn. 18; *Schwaighofer*, ÖJZ 2000, 882.

393 Vgl. *Leukauf/Steininger*, Kommentar zum Strafgesetzbuch, 1979, § 12 Rdn. 18; *Schmoller*, ÖJZ 1983, 379; *Stein*, Die Regelungen von Täterschaft und Teilnahme, 2002, 215.

394 Vgl. *Triffterer*, Österreichisches Strafrecht, AT, 1994, 402.

395 Vgl. *Leukauf/Steininger*, § 12 Rdn. 21: „Es kommen alle Verhaltensweisen in Betracht, die den Anstoß zur Tatausführung geben.“

396 Vgl. *Triffterer*, Die österreichische Beteiligungslehre, 1983, 73.

397 Vgl. *Kienapfel/Höpfel*, Strafrecht, AT, 2005, 227, 228.

398 Vgl. *Fuchs*, Österreichisches Strafrecht, AT I, 1997, 315; *Kienapfel/Höpfel*, Strafrecht, AT, 2005, 227.

399 Vgl. *Triffterer*, Österreichisches Strafrecht, AT, 1994, 402: „Dementsprechend ist „Ursächlichkeit“ im Rahmen einer Bestimmung lediglich als tatsächliche Einflußnahme auf die menschliche Psyche zu verstehen, von der das Gericht zwar überzeugt sein, die aber nicht naturgesetzlich nachgewiesen werden muß.“

Alle diese Mittel sind jedoch für die Bejahung von Bestimmungstäterschaft ohne Bedeutung, wenn sie nicht auf die Psyche des Täters einwirken. Die österreichische Strafrechtslehre[400] vertritt eine eher enge Interpretation des Terminus „Bestimmen". Sie hält einen geistigen Kontakt zwischen dem Bestimmungstäter und dem Haupttäter[401] für notwendig. Das bloße Schaffen einer tatanreizenden Situation wird dementsprechend nicht als ausreichende Voraussetzung für die Annahme von Bestimmungstäterschaft angesehen.

Die Einflussnahme auf die psychische Einstellung des unmittelbaren Täters, bzw. der Bestimmungserfolg muss zusätzlich dem Bestimmungstäter objektiv zurechenbar sein[402]. Das rechtlich missbilligte Risiko[403], das durch die Bestimmungshandlung geschaffen wird, soll als Werk des Veranlassers erscheinen, d.h., der Bestimmungstäter muss imstande sein, durch die Aufforderung die Tatausführung zu motivieren[404].

Die Bestimmungshandlung muss sich ferner auf einen bestimmten oder zumindest bestimmbaren Adressatenkreis richten[405]. Das Ziel, das mit der Veranlassung bezweckt wird, soll auch hinreichend konkretisiert sein[406], d.h. die wesentlichen Umstände der im § 12 vorgesehenen „strafbaren Handlung" müssen bekannt sein[407]. Der Bestimmungstäter braucht dennoch nicht alle Einzelheiten über das „Wann", „Wo" und „Wie" der auszuführenden Tat zu kennen[408].

III. Erwecken des Tatvorsatzes oder Erwecken des Handlungsentschlusses?

Strittig in der österreichischen Beteiligungslehre ist die Antwort auf die Frage, ob das „Bestimmen" das Erwecken des Tatvorsatzes oder das Erwecken des Handlungsentschlusses voraussetzt[409]. Der Streitstand lässt sich an der Diskussion um

---

400 *Fuchs*, Österreichisches Strafrecht, AT I, 1997, 315; *Stein*, Die Regelungen von Täterschaft und Teilnahme, 2002, 218.

401 Vgl. *Zipf*, ÖJZ 1975, 620.

402 Vgl. *Schmoller*, ÖJZ 1983, 384, 385: „Der Bestimmungs- und Beitragstäterschaft ist ... gemeinsam, daß zwischen der Handlung des zu beurteilenden Täters und dem Erfolg die objektiv zurechenbare Handlung eines Dritten eingeschaltet ist."; *Stein*, Die Regelungen von Täterschaft und Teilnahme, 2002, 217, 218; *Triffterer*, Österreichisches Strafrecht, AT, 1994, 403.

403 Vgl. *Schmoller*, ÖJZ 1983, 385.

404 Vgl. *Schmoller*, ÖJZ 1983, 381 ff.

405 Vgl. *Schild*, ZfRV 1976, 202.

406 Vgl. *Leukauf/Steininger*, Kommentar zum Strafgesetzbuch, 1979, § 12 Rdn. 30.

407 Vgl. *Kienapfel/Höpfel*, Strafrecht, AT, 2005, 228; *Stein*, Die Regelungen von Täterschaft und Teilnahme, 2002, 218; *Triffterer*, Die österreichische Beteiligungslehre, 1983, 73.

408 Vgl. *Kienapfel/Höpfel*, Strafrecht, AT, 2005, 233.

409 Vgl. *Fuchs*, Österreichisches Strafrecht, AT I, 1997, 309.

die rechtliche Qualität des Begriffes „strafbare Handlung" des § 12 StGB veranschaulichen. Einerseits wird die These vertreten, dass die Handlung des Bestimmungstäters die Veranlassung einer nicht nur strafbaren, sondern auch vorsätzlichen Tat bezweckt.

Auf der anderen Seite wollen die Befürworter der funktionalen Einheitstäterlehre[410] auf die sprachliche Aussage des § 12 abstellen, um dem Terminus „Bestimmen" als Erwecken des Handlungsentschlusses[411] bzw. als Anstoß zur Tatausführung zu unterstützen[412]. Da das Gesetz ausdrücklich die Begehung einer strafbaren Handlung verlangt, wird nach dieser Meinung die Möglichkeit der strafbaren Beteiligung an einer unvorsätzlichen Tat offen gelassen[413]. Ein weiteres Argument, das vorgebracht wird, ergibt sich aus § 17 StGB, der sowohl vorsätzliche als auch fahrlässige Handlungen erfasst. Auch die Rechtsprechung stimmt dieser Auffassung zu[414].

Nach *Kienapfel*[415], *Friedrich*[416] und *Leukauf-Steininger*[417] wird folglich als Bestimmungstäter derjenige betrachtet, der vorsätzlich einen anderen zu einer vorsätzlichen oder unvorsätzlichen Tat veranlasst[418]. Für *Burgstaller*[419] und *Zipf*[420] stellt dagegen die vorsätzliche Veranlassung einer tatbestandsmäßigen,

---

410 Vgl. *Kienapfel*, in: Strafrechtliche Probleme der Gegenwart, 1979, 61; *Kienapfel/Höpfel*, Strafrecht, AT, 2005, 227, 230; *Schmoller*, ÖJZ 1983, 384: „Da die mittelbaren Täterschaftsformen keinen Vorsatz beim unmittelbar Ausführenden voraussetzen, kann hier auf das Erwecken des Vorsatzes nicht abgestellt werden."; *Triffterer*, Die österreichische Beteiligungslehre, 1983, 50.

411 Vgl. *Friedrich*, ÖJZ 1995, 10; *Schwaighofer*, in: Österreichisches Strafrecht, Fälle und Lösungen, 2003, 84.

412 Vgl. *Hamdorf*, Beteiligungsmodelle im Strafrecht, 2002, 208.

413 Vgl. *Schmoller*, ÖJZ 1983, 386: „Sieht man die Unterscheidung der Tätertypen als Problem der objektiven Zurechnung an, das sich ja grundsätzlich bei Vorsatz- und Fahrlässigkeitsdelikten gleichermaßen stellt, so bestehen keine Bedenken gegen eine Anwendung des § 12 auch im Rahmen der Fahrlässigkeit."

414 Vgl. *Kienapfel*, ÖJZ 1979, 90 ff.; EvBI 1979/230, 1977/34, 1976/287.

415 Vgl. *Kienapfel*, RZ 1975, 171.

416 Vgl. *Friedrich*, RZ 1986, 258.

417 Vgl. *Leukauf/Steininger*, Kommentar zum Strafgesetzbuch, 1979, § 12 Rdn. 26.

418 Dieser Meinung stimmt auch *Schild* zu, ZfRV 1976, 193.

419 Vgl. *Burgstaller*, RZ 1975, 16: „Bestimmungstäterschaft des § 12 StGB setzt voraus, daß die Tat, die der Bestimmte nach dem Willen des Bestimmenden ausführen soll, nicht nur den objektiven Tatbestand des betreffenden Deliktes erfüllt und rechtswidrig ist, sondern auch dem Vorsatzerfordernis entspricht."

420 Vgl. *Zipf*, ÖJZ 1975, 620; ders., RZ 1980, 145 f: „Diese Frage führt in ein grundsätzliches und bis heute wenig geklärtes Problem der §§ 12 ff StGB, nämlich zu der Frage, ob § 12 mit seinen differenzierten Beteiligungsformen überhaupt für die fahrlässige Straftat gilt, oder ob wir im Bereich der fahrlässigen Straftat einen echten und originären Einheitstäterbegriff haben, wonach jede Beteiligung an einer fahrläs-

rechtswidrigen und vorsätzlichen Tat die unabdingbare Bedingung für das Vorliegen von Bestimmungstäterschaft dar.

IV. Die Rechtswidrigkeit der Haupttat

Es ist deutlich geworden, dass für die Bestrafung des Bestimmungstäters die Rechtswidrigkeit der Haupttat nach der Strafrechtslehre und Rechtsprechung Österreichs nicht vorausgesetzt wird. Wegen des herrschenden Einheitstätersystems, welches das Dogma der Akzessorietät der Beteiligung von der Haupttat nicht anerkennt, reicht bloß die Tatausführung durch den unmittelbaren Täter aus. Ob die Tat rechtswidrig ist oder nicht, ist anscheinend für die Bejahung von Bestimmungstäterschaft ohne Belang. Dadurch werden unter dem Tätertyp der Bestimmungstäterschaft alle jene Fälle erfasst, die im deutschen Strafrecht mangels einer rechtswidrigen Haupttat als mittelbare Täterschaft charakterisiert sind[421].

V. Der Vollendungsvorsatz des Bestimmungstäters

Des Weiteren muss der tatbestandsmäßige Erfolg vom Bestimmungstäter gewollt sein[422]. Die Feststellung, dass der Vollendungsvorsatz[423] des Täters erforderlich ist, geht aus der finalen[424] Struktur des Begriffes „Bestimmen" hervor[425] und ist in der österreichischen Beteiligungslehre herrschende Meinung geworden[426]. Es

---

sigen Tat als fahrlässige Täterschaft zu erfassen ist (so die fast einhellige Auffassung in der Bundesrepublik Deutschland)."

421 Vgl. *Leukauf/Steininger*, Kommentar zum Strafgesetzbuch, 1979, § 12 Rdn. 22.

422 Vgl. *Schild*, ZfRV 1976, 202; *Bertel*, in: Österreichisches Strafrecht, Fälle und Lösungen, 2003, 31.

423 Vgl. *Burgstaller*, RZ 1975, 14; *Schmoller*, ÖJZ 1983, 385; *Triffterer*, Österreichisches Strafrecht, AT, 1994, 404; *Kienapfel/Höpfel*, Strafrecht, AT, 2005, 233; *Leukauf/Steininger*, Kommentar zum Strafgesetzbuch, 1979, § 12 Rdn. 29; *Schild*, ZfRV 1976, 202: „das Delikt des Anstifters ist vollendet, wenn der Täter dieses Delikt ausgeführt hat."; *Schmoller*, ÖJZ 1983, 386.

424 Vgl. *Zipf*, ÖJZ 1975, 620: „Schon der Begriff des „Bestimmens" ist aufschlußreich. In ihm steckt einerseits ein finales Element des bewußten Einwirkens auf einen anderen."

425 Vgl. *Leukauf/Steininger*, Kommentar zum Strafgesetzbuch, 1979, § 12 Rdn. 26.

426 Vgl. *Fuchs*, Österreichisches Strafrecht, AT I, 1997, 324; *Kienapfel/Höpfel*, Strafrecht, AT, 2005, 225.

existiert aber auch eine andere Ansicht[427], die davon ausgeht, dass eine fahrlässige Bestimmung möglich ist[428].

VI. Qualitative und quantitative Akzessorietät

Die strafbare Handlung, die der unmittelbare Täter begeht, braucht weder rechtswidrig noch vorsätzlich zu sein. Die rechtliche Beschaffenheit des Verhaltens des unmittelbaren Täters ist daher für die Bestrafung des Bestimmungstäters irrelevant. Das Einheitstätersystem enthält darüber hinaus überhaupt keine Elemente der Teilnahmelehre und beharrt auf der unabhängigen rechtlichen Beurteilung der Tatbeiträge der einzelnen Beteiligten untereinander[429]. Jeder Täter des § 12 StGB verwirklicht eigenes Unrecht[430] und wird folglich nach seiner eigenen Schuld bestraft[431]. Der Begriff der Akzessorietät ist daher mit dem Einheitstätersystem unvereinbar.

Die österreichische Lehre differenziert weiter zwischen qualitativen und quantitativen Akzessorietät[432]. Mit der qualitativen Akzessorietät[433] ist die Abhängigkeit der Beteiligung von der rechtlichen Beschaffenheit der Haupttat gemeint[434]. Es handelt sich nämlich um die Frage, ob die vom unmittelbaren Täter vorsätzlich, rechtswidrig oder schuldhaft ausgeführte Handlung als grundsätzliche Voraussetzung für die Beteiligung an der Tat gilt. Der Begriff der qualitativen Akzessorietät ist mit dem der limitierten Akzessorietät des deutschen Strafrechts identisch[435]. Demgegenüber bildet die quantitative Akzessorietät die Abhängigkeit der Strafbarkeit des Beteiligten von dem Deliktsstadium, in das der unmittelbare Täter gelangt ist[436].

---

427 Vgl. *Stein,* Die Regelungen von Täterschaft und Teilnahme, 2002, 221, 222; *Triffterer*, Die österreichische Beteiligungslehre, 1983, 74.

428 Vgl. *Friedrich*, RZ 1986, 258: „... zum anderen erhellt vor allem aus der Bedeutung der passiven Form des Zeitwortes „bestimmen", daß man durchaus zu einem Verhalten „bestimmt" werden kann, ohne daß der dazu Anlaß Gebende, also der Bestimmende, insoweit vorsätzlich gehandelt hat; zudem entspricht die dahingehende Auslegung auch der klaren Absicht des Gesetzgebers."; *Höpfel*, ÖJZ 1982, 314, 316; *Schmoller*, ÖJZ 1983, 336.

429 Vgl. *Kienapfel,* RZ 1975, 166.

430 Vgl. *Kienapfel*, RZ 1975, 166.

431 Vgl. *Hamdorf*, Beteiligungsmodelle im Strafrecht, 2002, 206; *Kienapfel/Höpfel*, Strafrecht, AT, 2005, 206.

432 Vgl. *Stein*, Die Regelungen von Täterschaft und Teilnahme, 2002, 205.

433 Vgl. *Friedrich*, RZ 1986, 228.

434 Vgl. *Kienapfel/Höpfel*, Strafrecht, AT, 2005, 202; *Schild*, ZfRV 1976, 191, 192.

435 Vgl. *Fuchs*, Österreichisches Strafrecht, AT I, 1997, 291; *Kienapfel/Höpfel*, Strafrecht, AT, 2005, 202.

436 Vgl. *Burgstaller*, RZ 1975, 14.

Eine limitiert qualitative Akzessorietät findet also im geltenden monistischen Regelungsmodell der Einheitstäterschaft keine hinreichende Stütze[437], obwohl ein Teil der österreichischen Rechtsliteratur auf das Akzessorietätsdogma des Teilnahmesystems nicht verzichten will. Diese These, die von den Gegnern der funktionalen Einheitstäterschaft vertreten worden ist, beruht besonders auf der quantitativ-akzessorischen Regelung des § 15 Abs 2 StGB[438], die bestimmt, dass der Beitragstäter erst dann strafbar wird, wenn der unmittelbare Täter seinerseits die Tat versucht hat[439]. Die Vorschrift verdeutlicht eine ausdrückliche gesetzliche Ausnahme vom Einheisttäterprinzip[440], wobei sie den Anhängern des Teilnahmesystems zufolge einen Beweis dafür darstellt, dass das Gesetz eigentlich zwischen drei voneinander unterschiedlichen und nicht gleichwertigen Beteiligungsformen differenziert[441].

Der Theorienstreit besteht folglich zwischen den Befürwortern der herrschenden funktionalen Einheitstäterschaft, die grundsätzlich von der rechtlichen Gleichbewertung der Tätertypen ausgehen, und den Vertretern des limitiert qualitativ akzessorischen Systems[442]. Die Durchsetzung des Einheitstätersystems schließt Strafbarkeitslücken, die sonst entstehen würden und die das dualistische Modell des Teilnahmesystems durch die Form der mittelbaren Täterschaft zu beheben versucht. Auf diese Weise argumentiert die überwiegende Ansicht in der strafrechtlichen Beteiligungslehre Österreichs, die die Fälle der mittelbaren Täterschaft im Gegensatz zu der deutschen Theorie als Bestimmungstäterschaft bezeichnet.

---

437 Vgl. *Foregger/Fabrizy*, Strafgesetzbuch, 1999, § 12 Rdn. 3; *Friedrich*, RZ 1986, 232; *Hamdorf*, Beteiligungsmodelle im Strafrecht, 2002, 207; *Höpfel*, ÖJZ 1982, 321, 322; *Schmoller*, in: Gedächntisschrift für Zipf, 1999, 307.

438 Vgl. *Fuchs/Maleczky*, Kodex des österreichischen Rechts, 2005: „ §15 (2) Die Tat ist versucht, sobald der Täter seinen Entschluß, sie auszuführen oder einen anderen dazu zu bestimmen (§ 12), durch eine der Ausführung unmittelbar vorangehende Handlung betätigt."

439 Vgl. *Fuchs*, ÖJZ 1986, 263.

440 Vgl. *Fabrizy*, in: Wiener Kommentar zum Strafgesetzbuch, 2000, § 12 Rdn. 13; *Triffterer*, Österreichisches Strafrecht, AT, 1994, 393; anders, *Nowakowski*, RZ 1982, 126: „Der Einheitstätergedanke bleibt, wenn nicht nur ein Versuch vorliegt, überhaupt unberührt."

441 Vgl. *Burgstaller*, RZ 1975, 13; *ders.*, in Strafrechtsreform und Rechtsvergleichung, 1979, 52; ders., RZ 1982, 217: „Die Unterscheidung zwischen unmittelbarer Täterschaft sowie Bestimmungstäterschaft einerseits und Beitragstäterschaft andererseits, kann man aber zusätzlich direkt auf § 15 Abs 2 StGB stützen. ...Die Tatsache, daß der Gesetzgeber die versuchte Beitragstäterschaft straflos gelassen hat, zwingt dazu, die Beitragstäterschaft von den beiden anderen Täterschaftsformen abzugrenzen."; *Zipf*, RZ 1980, 143.

442 Vgl. *Kienapfel*, ÖJZ 1979, 90; *Schmoller*, ÖJZ 1983, 337.

VII. Die Erscheinungsformen der Bestimmungstäterschaft

1. Die Bestimmungstäterschaft an einer vollendeten strafbaren Handlung

Die erste Form der Bestimmungstäterschaft ist die Beteiligung an einer vollendeten, strafbaren Handlung des Haupttäters. Es ist bereits erwähnt worden, was unter den Begriff der „strafbaren Handlung" des § 12 StGB nach der herrschenden Strafrechtslehre fällt. Maßgebend ist vor allem der Vollendungsvorsatz bezüglich aller Elemente des äußeren Tatbestandes der Haupttat.

2. Die Bestimmungstäterschaft an einem Versuch

Die Regelung des § 15 StGB unterscheidet zwischen dem Versuch und der Beteiligung am Versuch[443]. Der Bestimmungstäter wird gemäß Abs. 1 des § 15 StGB[444] bestraft, wenn auch seine Bestimmungshandlung nicht zur Vollendung, sondern zum Versuch der Tat durch den unmittelbaren Täter führt[445]. Zu den Voraussetzungen der Strafbarkeit der Bestimmungstäterschaft an einem Versuch zählen daher die Bestimmungshandlung, die vom Haupttäter ausgeführte aber noch im Versuchsstadium stehende Handlung[446] und der Vorsatz des Bestimmungstäters hinsichtlich der Elemente des äußeren Tatbestandes und der Vollendung der Tat durch den unmittelbaren Täter[447].

3. Die versuchte Bestimmungstäterschaft

Aus der Vorschrift des § 15 Abs 2 StGB ergibt sich die Definition des Versuchs einer strafbaren Handlung[448]. Sobald unmittelbar zur Ausführung oder Anstiftung angesetzt wird, liegt ein versuchtes Delikt vor. Die Regelung des § 15 Abs. 2 erklärt folglich für strafbar sowohl den Versuch der unmittelbaren Täterschaft als auch den Versuch einen anderen zur Tatbegehung zu veranlassen[449]. Die versuchte Beitragstäterschaft wird andererseits dadurch ausgeschlossen[450]. Erforder-

---

443 Vgl. *Friedrich*, ÖJZ 1995, 9 ff.

444 Vgl. *Fuchs/Maleczky*, Kodex des österreichischen Rechts, 2005: „ § 15 (1) Die Strafdrohungen gegen vorsätzliches Handeln gelten nicht nur für die vollendete Tat, sondern auch für den Versuch und für jede Beteiligung an einem Versuch."

445 Vgl. *Hamdorf*, Beteiligungsmodelle im Strafrecht, 2002, 222; *Schild*, ZfRV 1976, 197; *Stein*, Die Regelungen von Täterschaft und Teilnahme, 2002, 223.

446 Vgl. *Scheil*, in: Österreichisches Strafrecht, Fälle und Lösungen, 2003, 59.

447 Vgl. *Fuchs*, Österreichisches Strafrecht, AT I, 1997, 312, 313.

448 Vgl. *Schmoller*, in: Gedächtnisschrift für Zipf, 1999, 311.

449 Vgl. *Fuchs*, Österreichisches Strafrecht, AT I, 1997, 313 f; *Zipf*, RZ 1980, 144 ff.

450 Vgl. *Schmoller*, ÖJZ 1983, 384; *Schwaighofer*, ÖJZ 2000, 882.

lich für die Bejahung der versuchten Bestimmungstäterschaft[451] ist, dass der Bestimmende eine „bestimmungsnahe“[452] Handlung vornimmt.

Die Bestimmung kann ferner entweder misslungen oder erfolglos sein[453]. Im ersten Fall wird kein Tatentschluss beim unmittelbaren Täter verursacht, wobei die Bestimmung dann als erfolglos erachtet wird, wenn der Tatentschluss zwar geweckt worden ist, dieser aber trotzdem das Versuchsstadium nicht erreicht hat[454].

Abschließend ist als beachtenswert zu vermerken, dass die versuchte Bestimmungstäterschaft des § 15 StGB ohne Ausnahme strafbar ist, obwohl im deutschen Strafrecht die versuchte Anstiftung nur dann unter Strafe gestellt wird, wenn der Haupttäter zu einem Verbrechen angestiftet wird.

C. Zusammenfassung

Die österreichische Beteiligungslehre beruht auf der dogmatischen Konstruktion der Einheitstäterschaft, die die Dreiteilung zwischen Täter, Anstifter und Gehilfen ablehnt. Die Regelung des § 12 StGB differenziert jedoch zwischen den Täterformen der unmittelbaren Täterschaft, der Bestimmungstäterschaft und der Beitragstäterschaft. Der Begriff der Teilnahme wird im Gesetz bewusst vermieden[455] und durch den Terminus der Beteiligung ersetzt. Dadurch wird ausdrücklich auf die Abkehr des Gesetzgebers und der Theorie vom dualistischen Teilnahmesystem hingewiesen. Die einheitstäterschaftliche Entscheidung des Gesetzgebers geht von der rechtlichen Gleichwertigkeit aller Begehungsformen aus, weshalb die uns aus dem deutschen Recht bekannte limitierte Akzessorietät keine hinreichende Basis findet. Diese Entscheidung hat jedoch Anlass für eine umfangreiche wissenschaftliche Diskussion gegeben und zur Entwicklung einer Gegenmeinung geführt, die auf dem Dogma der Abhängigkeit der Beteiligung von der Täterschaft beharrt.

Das österreichische Strafrecht erkennt also die Form der Bestimmungstäterschaft an, die hinsichtlich ihrer Struktur der Anstiftung im deutschen Strafrecht ähnelt. Für das Vorhandensein von Bestimmungstäterschaft ist nach einhelliger Ansicht das Element der Veranlassung zur Tatausführung erforderlich. Die im Schrifttum dominierende Ausprägung verlangt des Weiteren eine psychische

---

451 Vgl. *Leukauf/Steininger*, Kommentar zum Strafgesetzbuch, 1979, § 12 Rdn. 31.

452 Vgl. *Kienapfel/Höpfel*, Strafrecht, AT, 2005, 226; *Stein*, Die Regelungen von Täterschaft und Teilnahme, 2002, 222.

453 Vgl. *Zipf*, RZ 1980, 145.

454 Vgl. *Fuchs*, Österreichisches Strafrecht, AT I, 1997, 314.

455 Vgl. *Kienapfel*, ÖJZ 1979, 94.

bzw. geistige Beeinflussung des unmittelbaren Täters durch den Bestimmungstäter. Beachtenswert ist ferner, dass die Bestimmungstäterschaft an einer fahrlässigen Tat strafbar ist. Für maßgeblich wird letzten Endes in erster Linie die rechtliche Gleichwertigkeit von Bestimmungstäterschaft und unmittelbarer Täterschaft gehalten. Dieses grundlegende Prinzip lässt sich freilich nach überwiegender Meinung von der im Gesetz vorgesehenen einheitlichen Strafdrohung der drei Tätertypen ableiten.

§ 3. Schweiz

A. Einführung

I. Die Beteiligungsregelung

Im schweizerischen Strafgesetzbuch ist die Teilnahme in § 24 folgendermaßen geregelt:

> *Anstiftung*
>
> *24 1. Wer jemanden zu dem von ihm verübten Verbrechen oder Vergehen vorsätzlich bestimmt hat, wird nach der Strafandrohung, die auf den Täter Anwendung findet, bestraft.*
>
> *2. Wer jemanden zu einem Verbrechen zu bestimmen versucht, wird wegen Versuchs dieses Verbrechens bestraft.*[456]

II. Die Beteiligungsformen

Die Schweiz folgt dem dualistischen System, das zwischen Täterschaft und Teilnahme differenziert[457]. Als Ausgangspunkt für die Charakterisierung der Täterschaft wird heute im Gegensatz zu der in der Vergangenheit vertretenen subjektiven Theorie[458] sowohl im Schrifttum als auch in der Rechtsprechung die

456 Zitiert nach *Rehberg*, Schweizerisches Strafgesetzbuch, 1997, 56.

457 Vgl. *Alkalay*, Das materielle Strafrecht der Französischen Revolution und sein Einfluss auf Rechtsetzung und Rechtsprechung der Helvetischen Republik, 1984, 199 ff; *Ambos*, Der Allgemeine Teil des Völkerstrafrechts, 2002, 544; *Kienapfel/Höpfel*, Strafrecht, AT, 2005, 215; *Noll*, Schweizerisches Strafrecht, AT I, 1981, 156; *Rehberg/Donatsch*, Strafrecht I, 2001, 119; *Stratenwerth*, Schweizerisches Strafrecht, AT I, 2005, 337; *Trechsel*, Schweizerisches Strafgesetzbuch, 1989, 75.

458 Vgl. *Dietz*, Täterschaft und Teilnahme im ausländischen Strafrecht, 1957, 51; *Jescheck/Weigend*, Lehrbuch des Strafrechts, AT, 1966, 661; *Schobloch/Kunz*, Schweizerisches Strafrecht AT in Fragen und Antworten, 2003, 256: „Die subjekti-

Tatherrschaftstheorie[459] eingesetzt, die aus einer Verknüpfung von subjektiven und objektiven Elementen besteht[460].

Die Vorschrift des § 24 des schweizerischen Strafgesetzbuches regelt offenkundig lediglich die Teilnahme, ohne die Täterschaft zu erwähnen[461]. Der Täter wird jedoch „stillschweigend“[462] vorausgesetzt und als derjenige bezeichnet, der „ein Verbrechen oder Vergehen verübt“. Der Gesetzgeber definiert also die Täterschaft nicht[463] und regelt lediglich näher die Formen der Teilnahme: die Anstiftung und die Gehilfenschaft[464]. Im Text des schweizerischen Strafgesetzbuches ist aber der Ausdruck „Täter“ in vielen Vorschriften[465] zu finden[466]. „Darunter versteht das StGB in der Regel jede Person, welche in irgendeiner Weise eine strafbare Handlung begeht, sei es als selbständiger Täter oder als Teilnehmer, sei es als Strafmündiger, Jugendlicher oder Kind, sei die Tat vollendet oder nur versucht worden“.[467] Aus dieser Feststellung lässt sich dennoch nicht die Schlussfolgerung ziehen, dass die Strafrechtslehre in der Schweiz der extensiven Interpretation der Tatbestände folgt[468], wie teilweise vertreten worden ist[469]. Ganz im Gegenteil wird auch im schweizerischen Strafrecht von einem restriktiven Täterbegriff ausgegangen, wobei die Anstiftung und die Gehilfenschaft Straferweiterungsgründe darstellen[470].

---

ve Theorie wird in der schweizerischen Lehre und Rechtsprechung nicht mehr vertreten.“; *Schultz*, ZStR 1956, 246.

459 Vgl. *Heine*, in: Festschrift für Eser, 2005, 504; *Vest*, in: Eser/Huber, Strafrechtsentwicklung in Europa, 1997, 700.

460 Vgl. *Kunz*, Schweizerisches Strafrecht, AT, 2003, 232, 233; *Peter*, Zur Mittäterschaft nach schweizerischem Strafrecht, 1984, 38, 92, 93; *Schobloch/Kunz*, Schweizerisches Strafrecht AT in Fragen und Antworten, 2003, 255.

461 Vgl. *Pfenninger*, in: Das ausländische Strafrecht der Gegenwart, 1957, 23; *Roxin*, in: Leipziger Kommentar 2003 Vor § 25 Rdn. 14.

462 Vgl. *Stratenwerth*, Schweizerisches Strafrecht, AT I, 2005, 336.

463 Vgl. *Heine*, in: Festschrift für Eser, 2005, 504; *Schultz*, ZStR 1956, 248.

464 *Rehberg*, Schweizerisches Strafgesetzbuch, 1997, 56; *Stratenwerth*, Schweizerisches Strafrecht, AT I, 2005, 337.

465 Art. 3 Abs. 1; Art. 4 Abs. 2; Art:5 Abs. 2; Art. 347 Abs. 4.

466 Vgl. *Haeflinger*, ZStR, 1954, 393.

467 Zitiert nach *Schultz*, ZStR 1956, 255.

468 Vgl. *Schultz*, ZStR 1956, 255.

469 Vgl. *Dietz*, Täterschaft und Teilnahme im ausländischen Strafrecht, 1957, 114; *Schnyder*, Täterschaft und Teilnahme bei den Sonderdelikten des Schweizerischen Strafgesetzbuches, 1962, 44 ff.

470 Vgl. *Stratenwerth*, Schweizerisches Strafrecht, AT I, 2005, 370.

B. Die Anstiftung

I. Der objektive Tatbestand der Anstiftung

Kennzeichnend für das Vorliegen des objektiven Tatbestands der Anstiftung ist das Element der Bestimmung eines anderen zur Verübung eines Verbrechens, eines Vergehens oder einer Übertretung, wie es sich konkludent aus § 102 StGB ergibt[471]. Diese Bestimmung wird als Hervorrufen des Tatentschlusses[472] beim Täter definiert, wobei die Mittel, die der Anstifter zur Beeinflussung des Haupttäters verwendet, unterschiedlich sein können[473]. Die herrschende Ansicht hält aber in Übereinstimmung mit der deutschen und der österreichischen Strafrechtslehre das Kriterium der psychischen bzw. kommunikativen Einwirkung[474] auf den Täter für unabdingbar[475]. Insbesondere Stratenwerth ist davon überzeugt, dass die Einflussnahme des Anstifters zusätzlich durch „ein gewisses Maß an Intensität"[476] gekennzeichnet sein muss. Dieser Meinung zufolge ist also nicht jedes Mittel, wie beispielsweise bloßes Überreden oder Bitten[477] für das Hervorrufen des Tatentschlusses tauglich. Nach *Trechsel*[478] und *Rehberg/Donatsch*[479] ist zwi-

---

471 Vgl. *Rehberg/Donatsch*, Strafrecht I, 2001, 120.

472 Vgl. *Baur*, Die Anstiftung, Diss., 1962, 21; *Germann*, Das Verbrechen im neuen Strafrecht, 1942, 81; *Noll*, Schweizerisches Strafrecht, AT I, 1981, 165; *Rehberg*, Schweizerisches Strafgesetzbuch, 1997, 59; *Rehberg/Donatsch*, Strafrecht I, 2001, 125; *Pfenninger*, in: Das ausländische Strafrecht der Gegenwart, 1957, 236; *Schultz*, Einführung in den allgemeinen Teil des Strafrechts, 1982, 292; *Stratenwerth*, Schweizerisches Strafrecht, AT I, 2005, 377, 379; *Trechsel*, Schweizerisches Strafgesetzbuch, 1989, 81.

473 Vgl. *Baur*, Die Anstiftung, Diss., 1962; *Noll*, Schweizerisches Strafrecht, AT I, 1981, 169; *Peter*, Zur Mittäterschaft nach schweizerischem Strafrecht, 1984, 6; *Pfenninger*, in: Das ausländische Strafrecht der Gegenwart, 1957, 236; *Schultz*, Einführung in den allgemeinen Teil des Strafrechts, 1982, 292; *Stratenwerth*, Schweizerisches Strafrecht, AT I, 2005, 378; *Trechsel*, Schweizerisches Strafgesetzbuch, 1989, 82.

474 Vgl. *Baur*, Die Anstiftung, 1962, 26: „Wer bloss eine Gelegenheit zu einem Delikt schafft,ohne auf den potentiellen Täter einzuwirken, stiftet nicht an."; *Rehberg/Donatsch*, Strafrecht I, 2001, 122,123; *Schultz*, ZStrR 1956, 273: „Anstiftung setzt als Bestimmen eine bewusste Einwirkung auf den Willen eines anderen voraus, damit sich der andere entschliesse, die beabsichtigte Tat zu begehen."

475 Vgl. *Stratenwerth*, Schweizerisches Strafrecht, AT I, 2005, 379.

476 Vgl. *Stratenwerth*, Schweizerisches Strafrecht, AT I, 2005, 379.

477 Anders *Baur*, Die Anstiftung, Diss., 1962, 25: „Der Anstifter kann sich mit Bitten begnügen."; *Rehberg*, Schweizerisches Strafgesetzbuch, 1997, 59.

478 Vgl. *Trechsel*, Schweizerisches Strafgesetzbuch, 1989, 82.

479 Vgl. *Rehberg/Donatsch*, Strafrecht I, 2001, 122.

schen dem motivierenden Verhalten des Anstifters und dem Tatentschluss des Haupttäters zwingend ein Kausal- bzw. Motivationszusammenhang erforderlich.

Anstiftung gegenüber einer Person, die schon den Entschluß gefasst hat und bereit ist, die fragliche Tat auszuführen (*omnimodo facturus*), ist auch im schweizerischen Strafrecht nicht möglich[480].

Der Täter oder der Personenkreis, auf den die Anstiftungshandlung gerichtet ist, muss ferner individualisiert sein[481]. Konkret muss auch die zu begehende Tat dem zukünftigen Täter geschildert werden, ohne dass die Beschreibung aller Einzelheiten erforderlich ist[482].

Zu den Umständen des objektiven Tatbestandes der Anstiftung zählt ebenfalls die vom Haupttäter vorzunehmende Tat, die eine rechtswidrige, aber nicht unbedingt schuldhafte sein muss[483], angesichts der Tatsache, dass die schweizerische Beteiligungslehre vom Grundsatz der limitierten Akzessorietät geprägt ist[484]. Die Haupttat muss aber nach der herrschenden Praxis[485] und Doktrin[486] auf jeden Fall vorsätzlich begangen werden.

II. Der subjektive Tatbestand der Anstiftung

Aus dem Wortlaut des § 24 StGB ergibt sich eindeutig, dass nur die vorsätzliche Anstiftung für strafbar erklärt wird[487]. Eine fahrlässige Veranlassung der vom Haupttäter verübten rechtswidrigen Tat kommt daher nicht in Betracht[488]. Den Inhalt des Anstiftervorsatzes bildet der Wille des Anstifters, durch den unmittelbaren Täter die Verwirklichung einer vorsätzlichen und rechtswidrigen Tat her-

---

480 Vgl. *Kunz*, Schweizerisches Strafrecht, AT, 2003, 249; *Rehberg*, Schweizerisches Strafgesetzbuch, 1997, 59; *Rehberg/Donatsch*, Strafrecht I, 2001, 123; *Schultz*, Einführung in den allgemeinen Teil des Strafrechts, 1982, 292; *Stratenwerth*, Schweizerisches Strafrecht, AT I, 2005, 379; *Trechsel*, Schweizerisches Strafgesetzbuch, 1989, 82.

481 Vgl. *Baur*, Die Anstiftung, 1962, 27; *Noll*, Schweizerisches Strafrecht, AT I, 1981, 168; *Rehberg/Donatsch*, Strafrecht I, 2001, 122, 124.

482 Vgl. *Rehberg/Donatsch*, Strafrecht I, 2001, 124; *Schultz*, Einführung in den allgemeinen Teil des Strafrechts, 1982, 292.

483 Vgl. *Stratenwerth*, Schweizerisches Strafrecht, AT I, 2005, 377.

484 Vgl. *Haeflinger*, ZStR, 1957, 391; *Rehberg/Donatsch*, Strafrecht I, 2001, 155.

485 Vgl. BGE 71 IV 135.

486 Vgl. *Kunz*, Schweizerisches Strafrecht, AT, 2003, 249; *Rehberg*, Schweizerisches Strafgesetzbuch, 1997, 59; *Schultz*, ZStR 1956, 273; *Stratenwerth*, Schweizerisches Strafrecht, AT I, 2005, 377; *Trechsel*, Schweizerisches Strafrecht, 1989, 81.

487 Vgl. *Rehberg/Donatsch*, Strafrecht I, 2001, 125; *Stratenwerth*, Schweizerisches Strafrecht, AT I, 2005, 380; *Trechsel*, Schweizerisches Strafgesetzbuch, 1989, 82.

488 Vgl. *Baur*, Die Anstiftung, 1962, 86, 96; *Schultz*, Einführung in den allgemeinen Teil des Strafrechts, 1982, 293.

beizuführen[489]. Das heißt folglich, dass der Anstifter sich der Strafbarkeit der beabsichtigten Handlung bewusst sein soll[490]. Er muss weiterhin die konkreten Umstände kennen, die den Unrechtscharakter der Tat des Haupttäters rechtfertigen[491].

III. Die Akzessorietät der Anstiftung

Die schweizerische Beteiligungslehre geht nicht von der These des selbständigen Teilnahmedelikts aus, sondern stützt sich auf den Grundsatz der Abhängigkeit der Anstiftung von der Haupttat[492]. Im Schrifttum ist darüber hinaus eine Unterteilung der Akzessorietät der Teilnahme in vier verschiedene Typen zu finden, die eher terminologische Bedeutung haben[493].

1. Die logische Akzessorietät

Mit der logischen Akzessorietät[494] ist nichts anders als die Bezogenheit der Anstiftung auf die Haupttat gemeint. Die Anstiftung ist ein Beziehungsbegriff[495], da sie sich immer an die Handlung des unmittelbaren Täters anlehnt. Der Auffassung *Stratenwerths* zufolge ist der Terminus der logischen Akzessorietät entbehrlich und ohne Belang[496].

2. Die limitierte Akzessorietät

Wie im deutschen Recht, so wird auch in der schweizerischen Theorie die limitierte Akzessorietät anerkannt, nach der für die Bejahung von Anstiftung das

489 Vgl. *Baur*, Die Anstiftung, 1962, 86, 87, 92; *Noll*, Schweizerisches Strafrecht, AT I, 1981, 166; *Peter*, Zur Mittäterschaft nach schweizerischem Strafrecht, 1984, 6; *Rehberg*, Schweizerisches Strafgesetzbuch, 1997, 59; *Schultz*, Einführung in den allgemeinen Teil des Strafrechts, 1982, 292; *Stratenwerth*, Schweizerisches Strafrecht, AT I, 2005, 380; *Trechsel*, Schweizerisches Strafgesetzbuch, 1989, 82.

490 Vgl. *Schultz*, ZStR 1956, 275.

491 Vgl. *Baur*, Die Anstiftung, 1962, 93; *Rehberg/Donatsch*, Strafrecht I, 2001, 125; *Stratenwerth*, Schweizerisches Strafrecht, AT I, 2005, 380.

492 Vgl. *Germann*, Das Verbrechen im neuen Strafrecht, 1942, 77 ff.; *Rehberg/Donatsch*, Strafrecht I, 2001, 155; *Trechsel*, Schweizerisches Strafgesetzbuch, 1989, 79.

493 Vgl. *Stratenwerth*, Schweizerisches Strafrecht, AT I, 2005, 373.

494 Vgl. *Rehberg*, Schweizerisches Strafgesetzbuch, 1997, 58.

495 Vgl. *Schultz*, Einführung in den allgemeinen Teil des Strafrechts, 1982, 290.

496 Vgl. *Stratenwerth*, Schweizerisches Strafrecht, AT I, 2005, 373.

Vorhandensein einer tatbestandsmäßigen und rechtswidrigen Tat vorausgesetzt wird[497].

3. Die tatsächliche Akzessorietät

Hinsichtlich der tatsächlichen Akzessorietät ist vornehmlich auf die Beantwortung der Frage Wert zu legen, welche „Verwirklichungsstufe[498]" die vom unmittelbaren Täter vorgenommene Tat erreichen muss, damit sie die relevante rechtliche Qualität erlangt, die eine Bedingung für das Vorliegen von Anstiftung darstellt. Es geht um die Frage, ob für die Begründung der Teilnehmerstrafbarkeit die Haupttat vollendet worden oder bloß versucht sein muss[499]. Nach überwiegender Ansicht wird in der Literatur gefordert, dass die Haupttat wenigstens versucht worden sein muss[500].

Die Regelung des § 24 Abs 2, die die versuchte Anstiftung zu einem Verbrechen unter Strafe stellt, wird jedoch als eine Durchbrechung des Grundsatzes der tatsächlichen Akzessorietät angesehen[501].

Die hier erörterte tatsächliche Akzessorietät ist mit der quantitativen Akzessorietät des österreichischen Rechts inhaltlich identisch.

4. Die Akzessorietät der Strafdrohung

Die Akzessorietät der Strafdrohung[502] findet ihren Ausdruck darin, dass der Gesetzgeber sowohl den unmittelbaren Täter als auch die sonstigen Beteiligten derselben gesetzlichen Strafdrohung unterwirft[503]. Das ist auch bei der Anstifterregelung des schweizerischen Strafrechts der Fall[504]. Das aber ist im Rahmen eines akzessorischen Teilnahmesystems nicht zwingend erforderlich. Das heißt, der

---

497 Vgl. *Rehberg*, Schweizerisches Strafgesetzbuch, 1997, 58; *Stratenwerth*, Schweizerisches Strafrecht AT I, 2005, 373.

498 Vgl. *Stratenwerth*, Schweizerisches Strafrecht, AT I, 2005, 374.

499 Vgl. *Schultz*, Einführung in den allgemeinen Teil des Strafrechts, 1982, 290, 291.

500 Vgl. *Rehberg*, Schweizerisches Strafgesetzbuch, 1997, 58; *Rehberg/Donatsch*, Strafrecht I, 2001, 126; *Schultz*, Einführung in den allgemeinen Teil des Strafrechts, 1982, 291; *Stratenwerth*, Schweizerisches Strafrecht, AT I, 2005, 374, 375; *Trechsel*, Schweizerisches Strafgesetzbuch, 1989, 80.

501 Vgl. *Schultz*, ZStrR 1956, 278; *Stratenwerth*, Schweizerisches Strafrecht, AT I, 2005, 375.

502 Vgl. *Schultz*, ZStrR 1956, 270; *Trechsel*, Schweizerisches Strafgesetzbuch, 1989, 80.

503 Vgl. *Rehberg*, Schweizerisches Strafgesetzbuch, 1997, 58; *Schultz*, ZStrR 1956, 276; ders., Einführung in den allgemeinen Teil des Strafrechts, 1982, 290.

504 Vgl. *Pfenninger*, in: Das ausländische Strafrecht der Gegenwart, 1957, 236.

Gesetzgeber könnte eine besondere Strafdrohung bzw. eine Strafmilderung für den Anstifter vorsehen, wie sie meistens beim Gehilfen vorgesehen ist.

IV. Der Strafgrund der Anstiftung

Auch im schweizerischen Strafrecht wird der Anstifter gleich einem Täter bestraft[505]. Einen Durchbrechung dieser Gleichbehandlung ist lediglich im Falle des Vorliegens besonderer persönlicher Verhältnisse (Art. 26 StGB) möglich[506].

In der Literatur wird die tätergleiche Bestrafung des Anstifters mit Hilfe der Schuldteilnahme- oder Korruptionstheorie begründet[507]. *Schultz* vertritt die Meinung, dass als Strafgrund der Anstiftung „die Verderbnis, die Korrumpierung des anderen“[508] angesehen werden muss. *Trechsel* setzt die Schuldteilnahmetheorie ein, um die Lücke in der Strafwürdigkeit auszufüllen, die durch das Fehlen der Tatherrschaft beim Anstifter entsteht[509]. Inbesondere sucht er einen weiteren Strafgrund „ein zweites Unrecht, das, zum ersten geschlagen, die Strafwürdigkeit des Anstifters auf die Höhe derjenigen des Täters bringt“[510]. Er stellt dabei fest, dass nur die Korruptionstheorie eine befriedigende Lösung geben kann. Dadurch, dass der Anstifter den Täter zum Verbrecher mache, werde sein Mangel an Tatherrschaft kompensiert. Auf diese Weise werde auch der besondere Unrechtsgehalt des Anstifters deutlich.

Baur andererseits stimmt der Idee der Rechtfertigung der im Gesetz angeordneten Gleichstellung von Anstifter und Täter durch die Korruptiostheorie nicht zu, da er diese Theorie für unvereinbar mit dem Grundsatz der limitierten Akzessorietät hält. Für ihn ist die Verletzung oder Gefährdung des Rechtsgutes, das durch die Haupttat angegriffen wird, der Grund für die tätergleiche Bestrafung des Anstifters[511]. Dieselbe Meinung vertreten auch *Rehberg/Donatsch*[512].

---

505 Vgl. *Germann*, Das Verbrechen im neuen Strafrecht, 1942, 81.

506 Vgl. *Stratenwerth*, Schweizerisches Strafrecht, AT I, 2005, 382.

507 Vgl. *Rehberg/Donatsch*, Strafrecht I, 2001, 121; *Schultz*, Einführung in den allgemeinen Teil des Strafrechts, 1982, 293; *Stratenwerth*, Schweizerisches Strafrecht, AT I, 2005, 383; *Trechsel*, Der Strafgrund der Teilnahme, 1967, 30.

508 Vgl. *Schultz*, Einführung in den allgemeinen Teil des Strafrechts, 1982, 293.

509 Vgl. *Trechsel*, Der Strafgrund der Teilnahme, 1967, 48, 49: „Sein Angriff (des Anstifters) auf das gemeinsam angezielte Rechtsgut ist weniger unmittelbar, weniger gefährlich und deshalb als solcher auch weniger strafwürdig als derjenige des Täters. Nachdem dieser Unterschied einmal festgestellt wurde, liegt das Problem um das Strafmass des Anstifters offen zutage. Der Mangel an Tatherrschaft muss irgendwie kompensiert werden, damit sich die Täterstrafe rechtfertigen lässt.“

510 Vgl. *Trechsel*, Der Strafgrund der Teilnahme, 1967, 50.

511 Vgl. *Baur*, Die Anstiftung, 1962, 72, 73.

Noll lehnt ebenfalls die Schuldteilnahmetheorie ab und sieht als Strafgrund des Anstifters die Verursachung der Rechtsgutverletzung an[513].

Stratenwerth ist schließlich davon überzeugt, dass die Schuldteilnahmetheorie „die Strafe nach dem Maß des Einflusses abstufen“[514] muss, angesichts der Tatsache, dass der Einfluss des Anstifters nicht den einzigen Faktor darstelle, der zur Herbeiführung des Tatentschlusses führe.

Die bundesgerichtliche Rechtsprechung hat sich zumindest früher auf die Schuldteilnahmetheorie berufen, wie aus zahlreichen Entscheidungen ersichtlich ist[515].

V. Die versuchte Anstiftung

Nach § 24 Abs. 2 wird die versuchte Anstiftung im schweizerischen Strafrecht unter Strafe gestellt. Wie im deutschen Recht wird nur die versuchte Anstiftung zum Verbrechen für strafbar erklärt. Die Anstiftung scheitert entweder, wenn die Anstiftungshandlung ohne Wirkung bleibt, oder wenn der beim Täter hervorgerufene Entschluss schließlich nicht ausgeführt wird[516]. Nach der herrschenden Ansicht in der Literatur liegt eine versuchte Anstiftung auch dann vor, wenn die Person, an die sich die Bestimmung richtet, bereits zur Tat entschlossen ist (*omnimodo facturus*)[517]. In diesem Fall handelt es sich jedoch um ein untaugliches Objekt und deshalb kommt nur versuchte Anstiftung in Betracht.

C. Zusammenfassung

Zusammenfassend ist festzuhalten, dass die schweizerische Beteiligungslehre viele Ähnlichkeiten mit dem deutschen Recht aufweist[518]. Das akzessorische Teilnahmesystem wird angenommen, und das Gesetz regelt die Anstiftung und die

---

512 Vgl. *Rehberg/Donatsch*, Strafrecht I, 2001, 12: „Die Strafbarkeit des Teilnehmers allein von der Schuld des Täters abhängen zu lassen wäre deshalb verfehlt, weil Teilnahme an einer rechtswidrigen Tat möglich ist, obschon der Täter nicht schuldhaft gehandelt hat.“

513 Vgl. *Noll*, Schweizerisches Strafrecht, AT I, 1981, 170.

514 Vgl. *Stratenwerth*, Schweizerisches Strafrecht, AT I, 2005, 383.

515 Vgl. *Trechsel*, Schweizerisches Sftrafgesetzbuch, 1989, 81; BGE 70 IV 70; BGE 73 IV 244; BGE 74 IV 49; BGE 81 IV 40.

516 Vgl. *Rehberg/Donatsch*, Strafrecht I, 2001, 127; *Stratenwerth*, Schweizerisches Strafrecht, AT I, 2005, 392.

517 Vgl. *Rehberg/Donatsch*, Strafrecht I, 2001, 127, 128.

518 Vgl. *Carlen*, Rechtsgeschichte der Schweiz, 1988, 99, 100.

Gehilfenschaft. Allerdings wird die Täterschaft nicht im Gesetz definiert. Nach überwiegender Ansicht ist sie restriktiv zu interpretieren.

Die Anstiftung ist als Hervorrufen des Tatentschlusses auszulegen, wobei das Kriterium der psychischen Beeinflussung des Täters als maßgeblich für das Vorhandensein von Anstiftung angesehen wird. Die tätergleiche Bestrafung des Anstifters lässt sich einem Teil des Schrifttums zufolge durch die Schuldteilnahmetheorie rechtfertigen, während sich die Gegenansicht auf die Unrechtsteilnahmetheorie beruft.

Die herkömmliche Meinung in der Schweiz differenziert ferner zwischen vier Arten der Akzessorietät der Teilnahme, und zwar zwischen der logischen, der tatsächlichen, der limitierten und schließlich der Akzessorietät der Strafdrohung.

§ 4. Frankreich

A. Einführung

I. Die Beteiligungsregelungen

Im französischen Strafgesetzbuch ist die Teilnahme in Art. 121–6 und 121–7 folgendermaßen geregelt:

Art. 121–4. Est auteur de l'infraction la personne qui:

1° Commet les faits incriminés;

2° Tente de commettre un crime ou, dans les cas prévus par la loi, un délit.

Art. 121–6. Sera puni comme auteur le complice de l'infraction, au sens de l'article 121–7.

Art. 121–7. Est complice d'un crime ou d'un délit la personne qui sciemment, par aide ou assistance, en a facilité la préparation ou la consommation.

Est également complice la personne qui par don, promesse, menace, ordre, abus d'autorité ou de pouvoir aura provoqué à une infraction ou donné des instructions pour la commettre.

Art. 121–4. Täter einer Straftat ist, wer

1. die Merkmale der Straftat verwirklicht;

2. versucht, ein Verbrechen, oder, in den gesetzlich vorgesehenen Fällen, ein Vergehen zu begehen.

Art. 121–6. Der Teilnehmer im Sinne des Art.121–7 wird als Täter bestraft.

Art. 121–7. Teilnehmer an einem Verbrechen oder Vergehen ist, wer dessen Vorbereitung oder Vollendung durch Unterstützung oder Beistand wissentlich gefördert hat.

Ebenso ist Teilnehmer, wer durch Zuwendungen, Versprechungen, Drohungen, Befehle, Mißbrauch seiner Autorität oder seiner Befugnisse zu einer Straftat angestiftet oder Anweisungen zu ihrer Begehung gegeben hat.[519]

II. Der neue Code Penal

Der neue *Code Penal*[520] nach dem derzeitigen Stand vom 1. Juni 1999 ist am 1. März 1994 in Kraft getreten[521] und besteht aus drei Teilen. Der erste Teil, der mit „Das Strafgesetz" überschrieben ist, beinhaltet die gesetzliche Dreiteilung der Delikte in Verbrechen, Vergehen und Übertretungen beeinhalten[522]. Der zweite Teil mit dem Titel „Die Person" befasst sich mit der strafrechtlichen Verantwortung sowohl der natürlichen als auch der juristischen Personen[523], „ohne jedoch insofern ausdrücklich zwischen Rechtfertigung und Schuldausschluss im Sinne des deutschen Rechts zu unterscheiden.[524]" Der dritte Teil ist schließlich den strafrechtlichen Sanktionen gewidmet[525]. Die Täterschaft und die Teilnahme sind der Systematik entsprechend im zweiten Teil des französischen Strafgesetzbuches geregelt[526].

III. Einordnung der Teilnahmeproblematik im französischen Verbrechensaufbau

Zum Verständnis der Problematik der Teilnahme und insbesondere der Anstiftung ist eine kurze Darlegung der wichtigsten Prinzipien der französischen Straftatlehre erforderlich.

Der dreigliedrige Deliktsaufbau des deutschen Strafrechts, namentlich die Zerlegung der Straftat in die Elemente Tatbestand, Rechtswidrigkeit und Schuld[527] wird von der Strafrechtstheorie Frankreichs nicht in gleicher Form angenommen[528]. Im französischen Strafrecht besteht daher Einigkeit darüber, dass

---

519 Zitiert nach *Bauknecht/Lüdicke*, Das französische Strafgesetzbuch. Code Penal, 1999, 23.

520 Vgl. *Gilly*, in: Eine deutsch-französische Rechtswissenschaft ?, 1999, 326.

521 Vgl. *Wittemann*, Grundlinien und Grenzen der Notwehr in Europa, 1997, 80.

522 Vgl. *Grebing*, in: Strafrechtsreform und Rechtsvergleichung, 1979, 109; *Manacorda*, GA 1998, 124.

523 Vgl. *Zieschang*, ZStW 106 (1994), 650.

524 Vgl. *Zieschang*, ZStW 106 (1994), 651.

525 Vgl. *Grebing*, in: Strafrechtsreform und Rechtsvergleichung, 1979, 110.

526 Vgl. *Zieschang*, ZStW 106 (1994), 649.

527 Vgl. *Hübner/Constantinesco*, Einführung in das französische Recht, 2001, 133.

528 Vgl. *Gilly*, in: Eine deutsch-französische Rechtswissenschaft ?, 1999, 325; *Vogel*, GA 1998, 127.

die Straftat auch in drei Elemente zu unterteilen ist[529]: „element materiel", „element legal" und „element moral"[530]. Das „element materiel" entspricht dem tatbestandsmäßigen Handeln, wobei das „element legal" ein rechtswidriges Handeln beeinhaltet[531]. Das subjektive[532] Element, nämlich das „element moral"[533], das die dritte Voraussetzung der Strafbarkeit bildet, ist mit der Schuld des deutschen Strafrechts nahezu identisch[534]. Sofern diese Voraussetzungen der Strafbarkeit erfüllt sind und folglich festgestellt wird, dass eine Straftat vorliegt, gewinnt für das französische Strafrecht die Beantwortung der Frage Bedeutung, wer für die Begehung der Straftat verantwortlich ist. Es handelt sich um die Frage, wer als Täter oder Teilnehmer zu bezeichnen ist. Der beachtenswerte Unterschied zwischen französischem und deutschem Strafrecht liegt dementsprechend in der Tatsache, dass die Täterschaft und die Teilnahme verschiedene Formen der Verantwortung[535], d.h. der Schuld darstellen, wobei im deutschen Recht die Bejahung von Täterschaft oder Teilnahme bei der Deliktsstufe der Tatbestandsmäßigkeit zu erörtern ist[536].

---

529 Vgl. *Hübner/Constantinesco*, Einführung in das französische Recht, 2001, 133; *Manacorda*, GA 1998, 125; *Stein*, Die Regelungen von Täterschaft und Teilnahme, 2002, 69; *Vogel*, GA 1998, 129; *Tiedemann*, in: Wirtschaftsstrafrecht in der Europäischen Union, 2002, 10.

530 Vgl. *Ackermann*, Die Strafbarkeit juristischer Personen im deutschen Recht und in ausländischen Rechtsordnungen, 1984, 144: „Eine Straftat liegt auch im französischen Strafrecht nur dann vor, wenn die Handlung im Gesetz beschrieben und mit Strafe bedroht ist (element legal), wenn sie ausgeführt oder mit ihrer Verwirklichung wenigstens schon begonnen wurde (element materiel), und zwar durch einen mit einem freien und bewußten Willen begabten Menschen (element moral)."; *Hübner/Constantinesco*, Einführung in das französische Strafrecht, 2001, 133: „Diese Begriffe decken sich nicht ganz mit der Tatbestandsmäßigkeit, Rechtswidrigkeit und Schuld. Der Aufbau der Straftat ist nämlich im französischen Recht nicht so durchdrungen worden wie durch den dogmatischen Streit der Handlungslehren im deutschen Recht. Die einzelnen Elemente sind also eher pragmatisch als Voraussetzungen der strafbaren Handlung zu verstehen."

531 Vgl. *Hübner/Constantinesco*, Einführung in das französische Recht, 2001, 133.

532 Vgl. *Ackermann*, Die Strafbarkeit juristischer Personen im deutschen Recht und in ausländischen Rechtsordnungen, 1984, 145; *Manacorda*; GA 1998, 125; *Vogel*, GA 1998, 129.

533 Vgl. *Gilly*, in: Eine deutsch-französische Rechtswissenschaft ?, 1999, 337, 338.

534 Vgl. *Hübner/Consatntinesco*, Einführung in das französische Recht, 2001, 134.

535 Vgl. *Vogel*, GA 1998, 135.

536 Vgl. *Stein*, Die Regelungen von Täterschaft und Teilnahme, 2002, 69.

Das französische Recht geht von der Unterscheidung zwischen „auteurs" (Täter) und „complices" (Teilnehmer) aus[537]. Nach Art. 121–6 des französischen Strafgesetzbuches werden Täterschaft und Teilnahme gleichgestellt und gleich bestraft[538]. In Abweichung vom deutschen Recht wird nicht nur der Anstifter, sondern auch der Gehilfe einer tätergleichen Bestrafung unterstellt. Das heißt aber nicht, dass die französische Strafrechtslehre von einem formalen oder einem funktionalen Einheitstätersystem ausginge[539]. Vielmehr war das Strafrecht Frankreichs durch das Prinzip des „emprunt de criminalite"[540], namentlich von dem Prinzip der Akzessorietät der Teilnahme charakterisiert[541]. Dieser strenge Grundsatz wird heute nicht mehr vertreten und ist durch den Grundsatz der limitierten Akzessorietät ersetzt worden[542]. Eine gesetzliche Bestimmung über den Täter enthält Art. 121–4. Nach dieser Regelung wird als Täter derjenige bezeichnet, der „die Merkmale der Straftat verwirklicht", also „nach objektiven Gesichtspunkten die „konstituierenden materiellen Elemente" *(les elements materiels constitutifs)* selbst erfüllt[543]". Daraus ergibt sich, dass auch die französische Lehre von der These des restriktiven Täterbegriffs[544] ausgeht.

Nach einhelliger Ansicht werden zur Abgrenzung der Täterschaft von der Teilnahme objektive Kriterien eingesetzt[545].

---

537 Vgl. *Czepluch*, Täterschaft und Teilnahme im französischen Strafrecht, 1994, 190; *Dietz*, Täterschaft und Teilnahme im ausländischen Strafrecht, 1957, 19; *Maiwald*, in: Festschrift für Schroeder, 2006, 283; *Roxin*, in: Leipziger Kommentar 2003 Vor § 25 Rdn. 13; *Tsolka*, Der allgemeine Teil des europäischen supranationalen Strafrechts, 1995, 280.

538 Vgl. *Jescheck/Weigend*, Lehrbuch des Strafrechts, AT, 1996, 661; *Roxin*, in: Leipziger Kommentar 2003 Vor § 25 Rdn. 13.

539 Vgl. *Czepluch*, Täterschaft und Teilnahme im französischen Strafrecht, 1994, 190, 191, 193.

540 Vgl. *Czepluch*, Täterschaft und Teilnahme im französischen Strafrecht, 1994, 193; *Vogel*, GA 1998, 135.

541 Vgl. *Jescheck*, ZStW 1987, 126; *Oehler*, Internationales Strafrecht, 1973, 472.

542 Vgl. *Czepluch*, Täterschaft und Teilnahme im französischen Strafrecht, 1994, 194; *Tiedemann*, in: Festschrift für Nishihara, 1998, 502; *Jescheck/Weigend*, Lehrbuch des Strafrechts, 1996, 661; *Vogel*, GA 1998, 136.

543 Vgl. *Stein*, Die Regelungen von Täterschaft und Teilnahme, 2002, 70.

544 Vgl. *Czepluch*, Täterschaft und Teilnahme im französischen Strafrecht, 1994, 195; *Dietz*, Täterschaft und Teilnahme im ausländischen Strafrecht, 1957, 112; *Tiedemann*, ZStW 1998, 510; ders., in: Wirtschaftsstrafrecht in der Europäischen Union, 2002, 16; *Tsolka*, Der allgemeine Teil des europäischen supranationalen Strafrechts, 1995, 280.

545 Vgl. *Czepluch*, Täterschaft und Teilnahme im französischen Strafrecht, 1994, 195; *Roxin*, in: Leipziger Kommentar 2003 Vor § 25 Rdn. 13; *Stein*, Die Regelungen von

B. Die Anstiftung

I. Der objektive Tatbestand der Anstiftung

Auch das französische Recht kennt zwei Beteiligungsarten: die Beihilfe und die Anstiftung. Die Person, die eine Straftat hervorruft, wird nach Art. 121–7 Abs. 2 des französischen Strafgesetzbuches als Anstifter bezeichnet[546]. Die Anstiftung ist, wie sich aus dem Gesetzeswortlaut ergibt, in keiner eigenen Vorschrift geregelt, sondern unter die Teilnahme (*complicite*) allgemein subsumiert[547].

Insbesondere ist darauf hinzuweisen, dass die Vorschrift über die Anstiftung eine Aufzählung der Anstiftungsmittel enthält[548]. Im Gegensatz zum deutschen Strafrecht bestimmt der Gesetzgeber in Frankreich die Mittel, die vom Anstifter eingesetzt werden können[549]. Nur durch Zuwendungen, Versprechungen, Drohungen, Befehle und Missbrauch seiner Autorität oder Befugnisse kann der Anstifter eine Straftat veranlassen.

Die Bewirkung der strafbaren Handlung findet nach einhelliger Ansicht statt, wenn eine geistige Einflussnahme zwischen dem Anstifter und dem Angestiftetem festzustellen ist[550]. Die Anstiftungshandlung muss sich an eine individualisierbare Person oder an einen konkretisierten Adressatenkreis richten[551]. Bestimmt muss ebenfalls die zu begehende Straftat sein[552]. Beim *omnimodo facturus* ist die Anstiftung nicht strafbar, da ein Hervorrufen des Tatentschlusses nicht mehr möglich ist[553].

Nicht eindeutig ist die vom Gesetzgeber verlangte Art der Kausalität zwischen der Anstiftungshandlung und dem Erfolg der Haupttat. Es hat dennoch den Anschein, dass sich weder das Schrifttum noch die Judikatur intensiv mit dem Thema der Kausalität beschäftigt haben. Dementsprechend wird die Schlussfolgerung gezogen, dass eine generelle Kausalität ausreicht[554].

Täterschaft und Teilnahme, 2002, 71; *Tsolka*, Der allgemeine Teil des europäischen supranationalen Strafrechts, 1995, 280.

546 Vgl. *Stein*, Die Regelungen von Täterschaft und Teilnahme, 2002, 84; *Tsolka*, Der allgemeine Teil des europäischen supranationalen Strafrechts, 1995, 280.

547 Vgl. *Czepluch*, Täterschaft und Teilnahme im französischen Strafrecht, 1994, 214; *Stein*, Die Regelungen von Täterschaft und Teilnahme, 2002, 95.

548 Vgl. *Stein*, Die Regelungen von Täterschaft und Teilnahme, 2002, 95.

549 Vgl. *Czepluch*, Täterschaft und Teilnahme im französischen Strafrecht, 1994, 213.

550 Vgl. *Czepluch*, Täterschaft und Teilnahme im französischen Strafrecht, 1994, 214.

551 Vgl. *Czepluch*, Täterschaft und Teilnahme im französischen Strafrecht, 1994, 213.

552 Vgl. *Stein*, Die Regelungen von Täterschaft und Teilnahme, 2002, 96.

553 Vgl. *Stein*, Die Regelungen von Täterschaft und Teilnahme, 2002, 96.

554 Vgl. *Stein*, Die Regelungen von Täterschaft und Teilnahme, 2002, 89, 90.

II. Der subjektive Tatbestand der Anstiftung

Im Art. 121–7 Abs. 1 wird für Teilnehmer (*complice*) derjenige gehalten, der „wissentlich" die Tat gefördert hat. Daraus ist abzuleiten, dass die französische Strafrechtslehre lediglich die vorsätzliche Beteiligung anerkennt[555]. Vor allem eine fahrlässige Anstiftung zu einer vorsätzlichen Haupttat ist nicht strafbar mangels „accord de volonté" zwischen Anstifter und Angestiftetem[556].

III. Das Prinzip des „emprunt de criminalité"

Die französische Beteiligungslehre ist vom Grundsatz der Akzessorietät der Teilnahme geprägt[557]. Die Bestrafung des Anstifters hängt daher immer vom Vorliegen einer strafbedrohten Haupttat ab[558]. Angesichts der Tatsache, dass auch im französischen Strafrecht das Prinzip der limitierten Akzessorietät anwendbar ist[559], ist jedoch keine schuldhafte Haupttat erforderlich. Nach dem Grundsatz der „Übernahme des Unrechts"[560] („emprunt de criminalité") stellt ein „fait principal punissable"[561], d.h. eine teilnahmefähige Haupttat die unabdingbare Voraussetzung für die Strafbarkeit des Anstifters dar[562]. Mit dem Ausdruck „teilnahmefähige Haupttat" ist eine strafbedrohte Handlung gemeint.

Von ausschlaggebender Bedeutung ist dennoch die Beantwortung der Frage, ob für die Bejahung von Anstiftung nicht nur eine strafbedrohte, sondern auch eine vorsätzliche Haupttat des Täters verlangt wird. Die herrschende Auffassung in Frankreich erklärt im Gegensatz zur deutschen Beteiligungslehre die vorsätzli-

555 Vgl. *Stein*, Die Regelungen von Täterschaft und Teilnahme, 2002, 104: „In der neueren Literatur wird die Möglichkeit der fahrlässigen Teilnahme an der Fahrlässigkeitstat abgelehnt, da sich die Fahrlässigkeit und die zur Teilnahme nötige Verständigung zwischen Täter und Teilnehmer nicht vereinbaren ließen."

556 Vgl. *Czepluch*, Täterschaft und Teilnahme im französischen Strafrecht, 1994, 221.

557 Vgl. *Tsolka*, Der allgemeine Teil des europäischen supranationalen Strafrechts, 1995, 280; *Vogel*, GA 1998, 135.

558 Vgl. *Czepluch*, Täterschaft und Teilnahme im französischen Strafrecht, 1994, 193; *Stein*, Die Regelungen von Täterschaft und Teilnahme, 2002, 86; *Zieschang*, ZStW 106 (1994), 651.

559 Vgl. Stein, Die Regelungen von Täterschaft und Teilnahme, 2002, 85; *Tiedemann*, in: Festschrift für Nishihara, 1998, 502; *Vogel*, GA 1998, 136.

560 Vgl. *Stein*, Die Regelungen von Täterschaft und Teilnahme, 2002, 86.

561 Vgl. *Czepluch*, Täterschaft und Teilnahme im französischen Strafrecht, 1994, 193; *Stein*, Die Regelungen von Täterschaft und Teilnahme, 2002, 88.

562 Vgl. *Schubert*, Der Versuch – Überlegungen zur Rechtsvergleichung und Harmonisierung, 2005, 71.

che Teilnahme an einer unvorsätzlichen Haupttat für strafbar[563]. Umstritten ist dagegen die Möglichkeit der fahrlässigen Teilnahme an einer fahrlässigen Haupttat, trotz der Annahme des in der französischen Theorie bestehenden Grundsatzes, dass lediglich die vorsätzliche Teilnahme für strafbar gehalten wird[564]. Eine solche Möglichkeit wurde früher vom Schrifttum bejaht, während Literatur und Rechtsprechung diese heute ablehnen, „da sich die Fahrlässigkeit und die zur Teilnahme nötige Verständigung zwischen Täter und Teinehmer nicht vereinbaren ließen"[565].

IV. Die Bestrafung der Anstiftung

Auch in der französischen Beteiligungslehre werden Täter und Anstifter der gleichen Strafdrohung unterstellt[566]. Dies ergibt sich ausdrücklich aus der Vorschrift des Art. 121–6 des französischen Strafgesetzbuches. Trotz der Gleichbestrafung bestehen aber zwischen Täter und Anstifter begriffliche Unterschiede. Die französische Theorie versucht die im Gesetz angeordnete Gleichstellung des Anstifters mit dem Täter durch den Grundsatz der Akzessorietät der Teilnahme zu rechtfertigen, konkret durch das Prinzip der Abhängigkeit des Teilnahmeunrechts vom Unrecht des Haupttäters[567]. Seit Inkrafttreten des neuen Code Penal ist das System der „Übernahme der Strafe" („emprunt de pénalité") abgeschafft[568] und durch das System der „Übernahme des Unrechts" („emprunt de criminalité") ersetzt worden[569]. Das heißt folglich, dass der Täter nicht mehr „wie der Täter" („comme l' auteur"), sondern „wie ein Täter" („comme auteur") bestraft wird[570].

---

563 Vgl. *Czepluch*, Täterschaft und Teilnahme im französischen Strafrecht, 1994, 221; *Stein*, Die Regelungen von Täterschaft und Teilnahme, 2002, 103.

564 Vgl. *Czepluch*, Täterschaft und Teilnahme im französischen Strafrecht, 1994, 223; *Tiedemann*, in: Festschrift für Nishihara, 1998, 502.

565 Vgl. *Stein*, Die Regelungen von Täterschaft und Teilnahme, 2002, 104.

566 Vgl. *Hübner/Constantinesco*, Einführung in das französische Recht, 2001, 133; *Tsolka*, Der allgemeine Teil des europäischen supranationalen Strafrechts, 1995, 280.

567 Vgl. *Czepluch*, Täterschaft und Teilnahme im französischen Strafrecht, 1994, 209, 210: „Der Unrechtscharakter der Handlungen des Teilnehmers folge nicht aus ihrer eigentlichen Natur, sondern aus der Verbindung, die zwischen ihnen und der Tätigkeit des Hauptschuldigen bestehe."; *Stein*, Die Regelungen von Täterschaft und Teilnahme, 2002, 84; *Tsolka*, Der allgemeine Teil des europäischen supranationalen Strafrechts, 1995, 280.

568 Vgl. *Stein*, Die Regelungen von Täterschaft und Teilnahme, 2002, 71.

569 Vgl. *Stein*, Die Regelungen von Täterschaft und Teilnahme, 2002, 106: Dies geschah insbesondere wegen der nunmehr möglichen Strafbarkeit juristischer Personen (Art. 121–2 N.C.P.), so daß es bei Beteiligung einer juristischen und einer natürlichen Person nicht mehr möglich ist, Täter und Teilnehmer gleich zu bestrafen,

V. *Die versuchte Anstiftung*

Die versuchte Anstiftung ist im französischen Recht nicht strafbar. Weder im Allgemeinen noch im Besonderen Teil des französischen Strafgesetzbuchs ist eine Regelung hinsichtlich der versuchten Teilnahme zu finden. Die Begründung für die fehlende Vorschrift stützt sich auf das Prinzip des „emprunt de criminalite“[571]. Mangels Haupttat müsse nach der Auffassung der Lehre der Teilnehmer straflos sein[572]. Andernfalls wäre die Strafbarkeit der versuchten Anstiftung als eine Absage an das Akzessorietätsprinzip anzusehen.

Um die Strafbarkeitslücken, die aufgrund der Straflosigkeit der versuchten Anstiftung entstehen, zu verhindern, wurde bei der Bearbeitung des neuen *Code Penal* vorgeschlagen, ein Spezialdelikt zu schaffen. Dadurch würde die ansonsten straflose versuchte Anstiftung unter Strafe gestellt. Dieser Vorschlag wurde aber aus den oben erwähnten Gründen von den Verfassern des französischen Strafgesetzbuchs abgelehnt[573].

C. *Zusammenfassung*

Der neue *Code Penal* differenziert zwischen Täter (auteur) und Teilnehmer (complice). Die Täterschaft und die Teilnahme werden als unterschiedliche Formen der Verantwortung aufgefasst und sind im zweiten Teil des neuen französischen Strafgesetzbuches geregelt. Die französische Strafrechtslehre geht von der restriktiven Interpretation der Tatbestände aus und der Begriff der Täterschaft wird in Art. 121–4 definiert.

Die Anstiftung ist zusammen mit der Beihilfe in Art. 121–7 geregelt und wird durch eine Aufzählung der Anstiftungsmittel weiter konkretisiert. Für die Bestrafung des Anstifters wird nach einhelliger Auffassung und in Einklang mit der deutschen Theorie eine geistige Kommunikation zwischen Anstifter und Angestiftetem verlangt. Der Anstifter wird schließlich auch im französischen Strafrecht „wie ein Täter“ („comme auteur“) bestraft, und diese Gleichbehandlung von Täter und Anstifter ist auf das Prinzip des „emprunt de criminalité“, also das

---

da juristische Personen notwendig anderen Strafen unterliegen als natürliche Personen.“

570 Vgl. *Stein*, Die Regelungen von Täterschaft und Teilnahme, 2002, 70.

571 Vgl. *Czepluch*, Täterschaft und Teilnahme im französischen Strafrecht, 1994, 215, 240.

572 Vgl. *Stein*, Die Regelungen von Täterschaft und Teilnahme, 2002, 96.

573 Vgl. *Czepluch*, Täterschaft und Teilnahme im französischen Strafrecht, 1994, 215; *Stein*, Die Regelungen von Täterschaft und Teilnahme, 2002, 96.

Prinzip der Akzessorietät der Teilnahme zurückzuführen. Nach diesem Grundsatz entlehnt der Anstifter seine Strafbarkeit der des Haupttäters.

§ 5. England

A. Einführung

I. Das ungeshriebene Recht (Common law)

Das englische Strafrecht ist in der Regel ungeschriebenes Recht (*Common Law*), d.h. Richterrecht[574], das sich teilweise auf die „institutional writers" vergangener Jahrhunderte, etwa *Coke*, *Hale* und *Forster*, stützt[575]. Diese grundlegende Eigentümlichkeit unterscheidet das angelsächsische Recht von den Rechtsordnungen der anderen europäischen Länder[576]. Das *Common Law* wird als allgemeine Rechtsquelle erachtet[577]. Fast der gesamte allgemeine Teil des Strafrechts, einschließlich des Bereichs der Teilnahme, bleibt vom Gesetzgeber „unberührt"[578]. Dies hatte zur Folge, dass die englische Strafrechtslehre auf die Annahme allgemeiner Theorien verzichtet hat. In vielen Lehrbüchern, wie z.B. dem Lehrbuch von *Smith* und *Hogan*, liegt keine klare Unterscheidung zwischen Rechtfertigung und Entschuldigung vor, oder man beschäftigt sich nur wenig mit dem Gesetzlichkeitsgrundsatz[579]. Das angelsächsische Strafrecht verfügt jedoch über einen plastischen und anpassungsfähigen Charakter[580] und ist stark vom Gedankengut

574 Vgl. *v. Bernstorff*, Einführung in das englische Recht, 2006, 265.

575 Vgl. *Ashworth*, ZStW 1998, 461; *Fletcher*, in: Menschengerechtes Strafrecht, Festschrift für Eser, 2005, 740.

576 Vgl. *Ashworth*, ZStW 1998, 461; *David/Grasmann*, Einführung in die großen Rechtssysteme der Gegenwart, 1966, 389: „Das common law wurde von den königlichen Gerichten von Westminster geschaffen. Es ist ein Rechtsprechungsrecht. Die Rolle der Rechtsprechung bestand in England nicht nur in der Anwendung, sondern auch in der Entwicklung der Rechtsnormen. Unter diesen Voraussetzungen ist es natürlich, daß die Rechtsprechung in England ein größeres Ansehen genießt als auf dem europäischen Kontinent."

577 Vgl. *Courakis*, GA 1981, 537.

578 Vgl. *Ashworth*, in: Festschrift für Eser, 2005, 55; ders., ZStW 1998, 461, 469.

579 Vgl. *Ashworth*, ZStW 1998, 462.

580 Vgl. *Courakis*, GA 1981, 537; anders *Ashworth*, Principles of Criminal Law, 2003, 441: „It (the English law) betrays the worst features of the common law: what some would regard as flexibility appears here as a succession of opportunistic decisions by the courts, often extending the law, and resulting in a body of jurisprudence that has little coherence."; *Wittemann*, Grundlinien und Grenzen der Notwehr in Europa, 1997, 122, 123.

der philosophischen Ausrichtung des Liberalismus geprägt[581]. *Common Law* und *Statute Law* (geschriebenes Recht) ergänzen sich daher gegenseitig[582].

Ein Strafgesetzbuch kontinentaleuropäischer Prägung[583] existiert in England nicht, trotz der heute wachsenden Stimmen, die für die Schaffung eines solchen plädieren[584]. Seit der zweiten Hälfte des 20. Jahrhunderts kommt der Wille, einen Teil des englischen Strafrechts durch den Gesetzgeber zu regeln, in vielen gesetzgeberischen Initiativen zum Ausdruck, wie etwa dem *Theft Act von 1968* und dem *Criminal Damage Act von 1981*[585]. Auch die Law Commission hat mehrmals die Reform des Strafrechts gewünscht und im Jahre 1989 einen spezifischen Vorschlag für einen „Criminal Code for England and Wales" veröffentlicht[586].

Für die Teilnahme wird der Accessories and Abettors Act 1861 als „leading statute"[587], d.h. anwendbares Gesetz betrachtet.

II. Der englische Deliktsaufbau

Das angelsächische Strafrecht unterscheidet sich vom deutschen Strafrecht auch im Kernpunkt der Struktur des Deliktes. Der dreistufige Verbrechensaufbau wird in der englischen Lehre und Rechtsprechung nicht anerkannt[588], da die „Straftatlehre des common law" herrschend ist[589]. Ähnlich wie im französischen Strafrecht wird eine Deliktsbegehung erst dann bejaht, wenn die Erfüllung zweier Voraussetzungen nachgewiesen ist. Die Straftat besteht einerseits aus einem äußeren-objektiven Element (*actus reus*) und andererseits aus einem geistigen-

---

581 Vgl. *Ashworth*, ZStW 1998, 462: „Das sichtbarste Ergebnis dieser Lehre (der liberalen Theorie) ist die „subjektive Orthodoxie" des englischen Strafrechts: Die meisten Autoren nehmen ohne nähere Begründung an, daß ein faires Strafrechtssystem notwendig auf subjektiven Konzepten von Vorsatz, Fahrlässigkeit und Schuld beruhen muß."

582 Vgl. *Malinverni*, in: Strafrechtsreform in der Bundesrepublik Deutschland und in Italien, 1981, 138; *Wittemann*, Grundlinien und Grenzen der Notwehr in Europa, 1997, 122.

583 Vgl. *v. Bernstorff*, Einführung in das englische Recht, 2006, 265.

584 Vgl. *Ashworth*, in: Festschrift für Eser, 2005, 59: „Codification of the criminal law might bring some improvements, at least by establishing authoritative definitions of some offences that currently exist only at common law."; ders, ZStW 1998, 463.

585 Vgl. *Ashworth*, ZStW 1998, 461.

586 Vgl. *Ashworth*, ZStW 1998, 461, 462.

587 Vgl. *Ashworth*, Principles of Criminal Law, 2003, 414.

588 Vgl. *Tiedemann*, in: Wirtschaftsstrafrecht in der Europäischen Union, 2002, 10.

589 Vgl. *Vogel*, GA 1998, 136; *Weik*, Objektive und subjektive Verbrechenselemente im US-amerikanischen Strafrecht, 2004, 45.

subjektiven Element (*mens rea*)[590]. Das objektive Element (*actus reus*) entspricht dem „Unrechtstatbestand“[591] und wird auch als „legal element“ oder „conduct element“ bezeichnet[592]. Das „mental element“, oder anders gesagt „fault element“[593] (*mens rea*), ist begrifflich mit dem „Unrechtsbewusstsein“[594] identisch. Der Terminus „legal element“ ist uns schon aus der französischen Straftatlehre bekannt. Mit dem Begriff des actus reus ist das äußere Verhalten[595] des Täters, d.h. die strafbare Handlung[596] gemeint, während der Terminus mens rea die subjektiven Anforderungen an die Strafbarkeit (Vorsatz oder Fahrlässigkeit), namentlich „die mentale Einstellung des Handelnden zu den im actus reus umschriebenen objektiven Elementen des Verhaltens“[597] beschreibt[598].

Im englischen Strafrecht werden verschiedene Formen des „Unrechtsbewusstseins“ (mens rea) unterschieden[599]. Die „intention“ (Absicht) stellt die stärkste Form des Vorsatzes dar[600]. In dieser Form des „Unrechtsbewusstseins“ ist so-

---

590 Vgl. *Cassese*, International Criminal Law, 2003, 179; *Ross*, Über den Vorsatz, 1979, 48, 50; *Vogel*, GA 1998, 136; *Weik*, Objektive und subjektive Verbrechenselemente im US-amerikanischen Strafrecht, 2004, 45, 46.

591 Vgl. *Stein*, Die Regelungen von Täterschaft und Teilnahme, 2002, 268.

592 Vgl. *Ashworth*, Principles of Criminal Law, 2003, 96; *Vogel*, GA 1998, 140.

593 Vgl. *Ashworth*, Principles of Criminal Law, 2003, 96; *Vogel*, GA 1998, 141.

594 Vgl. *Stein*, Die Regelungen von Täterschaft und Teilnahme, 2002, 268.

595 Vgl. *Ashworth*, Principles of Criminal Law, 2003, 96; *Vogel*, GA 1998, 140; *Weik*, Objektive und subjektive Verbrechenselemente im US-amerikanischen Strafrecht, 2004, 46.

596 Vgl. *Ackermann*, Die Strafbarkeit juristischer Personen im deutschen Recht und in ausländischen Rechtsordnungen, 1984, 77; *v. Bernstorff*, Einführung in das englische Recht, 2006, 266; *Lyall*, An Introduction to British Law, 2002, 185.

597 Vgl. *Weik*, Objektive und subjektive Verbrechenselemente im US-amerikanischen Strafrecht, 2004, 47.

598 Vgl. *Ackermann*, Die Strafbarkeit juristischer Personen, 1984, 78; *Fletcher*, Basic Concepts of Criminal Law, 1998, 111 ff.; *Lyall*, An Introduction to British Law, 2002, 186; *Smith/Hogan*, Criminal Law, 2002, 152; *Stein*, Die Regelungen von Täterschaft und Teilnahme, 2002, 268.

599 Vgl. *Ashworth*, ZStW 1998, 467: „Verwirrung herrscht im englischen Strafrecht nach wie vor hinsichltich des Schuldprinzips. Das gesetzte Recht enthält keine Definitionen der Begriffe von Vorsatz, Fahrlässigkeit usw.“; *Smith/Hogan*, Criminal Law, 2002, 152 ff.

600 Vgl. *Behrendt*, Der Vorsatz im englischen und amerikanischen Strafrecht, 1969, 232 ff.; *Cassese*, International Criminal Law, 2003, 162; *Fletcher*, Basic Concepts of Criminal Law, 1998, 111 ff.; *Grünhut*, in: Das ausländische Strafrecht der Gegenwart, 1959, 195; *Herlitz*, Parties to a Crime and the Notion of a Complicity Objekt, 1992, 35; *Lyall*, An Introduction to British Law, 2002, 186; *Ross*, Über den Vorsatz, 1979, 51.

wohl der dolus directus 1. Grades, als auch der dolus directus 2. Grades enthalten[601].

Der Begriff „recklessness"[602] (*Sorgfaltslosigkeit*) entspricht dem Eventualvorsatz[603] und der bewussten und unbewussten Fahrlässigkeit des deutschen Rechts[604].

Eine dritte Form, die nach einer Meinung nicht direkt unter das „Unrechtsbewusstsein" fällt[605], aber trotzdem auf der Unrechtsstufe des „Unrechtsbewusstseins" zu erörtern ist, bildet die „negligence"[606] (*Nachlässigkeit*). Es handelt sich hier um das Missachten vonseiten des Täters der objektiv gebotenen Sorgfalt[607]. Dies ist zwar auch der Fall bei der Sorgfaltslosigkeit (*recklessness*)[608], aber der Begriff der Nachlässigkeit (*negligence*) geht jedoch noch weiter[609]. Diese Form entspricht der groben Fahrlässigkeit des deutschen Rechts, die auch Leichtfertigkeit genannt wird. Erforderlich ist also, dass der Täter die gebotene Sorgfalt in ungewöhnlich hohem Maße verletzt. Der Täter lässt aus besonderem Leichtsinn oder besonderer Rücksichtlosigkeit die Möglichkeit der Tatbestandsverwirklichung außer acht[610]. Beachtenswert ist, dass eine besonders gefährliche Handlung und nicht eine besonders verwerfliche innere Einstellung die Leichtfertigkeit (*negligence*) hauptsächlich bestimmt[611].

---

601 Vgl. *Stein*, Die Regelungen von Täterschaft und Teilnahme, 2002, 292.

602 Vgl. *Fletcher*, in: Menschengerechtes Strafrecht, Festschrift für Eser, 2005, 739 ff.

603 Vgl. *Cassese*, International Criminal Law, 2003, 169: „... In this connection the German Supreme Court employed the German equivalent of the notion of recklessness, namely Eventualvorsatz (or bedingter Vorsatz)."

604 Vgl. *Behrendt*, Der Vorsatz im englischen und amerikanischen Strafrecht, 1969, 227 ff.; *v. Bernstorff*, Einführung in das englische Recht, 2006, 267; *Grünhut*, in: Das ausländische Strafrecht der Gegenwart, 1959, 195; *Roxin*, Strafrecht, AT, Band I, 1997, 941; *Stein*, Die Regelungen von Täterschaft und Teilnahme, 2002, 292, 293: „Seither umfasst also der Begriff der ‚Sorgfaltslosigkeit' (recklessness) im englischen Strafrecht sowohl das bewußte als auch das unbewußte Eingehen eines nicht gerechtfertigten und offensichtlichen (dem objektiven Beobachter erkennbaren) Risikos."

605 Vgl. *Fletcher*, Basic Concepts of Criminal Law, 1998, 117 ff.; *Grünhut*, in: Das ausländische Strafrecht der Gegenwart, 1959, 195.

606 Vgl. *Herlitz*, Parties to a Crime and the Notion of a Complicity Objekt, 1992, 35.

607 Vgl. *Ashworth*, Principles of Criminal Law, 2003, 194; *Stein*, Die Regelungen von Täterschaft und Teilnahme, 2002, 294.

608 Vgl. *Lyall*, An Introduction to British Law, 2002, 186.

609 Vgl. *Stein*, Die Regelungen von Täterschfat und Teilnahme, 2002, 294, 295.

610 Vgl. *Ashworth*, Principles of Criminal Law, 2003, 193; *Fletcher*, Basic Concepts of Criminal Law, 1998, 115.

611 Vgl. *Ross*, Über den Vorsatz, 1979, 78: Die Sorgfaltslosigkeit (recklessness) dagegen „setzt die Einsicht des Handelnden in das Schadensrisiko seiner Handlung voraus."; *Stein*, Die Regelungen von Täterschaft und Teilnahme, 2002, 295.

III. Die Beteiligungsregelung

In Sekt. 8 des *Accessories and Abettors Act 1861* ist die Teilnahme folgendermaßen geregelt:

„Whosoever shall aid, abet, counsel or procure the commission of any indictable offence whether the same be an offence at common law or by virtue of any act passed or to be passed, shall be liable to be tried, indicted and punished as a principal offender".

„Wer bei der Begehung eines Deliktes hilft, unterstützt, berät oder zu dieser verleitet, soll in demselben Verfahren verurteilt und bestraft werden wie der Haupttäter, unabhängig davon, ob es sich um ein Delikt nach dem Common Law oder dem Statue Law handelt"[612].

IV. Die Beteiligungsformen

Im englischen Strafrecht, das ganz anders als das deutsche Strafrecht strukturiert ist, wird auch zwischen Täterschaft und Teilnahme[613] („Complicity") differenziert, und zwar nach rein objektiven Kriterien[614], die ihren Ursprung in der alten *Common Law*-Tradition und dem Statute Law des 19. Jahrhunderts haben[615]. Die Täterschaft und die Teilnahme sind im Unrechtstatbestand (actus reus) zu erörtern[616].

Als Täter („principal" or „perpetrator"[617]) wird derjenige bezeichnet, der selbst, d.h. eigenhändig die Ausführungshandlung vornimmt[618] und dessen Hand-

---

612 Zitiert nach *Stein*, Die Regelungen von Täterschaft und Teilnahme, 2002, 275.

613 Vgl. *Ashworth*, Principles of Criminal Law, 2003, 414; *Cassese*, International Criminal Law, 2003, 179; *Roxin*, in: Leipziger Kommentar 2003 Vor § 25 Rdn. 13; *Watzek*, Rechtfertigung und Entschuldigung im englischen Strafrecht, 1997, 303.

614 Vgl. *Jescheck/Weigend*, Lehrbuch des Strafrechts, AT, 1996, 662; *Stein*, Die Regelungen von Täterschaft und Teilnahme, 2002, 284: „Die Bestimmung des Täters soll sich allgemein nach der objektiven Theorie richten: Nur derjenige, der die Tathandlung unmittelbar (oder durch einen innocent agent) ausführt, soll Täter sein."; *Tsolka*, Der allgemeine Teil des europäischen supranationalen Strafrechts, 1995, 278.

615 Vgl. *Tiedemann*, in: Festschrift für Nishihara, 1998, 500; *Vest*, ZStW 2001, 489.

616 Vgl. *Stein*, Die Regelungen von Täterschaft und Teilnahme, 2002, 269.

617 Vgl. *Fletcher*, Basic Concepts of Criminal Law, 1998, 188; *Hamdorf*, Beteiligungsmodelle im Strafrecht, 2002, 55; *Herlitz*, Parties to a crime and the notion of a complicity objekt, 1992, 42; *K.J.M.Smith*, A Modern Treatise on the Law of Criminal Complicity, 1991, 27: „Most cases offer little room for dispute over who is the principal offender. It is the party whose actions satisfy the relevant offence's definitional requirements: he who has for example, „permitted", „suffered", „caused", or „allowed" the proscribed circumstances or consequences."; *Vogel*, GA 1998, 145.

lung „the immediate cause of the actus reus“[619] ist. Eine andere Form der Täterschaft ist der sog. „innocent agent“[620]. Die Figur des „innocent agent“ entspricht dem deutschen Tatmittler im Rahmen der mittelbaren Täterschaft, der als „Werkzeug“ („puppet“) eingesetzt wird[621]. Nach herrschender Ansicht[622] gilt im englischen Strafrecht der restriktive Täterbegriff.

Alle anderen Beteiligten sind nach dem *Accessories und Abettors Act 1861, Art. 8* in der Fassung des *Criminal Law Act 1977* Teilnehmer („accomplices“) und dem Täter gleichgestellt[623]. Der Teilnehmer („accomplice“) wird auch „secondary party“ oder „accessory“ genannt[624].

Der *Accessories und Abettors Act 1861* enthält keine Definition der Teilnahme. Insbesondere wird durch diesen Act die Gleichbehandlung hinsichtlich der Strafe von Täter und Teilnehmer betont[625]. Nach Art. 8 des Actes gibt es zwei

---

618 Vgl. *Hamdorf*, Beteiligungsmodelle im Strafrecht, 2002, 55; *Jescheck/Weigend*, Lehrbuch des Strafrechts, 1996, 662; *Smith/Hogan*, Criminal Law, 2002, 142; *Stein*, Die Regelungen von Täterschaft und Teilnahme, 2002, 270: „Dies entspricht der in Deutschland früher vertretenen formal-objektiven Theorie...“; *Straub*, Täterschaft und Teilnahme im englischen Strafrecht, 1952, 17; *Dietz*, Täterschaft und Teilnahme im ausländischen Strafrecht, 1957, 89.

619 Vgl. *Martin*, Criminal Law, 2004, 25; *Smith/Hogan*, Criminal Law, 2002, 142; *Bottke*, in: Bausteine des europäischen Strafrechts, Coimbra-Symposium für Claus Roxin, 1995, 238: „Darüber hinaus kann man im Alltagsenglisch sagen, Täter sei „a person who (has) done it“, was die „Bewerkung“ des Geschehenserfolgs durch (scheinbar) falschen Gebrauch des Partizips deutlich werden läßt.“

620 Vgl. *K.J.M Smith*, A Modern Treatise on the Law of Criminal Complicity, 1991, 95 ff.; *Stein*, Die Regelungen von Täterschaft und Teilnahme, 2002, 272 ff.; *Watzek*, Rechtfertigung und Entschuldigung im englischen Strafrecht, 1997, 303.

621 Vgl. *Fletcher*, Basic Concepts of Criminal Law, 1998, 197; *Grünhut*, in: Das ausländische Strafrecht der Gegenwart, 1959, 192; *Jescheck*, Lehrbuch des Strafrechts, 1996, 662; ders., ZStW 1987, 127; *Rosenfeld*, in: Festgabe für Franz, Band II, 1930, 162; *Tsolka*, Der allgemeine Teil des europäischen supranationalen Strafrechts, 1995, 279.

622 Vgl. *Dietz*, Täterschaft und Teilnahme im ausländischen Strafrecht, 1957, 113; *Straub*, Täterschaft und Teilnahme im englishen Strafrecht, 1952, 66; *Tsolka*, Der allgemeine Teil des europäischen supranationalen Strafrechts, 1995, 279.

623 Vgl. *Smith/Hogan*, Criminal Law, 2002, 140

624 Vgl. *Ashworth*, Principles of Criminal Law, 2003, 413; *Fletcher*, Basic Concepts of Criminal Law, 1998, 188; *Hamdorf*, Beteiligungsmodelle im Strafrecht, 2002, 55; *Lyall*, An Introduction to British Law, 2002, 189; *Martin*, Criminal Law, 2004, 26; *Smith/Hogan*, Criminal Law, 2002, 144; *Stein*, Die Regelungen von Täterschaft und Teilnahme, 2002, 275; *Tsolka*, Der allgemeine Teil des europäischen supranationalen Strafrechts, 1995, 279.

625 Vgl. *Ashworth*, Principles of Criminal Law, 2003, 416; *Cassese*, International Criminal Law, 2003, 179.

Teilnahmearten[626]: Erstens „aiding and abetting" und zweitens „counselling and procuring". Mit „aiding and abetting" ist „helfen and unterstützen„ gemeint[627], wobei „counselling and procuring" die englische Version des deutschen Verbs „verleiten" sind[628]. Daraus ergibt sich, dass auch das englische Strafrecht die Beteiligungsformen der Beihilfe und der Anstiftung anerkennt. In der englischen Lehre und Praxis werden gleichwohl die erwähnten Begriffe oft unterschiedlich ausgelegt, da Art. 8 des *Accessories and Abettors Act 1861* keine klaren Hinweise für eine eindeutige Interpretation gibt[629].

Den ausschlaggebenden Unterschied zwischen den beiden Teilnahmearten bildet jedoch die zeitliche Dimension des Geschehens der Teilnahmehandlung. Das „aiding and abetting", nämlich die Beihilfe[630] findet der englischen Theorie zufolge während der Deliktsbegehung statt, wobei das „counselling and procuring", d.h. die Anstiftung vor der Ausführung der Haupttat durch den unmittelbaren Täter geschieht[631]. Als weiterer Anhaltspunkt zur Abgrenzung der beiden Beteiligungsformen wird die Anwesenheit des Teilnehmers am Tatort angesehen[632]. Eine körperliche Anwesenheit ist deshalb gewöhnlich lediglich im Falle des „aiding and abetting" erforderlich[633], da die Anstiftung eine Ermutigung vor

626 Vgl. *Cassese*, International Criminal Law, 2003, 179; *Fletcher*, Basic Concepts of Criminal Law, 1998, 190.

627 Vgl. *Cassese*, International Criminal Law, 2003, 188; *Ashworth*, Principles of Criminal Law, 2003, 416; *Rabenstein/Bahrenberg*, in: Nationale Strafverfolgung völkerrechtlicher Verbrechen, 2005, 292; *Smith/Hogan*, Criminal Law, 2002, 144.

628 Vgl. *Ashworth*, Principles of Criminal Law, 2003, 423.

629 Vgl. *Ambos*, Der allgemeine Teil des Völkerstrafrechts, 2002, 644: „Weitere Formen des Veranlassens, insbesondere die Anstiftung („instigation"), gehen praktisch in der weit gefaßten Beihilfekonzeption („aiding and abetting") auf, insbesondere wenn die Anstiftung weit im Sinne jegliches, nicht unbedingt tatauslösenden Tatbeitrags verstanden wird."; *Stein*, Die Regelungen von Täterschaft und Teilnahme, 2002, 278.

630 Vgl. *Watzek*, Rechtfertigung und Entschuldigung im englischen Strafrecht, 1997, 303.

631 Vgl.*Martin*, Criminal Law, 2004, 27; *Rabenstein/Bahrenberg*, in: Nationale Strafverfolgung völkerrechtlicher Verbrechen, 2005, 292; *Smith/Hogan*, Criminal Law, 2002, 144; *Stein*, Die Regelungen von Täterschaft und Teilnahme, 2002, 278.

632 Vgl. *Smith/Hogan*, Criminal Law, 2002, 149 ff.; *Stein*, Die Regelungen von Täterschaft und Teilnahme, 2002, 278.

633 Vgl. *K.J.M. Smith*, A Modern Treatise on the Law of Criminal Complicity, 1991, 32, der glaubt, daß das Abgrenzungselement der Anwesenheit am Tatort nicht als eine Regel betrachtet werden muß. „Although customary to reserve „aiding and abetting" for secondary parties present at the offence, and „counselling and procuring" for those absent, there is no substantive rule delimiting modes of complicity on the basis of presence."

der Tat darstellt[634]. Zusätzlich wird in der Regel im Falle der Beihilfe (*aiding and abetting*) ein geistiger Kontakt zwischen dem Täter und dem Teilnehmer für erforderlich gehalten. Die Bejahung der Anstiftung setzt andererseits keine solche Bedingung voraus[635].

V. Der Vorschlag der Law Commission

Zur Vereinfachung der Teilnahmeformen und zur Vermeidung der Abgrenzungsschwierigkeiten, welche die in Art. 8 des *Accessories and Abettors Act* 1861 verwendeten Begriffe bereiten[636], hat die *Law Commission* die Schaffung von zwei selbständigen Teilnahmedelikten vorgeschlagen, die unabhängig vom Vorliegen oder der Vollendung der Haupttat sind[637]. Diesem Vorschlag zufolge soll das bestehende Gesetz reformiert und durch die Einführung eines „assisting crime" („Unterstützen") und eines „encouraging crime" („Ermutigung") ersetzt werden[638]. Die Initiative der *Law Commission* hat in der Literatur teilweise Beifall gefunden[639].

B. Die Anstiftung

I. Die Anstiftungshandlung (actus reus – the conduct element)

Die Anstiftung wird im englischen Strafrecht durch die Begriffe „counselling and procuring" beschrieben, die dem Wort „verleiten" entsprechen. Damit ist ein

---

634 Vgl. *Honig*, in: Das ausländische Strafrecht der Gegenwart, 1962, 236.
635 Vgl. *Stein*, Die Regelungen von Täterschaft und Teilnahme, 2002, 279, 287.
636 Vgl. *Huber/Braun*, in: Strafrechtsentwicklung in Europa, 1999, 1109: „Weitere Reformbestrebungen betreffen die Vereinfachung des Rechts zu Beihilfe und Anstiftung. Auch für diesen Teilbereich sucht die Law Commission eine Kodifizierung des unübersichtlichen und teils widersprüchlichen common law herbeizuführen, in dem die Unklarheiten etwa Fragen betreffen, worauf sich der Vorsatz des Teilnehmers beziehen muß, welche Kenntnis er von der Haupttat besitzen muß etc."
637 Vgl.*Ambos*, Der Allgemeine Teil des Völkerstrafrechts, 2002, 645: „Erst die britische Law Commission hat mit ihrem Vorschlag eines dualistischen – allerdings – nicht akzessorischen Teilnahmemodells für eine Unterscheidung zwischen „assisting" im Sinne der Beihilfe und „encouraging" im Sinne einer weit verstandenen Anstiftung plädiert."; *Stein*, Die Regelungen von Täterschaft und Teilnahme, 2002, 279.
638 Vgl. *Ashworth*, Principles of Criminal Law, 2003, 424.
639 Vgl. *Ambos*, Der Allgemeine Teil des Völkerstrafrechts, 2002, 617; *Ashworth*, Principles of Criminal Law, 2003, 444.

Verhalten gemeint, das die Begehung einer strafbaren Handlung hervorruft[640]. Der Anstifter muss daher wie in der deutschen Beteiligungslehre den Tatentschluss des unmittelbaren Täters bewirken[641], um als solcher bezeichnet zu werden. *Ashworth* legt den Terminus „counselling" als „instigating"[642], d.h. „anstiften" aus, wobei er den Begriff „procuring" als „producing by endeavour"[643] interpretiert[644]. Die wörtliche Übersetzung des von *Ashworth* benutzten Ausdruckes ist „bewirken durch trachten". Damit wird deutlich, dass *Ashworth* die Beteiligungsform der Anstiftung als Hervorrufen des Tatentschlusses, und zwar als vorsätzliches Hervorrufen der vom Täter begangenen Tat erfasst.

Die Anstiftungshandlung muss, wie im deutschen Strafrecht an eine bestimmte Person oder einen konkretisierten Adressatenkreis gerichtet sein, da sonst der objektive Tatbestand der „Aufforderung zur Begehung einer Straftat" (*incitement*[645]) erfüllt wird[646].

II. Der subjektive Tatbestand der Anstiftung (the fault element)

Hinsichtlich des „Unrechtsbewusstseins" (*mens rea*) wird für die Bejahung von Anstiftung (*procuring*) Vorsatz (*intention*) verlangt[647]. Insbesondere wird in der englischen Teilnahmelehre für die Erfüllung des subjektiven Tatbestandes der Anstiftung ein doppelter Anstiftungsvorsatz (*two-dimensional fault*) als unerlässlich angesehen[648]. Der Beteiligte muss erstens absichtlich einen anderen zur Begehung einer strafbaren Handlung „verleiten" und muss sich zusätzlich der Fähigkeit seiner Anstiftungshandlung, den Tatentschluss beim unmittelbaren Täter zu erwecken, bewusst sein[649]. Daraus ergibt sich, dass anders als im deutschen

---

640 Vgl. *Stein*, Die Regelungen von Täterschaft und Teilnahme, 2002, 279.

641 Vgl. *K.J.M.Smith*, A Modern Treatise on the Law of Criminal Complicity, 1991, 33; *Smith/Hogan*, Criminal Law, 2002, 145; *Watzek*, Rechtfertigung und Entschuldigung im englischen Strafrecht, 1997, 303.

642 Vgl. *Ambos*, Der Allgemeine Teil des Völkerstrafrechts, 2002, 644.

643 Vgl. *Martin*, Criminal Law, 2004, 27: „Procuring means „to produce by endeavour", that is, setting out to see that it happens and taking the appropriate steps to produce that happening."; *Smith/Hogan*, Criminal Law, 2002, 145.

644 Vgl. *Ashworth*, Principles of Criminal Law, 2003, 422, 423.

645 Vgl. *Ashworth*, Principles of Criminal Law, 2003, 464 ff.

646 Vgl. *Stein*, Die Regelungen von Täterschaft und Teilnahme, 2002, 288.

647 Vgl. *Martin*, Criminal Law, 2004, 27; *Smith/Hogan*, Criminal Law, 2002, 152; *Stein*, Die Regelungen von Täterschaft und Teilnahme, 2002, 295.

648 Vgl. *Ashworth*, Principles of Criminal Law, 2003, 424.

649 Vgl. *Ashworth*, Principles of Criminal Law, 2003, 424; *Smith/Hogan*, Criminal Law, 2002, 152.

Strafrecht ein Eventualvorsatz für die Erfüllung des subjektiven Tatbestandes der Anstiftung in der englischen Beteiligungslehre nicht ausreicht.

Zweitens muss der Anstifter über Vorsatz bezüglich der Haupttat verfügen[650] und er sollte des Weiteren die wesentlichen Dimensionen des Unrechts der Tätertat („essential matters which constitute the offence")[651], also die Umstände kennen, die die Strafbarkeit der Haupttat begründen.

Die Schlussfolgerung, die hieraus gezogen werden kann, ist, dass das englische Strafrecht lediglich die vorsätzliche Teilnahme für strafbar erklärt[652]. Auf der anderen Seite ist die Teilnahme an einer unvorsätzlichen Haupttat möglich[653]. Dies ist jedoch ein weiterer Unterschied zwischen der englischen Teilnahmelehre und der deutschen Theorie.

III. Kausalität und Übereinstimmung (Causation and consensus)

Im Fall der Anstiftung wird nach herrschender Auffassung verlangt, dass die Anstiftungshandlung erwiesenermaßen kausal für die Begehung der Haupttat geworden ist[654]. Eine solche kausale Beziehung[655] zwischen der Teilnehmertat und der Handlung des Haupttäters ist lediglich für die Anstifung (*procuring*) unabdingbar, wobei sie für die Bejahung der anderen Beteiligungsformen (*aiding, abetting, counselling*) kaum eine Rolle spielt[656]. Die Haupttat des unmittelbaren

---

650 Vgl. *Stein*, Die Regelungen von Täterschaft und Teilnahme, 2002, 297.

651 Vgl. *Ashworth*, Principles of Criminal Law, 2003, 424: „The scope of this oft-quoted phrase is unclear. It seems that it includes the facts, circumstances, and other matters that go to make up the conduct element of the principal offence; but, as we shall see below, there is uncertainty about the extent to which the accomplice must know the details of the offence."

652 Vgl. *Stein*, Die Regelungen von Täterschaft und Teilnahme, 2002, 295.

653 Vgl. *Ashworth*, ZStW 1998, 470: „Dies zeigt die Elastizität des common law im Zusammenspiel mit dem Wunsch der Gerichte, Personen zu verurteilen, die „offensichtlich" vorwerfbar gehandelt haben."; *Stein*, Die Regelungen von Täterschaft und Teilnahme, 2002, 302.

654 Vgl. *Ashworth*, Principles of Criminal Law, 2003, 423; *Martin*, Criminal Law, 2004, 27; *K.J.M Smith*, A Modern Treatise on the Law of Criminal Complicity, 1991, 79, 84; *Smith/Hogan*, Criminal Law, 2002, 145; *Stein*, Die Regelungen von Täterschaft und Teilnahme, 2002, 286.

655 Vgl. *K.J.M. Smith*, A Modern Treatise on the Law of Criminal Complicity, 1991, 55 ff.

656 Vgl. *Ashworth*, Principles of Criminal Law, 2003, 423; *Smith/Hogan*, Criminal Law, 2002, 145, 146; *Stein*, Die Regelungen von Täterschaft und Teilnahme, 2002, 285.

Täters soll dementsprechend als Folge der Veranlassung durch den Anstifter angesehen werden[657].

Andererseits wird eine Übereinstimmung (*consensus*) bzw. ein geistiger Kontakt zwischen dem Anstifter und dem Angestiftetem im englischen Strafrecht nicht für erforderlich gehalten[658]. Im Gegensatz zur herrschenden Meinung in der deutschen Beteiligungslehre reicht daher für die Bestrafung des Anstifters das bloße Schaffen einer zur Tat verleitenden Situation aus. Nur die übrigen Teilnahmeformen (*aiding, abetting, counselling*), die im *Accessories and Abettors Act von 1861* gesetzlich geregelt sind, setzen nach überwiegender Ansicht eine Art Übereinstimmung mit dem Haupttäter voraus[659].

IV. Der Grundsatz der Akzessorietät der Teilnahme (The derivative Theory)

Die englische Teilnahmetheorie geht von der These der Akzessorietät der Teilnahme („the derivative theory of accessorial liability") aus[660]. Die Strafbarkeit des Anstifters ist folglich auf die Begehung einer Haupttat angewiesen[661]. Es soll sich nach der Literatur vor allem um eine teilnahmefähige Haupttat handeln. Die Haupttat des unmittelbaren Täters wird dann als teilnahmeunfähig erachtet, wenn der actus reus (Unrecht) fehlt, oder wenn Rechtfertigungsgründe eingreifen[662]. Daraus ergibt sich, dass das englische Schrifttum das Prinzip der limitierten Akzessorietät annimmt[663], angesichts der Tatsache, dass für die Strafbarkeit des Teilnehmers nur eine rechtswidrige und nicht unbedingt schuldhafte Haupttat

657 Vgl. *Ashworth*, Principles of Criminal Law, 2003, 423.

658 Vgl. *Stein*, Die Regelungen von Täterschaft und Teilnahme, 2002, 287

659 Vgl. *Ashworth*, Principles of Criminal Law, 2003, 423, 424; *Smith/Hogan*, Criminal Law, 2002, 14: „procuring implies causation but not consensus; abetting and counselling imply consensus but not causation; aiding requires actual assistance but neither consensus nor causation."; *Stein*, Die Regelungen von Täterschaft und Teilnahme, 2002, 287.

660 Vgl. *Ambos*, Der Allgemeine Teil des Völkerstrafrechts, 2002, 617; *Ashworth*, ZStW 1998, 469; ders., Principles of Criminal Law, 2003, 413, 441, 442; *Fletcher*, Basic Concepts of Criminal Law, 1998, 194: „Complicity is not a crime in and of itself...In this sense, liability for complicity is derivative."; *Martin*, Criminal Law, 2004, 26; *K.J.M. Smith*, A Modern Treatise on the Law of Criminal Complicity, 1991, 73; *Stein*, Die Regelungen von Täterschaft und Teilnahme, 2002, 280; *Tsolka*, Der allgemeine Teil des europäischen supranationalen Strafrechts, 1995, 279.

661 Vgl. *Grünhut*, in: Das ausländische Strafrecht der Gegenwart, 1959, 193; *K.J.M Smith*, A Modern Treatise on the Law of Criminal Complicity, 1991, 73.

662 Vgl. *Stein*, Die Regelungen von Täterschaft und Teilnahme, 2002, 281; *Vogel*, GA 1998, 145.

663 Vgl. *Stein*, Die Regelungen von Täterschaft und Teilnahme, 2002, 281.

vorausgesetzt wird[664]. Ohne Belang für die Bestrafung des Anstifters ist es daher, ob der „mens rea", d.h. die Schuld des Täters entfällt[665].

Nach einer Auffassung ist mit dem Grundsatz der Akzessorietät der Teilnahme im angelsächsischen Strafrecht nicht die Abhängigkeit der Teilnahme vom Unrecht der Haupttat, sondern eher eine „faktische Bezogenheit" gemeint[666]. Die faktische Abhängigkeit des Verhaltens des Teilnehmers stellt aber ein Charakteristikum des Einheitstätersystems dar[667]. Diese Meinung findet jedoch in der Literatur keinen Beifall, denn die Mehrheit der Autoren geht von einem dualistischen Differenzierungsmodell im englischen Strafrecht aus, das zwischen Täterschaft und Teilnahme unterscheidet.

Die Rechtsprechung neigt freilich dazu, den Grundsatz der Akzessorietät der Teilnahme zu verdrängen[668]. Diese Tendenz der englischen Gerichte ist auf die Notwendigkeit zurückzuführen, offenkundig schuldige Personen zu verurteilen[669]. Es gibt daher in der strafrechtlichen Praxis Fälle, in denen jemand als Teilnehmer verurteilt wurde, obwohl überhaupt keine rechtswidrige Haupttat vorlag[670]. Typisches Beispiel ist der Fall, „in dem A den B auffordert, den Geschlechtsverkehr mit A's Ehefrau durchzuführen, und dem B einredet, dass dies der Ehefrau ganz recht sei. In diesem Fall wurde A als Teilnahmer verurteilt, obwohl B vom Vorwurf der Vergewaltigung freigesprochen wurde."[671] *Ashworth* spricht hier von einer „Ausdehnung" („extension", „stretching") oder „Modifizierung" des Dogmas der akzessorischen Natur der Teilnahme[672]. Die häufig entstehende Verwirrung und uneinheitliche Haltung der Rechtsprechung zum Grundsatz der Akzessorietät der Teilnahme ist außerdem noch auf die Unklarheit hinsichtlich der Einordnung der „Verteidigungen" (*defences*) in „Rechtfertigungs-" und „Entschuldigungsgründe" zurückzuführen[673].

Wie weiter oben erwähnt, hat die *Law Commission* im Jahre 1993 die Einführung zweier selbständiger Teilnehmerdelikte[674] vorgeschlagen. Durch die Annahme des selbständigen Charakters des Teilnahmeunrechts (*independent liability*) wird das Prinzip der Akzessorietät der Teilnahme abgelehnt. Der Vorschlag

664 Vgl. *Fletcher*, Basic Concepts of Criminal Law, 1998, 195; *Martin*, Criminal Law, 2004, 26.
665 Vgl. *Martin*, Criminal Law, 2004, 26.
666 Vgl. *Ambos*, Der Allgemeine Teil des Völkerstrafrechts, 2002, 617, 618.
667 Vgl. *Ambos*, Der Allgemeine Teil des Völkerstrafrechts, 2002, 617.
668 Vgl. *Ashworth*, ZStW 1998, 469.
669 Vgl. *Ashworth*, ZStW 1998, 469.
670 Vgl. Ashworth, ZStW 1998, 469; ders., Principles of Criminal Law, 2003, 435.
671 Vgl. *Ashworth*, ZStW 1998, 469.
672 Vgl. *Ashworth*, Principles of Criminal Law, 2003, 435, 436.
673 Vgl. *Stein*, Die Regelungen von Täterschaft und Teilnahme, 2002, 283, 284.
674 Vgl. *Ambos*, Der Allgemeine Teil des Völkerstrafrechts, 2002, 617.

der *Law Commission* hat jedoch zumindest bis heute in der Mehrheit der Literatur keine Akzeptanz gefunden[675].

V. Die Bestrafung des Anstifters

In Art. 8 des *Accessories und Abettors Act von 1861* kommt die grundsätzliche rechtliche Gleichbewertung des Unrechts aller Beteiligungsformen zum Ausdruck[676]. Sowohl der Täter als auch die Teilnehmer eines Delikts werden daher in demselben Verfahren verurteilt und dem gleichen Urteil und dem gleichen Strafrahmen unterstellt[677]. Eine Strafmilderung zumindest für die Beihilfe (*aiding and abetting*) ist nicht vorgesehen.

Die „*Equivalence*" – Theorie gehört zusammen mit der Theorie der akzessorischen Natur der Teilnahme (*the derivative nature of complicity*) zu den älteren und grundlegenden Prinzipien des Common Law, die sich allen Änderungsversuchen widersetzt haben[678]. Diese Theorie, die von der These der gleichen Bestrafung der Beteiligten ausgeht, wird besonders im amerikanischen *Common Law* vertreten[679]. Insbesondere ist bei dem amerikanischen Strafrecht die „equivalence" Theorie mit der Doktrin der „vicarius liability" verbunden, nämlich mit der Doktrin der Haftung für Verhalten Dritter[680].

VI. Die versuchte Anstiftung

Die versuchte Teilnahme ist nach Sekt. 1 (4) *Criminal Attempts Act 1981* nicht unter Strafe gestellt[681]. Die „Aufforderung zur Begehung einer Straftat" (*incitement*) und die „Verabredung zur Begehung einer Straftat" (*conspiracy*) ersetzen die fehlende Vorschrift der versuchten Anstiftung[682].

---

675 Vgl. *Fletcher*, Basic Concepts of Criminal Law, 1998, 194; anders *Ashworth*, Principles of Criminal Law, 2003, 444.

676 Vgl. *Martin*, Criminal Law, 2004, 26.

677 Vgl. *Lyall*, An Introduction to British Law, 2002, 189; *K.J.M. Smith*, A Modern Treatise on the Law of Criminal Complicity, 1991, 73; *Stein*, Die Regelungen von Täterschaft und Teilnahme, 2002, 269, 307; *Vogel*, GA 1998, 145.

678 Vgl. *Ashworth*, Principles of Criminal Law, 2003, 116, 177; *K.J.M. Smith*, A Modern Treatise on the Law of Criminal Complicity, 1991, 54, 73.

679 Vgl. *Fletcher*, Basic Concepts of Criminal Law, 1998, 189, 190.

680 Vgl. *Fletcher*, Basic Concepts of Criminal Law, 1998, 190: „This doctrine implies that one can be responsible for the actions of another as though they were one's own actions."

681 Zitiert nach *Stein*, Die Regelungen von Täterschaft und Teilnahme, 2002, 303.

682 Vgl. *Ashworth*, Principles of Criminal Law, 2003, 465.

VII. „Die Aufforderung zur Begehung einer Straftat" (Incitement)

Im Rahmen der Darlegung der Anstiftungsproblematik im englischen Strafrecht sind noch zwei Delikte zu erwähnen, die Ähnlichkeiten mit dem objektiven Tatbestand der Anstiftung aufweisen. Zu diesen sog. „unvollständigen Delikten"[683] zählt zum einen die „Aufforderung zur Begehung einer Straftat" (*incitement*). Sie wird angesichts der Tatsache, dass für die Vollendung dieses Verbrechens der Erfolgseintritt nicht eine unabdingbare Bedingung ist, als „unvollständiges Delikt" bezeichnet[684]. Es handelt sich hier freilich um eine selbständige Teilnahmeform, da die Strafbarkeit des Auffordenden von der Vollendung einer Haupttat nicht abhängig ist[685].

Das Delikt der „Aufforderung zur Begehung einer Straftat" entspricht der versuchten Anstiftung des deutschen Strafrechts (§ 30 StGB)[686], obwohl die versuchte Teilnahme nach dem *Criminal Attempts Act von 1981* für nicht strafbar erklärt wird[687].

Die Voraussetzungen des objektiven Tatbestandes dieses Verbrechens werden erfüllt, wenn der Täter ausdrücklich oder stillschweigend[688] einen anderen von der Begehung einer strafbaren Handlung überzeugt bzw. ihn dazu auffordert[689]. Hinsichtlich des subjektiven Tatbestandes ist Vorsatz (*intention*) zur Verwirklichung der aufgefordeten Straftat erforderlich[690].

Der kennzeichnende und entscheidende Unterschied, der zwischen diesem selbständigen Teilnahmedelikt und der Anstiftung des deutschen Strafrechts besteht, ist der Umstand, dass die Aufforderung auch an die Öffentlichkeit gerichtet sein kann[691].

---

683 Vgl. *Lyall*, An Introduction to British Law, 2002, 189; *Stein*, Die Regelungen von Täterschaft und Teilnahme, 2002, 308; *Vogel*, GA 1998, 145.

684 Vgl. *Ambos*, Der Allgemeine Teil des Völkerstrafrechts, 2002, 645; *Ashworth*, Principles of Criminal Law, 2003, 465; *Grünhut*, in: Das ausländische Strafrecht der Gegenwart, 1959, 193; *Stein*, Die Regelungen von Täterschaft und Teilnahme, 2002, 308.

685 Vgl. *Ambos*, Der Allgemeine Teil des Völkerstrafrechts, 2002, 615.

686 Vgl. *Stein*, Die Regelungen von Täterschaft und Teilnahme, 2002, 308.

687 Vgl. *Stein*, Die Regelungen von Täterschaft und Teilnahme, 2002, 303.

688 Vgl. *Rabenstein/Bahrenberg*, in: Nationale Strafverfolgung völkerrechtlicher Verbrechen, 2005, 292.

689 Vgl. *Ashworth*, Principles of Criminal Law, 2003, 465; *Cassese*, International Criminal Law, 2003, 189; *Stein*, Die Regelungen von Täterschaft und Teilnahme, 2002, 308.

690 Vgl. *Ashworth*, Principles of Criminal Law, 2003, 466.

691 Vgl. *Stein*, Die Regelungen von Täterschaft und Teilnahme, 2002, 288, 309.

Wenn die aufgefordete Tat schließlich ausgeführt wird, dann sprechen wir nicht mehr von „incitement“, sondern der Täter wird Teilnehmer an der Tat[692].

Nach einer Meinung kann das Delikt der „Aufforderung zur Begehung einer Straftat“ zur Ausfüllung der Strafbarkeitslücken eingesetzt werden, die in der Beteiligungsformenlehre Englands entstehen[693].

VIII. „Die Verabredung zur Begehung einer Straftat“ (Conspiracy)

Ein zweites „unvollständiges Delikt“ stellt das Delikt der „Verabredung zur Begehung einer Straftat“ (*conspiracy*) dar[694]. Das Verbrechen ist vollendet, wenn wenigstens zwei Personen sich einig sind, eine konkretisierte Tat zu begehen[695]. Auch hier ist der Eintritt des Taterfolges irrelevant. Wichtig für die Erfüllung des objektiven Tatbestandes ist vielmehr die Einigkeit (*agreement*)[696] zwischen den Personen, die darüber hinaus über Vorsatz bezüglich der Verabredung verfügen müssen[697].

Das Teilnahmedelikt der „Verabredung zur Begehung einer Straftat“ entspricht dem § 30 Abs. 2 (versuchte Anstiftung) des deutschen Strafgesetzbuches, wobei jedoch im deutschen Recht lediglich die Verabredung zu einem Verbrechen bestraft wird[698].

Das Verbrechen des *Conspiracy* ist im *Criminal Law Act von 1977* gesetzlich geregelt[699].

C. Gegenüberstellung des englischen und des amerikanischen Strafrechts

Zum Rechtskreis des Common Law, d.h. des Fallrechts, zählt auch das amerikanische Strafrecht[700]. Freilich hat in den letzten Jahrhunderten eine Reformbewe-

---

692 Vgl. *Ashworth*, Principles of Criminal Law, 2003, 46; *Stein*, Die Regelungen von Täterschaft und Teilnahme, 2002, 309.

693 Vgl. *Ashworth*, Principles of Criminal Law, 2003, 466.

694 Vgl. *Huber/Braun*, in: Eser/Huber, Strafrechtsentwicklung in Europa, 1999, 1057; *Tiedemann*, in: Festschrift für Nishihara, 1998, 504; *Vogel*, GA 1998, 145.

695 Vgl. *Courakis*, GA 1981, 543, 544; *Lyall*, An Introduction to British Law, 2002, 189; *Rabenstein/Bahrenberg*, in: Nationale Strafverfolgung völkerrechtlicher Verbrechen, 2005, 292; *Stein*, Die Regelungen von Täterschaft und Teilnahme, 2002, 310.

696 Vgl. *Ashworth*, Principles of Criminal Law, 2003, 460.

697 Vgl. *Ashworth*, Principles of CriminalLaw, 2003, 463.

698 Vgl. *Stein*, Die Regelungen von Täterschaft und Teilnahme, 2002, 310.

699 Vgl. *Courakis*, GA 1981, 544; *Stein*, Die Regelungen von Täterschaft und Teilnahme, 2002, 310.

gung begonnen, die zu Entwürfen und schließlich zur Schaffung von systematischen Strafgesetzbüchern in den USA geführt hat[701]. Ein solches Strafgesetzbuch, das den europäischen Strafgesetzbüchern ähnelt[702], bildet daneben der *Model Penal Code* (MPC), der für die Hauptquelle der amerikanischen Strafrechtslehre gehalten wird[703]. Der *Model Penal Code* wurde als Musterstrafgesetzbuch in den fünfziger Jahren des vergangenen Jahrhunderts von Professoren und Juristen des „American Law Institute" erarbeitet[704]. Dieses im Jahre 1962 veröffentlichte Strafgesetzbuch[705] verfügt über einen Allgemeinen Teil, der wesentliche Definitionen und Prinzipien des Strafrechts enthält[706].

Im Gegensatz zum englichen Strafrecht verzichtet der MPC auf die Verwendung der Begriffe *actus reus* und *mens rea*, die im MPC unter den Oberbegriff „elements of the offence" fallen[707]. Die Straftat besteht folglich nicht mehr aus nur zwei Elementen, sondern die Strafbarkeit ist auf die Bejahung von drei Komponenten angewiesen: Handlung, fehlende Rechtfertigung und fehlende Entschuldigung[708]. Es geht dementsprechend um eine dreistufige Analyse der strafrechtlichen Verantwortlichkeit, die den Einfluss der kontinentaleuropäischen Strafgesetzbücher auf den MPC deutlich macht.

Im MPC wurde auch die Teilnahme (*complicity*) kodifiziert[709]. Insbesondere ist in diesem Strafgesetzbuch der Versuch unternommen worden, die aus dem *common law* bekannte Lehre von Täterschaft und Teilnahme zu vereinfachen.

---

700 Vgl. *David/Grasmann*, Einführung in die großen Rechtssysteme der Gegenwart, 1966, 429, 430; *Dubber*, Einführung in das US-amerikanische Strafrecht, 2005, 7; *Hermann*, in: Strafrecht, Strafrechtsvergleichung, 1975, 25; ders., JZ 1985, 602; *Mueller*, JZ 1960, 465 ff.

701 Vgl. *Hermann*, in: Strafrecht, Strafrechtsvergleichung, 1975, 25; ders., JZ 1985, 602.

702 Vgl. *Honig*, ZStW 75 (1963), 66.

703 Vgl. *Dubber*, Einführung in das US-amerikanische Strafrecht, 2005, 2, 16: „Ein wichtiger Grund hierfür liegt darin, daß ein großer Teil des materiellen Strafrechts der Vereinigten Staaten entweder direkt oder indirekt auf den Model Penal Code zurückzuführen ist."

704 Vgl. *Dubber*, Einführung in das US-amerikanische Strafrecht, 2005, 17; *Honig*, ZStW 75 (1963), 63 ff.; ders., Entwurf eines amerikanischen Musterstrafgesetzbuches, 1965; *Malinverni*, in: Strafrechtsreform in der Bundesrepublik Deutschland und in Italien, 1981, 138.

705 Vgl. Malinverni, in: Strafrechtsreform in der Bundesrepublik Deutschland und in Italien, 1981, 138.

706 Vgl. *Dubber*, Einführung in das US-amerikanische Strafrecht, 2005, 24; *Hermann*, in: Strafrecht, Strafrechtsvergleichung, 1975, 31; ders., JZ 1985, 604.

707 Vgl. *Weik*, Objektive und subjektive Verbrechenselemente im US-amerikanischen Strafrecht, 2004, 49.

708 Vgl. *Dubber*, Einführung in das US-amerikanische Strafrecht, 2005, 34.

709 Vgl. *Honig*, Entwurf eines amerikanischen Musterstrafgesetzbuches, 1965, 25, 26.

Statt der vielen und komplizierten Begriffe des *common law* werden hier lediglich die Beteiligungsformen von Haupttäter (*principal*)[710] und Teilnehmer (*accomplice*) verwendet[711]. Als Teilnehmer wird derjenige charakterisiert, der die Tat des Haupttäters fördert oder erleichtert, und außerdem noch derjenige, der einen anderen eine Tat vorzunehmen bestimmt[712]. Anerkannt werden dadurch sowohl die Beteiligungsform der Beihilfe als auch diejenige der Anstiftung. Der Teilnehmer wird wie der Täter bestraft[713], weil seine Strafbarkeit, wie im MPC ausdrücklich geregelt ist, aus dem Unrecht des unmittelbaren Täters abgeleitet wird[714]. Zu den grundsätzlichen Prinzipien der amerikanischen Beteiligungslehre gehört daher der Grundsatz der akzessorischen Verantwortlichkeit des Teilnehmers[715].

D. Zusammenfassung

Als Teil des anglo-amerikanischen Rechtskreises stützt sich das englische Strafrecht auf die Rechtsquellen des *common law* (Gerichtsurteile) und des *statute law* (Gesetzesrecht). Darin liegt die Eigentümlichkeit des englischen Rechts im Vergleich zu den kontinentaleuropäischen Rechtsordnungen.

In Art. 8 des *Accessories and Abettors Act vom 1861* ist im englischen Strafrecht das dualistische Beteiligungsmodell, das zwischen Täterschaft und Teilnahme unterscheidet, anerkennt. Die Anstiftung wird als vorsätzliche Herbeiführung des Tatentschlusses gekennzeichnet, wobei die Anstiftung zu einer unvorsätzlichen Handlung mit der englischen Beteiligungslehre vereinbar ist. Des Weiteren ist die Kausalität und nicht die Übereinstimmung zwischen Anstifter und Angestiftetem als wichtiger Anhaltspunkt für die Bejahung der Bestrafung des Anstifters zu berücksichtigen. Die Ableitung der Strafbarkeit des Anstifters aus dem Täterunrecht, namentlich die Annahme der akzessorischen Haftung des Teilnehmers, rechtfertigt die rechtliche Gleichwertigkeit aller Begehungsformen.

---

710 Vgl. Honig, in: Das ausländische Strafrecht der Gegenwart, 1962, 227.

711 Vgl. *Dubber*, Einführung in das US-amerikanische Strafrecht, 2005, 93; *Herlitz*, Parties to a Crime and the Notion of a Complicity Objekt, 1992, 91 ff.; *Honig*, ZStW 77 (1965), 40 ff.; ders., Entwurf eines amerikanischen Musterstrafgesetzbuches, 1965, 25, 26.

712 Vgl. *Honig*, in: Das ausländische Strafrecht der Gegenwart, 1962, 229, 230; ders., Entwurf eines amerikanischen Musterstrafgesetzbuches, 1965, 26.

713 Vgl. *Dubber*, Einführung in das US-amerikanische Strafrecht, 2005, 94; *Honig*, in: Das ausländische Strafrecht der Gegenwart, 1962, 218.

714 Vgl. *Honig*, Entwurf eines amerikanischen Musterstrafgesetzbuches, 1965, 25, 26.

715 Vgl. *Dubber*, Einführung in das US-amerikanische Strafrecht, 2005, 95.

Die Anstiftung wird dementsprechend wie die Tatbegehung durch den Haupttäter bestraft.

Obwohl die englische Theorie das Prinzip der Akzessorietät der Teilnahme anerkennt, vertritt die Rechtsprechung eine gegenteilige Auffassung. Die Judikatur geht davon aus, dass das Vorhandensein einer rechtswidrigen Haupttat nicht immer als unabdingbare Voraussetzung für die Verurteilung des Teilnehmers angesehen werden muss. Vielmehr veranschaulichen sowohl das Vorliegen der erfolgsunabhängigen Delikte der „Aufforderung zur Begehung einer Straftat" (*incitement*) und der „Verabredung zur Begehung einer Straftat" (*conspiracy*) als auch der bestimmte Vorschlag der *Law Commission* eine maßgebliche Tendenz der englischen Teilnahmelehre, die Schaffung von selbständigen Teilnahmedelikten in der Zukunft durchzuführen.

§ 6. Dänemark

A. Einführung

I. Die Beteiligungsregelung

Im dänischen Strafgesetzbuch ist die Beteiligung in § 23 Abs. 1 folgendermaßen geregelt:

§ 23 *Stk. 1. Den for en lovovertrædelse givne straffebestemmelse omfatter alle, der ved tilskyndelse, råd eller dåd har medvirket til gerningen. Straffen kan nedsættes for den, der kun har villet yde en mindre væsentlig bistand eller styrke et allerede fattet forsæt, samt når forbrydelsen ikke er fuldbyrdet eller en tilsigtet medvirken er mislykkedes*".

Stk. 2. Straffen kan ligeledes nedsættes for den, der medvirker til krænkelse af et særligt pligtforhold, men selv står uden for dette.

Stk. 3. For så vidt ikke andet er bestemt, kan straf for medvirken ved lovovertrædelser, der ikke straffes med højere straf end fængsel i 4 måneder, bortfalde, når den medvirkende kun har villet yde en mindre væsentlig bistand eller styrke et allerede fattet forsæt, samt når hans medvirken skyldes uagtsomhed.

§ 23 (1) *Unter die für eine Straftat geltende Strafvorschrift fallen alle, die durch Anstiftung, Rat oder Tat daran mitgewirkt haben. Die Strafe kann für denjenigen herabgesetzt werden, der nur einen weniger wesentlichen Beitrag leisten oder einen bereits gefaßten Tatentschluß bestärken wollte, sowie wenn die Straftat nicht vollendet oder eine beabsichtigte Beteiligung missglückt ist.*

(2) *Die Strafe kann auch für denjenigen herabgesetzt werden, der an der Verletzung eines besonderen Pflichtverhältnisses mitwirkt, dem er selbst nicht untersteht*".

(3) *Sofern nichts anderes bestimmt ist, kann für eine Beteiligung an Straftaten, die nicht mit höherer Strafe als 4 Monate Gefängnis bedroht sind, von Strafe abgesehen werden, wenn der Beteiligte nur einen weniger wesentlichen Beitrag leisten oder einen bereits gefaßten Tatentschluss bestärken wollte, sowie wenn seine Mitwirkung auf Fahrlässigkeit beruht*[716].

II. Die Beteiligungsformen

Bei der Behandlung von Täterschaft und Teilnahme folgt das dänische Strafgesetzbuch dem Einheitstätersystem[717]. Nach einer Meinung geht es um ein formales[718] und nach einer anderen um ein funktionales[719]. Eine differenzierte Regelung der Beteiligung wird angesichts der Tatsache, dass das dänische Strafrecht von der sog. „negativen Teilnahmelehre"[720] ausgeht, nicht für erforderlich gehalten[721]. Diese Theorie gründet sich auf der These, dass „eine Differenzierung von

---

716 Zitiert nach, *Cornils/Greve*, Das dänische Strafgesetzbuch, 2001, 30.

717 Vgl. *Ambos*, Der Allgemeine Teil des Völkerstrafrechts, 2002, 545; *Cornils/Greve*, Das dänische Strafgesetz, 2001, 9; *Hamdorf*, Beteiligungsmodelle im Strafrecht, 2002, 66, 72, 273; *Katsantonis*, PChr 1958, 2; *Kienapfel/Höpfel*, Strafrecht, AT, 2005, 215; *Roxin*, Strafrecht, AT, Band II, 2003, 7; ders, in: Leipziger Kommentar 2003 Vor § 25 Rdn. 13; *Schöberl*, Die Einheitstäterschaft als europäisches Modell, 2006, 104, 106, 127; *Schubert*, Der Versuch – Überlegungen zur Rechtsvergleichung und Harmonisierung, 2005, 69; *Tiedemann*, in: Festschrift für Nishihara, 1998, 499; ders., ZStW 1998, 509; ders., in: Wirtschaftsstrafrecht in der Europäischen Union, 2002, 15.

718 Vgl. *Ambos*, Der Allgemeine Teil des Völkerstrafrechts, 2002, 545; *Hamdorf*, Beteiligungsmodelle im Strafrecht, 2002, 273: „Wie bereits in der vorangegangenen Kapiteln dargestellt, handelt es sich beim dänischen Recht der Beteiligung nach ganz herrschender Meinung um ein formales Einheitstätersystem, bei dem Täterschaft und Mitwirkung durchhaus unterschieden werden, und zwar danach, ob eine Person den Wortlaut des Tatbestands direkt allein schon erfüllt oder nicht, bei dem aber an diese Unterscheidung keine weiteren rechtlichen Konsequenzen geknüpft werden."; *Schöberl*, Die Einheitstäterschaft als europäisches Modell, 2006, 112, 127.

719 Vgl. *Kienapfel*, in: Strafrechtsdogmatik und Kriminalpolitik, 1971, 38: „Auch der dänische Gesetzgeber bekennt sich zur Idee der funktionalen Einheitstäterschaft."; *Roxin*, in: Leipziger Kommentar 2003 Vor § 25 Rdn. 13.

720 Vgl. *Cornils/Greve*, Das dänische Strafgesetz, 2001, 9.

721 Vgl. *Marcus*, in: Das ausländische Strafrecht der Gegenwart, 1955, 98; *Schöberl*, Die Einheitstäterschaft als europäisches Modell, 2006, 127.

Beteiligungstypen nach generellen Kriterien verfehlt ist."[722] Die Annahme des Grundsatzes der akzessorischen Verantwortung des Beteiligten wird dieser Lehre zufolge, wegen der selbständigen Haftung jedes Einzelnen für seinen Verstoß gegen das entsprechende Verbot, ausgeschlossen[723]. Weder eine qualitative noch eine quantitative Akzessorietät ist daher mit der dänischen Beteiligungslehre vereinbar, da die Strafbarkeit jedes Mitwirkenden sowohl von der rechtlichen Qualität der Haupttat als auch vom Deliktsstadium unabhängig ist[724]. Nach *Kienapfel* „handelt es sich bei den in § 23 Abs. 1 dänStGB näher beschriebenen Mitwirkenden nicht um Formen der Teilnahme, wie dies die deutsche Übersetzung des Gesetzestextes nahelegt, sondern um selbständige Formen täterschaftlicher Tatbegehung."[725]

Hinsichtlich der Strafbarkeit werden alle Beteiligten nach denselben Zurechnungsregeln beurteilt[726]. In § 23 Abs. 1 des dänischen Strafgesetzbuches werden all jene Fälle erwähnt, für die eine Strafmilderung vorgesehen wird[727]. Maßgeblich für die Bejahung der Strafbarkeit des Beteiligten ist vorwiegend die Beantwortung der Frage, ob er an einem „faktischen Gesamtgeschehen" (*tilldragelse*) teilgenommen hat[728]. Entsprechend dem Einheitstätergedanken ist es ohne Bedeutung, ob die Beteiligung vorsätzlich oder fahrlässig erfolgt[729]. Das Gesamtgeschehen wird jeder Person als Unrecht zugerechnet, wenn nachgewiesen werden

---

722 Vgl. *Hamdorf*, Beteiligungsmodelle im Strafrecht, 2002, 66.

723 Vgl. *Cornils/Greve*, Das dänische Strafgesetz, 2001, 9; *Schöberl*, Die Einheitstäterschaft als europäisches Modell, 2006, 111.

724 Vgl. *Schöberl*, Die Einheitstäterschaft als europäisches Modell, 2006, 128.

725 Vgl. *Kienapfel*, in: Strafrechtsdogmatik und Kriminalpolitik, 1971, 39.

726 Vgl. *Kienapfel*, in: Strafrechtsdogmatik und Kriminalpolitik, 1971, 39: „Durch die Gleichstellung aller Täterschaftsformen tritt die typeninterne Abgrenzung in den Hintergrund. Die dogmatische Begründung des § 23 Abs. 1 dänStGB besteht einmal in der Festlegung der externen Strafbarkeitsgrenzen und in der Erleichterung der Subsumtion artverschiedener Tatbeiträge unter die jeweiligen Tatbildbeschreibungen des Besonderen Teils."; *Marcus*, in: Das ausländische Strafrecht der Gegenwart, 1955, 98.

727 Vgl. *Cornils/Greve*, Das dänische Strafgesetz, 2001, 9; *Kienapfel*, in: Strafrechtsdogmatik und Kriminalpolitik, 1971, 39, 40; *Schöberl*, Die Einheitstäterschaft als europäisches Modell, 2006, 104, 105.

728 Vgl. *Hamdorf*, Beteiligungsmodelle im Strafrecht, 2002, 233: „Zum Unrecht wird dieses Geschehen nicht durch die vorsätzliche und rechtswidrige Ausführung, sondern erst durch die auf die Ausführung bezogene subjektive Tatseite, dolus oder culpa (Fahrlässigkeit)."; *Schöberl*, Die Einheitstäterschaft als europäisches Modell, 2006, 108: „Die heute herrschende Meinung versteht hingegen die Mitwirkung als umfassendes Sammelbecken für alle Verhaltensweisen, die zusammen einen deliktischen Geschehensablauf ausmachen."

729 Vgl. *Kienapfel*, in: Strafrechtsdogmatik und Kriminalpolitik, 1971, 39; *Schöberl*, Die Einheitstäterschaft als europäisches Modell, 2006, 121.

kann, dass die Person pflichtwidrig gehandelt hat[730]. Entscheidender Anhaltspunkt für die Bestrafung ist daher die Mitwirkung des Beteiligten an der Tat, wobei die Charakterisierung des Einzelnen als „Täter", „Gehilfe" oder „Anstifter" in rechtlicher Hinsicht irrelevant ist[731], da mit diesen Begriffen im dänischen Strafrecht lediglich das „faktische" Tun einer Person gemeint ist[732]. Die Rollenverteilung der einzelnen Mitwirkenden wird erst bei der Strafzumessung berücksichtigt[733].

Umstritten in der Strafrechtstheorie ist jedoch, ob dem dänischen Strafrecht eine restriktive oder eine extensive Tatbestandsauslegung zugrunde liegt[734].

B. Die Anstiftung

Die Tatsache, dass der dänische Gesetzgeber auf jede kategorische begriffliche Unterscheidung verzichtet und den einheitlichen Täterbegriff eingeführt hat, schließt nicht aus, dass konkrete Verhaltensweisen als Mitwirkung bezeichnet werden können. Diese Möglichkeit erkennt § 23 Abs. 1 des dänischen Strafgesetzbuchs an, der die Beteiligungsform der Anstiftung (*tilskyndelse*) ohne nähere Erläuterung explizit erwähnt[735]. Aus dem Gesetzeswortlaut ergibt sich keine konkrete Unterscheidung zwischen Anstiftung und Beihilfe. Maßgeblich für die Bejahung von Anstiftung ist vor allem die Feststellung, dass der Beteiligte an der Straftat mitgewirkt hat. In der Beteiligungsregelung gibt es ferner keinen weiteren Hinweis bezüglich der Anstiftungsmittel, die eingesetzt werden können. Nach einhelliger Ansicht umfasst jedoch die Anstiftung im dänischen Strafrecht alle Einwirkungen auf den Willen des Angestiftetem, d.h. auch die psychische Beeinflussung des Täters[736]. Im Vergleich zum deutschen Begriff der Anstiftung geht

---

730 Vgl. *Schöberl*, Die Einheitstäterschaft als europäisches Modell, 2006, 123: „Die Strafbarkeit des einzelnen Mitwirkenden wegen des vollendeten Delikts erfordert über sein eigenes rechtswidriges und schuldhaftes Handeln hinaus mithin bloß, dass durch das Zusammenwirken aller Beteiligten faktisch eine Straftat realisiert, also ein tatbestandsmäßiger Erfolg herbeigeführt bzw. eine in einem Tatbestand beschriebene Handlung vorgenommen wird."

731 Vgl. *Schöberl*, Die Einheitstäterschaft als europäisches Modell, 2006, 114.

732 Vgl. *Hamdorf*, Beteiligungsmodelle im Strafrecht, 2002, 274.

733 Vgl. *Schöberl*, Die Einheitstäterschaft als europäisches Modell, 2006, 128.

734 Vgl. *Hamdorf*, Beteiligungsmodelle im Strafrecht, 2002, 69 f.; *Schöberl*, Die Einheitstäterschaft als europäisches Modell, 2006, 111 ff.

735 Vgl. *Schöberl*, Die Einheitstäterschaft als europäisches Modell, 2006, 114.

736 Vgl. *Hamdorf*, Beteiligungsmodelle im Strafrecht, 2002, 68; *Markus*, in: Das ausländische Strafrecht der Gegenwart, 1955, 98; *Schöberl*, Die Einheitstäterschaft als europäisches Modell, 2006, 115.

der Begriff „tilskyndelse“ weiter und kann durch Handlungsweisen wie Anreizung, Anstachelung und Aufmunterung beschrieben werden[737].

Für den Fall der versuchten Anstiftung kann nach § 23 Abs. 1 Satz 2 die Strafe herabgesetzt werden. Die versuchte Anstiftung wird bestraft, „wenn die Straftat nicht vollendet oder eine beabsichtige Beteiligung missglückt ist.“ Eine fakultative Strafmilderung wird aber auch nach § 21 Abs. 2[738] vorgesehen, der die allgemeinen Voraussetzungen des Versuchs regelt. Aus diesem Grund geht die herrschende Meinung davon aus, dass die Strafmilderung des § 23 Abs. 1 Satz 2 keine selbständige Bedeutung hat[739].

C. Zusammenfassung

Die Regelung der Beteiligung im dänischen Strafrecht folgt den Prinzipien der Einheitstäteridee, wie sie auch der österreichischen Teilnahmelehre zugrunde liegt. Der dänische Gesetzgeber hat sich klar vom akzessorischen Teilnahmesystem distanziert. Als Ausgangspunkt für die Bestimmung der Mitwirkung wird die „faktische“ Beteiligung der Personen an einem deliktischen Geshehensablauf genommen. Der Anstifter wird damit als Täter behandelt und der tätergleichen Strafdrohung unterstellt.

---

737 Vgl. *Markus*, in: Das ausländische Strafrecht der Gegenwart, 1955, 98; *Schöberl*, Die Einheitstäterschaft als europäisches Modell, 2006, 115.

738 Zitiert nach *Cornils/Greve*, Das dänische Strafgesetz, 2001, 29: § 21 „Handlungen, die darauf abzielen, die Ausführung einer Straftat zu fördern oder zu bewirken, werden, wenn die Straftat nicht zur Vollendung gelangt, als Versuch bestraft. Die für die Straftat vorgesehene Strafe kann bei Versuch herabgesetzt werden, namentlich wenn der Versuch von geringerer Stärke oder Festigkeit des verbrecherischen Vorsatzes zeugt. Sofern nichts anderes bestimmt ist, wird der Versuch nur bestraft, wenn die Straftat eine Strafe verhängt werden kann, die vier Monaten Gefängnis übersteigt.“

739 Vgl. *Schöberl*, Die Einheitstäterschaft als europäisches Modell, 2006, 118.

§ 7. Schweden

A. Einführung

I. Die Beteiligungsregelung

Im schwedischen Strafgesetzbuch ist die Beteiligung folgendermaßen geregelt:

23 Kap. 4 § *Ansvar som i denna balk är föreskrivet för viss gärning skall ådömas inte bara den som utfört gärningen utan även annan som främjat denna med råd eller dåd. Detsamma skall gälla beträffande i annan lag eller författning straffbelagd gärning, för vilken fängelse är föreskrivet.*

Den som inte är att anse som gärningsman döms, om han har förmått annan till utförandet, för anstiftan av brottet och annars för medhjälp till det.

Varje medverkande bedöms efter det uppsåt eller den oaktsamhet som ligger honom till last. Ansvar som är föreskrivet för gärning av syssloman, gäldenär eller annan i särskild ställning skall ådömas även den som tillsammans med honom medverkat till gärningen.

Vad som sägs i denna paragraf skall inte gälla, om något annat följer av vad för särskilda fall är föreskrivet.

Kapitel 23 § 4 (1) *Die nach diesem Gesetzbuch für eine bestimmte Straftat vorgesehene Strafbarkeit trifft nicht nur denjenigen, der die Tat ausgeführt hat, sondern auch einen anderen, der sie mit Rat oder Tat gefördert hat. Das gleiche gilt für Taten, die in einem anderen Gesetz oder einer Rechtsvorschrift mit Strafe bedroht sind und für die Gefängnisstrafe vorgesehen ist.*

(2) *Wer nicht als Täter anzusehen ist, wird, wenn er einen anderen zur Ausführung bewegt hat, wegen Anstiftung zu der Straftat oder sonst wegen Beihilfe zu ihr verurteilt.*

(3) *Jeder Beteiligte an einer Straftat wird nach dem eigenen Vorsatz oder der Fahrlässigkeit beurteilt, die ihm zur Last fällt. Die für die Tat eines Beauftragten, eines Schuldners oder einer anderen Person in besonderer Stellung vorgesehene Strafbarkeit trifft auch denjenigen, der zusammen mit dieser Person an der Tat mitgewirkt hat.*

(4) *Die Bestimmungen dieses Paragraphen gelten nicht, wenn sich aus den Regelungen für besondere Fälle etwas anderes ergibt*[740].

---

740 Zitiert nach *Cornils/Jareborg*, Das schwedische Kriminalgesetzbuch, 2000, 171, 172.

II. Die Beteiligungsformen

Das schwedische Strafgesetzbuch ist vom Differenzierungsmodell geprägt, das zwischen Täterschaft, Anstiftung und Beihilfe unterscheidet[741]. Bei diesen Teilnahmearten „handelt es sich nicht um bloße begrifflich differenzierte Tatbegehungsformen; die Unterscheidung ist vielmehr wertender Natur."[742] Änderungen der Vorschriften über Täterschaft und Teilnahme haben sich bei der Reformierung des schwedischen Strafrechts im Jahre 1942 ergeben[743]. Das zur Zeit gültige Kriminalgesetzbuch ist das Strafgesetzbuch vom 21. Dezember 1962[744] (Stand 1. Dezember 2000)[745]. Die Tatbeteiligung ist insbesondere im zweiten Abschnitt des schwedischen Kriminalgesetzbuches geregelt[746].

Die schwedische Beteiligungslehre geht von einem restriktiven Täterbegriff[747] aus, und die Teilnahmearten der Anstiftung und der Beihilfe bilden Strafwerweiterungsgründe[748]. Die Täterschaft ist am Tatbestand ausgerichtet[749], da der Täter derjenige ist, der die mit Strafe bedrohte Handlung ausführt[750]. Zur Be-

---

741 Vgl. *Agge/Thornstedt*, in: Das ausländische Strafrecht der Gegenwart, 1977, 326; *Ambos*, Der Allgemeine Teil des Völkerstrafrechts, 2002, 544; *Cornils*, in: Nationale Strafverfolgung völkerrechtlicher Verbrechen, 2003, 228; *Cornils/Jareborg*, Das schwedische Kriminalgesetzbuch, 2000, 12; *Hamdorf*, Beteiligungsmodelle im Strafrecht, 2002, 77; *Herlitz*, Parties to A Crime and the Notion of a Complicity Objekt, 1992, 165; *Kienapfel/Höpfel*, Strafrecht, AT, 2005, 215; *Schöberl*, Die Einheitstäterschaft als europäisches Modell, 2006, 142.

742 Vgl. *Schöberl*, Die Einheitstäterschaft als europäisches Modell, 2006, 162.

743 Vgl. *Agge*, ZStW 71 (1959), 307; *Herlitz*, Parties to a Crime and the Notion of a Complicity Objekt, 1992, 158; *Schöberl*, Die Einheitstäterschaft als europäisches Modell, 2006, 135; *Thornstedt*, in: Strafrechtsreform und Rechtsvergleichung, 1979, 67.

744 Vgl. *Simson*, Das schwedische Kriminalgesetzbuch vom 21. Dezember 1962, 1976.

745 Vgl. *Cornils/Jareborg*, Das schwedische Kriminalgesetzbuch, 2000, 3; *Herlitz*, Parties to a Crime and the Notion of a Complicity Objekt, 1992, 158; *Thornstedt*, in: Strafrechtsreform und Rechtsvergleichung, 1979, 67.

746 Vgl.*Cornils/Jareborg*, Das schwedische Kriminalgesetzbuch, 2000, 3.

747 Vgl. *Simson*, Das schwedische Kriminalgesetzbuch vom 21. Dezember 1962, 1976, 181.

748 Vgl. *Hamdorf*, Beteiligungsmodelle im Strafrecht, 2002, 76, 77; *Schöberl*, Die Einheitstäterschaft als europäisches Modell, 2006, 142, 143.

749 Vgl. *Simson*, Das schwedische Kriminalgesetzbuch vom 21. Dezember 1962, 1976, 180: „Die Begriffe „Täter" und „Täterschaft" werden nicht definiert, sondern sollen sich aus der Erfüllung der objektiven Tatbestandsmerkmale ergeben."

750 Vgl. *Agge/Thornstedt*, in: Das ausländische Strafrecht der Gegenwart, 1977, 326; *Hamdorf*, Beteiligungsmodelle im Strafrecht, 2002, 77; *Schöberl*, Die Einheitstäterschaft als europäisches Modell, 2006, 142.

stimmung von Täterschaft benutzt die schwedische Beteiligungslehre formell-objektive Kriterien[751].

B. Die Anstiftung

I. Der objektive und der subjektive Tatbestand der Anstiftung

Als Formen der Mitwirkung an einem Delikt werden die Anstiftung (*anstiftan*) und die Beihilfe (*medhjälp*) bezeichnet. Der objektive Tatbestand der Anstiftung ist laut Kapitel 23:4 Abs. 2 des schwedischen Strafgesetzbuches erfüllt, wenn der Anstifter einen anderen zur Tat motiviert bzw. bewegt hat[752]. Der Anstifter muss nach der herrschenden Ansicht beim Haupttäter den Tatentschluss wecken, aber nicht unbedingt den Tatvorsatz, da eine Anstiftung auch zu unvorsätzlichen Handlungen möglich sein soll[753]. Die Anstiftungshandlung muss ferner kausal für die Ausführung der Haupttat sein[754]. Die Anstiftung eines Täters, der schon die Entscheidung getroffen hat, ein Verbrechen zu begehen, ist nicht strafbar[755]. In diesem Fall kommt versuchte Anstiftung in Betracht[756].

Bezüglich des subjektiven Tatbestandes der Anstiftung wird nicht zwingend Vorsatz verlangt. Strafbar ist vielmehr auch die fahrlässige Mitwirkung. Das wird in Kapitel 23:4 Abs. 3 angedeutet, wo ausdrücklich erwähnt ist, dass jeder Mitwirkende nach dem eigenen Vorsatz oder der Fahrlässigkeit beurteilt wird[757].

II. Die Akzessorietät der Anstiftung

Angesichts der Tatsache, dass der Anstifter einen Beitrag zu einer strafbaren Tat leistet, deren Tatbestand der Haupttäter verwirklicht, ist die Anstiftung in der schwedischen Beteiligungslehre akzessorisch[758]. Die grundsätzliche Bedingung für das Vorliegen jeder Teilnahmeform bildet daher das Zustandekommen einer

---

751 Vgl. *Schöberl*, Die Einheitstäterschaft als europäisches Modell, 2006, 144.

752 Vgl. *Agge/Thornstedt*, in: Das ausländische Strafrecht der Gegenwart, 1977, 326; *Hamdorf*, Beteiligungsmodelle im Strafrecht, 2002, 79; *Schöberl*, Die Einheitstäterschaft als europäisches Modell, 2006, 149.

753 Vgl. *Cornils/Jareborg*, Das schwedische Kriminalgesetzbuch, 2000, 1; *Schöberl*, Die Einheitstäterschaft als europäisches Modell, 2006, 149, 158.

754 Vgl. *Schöberl*, Die Einheitstäterschaft als europäisches Modell, 2006, 150.

755 Vgl. *Agge/Thornstedt*, in: Das ausländische Strafrecht der Gegenwart, 1977, 326; *Schöberl*, Die Einheitstäterschaft als europäisches Modell, 2006, 149.

756 Vgl. *Schöberl*, Die Einheitstäterschaft als europäisches Modell, 2006, 149.

757 Vgl. *Schöberl*, Die Einheitstäterschaft als europäisches Modell, 2006, 137, 160.

758 Vgl. *Schöberl*, Die Einheitstäterschaft als europäisches Modell, 2006, 165.

Haupttat. Diese Haupttat braucht nicht unbedingt vollendet zu sein. Es wird vielmehr für hinreichend gehalten, wenn die vom unmittelbaren Täter ausgeführte Handlung das Versuchsstadium erreicht hat[759]. Angenommen wird daher die so genannte quantitative Akzessorietät[760]. Im schwedischen Schrifttum wird gewöhnlich die Haupttat des Täters als „Objekt“[761] bzw. „Mitwirkungsobjekt“[762] (*medverkansobjekt*) charakterisiert, was die unerlässliche Voraussetzung für die Teilnahme des Anstifters darstellt[763].

Die Anbindung der Anstiftung und der Beihilfe an die Haupttat wird durch den Grundsatz der limitierten Akzessorietät[764] gelockert, denn in der schwedischen Beteiligungslehre wird für die Bejahung der Teilnahme lediglich eine tatbestandsmäßige und rechtswidrige Handlung gefordert[765]. Dadurch wird die so genannte qualitative Akzessorietät anerkannt[766]. Jeder, der zur Verwirklichung des Tatbestandes beiträgt, wird gemäß Abs. 3 des § 4 nach seiner eigenen Schuld bestraft[767]. Das heißt konkret, dass die Strafbarkeit des Anstifters und des Gehilfen nicht von einer schuldhaften Handlung des Haupttäters abhängt[768]. Angesichts der Einordnung des Vorsatzes und der Fahrlässigkeit im schwedischen

---

759 Vgl. *Agge*, ZStW 71 (1959), 308; *Agge/Thornstedt*, in: Das ausländische Strafrecht der Gegenwart, 1977, 325; *Schöberl*, Die Einheitstäterschaft als europäisches Modell, 2006, 156; *Simson*, Das schwedische Kriminalgesetzbuch vom 21. Dezember 1962, 1976, 180.

760 Vgl. *Schöberl*, Die Einheitstäterschaft als europäisches Modell, 2006, 165.

761 Vgl. *Herlitz*, Parties to a Crime and the Notion of a Complicity Objekt, 1992, 166 ff.

762 Vgl. *Schöberl*, Die Einheitstäterschaft als europäisches Modell, 2006, 137.

763 Vgl. *Cornils/Jareborg*, Das schwedische Kriminalgesetzbuch, 2000, 12; *Hamdorf*, Beteiligungsmodelle im Strafrecht, 2002, 182, 186: „Die Tat im Sinne des Kap. 23 § 4 BRB ist also als Beteiligungsobjekt (medverkansobjekt) nicht eine fremde Haupttat, sondern lediglich der objektive Ausschnitt aus dem Gesamtgeschehen, der für alle daran Beteiligten relevant ist (deliktsspezifisches Unrecht).“

764 Vgl. *Herlitz*, Parties to a Crime and the Notion of a Complicity Objekt, 1992, 171, 172.

765 Vgl. *Ambos*, Der Allgemeine Teil des Völkerstrafrechts, 2002, 544; *Cornils*, in: Nationale Strafverfolgung völkerrechtlicher Verbrechen, 2003, 228; *Schöberl*, Die Einheitstäterschaft als europäisches Modell, 2006, 165.

766 Vgl. *Schöberl*, Die Einheitstäterschaft als europäisches Modell, 2006, 165.

767 Vgl. *Agge*, ZStW 71 (1959), 308; *Agge/Thornstedt*, in: Das ausländische Strafrecht der Gegenwart, 1977, 327; *Cornils*, in: Nationale Strafverfolgung völkerrechtlicher Verbrechen, 2003, 228.

768 Vgl. *Hamdorf*, Beteiligungsmodelle im Strafrecht, 2002, 186; *Simson*, Das schwedische Kriminalgesetzbuch vom 21. Dezember 1962, 1976, 180, 181.

Strafrecht in der Deliktsstufe der Schuld, wird auch keine vorsätzliche Haupttat vorausgesetzt[769].

III. Die Bestrafung der Anstiftung

Der Anstifter wird, wie sich es aus dem Wortlaut der Regelung über die Mitwirkung an einer Straftat ergibt, der tätergleichen Strafdrohung unterstellt[770]. Der Anteil des Anstifters an der begangenen Tat wird bei der Strafzumessung berücksichtigt[771].

IV. Die versuchte Anstiftung

Im schwedischen Strafgesetzbuch gibt es keine besondere Regelung für die versuchte Anstiftung. Falls die Anstiftungshandlung misslungen ist, das Objekt der Anstiftung untauglich ist (*omnimodo facturus*) oder die Haupttat des Täters nicht das Versuchsstadium erreicht, bleibt der Anstifter aber nicht unbedingt straflos[772]. Die versuchte Anstiftung kann unter Umständen nach den allgemeinen Bestimmungen zur Verabredung bestraft werden[773]. Nach Kapitel 23 § 2 (2)[774] wird unter Verabredung auch der Versuch, einen anderen anzustiften, verstanden. Die Strafe wird im diesem Fall „unterhalb des Höchstmaßes festgesetzt und darf unter dem Mindestmaß liegen, das für die vollendete Strafe gilt.“[775]

---

769 Vgl. *Schöberl*, Die Einheitstäterschaft als europäisches Modell, 2006, 154: „Da Vorsatz und Fahrlässigkeit zur Schuld zugerechnet werden, zählen sie nicht zu den Attributen der unerlaubten Handlung und gehen somit nicht ins Mitwirkungsobjekt ein. Im einzelnen werden die Elemente des Mitwirkungsobjekts unter dem Schlagwort „Umstände von objektiver Bedeutung“ zusammengefaßt.“

770 Vgl. *Hamdorf*, Beteiligungsmodelle im Strafrecht, 2002, 280; *Herlitz*, Parties to a Crime and the Notion of a Complicity Objekt, 1992, 164; *Schöberl*, Die Einheitstäterschaft als europäisches Modell, 2006, 166; *Simson*, Das schwedische Kriminalgesetzbuch vom 21. Dezember 1962, 1976, 181.

771 Vgl. *Agge/Thornstedt*, in: Das ausländische Strafrecht der Gegenwart, 1977, 327; *Schöberl*, Die Einheitstäterschaft als europäisches Modell, 2006, 166.

772 Vgl. *Schöberl*, Die Einheitstäterschaft als europäisches Modell, 2006, 149.

773 Vgl. *Schöberl*, Die Einheitstäterschaft als europäisches Modell, 2006, 141.

774 Zitiert nach: *Cornils/Jareborg*, Das schwedische Kriminalgesetzbuch, 2000, 171: „Kap. 23 § 2 (2) In besonders angegebenen Fällen ist auch die Verabredung einer Straftat strafbar. Unter Verabredung wird verstanden, daß jemand im Einvernehmen mit einem anderen die Tat beschließt, sowie auch, daß jemand einen anderen anzustiften sucht oder es übernimmt oder sich erbietet, die Tat auszuführen.“

775 Zitiert nach: *Cornils/Jareborg*, Das schwedische Kriminalgesetzbuch, 2000, 171.

C. Zusammenfassung

Im schwedischen Strafrecht ist das dualistische Teilnahmemodell herrschend, das neben der Täterschaft auch die Beteiligungsarten der Anstiftung und der Beihilfe kennt. Die Anstiftungshandlung wird nach dem Gesetz als eine Bewegung zur Verübung einer unerlaubten Handlung interpretiert. Die Anstiftung ist den Grundsätzen des Differenzierungs-Teilnahmesystems entsprechend unrechtsakzessorisch, d.h. der Anstifter verursacht über den Haupttäter das tatbestandsmäßige Unrecht.

§ 8. Norwegen

A. Einführung

I. Die Beteiligungsregelung

Im allgemeinen Teil des norwegischen Strafgesetzes liegt nur eine einzige Regelung über die Teilnahme vor, die folgendermaßen lautet:

§ 58 StG: Hvor flere har samvirket til et strafbart Øiemed, kan Straffen nedsættes under det for Handlingen bestemte Lavmaal og til en mildere Strafart for deres Vedkommende, hvis Medvirken vaesentlig har været foranlediget ved deres afhængige Stilling til nogen anden af de skyldige eller har været af ringe Betydning i Forhold til andres. Hvor Straffen ellers kunde have været fastsat til Bøder, og ved Forseelser kan den helt bortfalde.

§ 58 StG: Wo mehrere zu einem strafbaren Zweck zusammengewirkt haben, kann die Strafe für denjenigen, dessen Mitwirkung wesentlich von seiner abhängigen Stellung von einem anderen der Schuldigen veranlasst worden oder im Verhältnis zu der anderer von geringer Bedeutung gewesen ist, unter das angedrohte Mindestmaß und auf eine mildere Strafart herabgesetzt werden. Wo eine Geldstrafe verhängt hätte werden können, kann die Strafe, ebenso wie bei Vergehen, ganz entfallen.[776]

776 Zitiert nach *Schöberl*, Die Einheitstäterschaft als europäisches Modell, 2006, 74.

II. Das norwegische Strafgesetz

Das heute gültige norwegische Strafgesetz, das eigentlich das Allgemeine Bürgerliche Strafgesetz von 1902 ist[777], wurde bei der Teilnahmelehre maßgeblich von einer Abhandlung an dem Jahre 1875 von *Bernhard Getz*, einem berühmten Dogmatiker beeinflusst[778]. Diese Arbeit mit dem Titel „Über die so genannte Teilnahme an Straftaten" hat die Gesetzgebungskommission von 1885 als Grundlage für die Schaffung der norwegischen Beteiligungsdogmatik übernommen[779]. Die Thesen von *Getz* lassen sich wie folgt zusammenfassen[780]: Auf dogmatischer Ebene wird nicht zwischen verschiedenen Mitwirkungstypen unterschieden, wobei alle Personen, deren Beitrag für den Erfolg kausal ist, als Täter verantwortlich sind. Die Grundprinzipien der Einheitstäteridee werden akzeptiert, und die Abhängigkeit des Tatbeitrags eines Mitwirkenden von dem eines anderen wird völlig verneint. Für überflüssig wird schließlich das Vorliegen von Regelungen hinsichtlich der Beteiligung im Allgemeinen Teil gehalten.

Im Juli 2004 wurde in Norwegen eine Regierungsvorlage veröffentlicht hinsichtlich der Revision des Strafgesetzbuches. Sie enthält Regelungen eines Allgemeinen Teils, die im Mai 2005 vom Parlament verabschiedet wurden. Die Reform ist aber noch nicht vollendet und die neuen Zurechnungsregeln sind nicht in Kraft getreten. Erwartet wird ebenfalls die Neufassung des Besonderen Teils[781].

III. Die Beteiligungsformen

Die Eigentümlichkeit des norwegischen Strafgesetzes liegt darin, daß im Allgemeinen Teil keine tatbestandsbezogene Regelung über die Beteiligung vorliegt[782]. Der Gesetzgeber hat auf die dogmatisch-begrifflichen Bestimmungen zur

---

777 Vgl. *Aulie*, in: Monatschrift der Vereinigung Deutscher Auslandsbeamten, 1961, 239; *Katsantonis*, PChr 1958, 1; *Kienapfel*, in: Strafrechtsdogmatik und Kriminalpolitik, 1971, 36; *Schöberl*, Die Einheitstäterschaft als europäisches Modell, 2006, 67; *Thornstedt*, in: Strafrechtsreform und Rechtsvergleichung, 1979, 67, 68; *Wittemann*, Grundlinien und Grenzen der Notwehr in Europa, 1997, 170.

778 Vgl. *Andenaes*, in: Das ausländische Strafrecht der Gegenwart, 1962, 308; *Hamdorf*, Beteiligungsmodelle im Strafrecht, 2002, 90; *Kienapfel*, in: Strafrechtsdogmatik und Kriminalpolitik, 1971, 36.

779 Vgl. *Hamdorf*, Beteiligungsmodelle im Strafrecht, 2002, 90; *Sahm*, Täterschaft und Teilnahme im norwegischen Strafrecht und in der deutschen Strafrechtsreform, 1941, 6; *Schöberl*, Die Einheitstäterschaft als europäisches Modell, 2006, 67.

780 Vgl. *Schöberl*, Die Einheitstäterschaft als europäisches Modell, 2006, 68.

781 Vgl. *Schöberl*, Die Einheitstäterschaft als europäisches Modell, 2006, 67.

782 Vgl. *Ambos*, Der Allgemeine Teil des Völkerstrafrechts, 2002, 544; *Engert*, Einheitstäter oder getrennte Behandlung von Täter und Teilnehmer ?, 2005, 19; *Ham-*

Beteiligung mehrerer verzichtet[783]. Die einzige Vorschrift im AT, die die Teilnahme betrifft, bildet § 58 StG. Diese Vorschrift befasst sich nicht mit der Strafbarkeit derjenigen, die an der Tat mitwirken, sondern enthält lediglich fakultative Milderungsmöglichkeiten für den Beteiligten[784]. Aus dem Inhalt des § 58 StG wird jedoch deutlich, dass eine Mitwirkung für möglich gehalten wird. Eine Definition der Mitwirkung oder eine Unterscheidung zwischen Täterschaft und Teilnahme geht daraus jedoch nicht hervor. Die Strafbarkeit der Beteiligten ist in den Bestimmungen des Besonderen Teils des norwegischen Strafgesetzes geregelt. Eine Mitwirkung ist daher überhaupt nur für Delikte möglich, in deren Vorschriften sie ausdrücklich erwähnt ist[785]. Die Begriffe der Anstiftung und der Beihilfe sind im Gesetz nicht zu finden, sondern werden unter den allgemeinem Begriff der „Mitwirkung" subsumiert[786]. Die Täterschaft ist offenbar ebenfalls extensiv zu interpretieren, trotz der Tatsache, dass für ihre Bejahung das formale Kriterium der Vornahme der Ausführungshandlung verwendet wird[787]. Hier liegt daher ein Widerspruch vor.

Sowohl die mittelbare Täterschaft als auch die Mittäterschaft sind in der norwegischen Literatur und Rechtsprechung nicht bekannt[788]. Der Grund liegt darin, dass in der norwegischen Beteiligungslehre die qualitative Akzessorietät abgelehnt wird. Angesichts der Tatsache, dass die Mitwirkung an einer Fahrlässig-

---

dorf, Beteiligungsmodelle im Strafrecht, 2002, 90; *Kienapfel*, in: Strafrechtsdogmatik und Kriminalpolitik, 1971, 37; *Sahm*, Täterschaft und Teilnahme im norwegischen Strafrecht, 1941, 7.

783 Vgl. *Schöberl*, Die Einheitstäterschaft als europäisches Modell, 2006, 69.

784 Vgl. *Andenaes*, in: Das ausländische Strafrecht der Gegenwart, 1962, 309; *Hamdorf*, Beteiligungsmodelle im Strafrecht, 2002, 90; *Sahm*, Täterschaft und Teilnahme im norwegischen Strafrecht, 1941, 7; *Schöberl*, Die Einheitstäterschaft als europäisches Modell, 2006, 74 f.

785 Vgl. *Andenaes*, in: Das ausländische Strafrecht der Gegenwart, 1962, 309; *Engert*, Einheitstäter oder getrennte Behandlung von Täter und Teilnehmer ?, 2005, 19; *Hamdorf*, Beteiligungsmodelle im Strafrecht, 2002, 90; *Kienapfel*, in: Strafrechtsdogmatik und Kriminalpolitik, 1971, 37; *Sahm*, Täterschaft und Teilnahme im norwegischen Strafrecht, 1941, 8.

786 Vgl. *Sahm*, Täterschaft und Teilnahme im norwegischen Strafrecht, 1941, 31; *Schöberl*, Die Einheitstäterschaft als europäisches Modell, 2006, 77.

787 Vgl. *Schöberl*, Die Einheitstäterschaft als europäisches Modell, 2006, 68, 70; anders *Sahm*, Täterschaft und Teilnahme im norwegischen Strafrecht, 1941, 31: „Es ergibt sich also daraus, daß man nicht die Frage stellen kann „weiter oder enger Täterbegriff", denn diese beiden Formen erfassen nicht sämtliche Möglichkeiten. Das NStG hat einen Mittelweg gewählt, der den besonderen Gegebenheiten gerecht zu werden sich bemüht, und der nicht nachträglich in ein bestimmtes theoretisches System, wie es die Lehre vom weiten bzw. engen Täterbegriff ist, eingebaut werden kann."

788 Vgl. *Schöberl*, Die Einheitstäterschaft als europäisches Modell, 2006, 79, 80.

keitstat möglich ist, wird die Anerkennung der Figur der mittelbaren Täterschaft als überflüssig angesehen[789]. Die Fälle der bewussten und gewollten Zusammenarbeit, die in einem dualistischen Teilnahmesystem als Mittäterschaft bezeichnet werden, fallen nach dem norwegischen Strafrecht ohne nähere Erläuterung unter den Begriff des „Zusammenwirkens“[790].

Da das norwegische Strafrecht nicht zwischen Täterschaft und Teilnahme differenziert und über keine besonderen Straferweiterungsregelungen im AT hinsichtlich der Beteiligung verfügt, darf die Schlussfolgerung gezogen werden, dass das Einheitstätersystem gilt[791]. Insbesondere folgt das norwegische Strafrecht dem funktionalen Einheitstätersystem[792], da zwei Formen der Tatbegehung anerkannt werden: die Haupttäterschaft und die Mitwirkung[793]. Obwohl also eine begrifliche Abgrenzung zwischen diese beiden Arten der Beteiligung vorgenommen wird, handelt es sich hierbei um gleichgestellte, gleichwertige Deliktsbegehungsformen[794]. Das ist übrigens der Inhalt des funktionalen Einheitstätersystems, das nur eigenständige Täterschaftsformen kennt, die für „äquivalente Arten der Tatbestandserfüllung gehalten werden“[795].

B. Die Mitwirkung

Die Frage, wer überhaupt strafbarer Teilnehmer an einem Verbrechen ist, wird in den Bestimmungen des Besonderen Teils beantwortet. Beim norwegischen Besonderen Teil gibt es Tatbestände, die einen sog. „Mitwirkungszusatz“ haben, und solche, bei denen die Mitwirkung nicht vorgesehen ist.

---

789 Vgl. *Schöberl*, Die Einheitstäterschaft als europäisches Modell, 2006, 79.

790 Vgl. *Schöberl*, Die Einheitstäterschaft als europäisches Modell, 2006, 79, 80.

791 Vgl. *Katsantonis*, PChr 1958, 1; *Kienapfel*, in: Strafrechtsdogmatik und Kriminalpolitik, 1971, 38: „Entscheidend ist vielmehr, daß der norwegische Gesetzgeber radikaleren Vorschlägen gerade nicht gefolgt ist, sondern einen Weg gefunden und beschritten hat, der das Prinzip der Einheitstäterschaft mit einer wenn auch grobkörnigen Unterscheidung von bestimmten Formen täterschaftlicher Tatbegehung kombiniert.“; ders., Strafrecht, AT, 2005, 215; *Schöberl*, Die Einheitstäterschaft als europäisches Modell, 2006, 77, 98; *Tiedemann*, in: ZStW 1998, 509.

792 Vgl. *Ambos*, Der Allgemeine Teil des Völkerstrafrechts, 2002, 544; *Roxin*, in: Leipziger Kommentar, 2003 Vor § 25 Rdn. 13.

793 Vgl. *Kienapfel*, in: Strafrechtsdogmatik und Kriminalpolitik, 1971, 37; *Schöberl*, Die Einheitstäterschaft als europäisches Modell, 2006, 77, 98, 99.

794 Vgl. *Schöberl*, Die Einheitstäterschaft als europäisches Modell, 2006, 77.

795 Vgl. *Schöberl*, Die Einheitstäterschaft als europäisches Modell, 2006, 99.

I. Bestimmungen mit Mitwirkungszusatz

In den meisten Tatbeständen des Besonderen Teils wird die Mitwirkung für strafbar erklärt[796]. Dies gilt vor allem für die schweren Delikte, wie die Straftaten gegen Leib und Leben, Freiheitsdelikte, Sexualdelikte, Vermögensdelikte, Delikte gegen die Selbständigkeit und Sicherheit des Staates etc.[797]. Nicht nur der unmittelbare Täter, sondern auch andere Mitwirkende können folglich den Tatbestand des Delikts mit Mitwirkungszusatz erfüllen. Bezüglich der subjektiven Seite der Mitwirkung „ist bei vorsätzlichen Delikten zunächst erforderlich, daß sich der Mitwirkende bewußt ist, daß sein Handeln zu einem verbrecherischen Resultat führen wird“[798]. Der Täter und diejenigen, die an der strafbaren Handlung mitwirken, werden in diesem Fall derselben Strafdrohung unterworfen[799]. Für das Gesetz ist irrelevant, ob die Beteiligten als Anstifter oder Gehilfen zu bezeichnen sind[800].

II. Bestimmungen ohne Mitwirkungszusatz

Vorwiegend bei den Fahrlässigkeitsdelikten und Übertretungen, sowie auch bei einigen echten Unterlassungsdelikten und bestimmten eigenhändigen Delikten und Sonderstraftaten liegt keine explizite Erwähnung der Mitwirkung vor[801]. Warum der Gesetzgeber für diese Tatbestände die Beteiligung an der Begehung des Deliktes ausgeschlossen hat, ist jedoch in der norwegischen Lehre umstritten[802].

---

796 Vgl. *Sahm*, Täterschaft und Teilnahme im norwegischen Strafrecht, 1941, 8: „Die Bestimmungen des Besonderen Teiles des NStG sind im allgemeinen so gefaßt, daß zunächst der allgemeine Tatbestand beschrieben wird und dann in den meistan Fällen hinzugefügt wird, daß die Strafe auch den treffen soll, welcher bei Verübung der Tat mitgewirkt hat.“

797 Vgl. *Andenaes*, in: Das ausländische Strafrecht der Gegenwart, 1962, 309; *Hamdorf*, Beteiligungsmodelle im Strafrecht, 2002, 92; *Kienapfel*, in Strafrechtsdogmatik und Kriminalpolitik, 1971, 37; *Sahm*, Täterschaft und Teilnahme im norwegischen Strafrecht, 1941, 14, 15; *Schöberl*, Die Einheitstäterschaft als europäisches Modell, 2006, 70.

798 Vgl. *Sahm*, Täterschaft und Teilnahme im norwegischen Strafrecht, 1941, 20.

799 Vgl. *Andenaes*, in: Das ausländische Strafrecht der Gegenwart, 1962, 310, 312; *Kienapfel*, in: Strafrechtsdogmatik und Kriminalpolitik, 1971, 37.

800 Vgl. *Andenaes*, in: Das ausländische Strafrecht der Gegenwart, 1962, 310.

801 Vgl. *Andenaes*, in: Das ausländische Strafrecht der Gegenwart, 1962, 310; *Hamdorf*, Beteiligungsmodelle im Strafrecht, 2002, 93; Schöberl, Die Einheitstäterschaft als europäisches Modell, 2006, 71, 72.

802 Vgl. *Hamdorf*, Beteiligungsmodelle im Strafrecht, 2002, 93; *Sahm*, Täterschaft und Teilnahme im norwegischen Strafrecht, 1941, 15: „Auf der anderen Seite ist in vielen Bestimmungen die Mitwirkung wieder nicht genannt, bei welchen kaum ein

III. Die selbständige Haftung der Mitwirkenden

In Anbetracht dessen, dass das norwegische Strafrecht den Prinzipien des monistischen Einheitstätersystems folgt, stellt sich die Frage nach der Akzessorietät des Teilnahmeunrechts nicht[803]. Für den Täter und den Mitwirkenden gilt der gleiche Strafrahmen[804]. Ohne Belang für die Verurteilung des Teilnehmers ist, ob der Haupttäter schuldhaft oder auch rechtswidrig gehandelt hat[805]. Jeder Beteiligte haftet für sein eigenes Unrecht und seine eigene Schuld[806]. Die Strafbarkeit des Mitwirkenden ist originär begründet, und folglich ist ohne Bedeutung, ob der Täter die Tat wirklich ausgeführt hat oder nicht, d.h., ob der Haupttäter ein bestimmtes Deliktsstadium erreicht hat[807]. Die Verantwortlichkeit des Mitwirkenden ist völlig unabhängig vom Unrecht des Täters[808]. Die Begründung der Bestrafung der Mitwirkung im norwegischen Strafrecht veranschaulicht eine bewusste Abkehr vom akzessorischen Teilnahmedenken, und zwar sowohl von der quantitativen als auch von der qualitativen Akzessorietät[809]. Die Abhängigkeit der Verantwortung des Beteiligten von der Haupttat ist lediglich begrifflich. Es geht demnach um eine „faktisch-strukturelle Bezogenheit"[810] und nicht um eine rechtliche Abhängigkeit.

IV. Mitwirkung an unvorsätzlichen Handlungen

Die Bestrafung der Mitwirkung setzt keine schuldhafte Haupttat voraus. Da der Vorsatz nach norwegischem Strafrecht nicht dem Unrecht, sondern der Schuld zuzuordnen ist, spielt es für die Bejahung der Mitwirkung keine Rolle, ob der Haupttäter vorsätzlich oder fahrlässig gehandelt hat[811]. Weder die norwegische

---

Grund dafür auf den ersten Blick gefunden werden kann, daß die Mitwirkung in diesen Fällen nicht strafbar sein soll."

803 Vgl. *Andenaes*, in: Das ausländische Strafrecht der Gegenwart, 1962, 311; *Keinapfel*, in: Strafrechtsdogmatik und Kriminalpolitik, 1971, 37.

804 Vgl. *Hamdorf*, Beteiligungsmodelle im Strafrecht, 2002, 278: „Zunächst unterfällt die Mitwirkung, wo sie aufgrund einer Anordnung im BT strafbar ist, direkt dem Tatbestand, so dass für sie der gleiche Strafrahmen wie für die Täterschaft gilt."

805 Vgl. *Sahm*, Täterschaft und Teilnahme im norwegischen Strafrecht, 1941, 10; *Schöberl*, Die Einheitstäterschaft als europäisches Modell, 2006, 85, 86.

806 Vgl. *Schöberl*, Die Einheitstäterschaft als europäisches Modell, 2006, 100.

807 Vgl. *Sahm*, Täterschaft und Teilnahme im norwegischen Strafrecht, 1941, 22.

808 Vgl. *Andenaes*, in: Das ausländische Strafrecht der Gegenwart, 1962, 312; *Hamdorf*, Beteiligungsmodelle im Strafrecht, 2002, 240 ff.

809 Vgl. *Ambos*, Der Allgemeine Teil des Völkerstrafrechts, 2002, 544; *Schöberl*, Die Einheitstäterschaft als europäisches Modell, 2006, 100, 101.

810 Vgl. *Schöberl*, Die Einheitstäterschaft als europäisches Modell, 2006, 88.

811 Vgl. *Schöberl*, Die Einheitstäterschaft als europäisches Modell, 2006, 90.

Lehre noch die Rechtsprechung negieren folglich die Möglichkeit der Mitwirkung an einer unvorsätzlichen Tat. Möglich ist ebenfalls die fahrlässige Mitwirkung, denn die norwegischen Bestimmungen fordern nicht unbedingt den Vorsatz des Mitwirkenden[812].

V. Die versuchte Mitwirkung

Da im norwegischen Strafrecht nicht zwischen verschiedenen Beteiligungsformen unterschieden wird, liegen auch keine besondere Regelungen zur versuchten Mitwirkung vor. Jeder Versuch der Mitwirkung wird als versuchte Täterschaft angesehen und daher nach den allgemeinen Versuchsbestimmungen bestraft[813].

C. Zusammenfassung

Das norwegische Strafrecht verfügt über eine einzige Vorschrift im Allgemeinen Teil, die sich mit der Teilnahme befasst und eigentlich nur Milderungsmöglichkeiten für den Täter und den Beteiligten vorsieht. Es geht hier um eine Besonderheit, die das norwegische Strafgesetz aufweist, das im Gegensatz zu den meisten anderen europäischen Strafgesetzbüchern keine Sonderregelung für die Teilnahme im Allgemeinen Teil enthält. Die Frage nach der Möglichkeit der Mitwirkung an einer Tat ist der Auslegung der jeweiligen BT-Tatbestände überlassen.

Hier darf aber nicht vergessen werden, dass *Getz* den Entwurf des norwegischen Strafgesetzes von 1902 mit seinen Thesen enorm beeinflusst hat. Das Einheitstätersystem mit extensivem Täterbegriff wurde daher im Gesetz übernommen. Maßgeblich im norwegischen Strafrecht ist aber vorwiegend die Einführung der Verselbständigung der Teilnahme und folglich die Ablehnung der Akzessorietät, die *Getz* in seiner Abhandlung übrigens vehement unterstützt hat.

---

812 Vgl. *Schöberl*, Die Einheitstäterschaft als europäisches Modell, 2006, 86, 93.
813 Vgl. *Schöberl*, Die Einheitstäterschaft als europäisches Modell, 2006, 76.

§ 9. Finnland

A. *Einführung*

I. Die Beteiligungsregelung

Im finnischen Strafgesetz ist die Teilnahme in Kap. 5 §§ 3–7 unter dem Titel „*Über den Versuch von und die Mitwirkung an Straftaten*“ folgendermaßen geregelt:

§ 5: 3 Om två eller flera gemensamt har begått ett uppsåtligt brott, bestraffas var och en som gärningsman.

§ 5:5 Den som uppsåtligen förmår någon till ett uppsåtligt brott eller ett straffbart försök till brottet i fråga döms för anstiftan till brott såsom gärningsman.

§ 5:3 Haben zwei oder mehrere Personen gemeinsam eine vorsätzliche Straftat begangen, so ist jeder von ihnen als Täter zu bestrafen.

§ 5:5 Wer jemand anderen vorsätzlich dazu veranlasst, eine vorsätzliche Straftat oder einen strafbaren Versuch einer solchen zu begehen, wird wegen Anstiftung zu dieser Straftat wie der Täter bestraft[814].

II. Das finnische Strafgesetz

Das finnische Strafrecht, das sich an die deutsche Rechtswissenschaft anlehnt[815], wurde im Jahre 2003 in seinen wesentlichen Teilen reformiert[816]. Die Gesamtrevision des finnischen Strafrechts hat etwa dreißig Jahre gedauert und betrifft vor allem den Besonderen Teil des Strafgesetzbuches und das Sanktionensystem[817]. Am 1.1.2004 traten außerdem die neuen Bestimmungen bezüglich der Zurechnungs- und Strafzumessungslehre in Kraft[818].

---

814 zitiert nach *Schöberl*, Die Einheitstäterschaft als europäisches Modell, 2006, 168.

815 Vgl. *Honkasalo*, in: Das ausländische Strafrecht der Gegenwart, 1957, 18.

816 Vgl. *Fründe*, in: Nationale Strafverfolgung völkerrechtlicher Verbrechen, 2003, 59; *Lahti*, ZStW 115 (2003), 753.

817 Vgl. *Lahti*, ZStW 115 (2003), 754; ders., in: Menschengerechtes Strafrecht, Festschrift für Eser, 2005, 1393; *Thornstedt*, in: Strafrechtsreform und Rechtsvergleichung, 1979, 68.

818 Vgl. *Lahti*, ZStW 115 (2003), 754; ders., in: Menschengerechtes Strafrecht, Festschrift für Eser, 2005, 1393; *Schöberl*, Die Einheitstäterschaft als europäisches Modell, 2006, 167.

III. Die Beteiligungsformen

Das finnische Strafrecht geht von einem differenzierten Teilnahmesystem aus[819]. Ausdrücklich wird daher zwischen Täterschaft und Teilnahme unterschieden, und zwar durch entsprechende Vorschriften im Allgemeinen Teil[820]. Bezüglich der Abgrenzung von Täterschaft und Teilnahme hat sich insbesondere in der Rechtsprechung die materiell objektive Theorie durchgesetzt[821]. In der älteren Lehre und Judikatur herrschte noch die formell-objektive Theorie vor, die heute aber nicht mehr vertreten wird[822]. Für die Bezeichnung einer Person als Täter reicht folglich nicht aus, dass ihre Handlungen den Wortlaut eines Tatbestands erfüllen. Vielmehr muss der Täter über die erforderliche Tatherrschaft verfügen, und die bloße Vornahme der Ausführungshandlung stellt noch kein hinreichendes Kriterium für die Abgrenzung von Täterschaft und Teilnahme dar[823].

Der Gesetzgeber verzichtet auf die Verwendung des Begriffes Teilnahme und verwendet den Begriff der Beteiligung[824]. Als Beteiligungsformen bezeichnet das finnische Strafgesetzbuch die Anstiftung und die Beihilfe[825].

B. Die Anstiftung

I. Der objektive Tatbestand der Anstiftung

Der objektive Tatbestand der Anstiftung ist erfüllt, wenn der Anstifter einen anderen zur Verübung einer vorsätzlichen Handlung bewegt[826]. Die Anstiftungshandlung muss das Hervorrufen des Tatentschlusses beim unmittelbaren Täter zur Folge haben[827]. Für die Strafbarkeit des Anstifters wird zusätzlich nach dem

---

819 Vgl. *Kienapfel*, Strafrecht, AT, 2005, 215; *Schöberl*, Die Einheitstäterschaft als europäisches Modell, 2006, 167.

820 Vgl. *Frände*, in: Nationale Strafverfolgung völkerrechtlicher Verbrechen, 2003, 58, 59; *Honkasalo*, in: Das ausländische Strafrecht der Gegenwart, 1957, 54, 55; *Schöberl*, Die Einheitstäterschaft als europäisches Modell, 2006, 174.

821 Vgl. *Frände/Nuutila*, in: Strafrechtsentwicklung in Europa, 1997, 399, 400; *Schöberl*, Die Einheitstäterschaft als europäisches Modell, 2006, 183.

822 Vgl. *Schöberl*, Die Einheitstäterschaft als europäisches Modell, 2006, 183.

823 Vgl. *Schöberl*, Die Einheitstäterschaft als europäisches Modell, 2006, 183.

824 Vgl. *Frände*, in: Nationale Strafverfolgung völkerrechtlicher Verbrechen, 2003, 61; *Schöberl*, Die Einheitstäterschaft als europäisches Modell, 2006, 174.

825 Vgl. *Frände*, in: Nationale Strafverfolgung völkerrechtlicher Verbrechen, 2003, 61; *Honkasalo*, in: Das ausländische Strafrecht der Gegenwart, 1957, 54.

826 Vgl. *Frände*, in: Nationale Strafverfolgung völkerrechtlicher Verbrechen, 2003, 61.

827 Vgl. *Schöberl*, Die Einheitstäterschaft als europäisches Modell, 2006, 184.

Gesetzeswortlaut das vorsätzliche Handeln des Haupttäters vorausgesetzt[828]. Das bedeutet, dass der Anstifter beim unmittelbaren Täter den Tatvorsatz erwecken muss. Deshalb ist die Anstiftung zu einer Fahrlässigkeitstat nicht strafbar[829]. Die Anstiftungshandlung muss ferner an eine bestimmte Person oder einen bestimmbaren Personenkreis gerichtet sein[830]. Falls der Veranlassende bereits die Entscheidung zur Vornehmung einer unerlaubten Tat getroffen hat (*omnimodo facturus*), kommt Anstiftung nicht in Betracht, sondern es erfolgt üblicherweise eine Verurteilung wegen psychischer Beihilfe[831]. Die versuchte Anstiftung ist nach finnischem Strafrecht nicht strafbar[832].

II. Der subjektive Tatbestand der Anstiftung

Der Anstifter muss nach dem Gesetz über Vorsatz hinsichtlich seiner Handlung verfügen[833]. Eine fahrlässige Anstiftung ist damit ausdrücklich ausgeschlossen[834]. Weitere Voraussetzung für die Bestrafung des Anstifters ist die vorsätzliche Begehung der Haupttat durch den Täter. Daraus ergibt sich, dass der Anstifter auch die vorsätzliche Verübung der unerlaubten Handlung des Haupttäters beabsichtigen muss[835]. Es geht nämlich in Wirklichkeit um einen doppelten Anstiftungsvorsatz. Der Anstifter braucht aber nicht alle Einzelheiten des Geschehensablaufs zu kennen[836].

III. Die Akzessorietät des Unrechts der Anstiftung von der Haupttat

Für den Anstifter ist im finnischen Strafrecht eine tätergleiche Bestrafung vorgesehen[837]. Die Bejahung der Anstiftung überhaupt ist jedoch an zwei Bedingungen geknüpft: Erstens ist erforderlich, dass der Täter zumindest die Begehung der

---

828 Vgl. *Schöberl*, Die Einheitstäterschaft als europäisches Modell, 2006, 181.
829 Vgl. *Schöberl*, Die Einheitstäterschaft als europäisches Modell, 2006, 190.
830 Vgl. *Schöberl*, Die Einheitstäterschaft als europäisches Modell, 2006, 185, 186.
831 Vgl. *Schöberl*, Die Einheitstäterschaft als europäisches Modell, 2006, 184.
832 Vgl. *Schöberl*, Die Einheitstäterschaft als europäisches Modell, 2006, 172.
833 Vgl. *Frände*, in: Nationale Strafverfolgung völkerrechtlicher Verbrechen, 2003, 61; *Honkasalo*, in: Das ausländische Strafrecht der Gegenwart, 1957, 56; *Schöberl*, Die Einheisttäterschaft als europäisches Modell, 2006, 185.
834 Vgl. *Schöberl*, Die Einheitstäterschaft als europäisches Modell, 2006, 190.
835 Vgl. *Frände*, in: Nationale Strafverfolgung völkerrechtlicher Verbrechen, 2003, 61.
836 Vgl. *Schöberl*, Die Einheitstäterschaft als europäisches Modell, 2006, 186.
837 Vgl. *Honkasalo*, in: Das ausländische Strafrecht der Gegenwart, 1957, 57; *Schöberl*, Die Einheitstäterschaft als europäisches Modell, 2006, 169.

strafbaren Handlung versucht hat (quantitative Akzessorietät)[838] und zweitens wird für maßgeblich gehalten, dass es sich um eine vom Täter vorsätzliche Begehung der Tat handelt[839]. Falls eine fahrlässige Tatbegehung erfolgt, entfällt die Strafbarkeit des Anstifters, da eine strafbare Teilnahme an einer unvorsätzlichen Handlung in der finnischen Beteiligungslehre ausgeschlossen ist. Anstelle der Anstiftung findet in solchen Fällen die Vorschrift der mittelbaren Täterschaft Anwendung[840].

Beachtenswert ist, dass das Unrecht der Anstiftung und die Bestrafung des Anstifters vom Vorliegen einer tabestandsmäßigen, rechtswidrigen und vorsätzlichen Haupttat abhängen (qualitative Akzessorietät)[841]. Die Haftung des Anstifters ist damit auch im finnischen Strafrecht limitiert akzessorisch, und diese Abhängigkeit von der Handlung des Täters „betrifft sowohl den zeitlichen Ablauf des deliktischen Geschehens als auch die rechtliche Beschaffenheit der Haupttat“[842]. Einer Meinung zufolge wird für die Strafbarkeit des Anstifters beim Haupttäter nicht nur Vorsatz, sondern auch Zurechenbarkeit verlangt[843]. Diese Auffassung stützt sich auf das Prinzip der strengen Akzessorietät der Teilnahme[844].

C. Zusammenfassung

Der Gesetzgeber in Finnland hat sich bezüglich der Beteiligung für das differenzierte Teilnahmemodell entschieden. Die akzessorische Teilnahmefigur der Anstiftung wird bejaht, wenn der Anstifter einen anderen zur Begehung einer unerlaubten Handlung bewegt. Die Bestrafung des Anstifters hängt insbesondere vom Vorliegen einer sowohl rechtswidrigen und vorsätzlichen als auch einer Ansicht

838 Vgl. *Frände*, in: Nationale Strafverfolgung völkerrechtlicher Verbrechen, 2003, 61; *Schöberl*, Die Einheitstäterschaft als europäisches Modell, 2006, 168, 187.

839 Vgl. *Honkasalo*, in: Das ausländische Strafrecht der Gegenwart, 1957, 55, 56.

840 Vgl. *Frände*, in: Nationale Strafverfolgung völkerrechtlicher Verbrechen, 2003, 61; *Honkasalo*, in: Das ausländische Strafrecht der Gegenwart, 1957, 56; *Schöberl*, Die Einheitstäterschaft als europäisches Modell, 2006, 187.

841 Vgl. *Schöberl*, Die Einheitstäterschaft als europäisches Modell, 2006, 187.

842 Vgl. *Schöberl*, Die Einheitstäterschaft als europäisches Modell, 2006, 191.

843 Vgl. *Frände*, in: Nationale Strafverfolgung völkerrechtlicher Verbrechen, 2003, 61.

844 Vgl. *Schöberl*, Die Einheitstäterschaft als europäisches Modell, 2006, 191: „Die Anforderungen, die an die rechtliche Qualität der Haupttat gestellt werden, sind mithin im finnischen Teilnahmesystem noch strenger als im deutschen oder schweizerischen, das eine tatbestandsmäßige, vorsätzliche und rechtswidrige Haupttat verlangt, die aber nicht schuldhaft zu sein braucht (limitierte Akzessorietät).“

nach schuldhaften Haupttat ab. Laut dieser Auffassung ist die Teilnahme in Finnland als streng akzessorisch zu bezeichnen.

§ 10. Italien

A. Einführung

I. Die Beteiligungsregelungen

Die Teilnahme mehrerer Personen an der strafbaren Handlung ist im italienischen Strafgesetzbuch folgendermaßen geregelt:

Art. 110. (Pena per coloro che concorrono nel reato) – Quando piu persone concorrono nel medesimo reato, ciascuna di esse soggiace alla pena per questo stabilita, salve le disposizioni degli articoli seguenti.

Art. 111. (Determinazione al reato di persona non imputabile o non punibile). – Chi ha determinato a commettere un reato una persona non imputabile, ovvero non punibile a cagione di una condizione o qualita personale, risponde del reato da questa commesso; e la pena e aumentata.

Art. 113. (Cooperazione nel delitto colposo). – Nel delitto colposo, quando l'evento e stato cagionato dalla cooperazione di piu persone, ciascuna di queste soggiace alle pene stabilite per il delitto stesso.

La pena e aumentata per chi ha determinato altri a cooperare nel delitto, quando concorrono le condizioni stabilite nell'articolo 111 e nei numeri 3 e 4 dell'articolo 112.

Art. 114. (Circostanze attenuanti).-Il giudice, qualora ritenga che l'opera prestata da taluna delle persone che sono concorse nel reato a norma degli articoli 110 e 113 abbia avuto minima importanza nella preparazione o nell'esecuzione del reato, puo diminuire la pena.

Tale disposizione non si applica nei casi indicati nell'articolo 112.

La pena puo altresi essere diminuita per chi e stato determinato a commettere il reato o a cooperare nel reato, quando concorrono le condizioni stabilite nei numeri 3 e 4 dell'articolo 112.

Art. 115. (Accordo per commettere un reato. Istigazione). – Salvo che la legge disponga altrimenti, qualora due o piu persone si accordino allo scopo di commettere un reato, e questo non sia commesso, nessuna di esse e punibile per il solo fatto dell'accordo.

Art. 110. (Strafe für die Teilnehmer an der strafbaren Handlung.) – Nehmen mehrere Personen an derselben strafbaren Handlung teil, so unterliegt jede von ihnen der für diese angedrohten Strafe, vorbehaltlich der Bestimmungen der folgenden Artikel.

Art. 111. (Bestimmungen einer nicht zurechnungsfähigen oder nicht strafbaren Person zu einer strafbaren Handlung.) – Wer eine nicht zurechnungsfähige oder infolge persönlicher Verhältnisse oder Eigenschaften nicht strafbare Person zur Begehung einer strafbaren Handlung bestimmt, ist für die von dieser Person begangene Handlung verantwortlich; die Strafe wird erhöht.

Art. 113. (Mitwirkung an fahrlässigen Verbrechen.) – Ist der Erfolg bei fahrlässigen Verbrechen durch die Mitwirkung mehrerer Personen verursacht worden, so unterliegt jede von ihnen den für dieses Verbrechen angedrohten Strafen.

Die Strafe wird für denjenigen, der andere zur Mitwirkung an dem Verbrechen bestimmt hat, erhöht, wenn die Voraussetzungen des Artikels 111 und des Artikels 112 Ziffern 3 und 4 gegeben sind.

Art. 114. (Mildernde Umstände.) – Gelangt der Richter zu der Überzeugung, dass der Beitrag einer Person, die gemäß Artikel 110 und 113 Teilnehmer an der strafbaren Handlung ist, nur geringe Bedeutung für die Vorbereitung oder die Ausführung der strafbaren Handlung gehabt hat, so kann er die Strafe mindern.

Diese Bestimmung wird in den Fällen des Artikels 112 nicht angewendet.

Die Strafe kann auch für denjenigen gemindert werden, der zur Begehung oder Mitwirkung an der strafbaren Handlung bestimmt worden ist, wenn die Voraussetzungen des Artikels 112 Ziffern 3 und 4 gegeben ist.

Art. 115. (Verabredung zur Begehung einer strafbaren Handlung. Aufforderung.) – Verabreden sich zwei oder mehr Personen zum Zweck der Begehung einer strafbaren Handlung und wird diese nicht begangen, so ist keine von ihnen für die bloße Tatsache der Verabredung strafbar, sofern nicht das Gesetz etwas anderes bestimmt.[845]

II. Das italienische Strafgesetzbuch

Das italienische Strafgesetzbuch vom 19.Oktober 1930 trat am 1. Juli 1931 in Kraft[846] und ist auch als *Codice Rocco* bekannt[847]. Angesichts der Tatsache, dass es einer vergangenen Gesellschaftsordnung entspringt und die zu dieser Zeit herr-

---

845 Zitiert nach *Riz*, Das italienische Strafgesetzbuch, 1969, 88–91.

846 Vgl. *Luther*, Einführung in das italienische Recht, 1968, 124; *Pagliaro*, in: Strafrechtsreform in der Bundesrepublik Deutschland und in Italien, 1981, 27; *Wittemann*, Grundlinien und Grenzen der Notwehr in Europa, 1997, 197.

847 Vgl. *Luther*, Einführung in das italienische Recht, 1968, 124; *Mezzetti*, ZStW 105 (1993), 625; *Moccia*, in: Festschrift für Roxin, 2001, 1490; *Pagliaro*, in: Strafrechtsreform in der Bundesrepublik Deutschland und in Italien, 1981, 27.

schenden politischen Anschauungen widerspiegelt[848], ist schon des Öfteren der Wunsch nach Schaffung eines neuen Strafgesetzbuches geäußert worden[849].

Das geltende Strafgesetzbuch besteht aus drei Büchern. Der Allgemeine Teil und insbesondere die Vorschriften über die Teilnahme sind im ersten Buch zu finden[850].

III. Die Beteiligungsformen

Art. 110 des italienischen Strafgesetzbuchs enthält eine Strafbarkeitsregelung für alle Personen, die an einer strafbaren Handlung teilnehmen. Der Gesetzgeber bedient sich des Begriffes „Teilnahme" (*concorso*), lehnt aber eine ausdrückliche Differenzierung zwischen Täterschaft und Teilnahme ab[851]. Die Vorschriften des Allgemeinen Teils des italienischen Strafgesetzbuches legen daher hinsichtlich der Beteiligung das Einheitstätersystem zugrunde[852].

Nach einhelliger Ansicht ist das italienische Strafrecht von einem formalen Einheitstäterprinzip geprägt[853]. Diese Feststellung geht daraus hervor, dass der Gesetzgeber in Italien auf jegliche begrifflich-kategoriale Unterscheidung zwischen den Teilnahmetypen verzichtet und stattdessen eine Vereinheitlichung aller Tatbegehungsformen vorgenommen hat[854]. Im Falle des formalen Einheitstätersystems werden nach *Kienapfel* „Typenvielfalt und Typendifferenzierung im Tä-

---

848 Vgl. *Luther*, Einführung in das italienische Recht, 1968, 124; *Mezzetti*, ZStW 105 (1993), 625; *Pagliaro*, in: Strafrechtsreform in der Bundesrepublik Deutschland und in Italien, 1981, 27 ff.; *Pedrazzi*, ZStW 67 (1955), 495 ff.

849 Vgl. *Tsolka*, Der allgemeine Teil des europäischen supranationalen Strafrechts, 1995, 282.

850 Vgl. *Luther*, Einführung in das italienische Recht, 1968, 126.

851 Vgl. *Detzer*, Die Problematik der Einheitstäterlösung, 1972, 112, 113; *Schmidhäuser*, Strafrecht, AT, 1975, 501.

852 Vgl. *Ambos*, Der Allgemeine Teil des Völkerstrafrechts, 2002, 545; Dietz, Täterschaft und Teilnahme im ausländischen Strafrecht, 1957, 74; *Engert*, Einheitstäter oder getrennte Behandlung von Täter und Teilnehmer ?, 2005, 19; *Hünerfeld*, in: Strafrechtsreform in der Bundesrepublik Deutschland und in Italien, 1981, 115; *Jescheck/Weigend*, Lehrbuch des Strafrechts, AT, 1996, 661, 662; *Katsantonis*, PChr 1958, 1; *Kienapfel*, in: Strafrechtsdogmatik und Kriminalpolitik, 1971, 30; ders., Strafrecht, AT, 2005, 215; *Paliero*, ZStW 1998, 435; *Riezu*, in: Bausteine des europäischen Strafrechts, Coimbra-Symposium für Claus Roxin, 1995, 259; *Roxin*, Strafrecht, AT, Band II, 2003, 7; *Tiedemann*, in: Festschrift für Nishihara, 1998, 499; ders., ZStW 1998, 509; *Tsolka*, Der Allgemeine Teil des europäischen supranationalen Strafrechts, 1995, 282.

853 Vgl. *Kienapfel*, in: Strafrechtsdogmatik und Kriminalpolitik, 1971, 30; *Roxin*, in: Leipziger Kommentar, 2003 Vor § 25 Rdn. 13.

854 Vgl. *Bacigalupo*, in: Festschrift für Roxin, 2001, 1371.

ter-Teilnahme-Bereich zu einem einzigen Begriff, einem einzigen Typus verschmolzen, dem des Täters."[855] Trotz der Erwähnung des Begriffes „Teilnahme" bzw. „Beteiligung" im Gesetzestext darf laut *Kienapfel* nicht die Schlussfolgerung gezogen werden, dass es sich dabei um die Annahme der Teilnahmeformen der Anstiftung und der Beihilfe handele. Die „Mitwirkung" an einem Verbrechen ist allerdings auch in anderer Form denkbar, und zwar in Form der Täterschaft[856]. Daraus resultiert, dass das italienische Strafrecht von einer extensiven bzw. erweiterten Tatbestandsauslegung ausgeht[857].

Das formale Einheitstätersystem bezeichnet Hünerfeld als „klassischen" Standpunkt der Einheitstäterschaft, die die amtliche Begründung zum geltenden italienischen Strafgesetzbuch widerspiegelt[858]. Nach dieser „klassischen" Konzeption kommt eine Differenzierung nach verschiedener Arten von Teilnahme wegen der Struktur des Einheitstätersystems, das auf das Verursachungsprinzip gegründet ist, nicht in Frage[859]. Die Beteiligungsfrage wird dementsprechend als ein Kausalproblem behandelt[860]. Alle Ursachen sind nach dem Grundsatz der „conditio sine qua non" gleich zu bewerten und deswegen ist bei der „klassischen" dogmatischen Konstruktion der Einheitstäterschaft eine Beteiligungsdifferenzierung ausgeschlossen[861].

IV. Das Prinzip der autonomen Verantwortlichkeit der Beteiligten

Infolge der Tatsache, dass der italienische Gesetzgeber sich zur Idee der formalen Einheitstäterschaft bekennt, gilt der Grundsatz der Ableitung der Teilnehmerstrafbarkeit von der Strafbarkeit des Haupttäters nicht[862]. Das Unrecht des Mitwirkenden ist im italienischen Strafrecht daher nicht vom Unrecht des Täters ab-

---

855 Vgl. *Kienapfel*, in: Strafrechtsdogmatik und Kriminalpolitik, 1971, 27.

856 Vgl. *Kienapfel*, in: Strafrechtsdogmatik und Kriminalpolitik, 1971, 27.

857 Vgl. *Hünerfeld*, in: Strafrechtsreform in der Bundesrepublik Deutschland und in Italien, 1981, 121, 122; *Katsantonis*, PChr 1958, 3, 4.

858 Vgl. *Hünerfeld*, in: Strafrechtsreform in der Bundesrepublik Deutschland und in Italien, 1981, 117.

859 Vgl. *Hünerfeld*, in: Strafrechtsreform in der Bundesrepublik Deutschland und in Italien, 1981, 117, 118.

860 Vgl. *Jescheck/Weigend*, Lehrbuch des Strafrechts, 1996, 661, 662; *Mezzetti*, ZStW 105 (1993), 631; *Paliero*, ZStW 1998, 435.

861 Vgl. *Nuvolone*, in: Strafrechtsreform in der Bundesrepublik Deutschland und in Italien, 1981, 172; *Hünerfeld*, in: Strafrechtsreform in der Bundesrepublik Deutschland und in Italien, 1981, 117.

862 Vgl. *Hünerfeld*, in: Strafrechtsreform in der Bundesrepublik Deutschland und in Italien, 1981, 118; *Jescheck/Weigend*, Lehrbuch des Strafrechts, AT, 1996, 661; *Tsolka*, Der allgemeine Teil des europäischen supranationalen Strafrechts, 1995, 282.

hängig. Das Prinzip der Akzessorietät der Teilnehmerhaftung ist folglich mit dem Einheitstätersystem unvereinbar. Vielmehr ist jeder, der einen Beitrag zu einer strafbaren Handlung leistet[863], nur für sein eigenes Unrecht verantwortlich[864]. Deswegen spricht man vom „Grundsatz der autonomen Verantwortlichkeit der Beteiligten"[865].

V. Die Strafbarkeit der Mitwirkenden

Nach Art. 110 des italienischen Strafgesetzbuches werden alle Mitwirkende der gleichen Strafe unterstellt[866]. Teilnehmer im italienischen Strafrecht ist freilich, wie ausdrücklich *Kienapfel* erwähnt, „gleichbedeutend mit Mehrheit von Tätern"[867]. In Art. 111 ist eine Straferhöhung vorgesehen[868]. Dies gilt nur für den Fall, dass der Anstifter eine Person bestimmt, die nicht zurechnungsfähig oder nicht strafbar ist. Die Gleichbehandlung von Täter und Mitwirkenden wird auch eingeschränkt, wenn bei einem der Beteiligten mildernde Umstände gemäß Art. 114 vorliegen[869]. Diese Möglichkeiten der Straferhöhung und der Strafmilderung veranschaulichen, dass das italienische Strafrecht tatsächlich „eine Gewichtung nach dem Grade der strafrechtlichen Verantwortlichkeit"[870] anerkennt.

B. Die Anstiftung

Obwohl die italienische Doktrin dem monistischen Einheitstätersystem den Vorzug gibt, lässt sich aus dem Wortlaut des Gesetzes die Schlussfolgerung ziehen, dass die Teilnahmefigur der Anstiftung angedeutet wird[871]. Art. 111 des italienischen Strafgesetzbuches enthält eine Straferhöhungsmöglichkeit für denjenigen, der einen anderen zur Ausführung eines Deliktes bestimmt. Die Notwendigkeit der Einführung bei der italienischen Beteiligunglehre eines Differenzierungsmodells werde, nach *Tiedemann*, überdies in Art. 115. deutlich gemacht, der die

---

863 Vgl. *Mezzetti*, ZStW 105 (1993), 631.
864 Vgl. *Kienapfel*, in: Strafrechtsdogmatik und Kriminalpolitik, 1971, 26.
865 Vgl. *Kienapfel*, in: Strafrechtsdogmatik und Kriminalpolitik, 1971, 26.
866 Vgl. *Kienapfel*, in: Strafrechtsdogmatik und Kriminalpolitik, 1971, 30; *Luther*, Einführung in das italienische Recht, 1968, 130.
867 Vgl. *Kienapfel*, in: Strafrechtsdogmatik und Kriminalpolitik, 1971, 30, 31.
868 Vgl. *Luther*, Einführung in das italienische Recht, 1968, 130.
869 Vgl. *Katsantonis*, PChr 1958, 5.
870 Vgl. *Nuvolone*, in: Strafrechtsreform in der Bundesrepublik Deutschland und in Italien, 1981, 172.
871 Vgl. *Tiedemann*, in: Festschrift für Nishihara, 1998, 501.

Verabredung zur Begehung einer strafbaren Handlung regelt[872]. Aus dieser Vorschrift ergebe sich noch, dass die versuchte Mitwirkung überhaupt strafbar ist. Das also sei mit der Idee der Einheitstäterschaft nicht zu vereinbaren[873]. Wenn nach dem Einheitstäterprinzip nur Tätertypen existieren, warum solle dann die Strafbarkeit des Versuchs ausgeschlossen werden?

C. Zusammenfassung

Das italienische Strafrecht ist in der strafrechtlichen Behandlung mehrerer Beteiligten von der Einheitstäteridee geprägt. Die Mitverantwortlichkeit für fremdes Unrecht, die im akzessorischen Teilnahmesystem gilt, wird in der italienischen Beteiligungsdogmatik durch das Prinzip der individuellen Haftung des Einzelnen ersetzt. Trotz der Ablehnung der Unterscheidung zwischen verschiedenen Teilnahmearten wird die Anstiftung in den Beteiligungsvorschriften erwähnt.

§ 11. Spanien

A. Einführung

I. Die Beteiligungsregelung

Die Beteiligung ist im spanischen Strafgesetzbuch folgendermaßen geregelt:

Art. 27 Son responsables criminalmente de los delitos y fatas los autores y los cómplices.

Art. 28 Son autores quienes realizan el hecho por sí solos, conjuntamente o por medio de otro del que se sirven como instrumento.

También serán considerados autores:

a) Los que inducen directamente a otro u otros a ejecutarlo.

b) Los que cooperan a su ejecución con un acto sin el cual no se habría efectuado.

Art. 29 Son cómplices los que, no hallándose comprendidos en el artículo anterior, cooperan a la ejecución del hecho con actos anteriores o simultáneos.

Art. 27 Für Straftaten und Übertretungen sind die Täter und die Gehilfen strafrechtlich verantwortlich.

---

872 Vgl. *Tiedemann*, in: Festschrift für Nishihara, 1998, 501, 503.

873 Vgl. *Tiedemann*, in: Festchrift für Nishihara, 1998, 504.

Art. 28 Täter ist, wer die Tat allein, gemeinschaftlich oder mittels eines anderen ausführt, dessen er sich als Werkzeug bedient.

Ebenfalls als Täter ist anzusehen:

a) Wer einen anderen oder andere unmittelbar zur Ausführung anstiftet.

b) Wer an der Ausführung durch eine Handlung mitwirkt, ohne die sie nicht verwirklicht worden wäre.

Art. 29 Gehilfe ist, wer, ohne vom vorhergehenden Artikel erfasst zu sein, an der Ausführung der Tat durch vorausgehende oder gleichzeitige Handlungen mitwirkt.[874]

II. Der spanische Deliktsaufbau

Das spanische Strafrecht geht von einem dreistufigen Deliktsaufbau aus mit den Elementen Tatbestandsmäßigkeit (*tipicidad*), Rechtswidrigkeit (*antijuridicidad*) und Schuld (*culpabilidad*)[875]. Die Abgrenzung zwischen Täterschaft und Teilnahme wird in der spanischen Lehre als ein Problem des Tatbestandes betrachtet[876].

III. Die Beteiligungsformen

Die Entscheidung des spanischen Gesetzgebers zugunsten des dualen Beteiligungsmodells ist im neuen spanischen Strafgesetzbuch von 1995[877] niedergelegt. Es enthält besondere Bestimmungen (Art. 27–31), die die Strafbarkeit der Teilnehmer erst begründen[878]. Lehre und Rechtsprechung haben einhellig die Idee der Einheitstäterschaft zurückgewiesen[879] und die Aufteilung in Täter, Anstifter und Gehilfen anerkannt[880].

---

874 Zitiert nach: *Hoffmann*, Das spanische Strafgesetzbuch, 2002, 31, 32.

875 Vgl. *Gonzalez*, GA 1998, 112; *Perron*, Rechtfertigung und Entschuldigung im deutschen und spanischen Recht, 1988, 160; *Stein*, Die Regelungen von Täterschaft und Teilnahme, 2002, 145.

876 Vgl. *Stein*, Die Regelungen von Täterschaft und Teilnahme, 2002, 145.

877 Vgl. *Bacigalupo*, in: Das spanische Strafgesetzbuch, 2002, 1f.; *Gonzalez*, GA 1998, 111; *Melia*, GA 1998, 119; *Puig/ Guirao*, GA 2005, 244 ff.; *Tiedemann*, JZ 1996, 647 ff.

878 Vgl. *Gimbernat Ordeig*, ZStW 80 (1968), 917.

879 Vgl. *Luzon Pena/Garcia Conlledo*, in: Festschrift für Roxin, 2001, 579; *Riezu*, in: Bausteine des europäischen Strafrechts, Coimbra-Symposium für Claus Roxin, 1995, 260: „Zwar ist der Einheitstäterbegriff im Prinzip mit dem geltenden Recht vereinbar, wird aber abgelehnt, weil er eine Unsicherheit schafft, die gegen das Bestimmtheitsgebot verstoßen könnte. Die Ablehnung umfaßt sowohl die objektive als auch die subjektive Version einer Einheitstäterschaft."

In der spanischen Literatur herrscht der restriktive Täterbegriff vor, nach dem Täter als derjenige ist, der den Tatbestand selbst erfüllt[881]. Teilweise wird in der Lehre aber auch die Auffassung vertreten, dass bezüglich der Frage des Täterbegriffs nicht auf die Regelung des Art. 28 des spanischen Strafgesetzbuches abzustellen ist, sondern allein auf die Verwirklichung der jeweiligen Tatbestände des Besonderen Teils[882]. Die Rechtsprechung hingegen vertritt aufgrund der unklaren Vorschrift über die Täterschaft häufig eine extensive Interpretation der Tatbestände[883].

Das spanische Strafrecht weist die Besonderheit auf, dass es zwei Arten von Tätern kennt. Nach Art. 28 wird als Täter derjenige angesehen, der die Tat selbst, zusammen mit anderen oder durch eine andere Person, die er als Werkzeug benutzt, ausführt. Es geht hier um den „Täter im eigentlichen Sinne"[884], wobei in Abs. 2 des Art. 28 der „Täter im weiteren Sinne"[885] vorgesehen ist. Der Anstifter und der notwendige Gehilfe, die in Art. 28 Abs. 2 geregelt sind, stellen zwei Teilnahmefiguren dar, die auf spanisch als „considerados autores" bezeichnet werden[886]. Der spanische Gesetzgeber unterscheidet zwischen den Teilnehmern des Art. 28 Abs. 2 und den sonstigen Teilnehmern des Art. 29[887]. Als Beteiligte

---

880 Vgl. *Tiedemann*, in: Festschrift für Nishihara, 1998, 499 ff.; *Roxin*, in: Leipziger Kommentar, 2003 Vor § 25 Rdn. 13; *Schubert*, Der Versuch – Überlegungen zur Rechtsvergleichung und Harmonisierung, 2005, 68.

881 Vgl. *Gimbernat Ordeig*, in: Das ausländische Strafrecht der Gegenwart, 1982, 393; *Gonzalez*, GA 1998, 117; *Jescheck/Weigend*, Lehrbuch des Strafrechts, 1996, 662; *Luzon Pena/Garcia Conlledo*, in: Festschrift für Roxin, 2001, 577, 580, 581; *Cerezo Mir*, in: Fetschrift für Welzel, 1974, 637, 638; *Riezu*, in: Bausteine des europäischen Strafrechts, Coimbra-Symposium für Claus Roxin, 1995, 260; *Stein*, Die Regelungen von Täterschaft und Teilnahme, 2002, 145; *Tsolka*, Der allgemeine Teil des europäischen supranationalen Strafrechts, 1995, 276.

882 Vgl. *Gimbernat Ordeig*, in: Das ausländische Strafrecht der Gegenwart, 1982, 393; *Luzon Pena/Garcia Conlledo*, in: Festschrift für Roxin, 2001, 577; *Cerezo Mir*, in: Festschrift für Welzel, 1974, 638; *Stein*, Die Regelungen von Täterschaft und Teilnahme, 2002, 145; *Tsolka*, Der allgemeine Teil des europäischen supranationalen Strafrechts, 1995, 276.

883 Vgl. *Gimbernat Ordeig*, in: Das ausländische Strafrecht der Gegenwart, 1982, 393, 394; *Gonzalez*, GA 1998, 117; *Stein*, Die Regelungen von Täterschaft und Teilnahme, 2002, 145, 146.

884 Vgl. *Gimbernat Ordeig*, in: Das ausländische Strafrecht der Gegenwart, 1982, 393; *Gonzalez*, GA 1998, 117; *Cerezo Mir*, in: Festschrift für Welzel, 1974, 637; *Zapatero*, ZStW 1998, 451.

885 Vgl. *Ambos*, Der allgemeine Teil des Völkerstrafrechts, 2002, 544; *Zapatero*, ZStW 1998, 451.

886 Vgl. *Maiwald*, in: Festschrift für Schroeder, 2006, 283; *Stein*, Die Regelungen von Täterschaft und Teilnahme, 2002, 155.

887 Vgl. *Stein*, Die Regelungen von Täterschaft und Teilnahme, 2002, 155.

gelten gemäß Art. 29 die Gehilfen, die nicht unter die vorherige Gruppe der Teilnehmer fallen und „an der Ausführung der Tat durch vorausgehende oder gleichzeitige Handlungen mitwirken". Die klare Abgrenzung zwischen den „Tätern im eigentlichen Sinne" einerseits und den „Tätern im weiteren Sinne" sowie den Beteiligten des Art. 29 andererseits hat einen besonderen Zweck. Hierdurch wird hervorgehoben, dass die zwei letzten Kategorien vom Akzessorietätsgrundsatz geprägt sind[888].

Bemerkenswert ist noch die Bestimmung des spanischen Strafgesetzbuches (Art. 28 Abs. 2 b) über den notwendigen Gehilfen (*cooperador necessario*), die in anderen europäischen Strafgesetzbüchern nicht üblich ist[889]. Unter Strafe wird so das Verhalten einer Person gestellt, die „an der Ausführung durch eine Handlung mitwirkt, ohne die sie nicht verwirklicht worden wäre". Ersichtlich kennt die spanische Beteiligungslehre zwei Arten von Gehilfen[890]. Diese Vorschrift, die auch nach der Reform von 1995 noch beibehalten worden ist[891], hat im Schrifttum Anlass für Auseinandersetzungen gegeben und ist als dogmatisches Rätsel charakterisiert worden[892]. Wegen ihrer abstrakten Formulierung, kann nicht einfach geklärt werden, welche Fälle diese Bestimmung erfasst[893].

Das neue spanische Strafgesetzbuch von 1995 führte in Art. 28 auch eine gesetzliche Basis für die Figur des mittelbaren Täters ein[894]. Dadurch wurde die Strafbarkeitslücke ausgefüllt, die zuvor mangels einer Regelung über die mittelbare Täterschaft entstanden war[895].

---

888 Vgl. *Zapatero*, ZStW 1998, 451.

889 Vgl. *Gimbernat Ordeig*, ZStW 80 (1968), 921.

890 Vgl. *Bacigalupo*, in: Deutsch-Spanisches Strafrechtskolloquium, 1987, 91, 92; *Stein*, Die Regelungen von Täterschaft und Teilnahme, 2002, 155; *Tsolka*, Der allgemeine Teil des europäischen supranationalen Strafrechts, 1995, 275.

891 Vgl. *Bacigalupo*, in: Das spanische Strafgesetzbuch, 2002, 13.

892 Vgl. *Bacigalupo*, in: Das spanische Strafgesetzbuch, 2002, 13; *Gimbernat Ordeig*, ZStW 80 (1968), 921 ff.

893 Zur Abgrenzung zwischen notwendiger und nicht notweniger Beihilfe siehe *Stein*, Die Regelungen von Täterschaft und Teilnahme, 2002, 162 ff.

894 Vgl. *Bacigalupo*, in: Das spanische Strafgesetzbuch, 2002, 13; *Perez del Valle*, in: Strafrechtsentwicklung in Europa, 1997, 737, 760.

895 Vgl. *Tsolka*, Der allgemeine Teil des europäischen supranationalen Strafrechts, 1995, 275.

IV. Der Meinungsstand hinsichtlich der Abgrenzung von Täterschaft und Teilnahme

Die Mehrheit des spanischen Schrifttums und die Judikatur lehnen ein subjektives Kriterium zur Abgrenzung von Täterschaft und Teilnahme ab[896]. Als Ausgangspunkt für die Annahme von Täterschaft wird hingegen das Element der „Ausführung" bzw. der „Verwirklichung" der Tat angesehen. Der Wille zur Durchführung einer strafbaren Handlung ist für die Bezeichnung des Täterbegriffs irrelevant[897].

Wie in Deutschland wurde die subjektive Theorie gleichwohl zumindest bis Ende der sechziger Jahre von der Rechtsprechung vertreten[898]. Diese sog. Lehre von der „vorherigen Übereinstimmung" (*acuerdo previo*)[899] ist mit der von der deutschen Judikatur verfochtenen subjektiven Theorie zu vergleichen. Maßgeblich für das Vorliegen von Täterschaft ist danach das vorherige subjektive „Einverständnis" unter den Beteiligten zur Begehung der Tat[900]. Ohne Belang ist der sachliche Beitrag des Mitwirkenden, und vorwiegend die Beantwortung der Frage, ob die Haupttat verwirklicht worden ist[901]. Heute basiert die spanische Rechtsprechung nicht mehr auf dem theoretischen Konzept der „Übereinstimmung". Vielmehr wird in den meisten Entscheidungen der Versuch deutlich, die Täterschaft anhand objektiver Kriterien von der Teilnahme zu unterscheiden[902].

---

896 Vgl. *Ambos*, Der allgemeine Teil des Völkerstrafrechts, 2002, 548; *Stein*, Die Regelungen von Täterschaft und Teilnahme, 2002, 146; *Perez del Valle*, in: Strafrechtsentwicklung in Europa, 1997, 760; *Zapatero*, ZStW 1998, 451.

897 Vgl. *Stein*, Die Regelungen von Täterschaft und Teilnahme, 2002, 146.

898 Vgl. *Riezu*, in: Bausteine des europäischen Strafrechts, Coimbra-Symposium für Claus Roxin, 1995, 262; *Zapatero*, ZStW 1998, 451, 452.

899 Vgl. *Gimbernat Ordeig*, in: Das ausländische Strafrecht der Gegenwart, 1982, 393, 394: „Das Oberste Gericht hat lange Zeit eine Theorie vertreten, nach der als Täter gemäß Art. 14 Ziff. 1 alle diejenigen verantwortlich sind, die aufgrund eines „vorherigen gemeinsamen Entschlusses" handeln, unabhängig davon, welches ihr materieller Tatbeitrag ist. Diese Theorie ist von der Wissenschft verworfen worden und beginnt auch in der Praxis selbst auf Ablehnung zu stoßen."

900 Vgl. *Riezu*, in: Bausteine des europäischen Strafrechts, Coimbra-Symposium für Claus Roxin, 1995, 262; *Stein*, Die Regelungen von Täterschaft und Teilnahme, 2002, 149.

901 Vgl. *Riezu*, in: Bausteine des europäischen Strafrechts, Coimbra-.Symposium für Claus Roxin, 1995, 262; *Stein*, Die Regelungen von Täterschaft und Teilnahme, 2002, 149.

902 Vgl. *Stein*, Die Regelungen von Täterschaft und Teilnahme, 2002, 149.

Auch die herrschende Ansicht in der Literatur geht von einer objektiven Abgrenzung der Beteiligungsformen aus[903]. Sowohl die formal-objektive[904] als auch die materiell-objektive Theorie[905] haben Beifall im spanischen Schrifttum gefunden[906]. Für die Anhänger dieser Theorien war es aber schwierig, die Form der mittelbaren Täterschaft zu rechtfertigen[907]. Deswegen mehren sich in der Literatur immer mehr Stimmen, die für die Übernahme der Tatherrschaftslehre (*Dominio del Hecho*) sprechen[908]. Die Rechtsprechung stimmt heute häufig mit dieser Auffassung in der Literatur überein[909]. Die Tatherrschaftslehre kombiniert für die Charakterisierung der Täterschaft objektive wie subjektive Elemente[910]. Als Täter wird folglich derjenige bestimmt, der wissentlich und willentlich über Herrschaft in Bezug auf den Geschehensablauf verfügt[911].

---

903 Vgl. *Gimbernat Ordeig*, in: Das ausländische Strafrecht der Gegenwart, 1982, 393; *Jescheck/Weigend*, Lehrbuch des Strafrechts, 1996, 662; *Stein*, Die Regelungen von Täterschaft und Teilnahme, 2002, 147, 149.

904 Vgl. *Bacigalupo*, in: Deutsch-Spanisches Strafrechtskolloquium, 1987, 90; *Gimbernat Ordeig*, in: Das ausländische Strafrecht der Gegenwart, 1982, 393; *Riezu*, in: Bausteine des europäischen Strafrechts, Coimbra-Symposium für Claus Roxin, 1995, 261; *Stein*, Die Regelungen von Täterschaft und Teilnahme, 2002, 147; *Tsolka*, Der Allgemeine Teil des europäischen supranationalen Strafrechts, 1995, 275.

905 Vgl. *Stein*, Die Regelungen von Täterschaft und Teilnahme, 2002, 147, 148.

906 Vgl. *Bacigalupo*, in: Festschrift für Claus Roxin, 2001, 1372.

907 Vgl. *Stein*, Die Regelungen von Täterschaft und Teilnahme, 2002, 147.

908 Vgl. *Luzon Pena/Garcia Conlledo*, in: Festschrift für Roxin, 2001, 585; *Riezu*, in: Bausteine des europäischen Strafrechts, Coimbra-Symposium für Claus Roxin, 1995, 261; *Rodriguez Montanes*, in: Festschrift für Roxin, 2001, 321; *Stein*, Die Regelungen von Täterschaft und Teilnahme, 2002, 148; *Tsolka*, der Allgemeine Teil des europäischen supranationalen Strafrechts, 1995, 275.

909 Vgl. *Gimbernat Ordeig*, ZStW 80 (1968), 925; ders., in: Das ausländische Strafrecht der Gegenwart, 1982, 395; *Perez del Valle*, in: Strafrechtsentwicklung in Europa, 1997, 760; *Stein*, Die Regelungen von Täterschaft und Teilnahme, 2002, 148.

910 Vgl. *Luzon Pena/Garcia Conlledo*, in: Festschrift für Roxin, 2001, 586.

911 Vgl. *Bottke*, in: Bausteine des europäischen Strafrechts, Coimbra-Symposium für Claus Roxin, 1995, 239; *Cerezo Mir*, in: Festschrift für Welzel, 1974, 647: „Derjenige, der die Tatherrschaft hat, wird Täter (mittelbarer oder Mittäter) sein, selbst wenn er kein Tatbestandselement erfüllt, wenn sich das entsprechende Strafgesetzbuch auf eine personale Unrechtsauffassung – das heißt, auf eine Unrechtsauffassung, die einen Handlungs-und einen Erfolgsunwert unterscheidet – stützt. Das ist, meines Erachtens, der Fall im deutschen und im spanischen Strafrecht."; *Stein*, Die Regelungen von Täterschaft und Teilnahme, 2002, 148.

B. Die Anstiftung

I. Der objektive Tatbestand der Anstiftung

Die Anstiftung (*induzca*) gehört zu den Teilnahmeformen, die das spanische Strafrecht anerkennt[912]. Der Anstifter (*inductor*) wird auch als „Täter im weiteren S*inne*" bezeichnet und dem unmittelbaren Täter hinsichtlich des Strafrahmens gleichgestellt[913]. Art. 28 Abs. 2 a) beschreibt die Anstiftung als das Verhalten einer Person, die einen anderen zur Begehung einer Tat veranlasst. Diese Person übt Einfluss auf den Tatentschluss des unmittelbaren Täters aus[914] und stellt deswegen den „autor moralis"[915] dar. Falls der Haupttäter bereits seine Entscheidung getroffen hat, eine unerlaubte Handlung auszuführen (*omnimodo facturus*), ist die Möglichkeit der Einwirkung auf ihn als Anstifter ausgeschlossen[916].

Nach dem Gesetzeswortlaut muss die Anstiftungshandlung unmittelbar zur Begehung der Tat führen. Wie im deutschen Recht wird daher gefordert, dass sie sich auf eine konkretisierte Tat bezieht. Weiter muss sich das Verhalten des Anstifters auf eine bestimmte Person, einen bestimmten Adressatenkreis oder eine individualisierte Zahl von potentiellen Tätern beziehen, da sonst der Tatbestand der „*Provocacion*" des Art. 18 des spanischen Strafgesetzbuches[917] erfüllt wäre[918].

In Übereinstimmung mit der herrschenden Auffassung in der deutschen Beteiligungslehre ist für die Bejahung von Anstiftung eine kommunikative Einflussnahme des Anstifters auf den Täter erforderlich. Als nicht ausreichend wird dementsprechend das bloße Schaffen einer tatanreizenden Situation erachtet[919].

Im Gegensatz zum deutschen Strafgesetzbuch enthält das Strafgesetzbuch Spaniens keine Vorschrift hinsichtlich der versuchten Anstiftung. Der spanische Gesetzgeber hat sich daher dafür entschieden, die versuchte Anstiftung nicht un-

---

912 Vgl. *Ambos*, Der Allgemeine Teil des Völkerstrafrechts, 2002, 648.

913 Vgl. *Luzon Pena/Garcia Conlledo*, in: Festschrift für Roxin, 2001, 584.

914 Vgl. *Gimbernat Ordeig*, in: Das ausländische Strafrecht der Gegenwart, 1982, 395; *Stein*, Die Regelungen von Täterschaft und Teilnahme, 2002, 157.

915 Vgl. *Cerezo Mir*, in: Festschrift für Welzel, 1974, 636; *Stein*, Die Regelungen von Täterschaft und Teilnahme, 2002, 157.

916 Vgl. *Stein*, Die Regelungen von Täterschaft und Teilnahme, 2002, 157, 158.

917 Vgl. *Hoffmann*, Das spanische Strafgesetzbuch, 2002, 24: „Art. 18 Eine Aufforderung liegt vor, wenn durch Druckerzeugnisse, den Rundfunk oder jedes andere ähnlich wirksame Mittel, das die Veröffentlichung erleichtert, oder von einer Versammlung von Personen direkt zur Begehung einer Straftat aufgestachelt wird."

918 Vgl. *Ambos*, Der Allgemeine Teil des Völkerstrafrechts, 2002, 648, 651; *Stein*, Die Regelungen von Täterschaft und Teilnahme, 2002, 158.

919 Vgl. *Stein*, Die Regelungen von Täterschaft und Teilnahme, 2002, 158, 159.

ter Strafe zu stellen[920]. *Ambos* geht aber davon aus, dass Art. 17 Abs. 2[921] des spanischen Strafgesetzbuches, angesichts der Tatsache, dass die Vollendung der Haupttat für die Strafbarkeit ohne Belang ist[922], im rechtlichen Sinne als Fall versuchter Anstiftung zu charakterisieren ist. Nach dieser Regelung wird derjenige bestraft, der eine andere Person zur Ausführung einer Straftat auffordert.

II. Der subjektive Tatbestand der Anstiftung

Die Strafbarkeit des Anstifters setzt in subjektiver Hinsicht einen „doppelten Vorsatz" voraus. Vorsatz ist sowohl hinsichtlich der Anstiftungshandlung erforderlich als auch in Bezug auf das Tun des Veranlassenden, da der Anstifter auch die Begehung des Delikts durch den Haupttäter beabsichtigen muss[923]. Die fahrlässige Teilnahme bleibt folglich nach einhelliger Ansicht in der Literatur straflos[924].

III. Die Akzessorietät der Anstiftung

Das Unrecht der Anstiftung ist im spanischen Strafrecht akzessorisch, d.h. es wird vom Unrecht der Haupttat abgeleitet. Das Vorliegen einer Haupttat bildet demgemäß die unerlässliche Bedingung für die Bestrafung des Anstifters[925]. Aus dem Gesetzestext ergeben sich jedoch keine Einzelheiten hinsichtlich der Qualität der Haupttat. Die in Spanien herrschende Lehre geht aber trotz des Fehlens einer entsprechenden Regelung vom Prinzip der limitierten Akzessorietät aus[926]. Vorausgesetzt wird folglich lediglich eine tatbestandsmäßige und rechtswidrige

---

920 Vgl. *Stein*, Die Regelungen von Täterschaft und Teilnahme, 2002, 160.

921 Vgl. *Hoffmann*, Das spanische Strafgesetzbuch, 2002, 24: „Art. 17 Abs. 2 Vorschlag liegt vor, wenn derjenige, der beschlossen hat, eine Straftat zu begehen, eine andere Person oder andere Personen dazu auffordert, sie auszuführen."

922 Vgl. *Ambos*, Der Allgemeine Teil des Völkerstrafrechts, 2002, 648.

923 Vgl. *Stein*, Die Regelungen von Täterschaft und Teilnahme, 2002, 159.

924 Vgl. *Luzon Pena/Garcia Conlledo*, in: Festschrift für Roxin, 2001, 602 f.

925 Vgl. *Tiedemann*, in: Festschrift für Nishihara, 1998, 502.

926 Vgl. *Bacigalupo*, in: Deutsch-Spanisches Strafrechtskolloquium, 1986, 93; *Gimbernat Ordeig*, in: das ausländische Strafrecht der Gegenwart, 1982, 396; *Gonzalez*, GA 1998, 117; *Jescheck/Weigend*, Lehrbuch des Strafrechts, 1996, 662; *Riezu*, in: Bausteine des europäischen Strafrechts, Coimbra-Symposium für Claus Roxin, 1995, 261; *Stein*, Die Regelungen von Täterschaft und Teilnahme, 2002, 156, 157; *Tsolka*, Der allgemeine Teil des europäischen supranationalen Strafrechts, 1995, 276; *Zapatero*, ZStW 1998, 451.

Handlung des Täters[927]. Ohne Bedeutung für die Strafbarkeit des Anstifters ist es daher, ob der Haupttäter bei der Vornehmung der Tat schuldhaft gehandelt hat.

IV. Die Möglichkeit der Anstiftung zu einem Fahrlässigkeitsdelikt

Die Vorschriften über die Beteiligung im spanischen Strafgesetzbuch erteilen uns keine Auskunft über die Möglichkeit einer Anstiftung zum Fahrlässigkeitsdelikt. Auf die sprachliche Aussage des Gesetzes selbst kann also nicht abgestellt werden, denn es ist nirgendwo ausdrücklich erwähnt, dass lediglich die Anstiftung zu einer vorsätzlichen Tat für strafbar erklärt wird[928]. Trotzdem soll nach einem Teil der Literatur nur der Fall der vorsätzlichen Anstiftung zu einer vorsätzlichen Haupttat der Strafdrohung unterworfen sein[929]. „Voraussetzung jeder Anstiftung sei es, im Täter den Tatentschluss im engen Sinne von Vorsatz zu wecken“[930]. Die gleiche Meinung kommt auch in vielen Entscheidungen der Rechtsprechung zum Ausdruck[931].

Wie im deutschen Strafrecht gilt für die Fahrlässigkeitsdelikte das Einheitstäterprinzip, und es wird nicht zwischen Täterschaft und Teilnahme unterschieden[932]. Da eine Beteiligung für unmöglich gehalten wird, kann derjenige, der das fahrlässige bzw. sorgfaltswidrige Verhalten eines anderen verursacht, auch selbst nur Täter sein.

---

927 Vgl. *Stein*, Die Regelungen von Täterschaft und Teilnahme, 2002, 157; *Tsolka*, Der allgemeine Teil des europäischen supranationalen Strafrechts, 1995, 276.

928 Vgl. *Stein*, Die Regelungen von Täterschaft und Teilnahme, 2002, 171.

929 Vgl. *Gimbernat Ordeig*, in: Das ausländische Strafrecht der Gegenwart, 1982, 396; *Riezu*, in: Bausteine des europäischen Strafrechts, Coimbra-Symposium für Claus Roxin, 1995, 264; *Stein*, Die Regelungen von Täterschaft und Teilnahme, 2002, 172.

930 Vgl. *Stein*, Die Regelungen von Täterschaft und Teilnahme, 2002, 172.

931 Vgl. *Riezu*, in: Bausteine des europäischen Strafrechts, Coimbra-Symposium für Claus Roxin, 1995, 264; *Stein*, Die Regelungen von Täterschaft und Teilnahme, 2002, 172.

932 Vgl. *Riezu*, in: Bausteine des europäischen Strafrechts, Coimbra-Symposium für Claus Roxin, 1995, 264; *Stein*, Die Regelungen von Täterschaft und Teilnahme, 2002, 172; die Möglichkeit einer Unterscheidung zwischen Täterschaft und Teilnahme auch bei den Fahrlässigkeitsdelikten akzeptieren *Luzon Pena/Garcia Conlledo*, in: Festschrift für Roxin, 2001, 601, 602, 604.

V. Die Bestrafung des Anstifters

Die „Täter im eigentlichen Sinne“ und die „Täter im weiteren Sinne“ werden gemäß Art. 61[933] des spanischen Strafgesetzbuches der gleichen Strafe unterstellt. Dies bedeutet, dass die erste Kategorie der Teilnahme, nämlich der Anstifter und die notwendigen Gehilfen, wie der Täter bestraft werden[934]. Für die sonstigen Teilnehmer, d.h. für die einfachen Gehilfen des Art. 29, ist nach Art. 63[935] ein verringertes Strafmaß vorgesehen. Besondere persönliche Umstände gelten, nach der entsprechenden Regelung des Art. 65, lediglich für den Beteiligten, bei dem sie vorliegen.

C. Zusammenfassung

Der spanische Gesetzgeber bekennt sich zur Idee des differenzierten Teilnahmemodells, während die Einheitstäterschaft in der Literatur und in der Praxis auf Ablehnung gestoßen ist. Die Eigenartigkeit der spanischen Beteiligungslehre besteht in der Differenzierung zwischen zwei Tätertypen, nämlich dem „Täter im engeren Sinne“ und dem „Täter im weiteren Sinne“. Die zuletzt genannte Täterform, zu der der Anstifter und der Hauptgehilfe zählen, stellt eigentlich eine Kategorie der Teilnahme dar. Dadurch wird diese Beteiligungsgruppe von den einfachen Gehilfen gemäß Art. 29 abgegrenzt. Sowohl der Anstifter und die notwendigen Gehilfen als auch die einfachen Gehilfen bilden unrechtsakzessorische Teilnahmefiguren. Insbesondere gehen das spanische Schrifttum sowie die spanische Judikatur vom Grundsatz der limitierten Akzessorietät aus. In Bezug auf den Anstifter muss hier betont werden, dass er als „autor intelectual“ bezeichnet wird. Er ist derjenige, der den Tatentschluss beim Haupttäter weckt, wobei ein geistiger Kontakt zwischen dem Anstifter und dem Angestiftetem gefordert wird. Nach spanischem Strafrecht ist nur die vorsätzliche Anstiftung strafbar, wobei ein großer Teil der Lehre die Möglichkeit der Teilnahme an einer unvorsätzlichen Tat nicht anerkennt.

---

933 Vgl. *Hoffmann*, Das spanische Strafgesetzbuch, 2002, 49: „Art. 61 Legt das Gesetz eine Strafe fest, bedeutet dies, daß sie für den Täter einer vollendeten Straftat gilt.“

934 Vgl. *Bacigalupo*, in: Das spanische Strafgesetzbuch, 2002, 13; *Gimbernat Ordeig*, ZStW 80 (1968), 929; *Perez del Valle*, in: Strafrechtsentwicklung in Europa, 1997, 737; *Puig/Guirao*, GA 2005, 248; *Stein*, Die Regelungen von Täterschaft und Teilnahme, 2002, 174.

935 Vgl. *Hoffmann*, Das spanische Strafgesetzbuch, 2002, 49: „Art. 63 Dem Gehilfen einer vollendeten oder versuchten Straftat wird die im Grad niedrigere Strafe auferlegt als diejenige, die im Gesetz für den Täter derselben Straftat festgelegt ist.“

§ 12. Griechenland

A. Einführung

I. Die Beteiligungsregelungen

Die Teilnahme ist im griechischen Strafgesetzbuch folgendermaßen geregelt:

Άρθρο 45. Συναυτουργοί.

Αν δύο ή περισσότεροι τέλεσαν από κοινού αξιόποινη πράξη, καθένας τους τιμωρείται ως αυτουργός της πράξης.

Άρθρο 46. Ηθικός αυτουργός και άμεσος συνεργός.

1. Με την ποινή του αυτουργού τιμωρείται επίσης:

α) όποιος με πρόθεση προκάλεσε σε άλλον την απόφαση να εκτελέσει την άδικη πράξη που διέπραξε. β) όποιος με πρόθεση παρέσχε άμεση συνδρομή στο δράστη κατά τη διάρκεια αυτής της πράξης και στην εκτέλεση της κύριας πράξης.

2. Όποιος με πρόθεση προκάλεσε σε άλλον την απόφαση να τελέσει κάποιο έγκλημα, με μοναδικό σκοπό να τον καταλάβει ενώ αποπειράται να τελέσει το έγκλημα ή ενώ επιχειρεί αξιόποινη προπαρασκευαστική του πράξη και με τη θέληση να τον ανακόψει από την αποπεράτωση του εγκλήματος, τιμωρείται με την ποινή του αυτουργού μειωμένη στο μισό.

Άρθρο 47. Απλός συνεργός.

Όποιος, εκτός από την περίπτωση της παρ. 1 στοιχ. β΄ του προηγούμενου άρθρου, παρέσχε με πρόθεση σε άλλον οποιαδήποτε συνδρομή πριν από την τέλεση ή κατά την τέλεση της άδικης πράξης που διέπραξε, τιμωρείται ως συνεργός με ποινή ελαττωμένη (άρθρο 83).

Η διάταξη της παρ. 2 του άρθρου 42 εφαρμόζεται αναλόγως και εδώ.

Ως προς τα πταίσματα, η συνέργεια τιμωρείται μόνο στις περιπτώσεις που ο νόμος το ορίζει ειδικά.

Άρθρο 48. Γενική Διάταξη.

Το αξιόπονο των συμμετόχων κατά τα άρθρα 46 και 47 είναι ανεξάρτητο από το αξιόποινο εκείνου που τέλεσε την πράξη.

Art. 45 Mittäter

Wenn mehrere eine strafbare Handlung gemeinschaftlich ausführen, so wird jeder von ihnen als Täter bestraft.

Art. 46 Anstifter und unmittelbarer Gehilfe

1. Mit der Strafe des Täters wird bestraft:

a) wer einen anderen zu der von demselben begangenen strafbaren Handlung vorsätzlich veranlaßt hat; b) wer vorsätzlich dem Täter während der Ausführung der Haupttat unmittelbar Hilfe geleistet hat.

2. *Wer vorsätzlich jemanden veranlaßt, eine strafbare Handlung zu begehen zu dem einzigen Zwecke, ihn beim Versuch oder bei Vorbereitungshandlungen zu ertappen, und mit dem Willen, ihn nicht zur Vollendung kommen zu lassen, wird mit der auf die Häfte ermäßigten Strafe des Täters bestraft.*

Art.47 Einfacher Gehilfe

1. *Wer, ausgenommen im Falle des Abs. 1 Ziff. b des vorstehenden Artikels, vorsätzlich einem anderen irgendwelche Hilfe vor der Tat oder während der Ausführung der Tat leistet, wird als Gehilfe mit geminderter Strafe bestraft (Art. 83).*
2. *Die Vorschrift des Abs. 2 Art. 42 wird hier entsprechend angewendet.*
3. *Die Beihilfe zu Übertretungen wird nur in den im Gesetz ausdrücklich bestimmten Fällen bestraft.*

Art. 48 Allgemeine Vorschriften

Die Strafbarkeit der Teilnehmer gem. Art. 46 und 47 ist unabhängig von der Strafbarkeit dessen, der die Tat ausführt[936].

II. Das duale Beteiligungsmodell

In der griechischen Beteiligungslehre herrscht das dualistische Teilnahmemodell[937], das die Unterscheidung zwischen Täterschaft und Teilnahme voraussetzt[938]. Die Idee der Einheitstäterschaft[939] hat weder in der Literatur noch in der Rechtsprechung Anhänger gefunden[940] und deshalb auch keine Anregung zu einer großen wissenschaftlichen Diskussion gegeben[941]. Die Ablehnung des Einheitstätersystems wurde dennoch in der Lehre mit zahlreichen Argumenten gerechtfertigt. Nach *Manoledakis* hat dieses monistische System eine klare subjektive Herkunft. Ferner „missachtet es die Typisierung des „strafrechtlichen Phänomens" und deshalb wird es heute von diesen Strafgesetzbüchern abgelehnt,

---

936 Zitiert nach *Karanikas*, Das griechische Strafgesetzbuch, 1953, 10.

937 Vgl. *Bitzilekis*, H simmetoxiki praxi, 1990, 23 ff.; *Retalis*, in: National Prosecution of International Crimes, 2005, 255.

938 Vgl. *Androulakis*, Poiniko Dikaio, Geniko meros II, 1986, 157, 160; *Benakis*, Täterschaft und Teilnahme nach deutschem und griechischem Strafrecht, 1961, 12; *Chorafas*, Genikai Arxai tou poinikou Dikaiou, 1960, 265, 266; *Katsantonis*, PChr 1958, 2; *Manoledakis*, Poiniko Diakio, Geniko meros, 1992, 379; ders., Poiniko Dikaio, Geniki Theoria, 2004, 590; *Magkakis*, Poiniko Dikaio, Geniko meros, 1984, 395, 396; *Tsolka*, Der allgemeine Teil des europäischen supranationalen Strafrechts, 1995, 274.

939 Vgl. *Bitzilekis*, H simmetoxiki praxi, 1990, 11 ff.

940 Vereinzelt wurde der Einheitstätergedanke vom *Gafos* (H simmetoxi sto egklima), 1937, 249 ff, 340, 351) vertreten.

941 Vgl. *Bitzilekis*, H simmetoxiki praxi, 1990, 19.

die mindestens dem Grundsatz „nullum crimen nulla poena sine lege“ treu bleiben wollen“[942]. Der gleichen Ansicht ist auch *Mangakis*, der davon ausgeht, dass die Theorie der Einheitstäterschaft nicht imstande ist, die Grenzen des strafbaren Verhaltens deutlich zu bestimmen[943]. Dadurch bestehe die Gefahr, dass der Richter unter dem Begriff der Täterschaft auch solche Fälle fasse, die eigentlich straflos sind. Als hauptsächliche Schwäche des Einheitstätersystems wird daher die unerlaubte Ausdehnung der Strafbarkeit betrachtet. *Bitzilekis* hält den Einheitstätergedanken ebenfalls für unzutreffend, weil er auf der Äquivalenz- bzw. Kausalitätstheorie basiert. Seines Erachtens ist problematisch, dass das System der Einheitstäterschaft die dogmatische Konstruktion der Kausalität falsch verwendet[944]. Die kausale Verküpfung der Tat mit dem verbrecherischen Erfolg reiche für ihre Charakterisierung als Haupttat nicht aus. Erforderlich sei zusätzlich die Erfüllung der Tatbestandselemente, die die Idee der Einheitstäterschaft verkennt[945].

III. Die Beteiligung „lato sensu“

Den Prinzipien des Teilnahmemodells entsprechend grenzt das griechische Strafrecht folglich die Täterschaft von der Teilnahme ab. Die Täterschaft wird im Schrifttum auch Beteiligung „lato sensu“ oder Beteiligung „im weiteren Sinne“ genannt. Darunter fallen die unmittelbare Täterschaft, die mittelbare Täterschaft und die Mittäterschaft[946].

Das griechische Strafgesetzbuch enthält keine Definition des unmittelbaren Täters im Allgemeinen Teil[947]. Der Inhalt des Täterbegriffs ergibt sich vielmehr aus den Tatbeständen des Besonderen Teils, die das Subjekt des Deliktes immer mit der Bezeichnung „wer“ schildern[948]. Als Täter wird dementsprechend ange-

942 Vgl. *Manoledakis*, Poiniko Dikaio, Geniki Theoria, 2004, 590.
943 Vgl. *Mangakis*, Poiniko Dikaio, Geniko meros, 1984, 396.
944 Vgl. *Bitzilekis*, H simmetoxiki praxi, 1990,15.
945 Vgl. *Bitzilekis*, H simmetoxiki praxi, 1990, 15.
946 Vgl. *Androulakis*, Poiniko Dikaio, Geniko meros II, 1986, 170; *Katsantonis*, PChr 1958, 6; *Mangakis*, Poiniko Dikaio, Geniko meros, 1984, 396; *Manoledakis*, Poiniko Dikaio, Geniko meros, 1992, 366, 367; ders., Poiniko Dikaio, Geniki Theoria, 2004, 585, 629.
947 Vgl. *Androulakis*, Poiniko Dikaio, Geniko meros II, 1986, 170; *Benakis*, in: Sistimatiki erminia tou poinikou kodika, 2005, §§ 45–49 Rdn. 20, 77; *Retalis*, in: National Prosecution of International Crimes, 2005, 256.
948 Vgl. *Benakis*, Täterschaft und Teilnahme nach deutschem und griechischem Strafrecht, 1961, 42; ders., in: Sistimatiki erminia tou poinikou kodika, 2005, §§ 45–49 Rdn. 1, 77.

sehen, „wer einen anderen tötet“ oder „wer eine fremde Sache wegnimmt“[949]. Für die Bestimmung der Täterschaft lässt sich aber auch auf die Vorschriften 45–46 des Allgemeinen Teils über die Beteiligung zurückgreifen. Aus Art. 45 des griechischen Strafgesetzbuches, in dem die Mittäterschaft geregelt wird, darf die Schlussfolgerung gezogen werden, dass das kennzeichnende Element der Täterschaft die „Ausführung“ der strafbaren Tat ist[950]. Wer vollständig oder wenigstens teilweise den objektiven Tatbestand eines Verbrechens erfüllt, wird folglich nach griechischem Strafrecht als Täter angesehen[951]. Dabei bestimmt die griechische Lehre die Täterschaft anhand objektiver Anhaltspunkten und beharrt auf einer restriktiven Interpretation der Tatbestände[952].

Neben der unmittelbaren Täterschaft kennt das griechische Strafrecht auch die Mittäterschaft, die in Art. 45 des Strafgesetzbuches ausdrücklich vorgesehen ist. Es handelt sich eigentlich um eine Form der Täterschaft bzw. um eine Form der Beteiligung im „weiteren Sinne“[953]. Das Vorhandensein der Mittäterschaft setzt in objektiver Hinsicht die gemeinschaftliche Begehung der strafbaren Tat voraus[954]. Ferner wird für die Erfüllung des subjektiven Tatbestandes gemein-

949 Vgl. *Benakis*, Täterschaft und Teilnahme nach deutschem und griechischem Strafrecht, 1961, 42: „Der „Wer“ der Bestimmungen über die einzelnen Verbrechen ist allein der „Täter“, derjenige also, der die in den Tatbeständen beschriebene Ausführungshandlung vornimmt.“

950 Vgl. *Benakis*, in: Sistimatiki erminia tou poinikou kodika, 2005, §§ 45–49 Rdn. 77; *Tsolka*, Der allgemeine Teil des europäischen supranationalen Strafrechts, 1995, 274.

951 Vgl. *Androulakis*, PChr. 1976, 196; ders., Poiniko Dikaio, Geniko meros II, 1986, 171; *Chorafas*, Genikai Arxai tou poinikou dikaiou, 1960, 269; *Katsantonis*, PChr 1958, 6; *Mangakis*, Poiniko Dikaio, Geniko meros, 1984, 401; *Manoledakis*, Poiniko Dikaio, Geniki Theoria, 2004, 630; *Margaritis M.*, Poinikos kodikas, 2003, 134; *Retalis*, in: National Prosecution of International Crimes, 2005, 255.

952 Vgl. *Androulakis*, Poiniko Dikaio, Geniko meros II, 1986, 170; *Benakis*, Täterschaft und Teilnahme nach deutschem und griechischem Strafrecht, 1961, 41; ders., in: Theoria kai praxi tou poinikou dikaiou, 2004, 5; *Katsantonis*, PChr 1958, 6; *Mangakis*, Poiniko Dikaio, Geniko meros, 1984, 397; *Manoledakis*, Poiniko Dikaio, Geniki Theoria, 2004, 606; *Retalis*, in: National Prosecution of International Crimes, 2005, 255; *Tsolka*, Der allgemeine Teil des europäischen supranationalen Strafrechts, 1995, 274.

953 Vgl. *Kaiafa-Gbandi*, Yperaspisi 1997, 405; *Katsantonis*, PChr 1958, 6; *Manoledakis*, Poiniko Dikaio, Geniki Theoria, 2004, 585, 586.

954 Vgl. *Androulakis*, Poiniko Dikaio, Geniko meros II, 1986, 193; *Kaiafa-Gbandi*, Yperaspisi 1997, 405; *Mangakis*, Poiniko Dikaio, Geniko meros, 1984, 406; *Manoledakis*, Poiniko Dikaio, Geniko meros, 1992, 394; ders., Poiniko Dikaio, Geniki Theoria, 2004, 630; *Margaritis M.*, Poinikos Kodikas, 2003, 135; *Symeonidou-Kastanidou*, in: Meletes ousiastikou poinikou dikaiou, 2003, 144.

schaftlicher Vorsatz verlangt[955]. Jeder Mittäter wird als unmittelbarer Täter der strafbaren Handlung bestraft[956].

Eine dem deutschen Strafgesetzbuch entsprechende Regelung bezüglich der mittelbaren Täterschaft gibt es im griechischen Strafgesetzbuch nicht[957]. Diese Tatsache hat zu einem dogmatischen Streit in der Wissenschaft hinsichtlich der Funktion der mittelbaren Täterschaft in der Beteiligungslehre geführt[958]. Mit dieser Problematik werden wir uns aber im Rahmen des Kapitels über die Anstiftung beschäftigen. Trotz der fehlenden Definition im Gesetz wird nach einhelliger Meinung in Literatur und Rechtsprechung als mittelbarer Täter derjenige angesehen, der den objektiven Tatbestand eines Deliktes nicht selbst, sondern durch eine andere Person erfüllt, die er als „Werkzeug" benutzt[959]. Die Interpretation der mittelbaren Täterschaft geht aus zwei anderen Bestimmungen des Allgemeinen Teils hervor, namentlich aus Art. 49 Abs. 1 Satz 2 und Art. 21 Abs. 2 des griechischen Strafgesetzbuches[960]. Art. 49 entspricht der Vorschrift des § 28 des deutschen Strafgesetzbuches und regelt die besonderen persönlichen Merkmale, während Art. 21[961] den Rechtfertigungsgrund des Befehls vorsieht. Nach diesen Bestimmungen ist mittelbare Täterschaft nur dann zu bejahen, wenn derjenige, der als „Werkzeug" verwendet wird, über die erforderliche Eigenschaft zur Begehung des Delikts nicht verfügt (Art. 49 Abs. 1 Satz 2)[962] oder wenn seine Tat

---

955 Vgl. *Androulakis*, Poiniko Dikaio, Geniko meros II, 1986, 194; *Mangakis*, Poiniko Dikaio, Geniko meros, 1984, 407; *Manoledakis*, Poiniko Dikaio, Geniko meros, 1992, 394; ders., Poiniko Dikaio, Geniki Theoria, 2004, 630; *Margaritis M.*, Poinikos Kodikas, 2003, 136.

956 Vgl. *Margaritis M.*, Poinikos Kodikas, 2003, 135.

957 Vgl. *Benakis*, in: Sistimatiki erminia tou poinikou kodika, 2005, §§ 45–49 Rdn. 81; *Manoledakis*, Poiniko Dikaio, Geniki Theoria, 2004, 696; *Margaritis M.*, Poinikos Kodikas, 2003, 149; *Retalis*, in: National Prosecution of International Crimes, 2005, 259; *Tzannetis*, PChr 1991, 619.

958 Vgl. *Benakis*, in: Sistimatiki erminia tou poinikou kodika, 2005, §§ 45–49 Rdn. 82.

959 Vgl. *Benakis*, in: Sistimatiki erminia tou poinikou kodika, 2005, §§ 45–49 Rdn. 81; *Chorafas*, Genikai Arxai tou poinikou dikaiou, 1960, 270; *Mangakis*, Poiniko Dikaio, Geniko meros, 1984, 402; *Margaritis M.*, Poinikos Kodikas, 2003, 149.

960 Vgl. *Benakis*, in: Sistimatiki erminia tou pinikou kodika, 2005, §§ 45–49 Rdn. 81; *Margaritis M.*, Poinikos Kodikas, 2003, 149.

961 Zitiert nach *Karanikas*, Das griechische Strafgesetzbuch, 1953, 5: „Art. 21 Der Befehl: Die Tat, die jemand ausführt, um den ihm von der zuständigen Behörde in der gesetzlich vorgeschriebenen Form erteilten Befehl zu erfüllen, ist nicht rechtswidrig wenn das Gesetz ihm nicht erlaubt, die Rechtmäßigkeit des Befehls zu prüfen. In diesem Falle ist der Befehlende als unmittelbarer Täter zu bestrafen."

962 Vgl. *Retalis*, in: National Prosecution of International Crimes, 2005, 260.

wegen eines Rechtfertigungsgrundes nicht strafbar ist (Art. 21 Abs. 2)[963]. Umstritten ist, ob in diesen zwei Artikel der Gesetzgeber ausdrücklich Fälle der mittelbaren Täterschaft anerkannt, oder ob er in Wirklichkeit eine „gesetzliche Fiktion“ geschaffen hat[964]. Nach einer Ansicht hat diese „gesetzliche Fiktion“ die Schaffung der Möglichkeit der Teilnahme ohne Existenz eines Haupttäters zum Zweck[965]. Der mittelbare Täter wird einer tätergleichen Strafdrohung unterstellt[966].

IV. Die Beteiligung „stricto sensu“

Die akzessorischen Formen der Anstiftung, der unmittelbaren Beihilfe und der einfachen Beihilfe stellen die Beteiligung „stricto sensu“ dar[967]. Im griechischen Strafgesetzbuch sind besondere Bestimmungen im Allgemeinen Teil vorgesehen, die erst die Strafbarkeit der Beteiligten „im engeren Sinne“ begründen[968]. Diese Vorschriften bilden daher Strafausdehnungsgründe[969].

Unüblich im Vergleich zu den anderen europäischen Strafgesetzbüchern ist die Unterscheidung des griechischen Gesetzgebers zwischen unmittelbarem (Art. 46 Abs. 1 Satz 2) und einfachem Gehilfen (Art. 47)[970]. Die unmittelbare

963 Vgl. *Androulakis*, Poiniko Dikaio, Geniko meros II, 1986, 188; *Mangakis*, Poiniko Dikaio, Geniko meros, 1984, 402, 403; *Margaritis M.*, Poinikos Kodikas, 2003, 149.

964 Vgl. *Benakis*, in: Sistimatiki erminia tou poinikou kodika, 2005, §§ 45–49 Rdn. 81.

965 Vgl. *Manoledakis*, Poiniko Dikaio, Geniki Theoria, 2004, 696 ff.

966 Vgl. *Mangakis*, Poiniko Dikaio, Geniko meros, 1984, 396.

967 Vgl. *Androulakis*, Strafrecht, AT II, 1986, 170; *Chorafas*, Genikai Arxai tou poinikou dikaiou, 1960, 279; *Zaxaris*, PoinChr 2005, 483, 484.

968 Vgl. *Katsantonis*, PChr 1958, 3; *Mangakis*, Poiniko Dikaio, Geniko meros, 1984, 395.

969 Vgl. *Benakis*, Täterschaft und Teilnahme nach deutschem und grechischem Strafrecht, 1961, 41; ders., in: Sistimatiki erminia tou poinikou kodika, 2005, §§ 45–49 Rdn. 3; *Bitzilekis*, H simmetoxiki Praxi, 1990, 69 ff.; *Katsantonis*, PChr 1958, 3; *Mangakis*, Poiniko Dikaio, Geniko meros, 1984, 396; *Tsolka*, Der allgemeine Teil des europäischen supranationalen Strafrechts, 1995, 274.

970 Vgl. *Benakis*, Täterschaft und Teilnahme nach deutschem und griechischem Strafrecht, 1961, 44: „Der Gedanke, den unmittelbaren Gehilfen – noch im weiteren Sinne als im griechischen Recht, den Gehilfen während der Ausführung der Tat – wie einen Täter zu bestrafen, geht zurück auf die Unterscheidung der Italiener und der gemeinrechtlichen Doktrin zwischen dem auxilium proximum und dem auxilium remotum. Beide Begriffe hatten jedoch damals keinen festen, allgemein anerkannten Inhalt, und ihre inhaltliche Bestimmung hing manchmal von der Art und Wirksamkeit der geleisteten Beihilfe ab, öfter jedoch von der zeitlichen Leistung der Hilfe im Vergleich mit dem Zeitpunkt der Ausführung der Tat.“; *Bitzilekis*, in: Provlimata tis simmetoxis sto egklima, 1998, 135; *Chorafas*, Genikai Arxai tou Poinikou Dikaiou,

Beihilfe, die auch „notwendige Beihilfe“ genannt wird[971], wird wie die Täterschaft bestraft. Ihr Tatbestand setzt voraus, dass der Gehilfe dem Handelnden vorsätzlich während und bei der Ausführung der Haupttat unmittelbare Hilfe leistet,[972] „und zwar in der Weise, dass ohne diese Hilfe die Begehung der Haupttat unter gleichen Umständen nicht mit Sicherheit zu erwarten wäre“[973]. Die Strafe des einfachen Gehilfen wird dagegen obligatorisch gemildert[974]. Nach dem Wortlaut des Gesetzes unterstützt der einfache Gehilfe auf irgendwelche Weise (physisch oder psychisch) die vom Haupttäter begangene Tat vor und während der Ausführung[975]. Ersichtlich wird die unmittelbare Beihilfe für eine „schwerere“ und wichtigere Form der Beteiligung gehalten und deswegen bezüglich der Strafe mit der Anstiftung und der Täterschaft gleichgestellt[976].

V. Das Kriterium der Abgrenzung zwischen Täterschaft und Teilnahme

Nach der überwiegenden Ansicht in der griechischen Lehre und Rechtsprechung stellt das Element der „Ausführung“ der Tat den entscheidenden Anhaltspunkt

---

1960, 268; *Georgakis*, Poinikon Dikaion, Geniko Meros, 1958, 272; *Katsantonis*, PChr 1958, 7, der davon überzeugt ist, daß die Charakterisierung des strafbaren Verhaltens einer Person als unmittelbare Täterschaft statt als Anstiftung in anderen Rechtsordnungen auf den Mangel der mittleren Stufe der unmittelbaren Beihilfe zurückzuführen ist; *Retalis*, in: National Prosecution of Interntional Crimes, 2005, 257, 258; *Tsolka*, Der allgemeine Teil des europäischen supranationalen Strafrechts, 1995, 274.

971 Vgl. *Mangakis*, Poiniko Dikaio, Geniko meros, 1984, 418.

972 Vgl. *Benakis*, Täterschaft und Teilnahme nach deutschem und griechischem Strafrecht, 1961, 43; *Symeonidou-Kastanidou*, Meletes ousiastikou Poinikou Dikaiou, 2003, 157.

973 Vgl. *Liadi*, in: Strafrechtsentwicklung in Europa, 1999, 1004.

974 Vgl. *Bitzilekis*, in: Provlimata tis simmetoxis sto egklima, 1998, 135; *Mangakis*, Poiniko Dikaio, Geniko meros, 1984, 422.

975 Vgl. *Benakis*, Täterschaft und Teilnahme nach deutschem und griechischen Strafrecht, 1961, 43, 44: „Die unmittelbare Beihilfe dient dazu, die „täterartige“ Beiträge, die wegen ihrer Formmängel nicht Täterschaft begründen könnten, mit der Täterschaft zu belegen.“; *Dimakis*, in: Sistimatiki erminia tou poinikou kodika, 2005, § 47 Rdn. 1; *Liadi*, in: Strafrechtsentwicklung in Europa, 1999, 1004; *Margaritis M.*, Poinikos Kodikas, 2003, 154.

976 Vgl. *Androulakis*, Poiniko Dikaio, Geniko meros II, 1986, 199, 200; *Bitzilekis*, in: Provlimata tis simmetoxis sto egklima, 1998, 152, 153; *Dimakis*, in: Sistimatiki erminia tou poinikou kodika, 2005, §§ 46 Rdn. 43; *Manoledakis*, Poiniko Dikaio, Geniki theoria, 2004, 677; *Margaritis M.*, Poinikos Kodikas, 2003, 154; *Tsolka*, Der allgemeine Teil des europäischen supranationalen Strafrechts, 1995, 274.

für die Bezeichnung der Täterschaft dar[977]. Die Bedeutung des Kriteriums der Vornahme der „Ausführungshandlung" für die Abgrenzung der Täterschaft von der Teilnahme ergibt sich nach *Androulakis* deutlich aus dem Wortlaut der Vorschriften 45–47 des griechischen Strafgesetzbuches[978]. Der Gesetzgeber hat sich daher zugunsten der formell-objektiven Theorie[979] entschieden und verlangt für das Vorliegen von Täterschaft die Erfüllung des objektiven und subjektiven Tatbestandes des jeweiligen Delikts[980].

Die subjektiven Theorien wurden niemals von der Literatur und der Praxis für die Bestimmung der Grenzen zwischen Täterschaft und Teilnahme berücksichtigt[981]. Die dogmatische Konzeption des „animus auctoris" und des „animus socii" hat in Griechenland keine Anhänger gefunden[982]. Das subjektive Kriterium der psychischen Einstellung des Täters gegenüber dem Verbrechen ist mit dem

---

977 Vgl. *Benakis*, in: Sistimatiki erminia tou poinikou kodika, 2005, 666; *Tsolka*, Der allgemeine Teil des europäischen supranationalen Strafrechts, 1995, 274.

978 Vgl. *Androulakis*, PChr 1976, 196.

979 Vgl. *Benakis*, Täterschaft und Teilnahme nach deutschem und griechischem Strafrecht, 1961, 43: „Was gegen die formal-objektive Theorie wegen ihrer starren Gebundenheit an eine formelhafte Auffassung der Tat oben ausgeführt worden ist, vor allem ihre Unfähigkeit, strafwürdige, nicht in der tatbestandsmäßigen Form vorgenommene Verhaltensweisen zu erfassen, muß auch für das griechische Recht gelten. Im griechischen StGB, das die Beihilfe milder bestraft und daher größere Ungleichmäßigkeiten schafft, gibt es allerdings einen gesetzestechnischen Ausweg. Diesen bietet die Zwischenstufe der unmittelbaren Beihilfe."

980 Vgl. *Benakis*, Täterschaft und Teilnahme nach deutschem und griechischem Strafrecht, 1961, 41; ders., in: Theoria kai praxi tou poinikou dikaiou, 2004, 5; ders., in: Sistimatiki erminia tou poinikou kodika, 2005, 667, 668; *Charalampakis*, PChr 1990, 1075; *Chorafas*, Genikai Arxai tou poinikou dikaiou, 1960, 267; *Katsantonis*, PChr 1958, 4; *Mangakis*, Poiniko Dikaio, Geniko Meros, 1984, 397, 398; *Manoledakis*, Poiniko Dikaio, Geniki Theoria, 2004, 597, 598; *Margaritis M.*, Poinikos Kodikas, 2003, 134; *Tsolka*, Der allgemeine Teil des europäischen supranationalen Strafrechts, 1995, 274.

981 Vgl. *Charalampakis*, PChr 1990, 1075.

982 Vgl. *Benakis*, Täterschaft und Teilnahme nach deutschem und griechischem Strafrecht, 1961, 37: „Die erste und unleugbare Tatsache ist, daß sich die griechische Gesetzgebung immer so fest an die objektive Unterscheidung zwischen Täterschaft und Teilnahme gehalten hat, daß sich niemals oder allenfalls nur ganz schwache Stimmen der Wissenschaft erhoben haben, die für eine subjektive Unterscheidung zwischen Täterschaft und Teilnahme gesprochen haben. Sowohl das frühere Strafgesetz von 1834 als auch das geltende Strafgesetzbuch von 1951 sprechen nicht nur in ihrer Vorgeschichte und Begründung, sondern auch im Wortlaut eindeutig für eine Abgrenzung, die stets auf die objektive Verschiedenheit der Tatbeiträge abstellt."; *Manoledakis*, Poiniko Dikaio, Geniki Theoria, 2004, 595 ff.; *Mylonopoulos*, Efarmoges poinikou dikaiou, 1997, 100; *Symeonidou-Kastanidou*, Meletes ousiastikou poinikou dikaiou, 2003, 142.

Gesetzeswortlaut nicht zu vereinbaren[983] und wird ferner von der herrschenden Auffassung als eine unklare und kaum feststellbare Bedingung erachtet[984].

Unter dem Einfluss der deutschen Lehre wurde auch im griechischen Strafrecht die Theorie der Tatherrschaft eingeführt. Es geht hier, wie schon erwähnt, um eine materielle Theorie, die als Täter denjenigen ansieht, der über Tatherrschaft bezüglich des deliktischen Geschehens verfügt[985]. Die Tatherrschaftslehre hat sich also in der griechischen Beteiligungslehre nicht durchgesetzt[986] und wird nur vereinzelt vertreten[987].

B. Die Anstiftung

I. Der objektive Tatbestand der Anstiftung

Der Anstifter wird im Gesetz als derjenige bezeichnet, der vorsätzlich einen anderen zu dessen strafbaren Tat bestimmt. Nach dem Wortlaut des griechischen Strafgesetzbuches und auch nach der griechischen Rechtsprechung wird für die Erfüllung des objektiven Tatbestandes der Anstiftung das Hervorrufen des Tatentschlusses verlangt[988]. Ohne Belang sind die Anstiftungsmittel, die eingesetzt

---

983 Vgl. *Mylonopoulos*, Efarmoges Poinikou Dikaiou, 1997, 100.

984 Vgl. *Benakis*, in: Sistimatiki erminia tou poinikou kodika, 2005, 665; *Symeonidou-Kastanidou*, Meletes ousiastikou poinikou dikaiou, 2003, 142.

985 Vgl. *Benakis*, in: Sistimatiki erminia tou poinikou kodika, 2005, 667.

986 Vgl. *Androulakis*, Poiniko Dikaio, Geniko meros II, 1986, 168, 169; *Chorafas*, Genikai Arxai tou poinikou dikaiou, 1960, 267: „Die Tatherrschaftstheorie bildet eine kaum zufrieden stellende juristische Konstruktion.“; *Manoledakis*, Poiniko Dikaio, Geniki Theoria, 2004, 604, der glaubt, daß die Tatherrschaftstheorie keine Lösung für die Probleme der Teilnahmedogmatik darstellt. Vielmehr führt sie seiner Ansicht nach zu einer Ausdehnung der Strafbarkeit der mittelbaren Täterschaft und bedient sich ferner des unklaren Elements der „Willenherrschaft.“; *Symeonidou-Kastanidou*, Meletes ousiastikou poinikou dikaiou, 2003, 143: „Die Tatherrschaftslehre bringt im griechischen Strafrecht große Probleme hervor.“

987 Vgl. *Mylonopoulos*, Efarmoges Poinikou Dikaiou, 1997, 101, der als Vorteil der Tatherrschaftstheorie die Synthese von objektiven und subjektiven Elementen ansieht.“; *Tzannetis*, PChr 1991, 620.

988 Vgl. *Androulakis*, Poiniko Dikaio, Geniko meros II, 1986, 195; *Benakis*, Täterschaft und Teilnahme nach deutschem und griechischem Strafrecht, 1961, 92; *Chorafas*, Genikai Arxai tou Poinikou Dikaiou, 1960, 284; *Dimakis*, in: Sistimatiki erminia tou poinikou kodika, 2005, 725; *Georgakis*, Poinikon Dikaion, Geniko Meros, 1958, 268; *Katsantonis*, PChr 1958, 7; *Kostaras*, in: Provlimata simmetoxis sto egklima, 1998, 76; *Magkakis*, Poiniko Dikaio, Geniko meros, 1984, 413; *Manoledakis*, Poiniko Dikaio, Geniki Theoria, 2004, 649; *Margaritis L.*, Yperaspisi 1997, 792; *Margaritis M.*, Poinikos Kodikas, 2003, 142; *Mylonopoulos*, Efarmoges Poi-

werden[989]. In Betracht kommt daher jedes taugliche Mittel, das das Erwecken der Deliktsentscheidung des Täters zustande bringen kann[990]. Deshalb ist eine Veranlassung des Haupttäters durch Rat, Versprechungen, Geschenke, Drohung oder Irreführung nach der überwiegenden Meinung in der Lehre und der Judikatur[991] möglich[992]. Im geltenden Strafgesetzbuch werden daher die Anstiftungsmittel nicht abschließend erwähnt[993]. Der Inhalt der Wendung „Hervorrufen des Tatentschlusses" erfordert aber nicht, dass der Anstifter über einen bestimmten Deliktsplan verfügt, den er dem Haupttäter mitteilt[994]. Irrelevant ist ferner, ob der Veranlasser ein unmittelbares oder mittelbares Interesse an der Ausführung der Tat hat[995].

Wie im deutschen Strafrecht, so wird auch nach der griechischen Lehre für die Annahme von Anstiftung zumeist eine geistige Kommunikation zwischen Anstifter und Täter für erforderlich gehalten[996]. Die Mindermeinung dagegen sieht

---

nikou Dikaiou, 1997, 104; *Retalis*, in: National Prosecution of International Crimes, 2005, 257; *Vathiotis*, Anmerkung, PChr 2004, 600; AP 836/2003 PChr ND/2004; AP 740/2004 PChr NE/2005; AP 949/2005 PChr NST/2006.

989 Vgl. *Chorafas*, Genikai Arxai tou Poinikou Dikaiou, 1960, 284; *Mangakis*, Poiniko Dikaio, Geniko meros, 1984, 414; *Vathiotis*, Anmerkung, PChr 2004, 600.

990 Vgl. *Georgakis*, Poinikon Dikaion, Geniko Meros, 1958, 268; *Mylonopoulos*, Efarmoges Poinikou Dikaiou, 1997, 104; MOE Peiraios 27–31/1995.

991 Vgl. AP 836/2003 PChr ND/211; AP 591/2001 PChr NB/131; AP 1469/2003 PChr NG/1073; AP 64/2003 PChr NG/1070; AP470/2000 PChr N/931; AP 79/2001 PChr NA/890; MOEfPeir 27–31/1995 PChr ME/350; AP 1028/1994 PChr MD/823; AP 939/1999 PChr N/437; AP 1596/2003 PChr ND/2004; AP 836/2003 PChr ND/2004; AP 2264/2004 PChr ND/2004; AP 740/2004 PChr NE/2005; AP 949/2005 PChr NST/2006; In manchen Entscheidungen wird aber verlangt, daß der Anstifter exklusiv durch Überreden und mit Aufdringlichkeit einen anderen zur Begehung einer strafbaren Handlung veranlasst: AP 421/1998 PChr MH/1065; AP 229/1999 PChr MTH/1009; AP171/2003 Plog 2003/200; AP 1818/2003 Plog 2004/2045; AP 1055/2005 PChr NST/2006; AP1667/2005 PChr NST/2006.

992 Vgl. *Dimakis*, in: Sistimatiki erminia tou poinikou kodika, 2005, 725; *Georgakis*, Poinikon Dikaion, Geniko Meros, 1958, 268; *Liadi*, in: Strafrechtsentwicklung in Europa, 1999, 1004; *Mangakis*, Poiniko Dikaio, Geniko meros, 1984, 414; *Margaritis M.*, Poinikos Kodikas, 2003, 142; *Retalis*, in: National Prosecution of International Crimes, 2005, 257; *Vathiotis*, Anmerkung, PChr 2004, 601.

993 Vgl. *Dimakis*, in: Sistimatiki erminia tou poinikou kodika, 2005, 725; *Kostaras*, in: Provlimata tis simmetoxis sto egklima, 1998, 80.

994 Vgl. *Chorafas*, Genikai Arxai tou Poinikou Dikaiou, 1960, 284; *Dimakis*, in: Sistimatiki erminia tou poinikou kodika, 2005, 725; *Mangakis*, Poiniko Dikaio, Geniko meros, 1984, 414; *Manoledakis*, Poiniko Dikaio, Geniki Theoria, 2004, 650.

995 Vgl. *Chorafas*, Genikai Arxai tou Poinikou Dikaiou, 1960, 285; *Dimakis*, in: Sistimatiki erminia tou poinikou kodika, 2005, 725.

996 Vgl. *Benakis*, in: Theoria kai praxi tou Poinikou Dikaiou, 2004, 18, 19; *Dimakis*, in: Sistimatiki erminia tou poinikou kodika, 2005, 726; *Kaiafa-Gbandi*, Yperaspisi

ein Verhalten des Anstifters als ausreichend an, das im unmittelbaren Täter die Entscheidung zur Begehung einer strafbaren Handlung verursacht[997]. Die bloße Erteilung einer Auskunft oder die Schaffung einer Situation, die als Motiv der Ausführung eines Delikts dient, ist danach hinreichend. Der Verursachungstheorie folgt hauptsächlich die griechische Rechtsprechung[998], die als Anstiftung jedes Verhalten bezeichnet, das Anlass zur Begehung einer unerlaubten Tat gibt.

Die Idee des erforderlichen psychischen Kontakts zwischen Anstifter und Angestiftetem verneint allerdings *Androulakis* mit dem Argument, dass das Gesetz ein solches Erfordernis nicht vorsieht[999]. Der gleichen Auffassung ist auch *Mylonopoulos*, der noch eine Bedingung hinzufügt. Danach muss der Beitrag einer Person, der zum Wecken des Tatentschlusses führt, eine Erhöhung des Risikos für das bedrohte Rechtsgut bewirkt haben[1000]. Das Verhalten des Anstifters müsse die Grenzen des „sozial Erträglichen" überschreiten[1001]. *Magkakis* kritisiert die Meinung des bloßen Setzens einer tatanreizenden Bedingung für die Bejahung einer Anstiftung und findet, dass auf diese Weise der Begriff der Anstiftung übermäßig ausgedehnt werde[1002].

Die Anstiftungshandlung muss sich im Weiteren auf eine bestimmbare Person oder zumindest einen bestimmbaren Personenkreis richten[1003]. Die Identität des Täters muss dem Anstifter jedoch nicht unbedingt bekannt sein[1004]. Wenn die Veranlassung des Anstifters Adressaten hat, die nicht konkretisiert werden können, dann findet Art. 184[1005] Anwendung[1006], der die öffentliche Aufforderung zu Straftaten regelt.

1997, 415; *Kostaras*, in: Provlimata tis simmetoxis sto egklima, 1998, 80; *Mangakis*, Poiniko Dikaio, Geniko meros, 1984, 413; *Margaritis M.*, Poinikos Kodikas, 1997, 145; *Vathiotis*, Anmerkung, PChr 2004, 602, 603.

997 Vgl. *Androulakis*, Poiniko Dikaio, Geniko meros II, 1986, 195, 196; *Mylonopoulos*, Efarmoges Poinikou Dikaiou, 1997, 106 f.

998 Vgl. SimvPlimMit 63/1995 EisProt G. Skiadaresi PoinChr MST/124, 129, ar.st; AP 1623/2000 PoinChr NA/712; AP 899/1999 PoinChr N/421, 425.

999 Vgl. *Androulakis*, Poiniko Dikaio, Geniko meros II, 1986, 196.

1000 Vgl. *Mylonopoulos*, Egarmoges Poinikou Dikaiou, 1997, 105.

1001 Vgl. *Mylonopoulos*, Efarmoges Poinikou Dikaiou, 1997, 107.

1002 Vgl. *Mangakis*, Poiniko Dikaio, Geniko meros, 1984, 413.

1003 Vgl. *Androulakis*, Poiniko Dikaio, Geniko meros II, 1986, 197; *Dimakis*, in: Sistimatiki erminia tou poinikou kodika, 2005, 728; *Mylonopoulos*, Efarmoges Poinikou Dikaiou, 1997, 105; *Margaritis M.*, Poinikos Kodikas, 2003, 143.

1004 Vgl. *Dimakis*, in: Sistimatiki erminia tou poinikou kodika, 2005, 728; *Mylonopoulos*, Efarmoges Poinikou Dikaiou, 1997, 105.

1005 Zitiert nach *Karanikas*, Das griechische Strafgesetzbuch, 1953, 41: „Art. 184: Wer öffentlich auf irgendwelche Weise zur Begehung eines Verbrechens oder Vergehens auffordert oder veranlaßt, wird mit Gefängnis bis zu 3 Jahren bestraft."

Die Anstiftungshandlung eines zur Deliktsbegehung bereits fest entschlossenen Täters (*omnimodo facturus*) ist nicht möglich. Ebenso gilt die einfache Verstärkung der kriminellen Energie des Täters nicht als Anstiftung[1007]. In diesem Fall folgt gewöhnlich eine Verurteilung wegen psychischer Beihilfe[1008].

Die zu begehende Tat braucht dem Anstifter nicht in allen Einzelheiten vom Haupttäter geschildert zu sein[1009]. Unabdingbar ist trotzdem, dass dem Veranlasser die „wesentlichen Umstände des Unrechts" bekannt sind[1010]. Tatort und die Tatzeit zählen nicht zu diesen Umständen[1011].

II. Der subjektive Tatbestand der Anstiftung

Der griechische Gesetzgeber erklärt in Art. 46 lediglich die vorsätzliche Bestimmung zur Ausführung einer unerlaubten Tat für strafbar[1012]. Die fahrlässige Anstiftung wird daher nicht unter Strafe gestellt[1013]. Für die Bestrafung des Anstifters ist im subjektiven Tatbestand ein doppelter Vorsatz notwendig[1014]. Der

---

1006 Vgl. *Androulakis*, Poiniko Dikaio, Geniko meros II, 1986, 197; *Liadi*, in: Strafrechtsentwicklung in Europa, 1999, 1004; *Mylonopoulos*, Efarmoges Poinikou Dikaiou, 1997, 106.

1007 Vgl. *Androulakis*, Poiniko Dikaio, Geniko meros, 1986, 196; *Chorafas*, Genikai Arxai tou Poinikou Dikaiou, 1960, 284; *Dimakis*, in: Sistimatiki erminia tou poinikou kodika, 2005, 729; *Georgakis*, Poinikon Dikaion, Geniko Meros, 1958, 268; *Mangakis*, Poiniko Dikaio, Geniko meros, 1984, 414; *Manoledakis*, Poiniko Dikaio, Geniki Theoria, 2004, 649; *Margaritis M.*, Poinikos Kodikas, 2003, 143.

1008 Vgl. *Mangakis*, Poiniko Dikaio, Geniko meros, 1984, 414; *Manoledakis*, Poiniko Dikaio, Geniki Theoria, 2004, 649; *Margaritis M.*, Poinikos Kodikas, 2003, 143.

1009 Vgl. *Chorafas*, Genikai Arxai tou Poinikou Dikaiou, 1960, 285; *Margaritis M.*, Poinikos Kodikas, 2003, 144; *Mylonopoulos*, Efarmoges Poinikou Dikaiou, 1997, 103; *Vathiotis*, Anmerkung, PChr 2004, 603.

1010 Vgl. *Georgakis*, Poinikon Dikaion, Geniko Meros, 1958, 271; *Mylonopoulos*, Efarmoges Poinikou Dikaiou, 1997, 103; *Vathiotis*, Dolos, 2003, 25.

1011 Vgl. *Mylonopoulos*, Efarmoges Poinikou Dikaiou, 1997, 103.

1012 Vgl. *Papadamakis*, in: Provlimata tis simmetoxis sto egklima, 1998, 170.

1013 Vgl. *Chorafas*, Genikai Arxai tou Poinikou Dikaiou, 1960, 285; *Dimakis*, in: Sistimatiki erminia tou Poinikou Kodika, 2005, 733; *Georgakis*, Poinikon Dikaion, Geniko Meros, 1958, 269; *Kaiafa-Gbandi*, Koinos epikindina egklimata, 1990, 114; *Katsantonis*, PChr 1958, 7; *Magkakis*, Poiniko Dikaio, Geniko meros, 1984, 415; *Margaritis M.*, Poinikos Kodikas, 2003, 145; *Papadamakis*, in: Provlimata tis simmetoxis sto egklima, 1998, 165.

1014 Vgl. *Androulakis*, Poiniko Dikaio, Geniko meros II, 1986, 197; *Dimakis*, in: Sistimatiki erminia tou Poinikou Kodika, 2005, 733; *Georgakis*, Poinikon Dikaion, Geniko Meros, 1958, 271; *Magkakis*, Poiniko Dikaio, Geniko meros, 1984, 416; *Papadamakis*, in: Provlimata tis simmetoxis to egklima, 1998, 169; *Retalis*, in: National Prosecution of International Crimes, 2005, 257.

Anstifter muss folglich über Vorsatz bezüglich der Anstiftungshandlung und zusätzlich bezüglich der Ausführung der Haupttat durch den unmittelbaren Täter verfügen[1015]. Die Art des Vorsatzes des Anstifters muss nach herrschender Ansicht in der Lehre nicht unbedingt mit dem Vorsatz des Veranlassenden identisch sein[1016]. Anders sieht das teilweise die Judikatur, die in manchen Entscheidungen eine Abhängigkeit der Form des Vorsatzes des Anstifters von demjenigen des Täters verlangt hat[1017].

III. Die versuchte Anstiftung

Da durch das Anstiftungsverhalten ein Risiko für das geschützte Rechtsgut geschaffen wird, ist einem Teil des Schrifttums zufolge auch die Strafbarkeit der versuchten Anstiftung dogmatisch notwendig und sinnvoll[1018]. Bei ihr wird nicht von einer Anstiftung gesprochen, da es die vorausgesetzte Haupttat nicht gibt[1019]. Nach herkömmlicher Meinung handelt es sich in Wahrheit um einen Fall der Bestrafung einer Vorbereitungshandlung[1020]. Das griechische Strafgesetzbuch enthält jedoch keine Vorschrift im Allgemeinen Teil hinsichtlich der versuchten Anstiftung[1021]. Das hat manche Wissenschaftler zu der Schlussfolgerung geführt, dass die versuchte Teilnahme und insbesondere die versuchte Anstiftung nach griechischem Strafrecht grundsätzlich nicht strafbar sei[1022]. Nach *Bitzilekis* ist die Strafbarkeit der versuchten Anstiftung unmöglich und mit der geltenden Beteiligungslehre unvereinbar, da der griechische Gesetzgeber sich eindeutig zur Idee

---

1015 Vgl. *Androulakis*, Poiniko Dikaio, Geniko meros II, 1986, 197; *Chorafas*, Genikai Arxai tou Poinikou Dikaiou, 1960, 285; *Dimakis*, in: Sistimatiki erminia tou Poinikou Kodika, 2005, 733; *Georgakis*, Poinikon Dikaion, Geniko Meors, 1958, 268, 269; *Magkakis*, Poiniko Dikaio, Geniko meros, 1984, 416; *Margaritis M.*, Poinikos Kodikas, 2003, 145; *Papadamakis*, in: Provlimata tis simmetoxis sto egklima, 1998, 169; AP 836/2003 PChr ND/2004; AP 740/2004 PChr NE/2005; PLIM/KEIO HRAKLEIOY 36/2004 PChr NST/2006; AP 1477/2005 PChr NST/2006.

1016 Vgl. *Dimakis*, in: Sistimatiki erminia tou Poinikou Kodika, 2005, 733; *Magkakis*, Poiniko Dikaio, Geniko meros, 1984, 415; *Papadamakis*, in: Provlimata tis simmetoxis sto egklima, 1998, 168.

1017 Vgl. AP 337/1991, Yperaspisi 1992, 60 ff.; AP 865/1990, Yperaspisi 1991, 817 ff.

1018 Vgl. *Dimakis*, in: Sistimatiki erminia tou Poinikou Kodika, 2005, 688.

1019 Vgl. *Androulakis*, Poiniko Dikaio, Geniko meros II, 1986, 177; *Dimakis*, in: Sistimatiki erminia tou Poinikou Kodika, 2005, 688.

1020 Vgl. *Androulakis*, Poiniko Dikaio, Geniko meros II, 1986, 177; *Dimakis*, in: Sistimatiki erminia tou Poinikou Kodika, 2005, 688.

1021 Vgl. *Dimakis*, in: Sistimatiki erminia tou Poinikou Kodika, 2005, 689.

1022 Vgl. *Bitzilekis*, H simmetoxiki praxi, 1990, 163; *Chorafas*, Genikai Arxai tou Poinikou Dikaiou, 1960, 279; *Mangakis*, Poiniko Dikaio, Geniko meros, 1984, 410.

des akzessorischen Teilnahmesystems bekennt[1023]. Der akzessorische Charakter der Teilnahme verlange zwingend das Vorhandensein einer Haupttat[1024].

Die Gegenmeinung, die die Möglichkeit der versuchten Anstiftung nicht ausschließen will, stützt sich in der Hauptsache auf die Vorschrift des Art. 186[1025] des Besonderen Teils, welche die Bestrafung desjenigen vorsieht, der einen anderen zur Begehung eines Verbrechens oder Vergehens auffordert[1026]. Die Regelung des Art. 186 wird von der überwiegenden Auffassung in der Literatur und nach dem Entwurf des griechischen Strafgesetzbuches von 1933 als ein *delictum sui generis* d.h. als ein eigenständiges Delikt angesehen[1027]. Da in Art. 186 keine Differenzierung bezüglich der Strafdrohung der versuchten Anstiftung an einem Verbrechen bzw. Vergehen enthalten ist, wird auch die Ansicht vertreten, dass die Abschaffung des Art. 186 und die gleichzeitige Einführung einer neuen Regelung der versuchten Anstiftung am Verbrechen im Allgemeinen Teil erforderlich sei[1028].

Die Frage, ob die versuchte Anstiftung bestraft werden soll oder nicht hängt immer von der Lehre ab, die bezüglich des Strafgrundes der Anstiftung vertreten wird[1029]. Diejenigen, die in der Anstiftung ein selbständiges Teilnahmeunrecht erblicken, halten die Strafbarkeit der versuchten Anstiftung für möglich. Die Anhänger des unselbständigen Teilnahmecharakters der Anstiftung sehen hingegen die Regelung der versuchten Anstiftung als ungerechtfertigt an.

1023 Vgl. *Bitzilekis*, H simmetoxiki praxi, 1990, 163.

1024 Vgl. *Bitzilekis*, H simmetoxiki praxi, 1990, 163.

1025 Zitiert nach *Karanikas*, Das Griechische Strafgesetzbuch, 1953, 41: „Art. 186: Aufforderung und Annahme der Aufforderung zur Begehung eines Verbrechens. – 1.Wer jemanden zur Begehung eines Verbrechens auffordert oder auf irgendwelche Weise anreizt, ferner wer sich für ein Verbrechen zur Verfügung stellt oder mit der Aufforderung oder dem Anerbieten sich einverstanden erklärt, wird mit Gefängnis von mindestens drei Monate bestraft. 2. Wer jemanden zur Begehung eines Vergehens auffordert oder auf irgendwelche Weise anreizt, ferner wer sich für ein Vergehen zur Verfügung stellt oder mit der Aufforderung oder dem Anerbieten sich einverstanden erklärt, wird mit Gefängnisstrafe bestraft."

1026 Vgl. *Dimakis*, in: Sistimatiki erminia tou Poinikou Kodika, 2005, 689.

1027 Vgl. *Androulakis*, Poiniko Dikaio, Geniko meros II, 1986, 178; *Dimakis*, in: Sistimatiki erminia tou Poinikou Kodika, 2005, 689; *Chorafas*, Genikai Arxai tou Poinikou Dikaiou, 1960, 279; *Georgakis*, Poinikon Dikaion, Geniko Meros, 1958, 270; *Mangakis*, Poiniko Dikaio, Geniko meros, 1984, 410; *Manoledakis*, Meletes gia emvathinsi sto poiniko dikaio, 1995, 225; ders., Poiniko Dikaio, Geniki Theoria, 2004, 672.

1028 Vgl. *Dimakis*, in: Sistimatiki erminia tou Poinikou Kodika, 2005, 690; *Manoledakis*, Meletes gia emvathinsi sto poiniko dikaio, 1995, 242.

1029 Vgl. *Bitzilekis*, H simmetoxiki praxi, 1990, 162.

IV. Der agent provocateur

Der agent provocateur wird nach griechischem Strafrecht mit der auf die Häfte ermäßigten Strafe des Täters bestraft[1030]. Dies ergibt sich klar aus dem Wortlaut des Art. 46 Abs. 2. Eine solche Regelung, die die Bestrafung des agent provocateur ausdrücklich vorsieht, fehlt im deutschen Strafgesetzbuch.

Die Vorschrift des Art. 46 Abs. 2 wird im Schrifttum als dogmatisch problematisch angesehen[1031]. Ihre Notwendigkeit und der Grund der Strafbarkeit des agent provocateur sind in Griechenland Gegenstand einer wissenschaftlichen Diskussion. Ein Teil der griechischen Lehre vertritt die Ansicht, dass das Verhalten des agent provocateur als ein Fall von Anstiftung erachtet werden müsse[1032]. Der agent provocateur werde dennoch nicht derselben Strafdrohung wie der „normale" Anstifter unterstellt, weil er nicht über einen doppelten Vorsatz verfüge[1033].

Wegen des Mangels an Vorsatz hinsichtlich der Verwirklichung der Haupttat geht hingegen eine andere Meinung davon aus, dass es sich hier eigentlich um ein eigenständiges Delikt handele, das gegen das Rechtsgut der persönlichen Freiheit des Veranlassenden gerichtet sei[1034]. Ratio der Bestrafung des agent provocateur im griechischen Strafgesetzbuch sei nach *Androulakis* die Tatsache, dass der agent provocateur durch seine Aufforderung zur Begehung einer unerlaubten Handlung eine andere Person zum Verbrecher mache[1035].

V. Der Grundsatz der Akzessorietät der Anstiftung

Das heute geltende griechische Strafgesetzbuch enthält das Prinzip der limitierten Akzessorietät der Teilnahme[1036]. Für die Bejahung der Teilnahmeform der An-

---

1030 Vgl. *Chorafas*, Genikai Arxai tou Poinikou Dikaiou, 1960, 286; *Georgakis*, Poinikon Dikaion, Geniko Meros, 1958, 269.

1031 Vgl. *Livos*, PChr 1987, 577 ff.

1032 Vgl. *Chorafas*, Genikai Arxai tou Poinikou Dikaiou, 1960, 286.

1033 Vgl. *Androulakis*, Poiniko Dikaio, Geniko meros II, 1986, 177; *Bekas*, in: Provlimata tis simmetoxis sto egklima, 1998, 119; *Magkakis*, Poiniko Dikaio, Geniko meros, 1984, 417; *Manoledakis*, Poiniko Dikaio, Geniki Theoria, 2004, 671.

1034 Vgl. *Dimakis*, in: Sistimatiki erminia tou Poinikou Kodika, 2005, 752.

1035 Vgl. *Androulakis*, Poiniko Dikaio, Geniko meros II, 1986, 177; derselben Ansicht ist auch *Manoledakis*, Poiniko Dikaio, Geniki Theoria, 2004, 667.

1036 Vgl. *Androulakis*, Poiniko Dikaio, Geniko meros II, 1986, 165; *Benakis*, Täterschaft und Teilnahme nach deutschem und griechischem Strafrecht, 1961, 59; *Bitzilekis*, H simmetoxiki praxi, 1990, 207, 208; *Chorafas*, Genikai Arxai tou Poinikou Dikaiou, 1960, 280; *Benakis*, in: Sistimatiki erminia tou Poinikou Kodika, 2005, 671; *Magkakis*, Poiniko Dikaio, Geniko meros, 1984, 411; *Manoledakis*, Poiniko Dikaio, Gestiftung wird daher die Ausführung einer Haupttat verlangt[1037]. Der griechische Gesetzgeber bestimmt in Art. 46 Abs. 1 Satz 1 die gesetzlichen Eigenschaften, die diese Haupttat haben muss[1038]. Sie muss demnach zunächst eine strafbedrohte Handlung sein, die den objektiven Tatbestand eines Deliktes erfüllt[1039]. Zusätzlich darf die Tat des unmittelbaren Täters durch keinen Rechtfertigungsgrund gedeckt sein, d.h., die Haupttat soll unbedingt als rechtswidrig charakterisiert werden[1040]. Diese strafbare Handlung muss andererseits dem Haupttäter nicht zur Schuld zugerechnet werden können[1041]. Wie im deutschen Strafrecht bildet auch in der griechischen Beteiligungslehre eine schuldhafte Haupttat keine unerlässliche Voraussetzung für die Begründung der Strafbarkeit des Anstifters.

Das Unrecht des Anstifters wird daher nach griechischem Strafrecht aus dem Unrecht des Haupttäters abgeleitet[1042]. Der griechische Gesetzgeber lehnt ausdrücklich den Grundsatz der strengen Akzessorietät der Teilnahme (Art. 46 1. a – *δάνειον εγκληματικοτητος*)[1043] ab, vermeidet aber zu erwähnen, ob die vorausgesetzte Haupttat vom Täter vorsätzlich begangen werden muss oder nicht. Das

---

niki Theoria, 2004, 614; *Retalis*, in: National Prosecution of International Crimes, 2005, 256; *Symeonidou-Kastanidou*, in: Meletes ousiastikou Poinikou Dikaiou, 2003, 156; *Tsolka*, Der allgemeine Teil des europäischen supranationalen Strafrechts, 1995, 274.

1037 Vgl. *Bitzilekis*, H simmetoxiki praxi, 1990, 205; *Benakis*, in: Sistimatiki erminia tou Poinikou Kodika, 2005, 671; *Magkakis*, Poiniko Dikaio, Geniko meros, 1984, 410; *Papadamakis*, in: Provlimata tis simmetoxis sto egklima, 1998, 174; *Symeonidou-Kastanidou*, in: Meletes ousiastikou Poinikou Dikaiou, 2003, 156.

1038 Vgl. *Benakis*, Täterschaft und Teilnahme nach deutschem und griechischem Strafrecht, 1961, 60.

1039 Vgl. *Androulakis*, Poiniko Dikaio, Geniko meros II, 1986, 165; *Benakis*, in: Sistimatiki erminia tou Poinikou Kodika, 2005, 671.

1040 Vgl. *Benakis*, Täterschaft und Teilnahme nach deutschem und griechischem Strafrecht, 1961, 61; *Bitzilekis*, H simmetoxiki praxi, 1990, 208; *Chorafas*, Genikai Arxai tou Poinikou Dikaiou, 1960, 281; *Benakis*, in: Sistimatiki erminia tou Poinikou Kodika, 2005, 671; *Magkakis*, Poiniko Dikaio, Geniko meros, 1984, 411; *Symeonidou-Kastanidou*, in: Meletes ousiastikou Poinikou Dikaiou, 2003, 156; anders *Manoledakis*, Poiniko Dikaio, Geniki Theoria, 2004, 614, 615, 616, der meint, dass nur die Erfüllung des objektiven Tatbestandes des Delikts durch den Haupttäter erforderlich ist. Er hält weiter für irrelevant zur Bejahung von Anstiftung, ob die Haupttat durch einen Rechtsfertigungsgrund gedeckt ist.

1041 Vgl. *Bitzilekis*, H simmetoxiki praxi, 1990, 208; *Charalampakis*, Yperaspisi 1991, 1234; *Magkakis*, Poiniko Dikaio, Geniko meros, 1984, 411.

1042 Vgl. *Bitzilekis*, H simmetoxiki praxi, 1990, 136, 209; *Papadamakis*, in: Provlimata tis simmetoxis sto egklima, 1998, 167; *Symeonidou-Kastanidou*, in: Meletes ousiastikou Poinikou Dikaiou, 2003, 156; *Tzannetis*, PChr 1991, 620; *Zachariadis*, Yperaspisi 1997, 802.

1043 Vgl. *Androulakis*, Poiniko Dikaio, Geniko meros, II, 1986, 163, 164.

deutsche Strafrecht fordert nach dem Wortlaut des Gesetzes (Art. 26 StGB) eine vom Haupttäter vorsätzlich vorgenommene Handlung. Eine solche Klarheit im Ausdruck fehlt hingegen im griechischen Text und hat folglich Anlass zu einem wissenschaftlichen Streit in Literatur und Rechtsprechung gegeben[1044], mit der wir uns im folgenden Kapitel befassen werden.

Die Frage der Unrechtsqualität der Haupttat, die für die Bejahung von Anstiftung relevant ist, betrifft die so genannte qualitative Akzessorietät[1045]. Maßgeblich ist aber auch die so genannte quantitative Akzessorietät, nämlich die Feststellung, ob für die Strafbarkeit des Veranlassers und des Teilnehmers überhaupt die Handlung des unmittelbaren Täters verwirklicht worden sein muss, oder ob der bloße Versuch ausreicht[1046]. Nach der griechischen Beteiligungslehre wird es für hinreichend gehalten, wenn die Haupttat zumindest das Versuchsstadium erreicht hat[1047].

VI. Anstiftung zu einer unvorsätzlichen Haupttat?

Im Gegensatz zur deutschen Regelung bestimmt Art. 46 des griechischen Strafgesetzbuches nicht, ob die Haupttat in jedem Fall vorsätzlich begangen sein muss oder nicht. Die Möglichkeit der Anstiftung zu einer fahrlässigen Tat ist folglich in der Lehre ebenso wie in der Judikatur bis heute höchst umstritten[1048]. Vertreten wird sowohl die Ansicht, die eine solche Möglichkeit verneint, als auch die Auffassung, die sich für eine Bestrafung der Anstiftung zu einer unvorsätzlichen Handlung ausspricht.

Nach einem Teil des Schrifttums liegt keine strafbare Anstiftung vor, wenn die Haupttat ohne Vorsatz vorgenommen wird[1049]. Die Anhänger dieser These berufen sich hauptsächlich auf den Wortlaut des Art. 46, der vom Anstifter eine „Erweckung des Tatentschlusses“[1050] fordert. Der Begriff „Tatentschluss“ ist auch in einer anderen Vorschrift des Strafgesetzbuches zu finden, und zwar in Art. 42 zum Versuch. In der Regelung über den Versuch ist der „Entschluss“ mit dem Vorsatz verbunden. Diese Feststellung hat manche Wissenschaftler zu der

---

1044 Vgl. *Benakis*, Täterschaft und Teilnahme nach deutschem und griechischem Strafrecht, 1961, 73 ff.

1045 Vgl. *Bitzilekis*, H simmetoxiki praxi, 1990, 205 ff.

1046 Vgl. *Bitzilekis*, H simmetoxiki praxi, 1990, 136, 137; *Magkakis*, Poiniko Dikaio, Geniko meros, 1984, 410.

1047 Vgl. *Bitzilekis*, H simmetoxiki praxi, 1990, 177; *Chorafas*, Genikai Arxai tou Poinikou Dikaiou, 1960, 280, 281; *Magkakis*, Poiniko Dikaio, Geniko meros, 1984, 410.

1048 Vgl. *Bitzilekis*, H simmetoxiki praxi, 1990, 239 ff.

1049 Vgl. *Georgakis*, Poinikon Dikaion, Geniko Meros, 1958, 269.

1050 Nach der präzisen Übersetzung des Artikels 46 1 a grStGB auf deutsch ist Anstifter derjenige, der beim Täter die Erweckung des Tatentschlusses hervorruft.

Schlussfolgerung veranlasst, dass auch im Falle der Anstiftung der Begriff des „Tatentschlusses" das subjektive Element des Vorsatzes erforderlich mache[1051]. Dieser Meinung zufolge sei es die Absicht des griechischen Gesetzgebers gewesen, dem Begriff in beiden Vorschriften den gleichen Inhalt zu verleihen. Das „Hervorrufen des Tatentschlusses" sei folglich im Sinne der Erweckung der Entscheidung des Haupttäters, eine vorsätzliche Handlung vorzunehmen, zu verstehen.

Aus Art. 220[1052] und 228[1053], die die mittelbare Falschbeurkundung und die Verleitung zum Meineid regeln, ergebe sich auch, dass die Anstiftung zu einer fahrlässigen Handlung nicht unter Strafe gestellt werden kann[1054]. Andernfalls gäbe es keinen Grund für die Existenz dieser beiden Regelungen, die als *leges subsidiariae* in Bezug auf die Anstiftung charakterisiert werden.

Die Beantwortung der Frage, ob die Anstiftung zu einer unvorsätzlichen Haupttat für strafbar erklärt werden soll, ist eng mit der Bedeutung des Prinzips der limitierten Akzessorietät für das griechische Strafrecht verknüpft[1055]. Was ist daher unter diesem Grundsatz nach der griechischen Beteiligungslehre zu verstehen? Wie lässt sich der Begriff „rechtswidrige Tat" des Art. 46 interpretieren und welch sind die Anforderungen, die an die rechtliche Beschaffenheit der Haupttat gestellt werden müssen? Diese beiden wichtigen und miteinander verbundenen Fragen haben die griechische Literatur in zwei Lager gespalten und die Entscheidungen der Rechtsprechung stark beeinflusst. Die Rechtswissenschaftler, die die

1051 Vgl. *Charalampakis*, Yperaspisi 1991, 1240.

1052 Zitiert nach *Karanikas*, Das griechische Strafgesetzbuch, 1953, 48: „Art. 220: Wer durch Täuschung erreicht, daß in einer öffentlichen Urkunde wahrheitswidrig eine Tatsache beglaubigt wird, die rechtliche Folgen haben kann, ferner wer zur Täuschung eines anderen in Bezug auf die betreffende Tatsache eine solche Urkunde gebraucht, wird mit Gefängnis von 3 Monaten bis zu 2 Jahren bestraft, sofern er nicht nach den Vorschriften über die Anstiftung schwerer zu bestrafen ist."

1053 Zitiert nach *Karanikas*, Das griechische Strafgesetzbuch, 1953, 50: „Art. 228: Wer vorsätzlich durch Täuschung jemanden zur Leistung eines falschen Eides (Art. 224) verführt, wird mit Gefängnis bis zu zwei Jahren bestraft, sofern die Tat nicht nach den Vorschriften über die Anstiftung schwerer zu bestrafen ist."

1054 Vgl. *Benakis*, in: Theoria kai praxi tou Poinikou Dikaiou, 2004, 134.

1055 Vgl. *Benakis*, Täterschaft und Teilnahme nach deutschem und griechischem Strafrecht, 1961, 61: „ Um richtig zu verfahren, muß man die Akzessorietät bis ins einzelne festlegen, und zwar nicht auf Grund der inhaltlich unsicheren komplexen Begriffe, sondern auf Grund der sachlich bestimmten Verbrechensmerkmale. Die nähere Untersuchung der Merkmale der Haupttat, die vorliegen müssen oder belanglos für die Strafbarkeit der Teilnahme nach dem griechischen Recht sind, führt auf einem Umweg zur weiter gehenden Problematik über den Inhalt der Schuld und ihr Verhältnis zur Tatbestandsmäßigkeit."

Teilnahme an einer Fahrlässigkeitstat für möglich halten[1056], versuchen Argumente aus einer Regelung des Allgemeinen Teils herzuleiten. Es geht um die Vorschrift des Art. 48, die im Kapitel über die Teilnahme eingeordnet ist und die die Strafbarkeit der Teilnehmer als unabhängig von der Strafbarkeit desjenigen bestimmt, der die Tat ausführt. Auf Grund der traditionellen Auffassung, die den Vorsatz ausschließlich als ein Element der Schuld ansieht[1057], findet ein Teil der Literatur, dass der Ausdruck „Strafbarkeit" des Art. 48 auch den Vorsatz beinhaltet[1058]. Es sei dementsprechend für die Strafbarkeit des Anstifters ohne Belang, ob der Haupttäter mit oder ohne Vorsatz gehandelt hat oder ob ihm die Tat zur Schuld zugerechnet wurde. Auch die Begründung zum Entwurf des griechischen Gesetzbuches von 1935–37 zeige, dass „der Gesetzgeber mit der Anwendung des Begriffes „rechtswidrige Handlung" die Teilnahme von allen Schuldmerkmalen – darunter ausdrücklich auch vom Vorsatz – unabhängig erklären wollte."[1059]

Der Teil des Schrifttums, der lediglich den Fall der vorsätzlichen Anstiftung zu einer vorsätzlichen Haupttat für zutreffend erachtet, gebraucht vor allem ein Argument, das durch die neue Theorie des personalen Unrechts auf die Vorschrift des Art. 48 zurückführt. Die Entdeckung der subjektiven Unrechtselemente und die theoretische Auswirkung der finalen Handlungslehre[1060] führten graduell zur personalen Unrechtslehre[1061], die *Welzel* in die deutsche Wissenschaft einführte. Diese Lehre hat sich jedoch in Griechenland nicht endgültig durchgesetzt[1062]. Gleichwohl gibt es Wissenschaftler[1063], die den Vorsatz und die Fahrlässigkeit nicht nur als Elemente der Schuld, sondern auch als Bestandteile des Unrechts bzw. der Tatbestandsmäßigkeit betrachten[1064]. Unter dem Einfluss dieser dogmatischen Konzeption versuchen ihre Anhänger den Ausdruck „rechtswidrige Tat" in Art. 46 anders zu definieren. Damit seien sowohl das Unrecht als

---

1056 Vgl. *Chorafas*, Genikai Arxai tou Poinikou Dikaiou, 1960, 281; *Kostaras*, in: provlimata tis simmetoxis sto egklima, 1998, 79; *Magkakis*, Poiniko Dikaio, Geniko meros, 1984, 411; *Manoledakis*, Poiniko Dikaio, Geniki Theoria, 2004, 613 ff.; *Margaritis M.*, Poinikos Kodikas, 2003, 158.

1057 Vgl. *Androulakis*, Poiniko Dikaio, Geniko meros II, 1986, 182; *Magkakis*, Poiniko Dikaio, geniko meros, 1984, 411; *Tsolka*, Der allgemeine Teil des europäischen supranationalen Strafrechts, 1995, 274.

1058 Vgl. *Chorafas*, Genikai Arxai tou Poinikou Dikaiou, 1960, 282, 283; *Katsantonis*, PChr 1958, 10; *Magkakis*, Poiniko Dikaio, Geniko meros, 1984, 411, 412.

1059 Vgl. *Androulakis*, Poiniko Dikaio, Geniko meros II, 1986, 182, 183.

1060 Vgl. *Magkakis*, O katalogismos eis to Poinikon Dikaion, 1962, 150 ff.

1061 Vgl. *Charalampakis*, Yperaspisi 1991, 1238, 1240.

1062 Vgl. *Manoledakis*, Poiniko Dikaio, Geniki Theoria, 2004, 613: „Das Unrecht im griechischen Strafrecht besteht nur aus objektiven Elementen und deswegen enthält es nicht den Vorsatz des Täters."

1063 Vgl. *Charalampakis*, Yperaspisi 1991, 1238; *Tzannetis*, PChr 1991, 619.

1064 Vgl. *Charalampakis*, PChr 1990, 1077.

auch der Vorsatz, d.h. objektive und subjektive Gesichtspunkte, gemeint. *Benakis* ist davon überzeugt, dass nur die Anstiftung zu einer vorsätzlichen Haupttat denkbar ist[1065]. Sie stützt ihre These aber nicht auf die Einordnung des Vorsatzes in den Tatbestand, sondern auf die Natur der Anstiftung selbst, die eine geistige und damit willentliche Einflussnahme auf den Haupttäter voraussetze[1066].

Durch diese vielfältige und manchmal komplizierte Argumentation der beiden Teile der Literatur wird deutlich, dass die Problematik der Möglichkeit oder Unmöglichkeit der Anstiftung zu einer unvorsätzlichen Tat mangels einer ausdrücklichen gesetzlichen Regelung noch unentschieden ist[1067]. Trotzdem wird als herrschende Auffassung nicht nur in der Theorie, sondern auch in der Praxis[1068] eher diejenige angesehen, die den Anstifter eines Fahrlässigkeitstäters bestrafen will[1069].

VII. Die Beziehung der Anstiftung zur mittelbaren Täterschaft

Interessant ist die Funktion der mittelbaren Täterschaft in der griechischen Beteiligungslehre und insbesondere ihr Verhältnis zur Teilnahmeform der Anstiftung[1070], die Anregung zu einer wissenschaftlichen Diskussion gegeben hat. Das Problem, mit dem sich sowohl die Lehre, als auch die Judikatur befasst haben, betrifft die Frage, ob die mittelbare Täterschaft als eine selbständige Art von Täterschaft[1071] mit eigenem Bestand erachtet werden muss oder ob sie einfach als ein „technischer" Ausweg zur Schließung von Strafbarkeitslücken dient[1072]. Die ganze Problematik ergibt sich aus dem Umstand, dass das griechische Strafgesetzbuch, das von der formal-objektiven Theorie geprägt ist, die mittelbare Täterschaft nicht ausdrücklich regelt[1073]. Nach herrschender Lehre und Rechtsprechung kommt deshalb mittelbare Täterschaft nur dann in Betracht, wenn Anstif-

1065 Vgl. *Benakis*, in: Theoria kai Praxi tou Poinikou Dikaiou, 2004, 18.
1066 Vgl. *Benakis*, in: Theoria kai praxi tou Poinikou Dikaiou, 2004, 19, 133.
1067 Vgl. *Bitzilekis*, H simmetoxiki praxi, 1990, 239.
1068 Vgl. AP 2340/2003 PraxLogPD 2003, 555; AP 437/2002 PChr NG/211; Siehe auch *Anagnostopoulos*, Anmerkung PoinChr 2004, 701 f.
1069 Vgl. *Charalampakis*, PChr 1990, 1076, 1080; ders., Yperaspisi 1991, 1234; *Tiedemann*, in: Festschrift für Nishihara, 1998, 502; *Tsolka*, Der allgemeine Teil des europäischen supranationalen Strafrechts, 1995, 274; *Tzannetis*, PChr 1991, 618, 619.
1070 Vgl. *Kostaras*, in: Provlimata tis simmetoxis sto egklima, 1998, 81.
1071 Vgl. *Tzannetis*, PChr 1991, 619.
1072 Vgl. *Benakis*, in: Sistimatiki erminia tou Poinikou Kodika, 2005, 678, 679.
1073 Vgl. *Benakis*, Täterschaft und Teilnahme nach deutschem und griechischem Strafrecht, 1961, 49.

tung ausscheidet[1074], entweder, weil die vorausgesetzte Haupttat nicht tatbestandsmäßig ist (z.B. bei den eigenhändigen Delikten oder den Sonderdelikten, wenn der Täter nicht über die erforderlichen Eigenschaften verfügt), oder weil bei der Handlung des unmittelbaren Täters Rechtfertigungsgründe vorliegen[1075]. In diesem Fall handelt es sich um die „Lückenbüßerfunktion" (εμβαλωματική λειτουργία) der mittelbaren Täterschaft[1076]. Der Anwendungsbereich der mittelbaren Täterschaft wird so im Vergleich zur Anstiftung stark eingeschränkt[1077].

Die Mindermeinung in Lehre und Praxis[1078] geht hingegen davon aus, dass für die Bestimmung der mittelbaren Täterschaft und für die Erleichterung ihrer Abgrenzung von der Anstiftung nicht das herrschende formelle Kriterium, sondern das materielle Kriterium der „Tatherrschaft" ausgerechnet werden muss[1079]. Offenkundig ist hier die Einflussnahme der deutschen Lehre auf die griechische Strafrechtsdogmatik. Die mittelbare Täterschaft wird dementsprechend immer dann angenommen, wenn eine Unterordnung des Werkzeugs unter die verbrecherischen Zwecke des Hintermanns vorliegt[1080]. Auf diese Weise werden die Grenzen der mittelbaren Täterschaft ausgedehnt, denn sie findet Anwendung sowohl dann, wenn eine rechtswidrige Haupttat fehlt, als auch, wenn der Täter ohne Vorsatz handelt oder ihm die Tat nicht zur Schuld zugerechnet werden kann[1081]. Für die Anhänger dieser Auffassung, die ersichtlich von der Tatherrschaftstheorie beeinflusst worden sind, wird zugleich das damit zusammenhängende Problem der Möglichkeit der Anstiftung zu einer Fahrlässigkeitstat gelöst. Verstärkt wird da-

---

1074 Vgl. *Androulakis*, Poiniko Dikaio, Geniko meros II, 1986, 187; *Kostaras*, in: Provlimata tis simmetoxis sto egklima, 1998, 85, 86; *Magkakis*, Poiniko Dikaio, Geniko meros, 1984, 405.

1075 Vgl. *Magkakis*, Poiniko Dikaio, Geniko meros, 1984, 402, 403; *Manoledakis*, Poiniko Dikaio, Geniki Theoria, 2004, 698; *Margaritis M.*, Poinikos Kodikas, 2003, 149.

1076 Vgl. *Androulakis*, Poiniko Dikaio, Geniko meros II, 1986, 187; *Benakis*, in: Sistimatiki erminia tou Poinikou Kodika, 2005, 679; *Charalampakis*, Yperaspisi 1991, 1242; *Magkakis*, Poiniko Dikaio, Geniko meros, 1984, 405.

1077 Vgl. *Benakis*, in: Sistimatiki erminia tou Poinikou Kodika, 2005, 679; *Charalampakis*, Yperaspisi 1991, 1236; *Tzannetis*, PChr 1991, 619.

1078 Vgl. *Charalampakis*, Yperaspisi 1991, 1236.

1079 Vgl. *Benakis*, in: Sistimatiki erminia tou Poinikou Kodika, 2005, 679; ders., in: Theoria kai Praxi tou Poinikou Dikaiou, 2004, 35; *Charalampakis*, Yperaspisi 1991, 1242; *Tzannetis*, PChr 1991, 620.

1080 Vgl. *Benakis*, Täterschaft und Teilnahme nach deutschem und griechischem Strafrecht, 1961, 50; ders., in: Sistimatiki erminia tou Poinikou Kodika, 2005, 679; *Charalampakis*, Yperaspisi 1991, 1241; *Chorafas*, Genikai Arxai tou Poinikou Dikaiou, 1960, 270; *Margaritis M.*, Poinikos Kodikas, 2003, 149; *Tzannetis*, PChr 1991, 620.

1081 Vgl. *Benakis*, in: Sistimatiki erminia tou Poinikou Kodika, 2005, 679.

durch ihre Überzeugung, dass nur die Anstiftung zu einer vorsätzlichen Handlung denkbar ist. Mangels Vorsatzes bei der Ausführung der Haupttat ist in diesem Fall der Hintermann nicht als Anstifter, sondern als mittelbarer Täter zu bestrafen.

VIII. Der Strafgrund der Anstiftung

Nach der Regelung des Art. 46 Abs. 1 des griechischen Strafgesetzbuches wird der Anstifter in abstracto der tätergleichen Strafdrohung unterworfen. In concreto wird der Beitrag des Anstifters bei der Strafzumessung berücksichtigt[1082]. Zur Rechtfertigung dieser Gleichstellung des Anstifters mit dem Täter sind im Schrifttum viele Theorien entwickelt worden[1083], die uns schon aus dem deutschen Recht bekannt sind.

Die in der deutschen Lehre und Rechtsprechung in der Vergangenheit vertretene Schuldteilnahmetheorie[1084] ist in Griechenland nicht auf großen Beifall gestoßen[1085]. Die These, dass der Anstifter unter Strafe gestellt werde, weil er den Täter „in Schuld und Strafe führt"[1086], wird mit dem geltenden griechischen Strafgesetzbuch und dem Grundsatz der limitierten Akzessorietät für unvereinbar gehalten[1087].

Als dogmatisch ungenügend für die Erläuterung der im Gesetz angeordneten Gleichbestrafung von Anstifter und Täter wird auch die reine Verursachungstheorie angesehen[1088]. Die Theorie der „kausalen Schaffung einer zur Tat anreizenden Sachlage" als Strafgrund der Anstiftung wird im griechischen Schrifttum nicht vertreten[1089].

1082 Vgl. *Georgakis*, Poinikon Dikaion, Geniko Meros, 1958, 278.

1083 Vgl. *Dimakis*, in: Sistimatiki erminia tou Poinikou Kodika, 2005, 682.

1084 Vgl. *Bitzilekis*, H simmetoxiki praxi, 1990, 43 ff.

1085 Vgl. *Androulakis*, Poiniko Dikaio, Geniko meros II, 1986, 174; *Dimakis*, in: Sistimatiki erminia tou Poinikou Kodika, 2005, 683.

1086 Vgl. *Androulakis*, Poiniko Dikaio, Geniko meros II, 1986, 174; *Dimakis*, in: Sistimatiki erminia tou Poinikou Kodika, 2005, 683; *Kostaras*, in: Provlimata tis simmetoxis sto egklima, 1998, 70.

1087 Vgl. *Androulakis*, Poiniko Dikaio, Geniko meros II, 1986, 174; *Dimakis*, in: Sistimatiki erminia tou Poinikou Kodika, 2005, 683; *Kostaras*, in: Provlimata tis simmetoxis sto egklima, 1998, 70.

1088 Vgl. *Bitzilekis*, H simmetoxiki praxi, 1990, 56 ff.; *Androulakis*, Poiniko Dikaio, Geniko meros II, 1986, 174.

1089 Vgl. *Androulakis*, Poiniko Dikaio, Geniko meros II, 1986, 174; *Dimakis*, in: Sistimatiki erminia tou Poinikou Kodika, 2005, 683.

Herrschend in der griechischen Literatur[1090] ist die so genannte akzessorietätsorientierte Verursachungstheorie[1091], die auch in Deutschland viele Anhänger hat. Der Anstifter wird nach dieser Lehre nicht für sein eigenes, selbständiges Unrecht, sondern für fremdes Unrecht bestraft. Er haftet für das Bewirken der durch den Täter begangenen Rechtsgutsverletzung. Er verletzt nämlich das Rechtsgut nicht unmittelbar, sondern mittelbar durch den Haupttäter[1092], und deshalb wird seine Strafbarkeit aus der Handlung des Haupttäters abgeleitet.

Androulakis verficht hingegen eine andere „gemischte" Theorie, die Elemente der erwähnten Theorien zu kombinieren versucht[1093]. Nach dieser Auffassung ist der Anstifter gleich dem Täter zu bestrafen, und zwar nicht nur deshalb, weil er kausal durch den Haupttäter den verbrecherischen Erfolg verursacht, sondern auch deshalb, weil er den Täter der „sozialen Desintegration" aussetzt, dadurch dass er ihn zu seiner Tat veranlasst[1094]. Er sei sowohl für die durch einen anderen eingetretene Rechtsgutsverletzung als auch für die Schaffung eines Verbrechers verantwortlich. Der Anstifter solle daher für ein doppeltes Unrecht bestraft werden, da er nicht nur eine Rechtsgutsverletzung bewirke, sondern auch die „soziale Existenz" des unmittelbaren Täters treffe.[1095] Diese Lehre wird kritisiert und ist in der Literatur auf Ablehnung gestoßen vor allem wegen der Unklarheit des abstrakten Begriffes „soziale Existenz"[1096]. Kritisiert wird ebenfalls der Umstand, dass sie sehr an die nicht vertretene Schuldteilnahmetheorie erinnert. Die Theorie von *Androulakis* weist Ähnlichkeiten mit der Auffassung auf, die *Amelung* im deutschen Schrifttum neuerdings vertreten hat. Auch *Amelung* bezeichnet die Anstiftung als einen „Rechtsgutsangriff durch Korrumpierung eines anderen.[1097]"

Mit der einheitlichen Strafdrohung für Täter und Anstifter sind manche Rechtswissenschaftler[1098] nicht einverstanden. Vertreten wird, dass eine im Gesetz vorgesehene Strafmilderung für den Fall der Anstiftung besser wäre. Ihr hauptsächliches Argument basiert auf der Notwendigkeit, die Unterschiedlichkeit zwischen der Anstiftungshandlung und der Teilnehmerhandlung im Allgemeinen

---

1090 Vgl. *Bitzilekis*, H simmetoxiki praxi, 1990, 66 ff.; *Dimakis*, in: Sistimatiki erminia tou Poinikou Kodika, 2005, 686; *Manoledakis*, Poiniko Dikaio, Geniki Theoria, 2004, 646.

1091 Vgl. *Dimakis*, in: Sistimatiki erminia tou Poinikou Kodika, 2005, 683.

1092 Vgl. *Dimakis*, in: Sistimatiki erminia tou Poinikou Kodika, 2005, 683.

1093 Vgl. *Dimakis*, in: Sistimatiki erminia tou Poinikou Kodika, 2005, 684.

1094 Vgl. *Androulakis*, Poiniko Dikaio, Geniko meros II, 1986, 174.

1095 Vgl. *Androulakis*, Poiniko Dikaio, Geniko meros II, 1986, 174.

1096 Vgl. *Dimakis*, in: Sistimatiki erminia tou Poinikou Kodika, 2005, 684.

1097 Vgl. *Amelung*, in: Festschrift für Schroeder, 2006, 151.

1098 Vgl. *Dimakis*, in: Sistimatiki erminia tou Poinikou Kodika, 2005, 686, 687; *Kostaras*, in: Provlimata tis simmetoxis sto egklima, 1998, 74; *Manoledakis*, Poiniko Dikaio, Epitomi Genikou merous, 1992, 392.

und der Handlung des Haupttäters zu berücksichtigen. In der Tat verneinen diese Wissenschaftler die rechtliche Gleichbewertung des Unrechts des Anstifters mit dem des Täters. Der Beitrag des Anstifters zur Rechtsgutsverletzung sei als geringer einzuschätzen als der des unmittelbaren Täters.

C. Zusammenfassung

Im griechischen Strafgesetzbuch ist die Idee des Teilnahmesystems übernommen worden, das zwischen Täterschaft und Teilnahme differenziert. Der griechische Gesetzgeber grenzt die Täterschaft anhand objektiver Kriterien von der Teilnahme ab. Herrschend in Literatur und Rechtsprechung ist die formell-objektive Theorie, wobei die aus der deutschen Lehre stammende Tatherrschaftslehre viele Anhänger hat. Unter das Kapitel „Teilnahme" fallen im griechischen Strafrecht die Beteiligung „im engeren Sinne" und die Beteiligung „im weiteren Sinne". Die erste Gruppe umfasst die unmittelbare und die mittelbare Täterschaft und außerdem die Mittäterschaft. Die zweite Kategorie der Beteiligung bilden die Anstiftung, die unmittelbare Beihilfe und die einfache Beihilfe, die durch besondere Bestimmungen im Allgemeinen Teil des Strafgesetzbuches geregelt sind. Die akzessorische Teilnahmefigur der Anstiftung, die gleich der Täterschaft bestraft wird, setzt nach überwiegender Ansicht einen geistigen Kontakt zwischen dem Anstifter und dem Angestiftetem voraus.

Das Gesetz stellt lediglich die vorsätzliche Anstiftung ausdrücklich unter Strafe. Der Streitstand lässt sich aber sehr gut an der Diskussion um die Möglichkeit der Anstiftung zu einer Fahrlässigkeitstat veranschaulichen.

Ganz allgemein soll zum Schluss betont werden, dass trotz bestehender Unterschiede die griechische Beteiligungslehre von der deutschen Strafrechtsdogmatik recht beeinflusst ist.

§ 13. Polen

A. Einführung

I. Die Beteiligungsregelungen

Art. 18 § 1. Odpowiada za sprawstwo nie tylko ten, kto wykonuje czyn zabroniony sam albo wspólnie i w porozumieniu z inną osobą, ale także ten, kto kieruje wykonaniem czynu zabronionego przez inną osobę lub wykorzystując uzależnienie innej osoby od siebie, poleca jej wykonanie takiego czynu.

§ 2. Odpowiada za podżeganie, kto chcąc, aby inna osoba dokonała czynu zabronionego, nakłania ją do tego.

Art. 19 § 1. Sąd wymierza karę za podżeganie lub pomocnictwo w granicach zagrożenia przewidzianego za sprawstwo.

Art. 20. Każdy ze współdziałających w popełnieniu czynu zabronionego odpowiada w granicach swojej umyślności lub nieumyślności niezależnie od odpowiedzialności pozostałych współdzialających.

Art. 22 § 1. Jeżeli czynu zabronionego tylko usiłowano dokonać, podmiot określony w art. 18 § 2 i 3 odpowiada jak za usiłowanie.

§ 2. Jeżeli czynu zabronionego nie usiłowano dokonać, sąd może zastosować nadzwyczajne złagodzenie kary, a nawet odstąpić od jej wymierzenia.

Art 18 § 1. Wegen Täterschaft ist nicht nur strafbar, wer die verbotene Tat allein oder gemeinsam und nach Verabredung mit einer anderen Person begeht, sondern auch, wer die Ausführung der Tat durch eine andere Person leitet oder wer unter Mißbrauch der Abhängigkeit einer anderen Person diese dazu anhält, die Tat zu begehen.

§ 2. Wegen Anstiftung ist strafbar, wer mit dem Willen, daß eine andere Person eine verbotene Tat begeht, diese Person dazu veranlaßt.

Art. 19 § 1. Das Gericht bemißt die Strafe für Anstiftung oder Beihilfe innerhalb des Rahmens der für die Täterschaft vorgesehenen Strafdrohung.

Art. 20. Jeder, der sich an der Begehung einer verbotenen Tat beteiligt, ist nach seinem Vorsatz oder seiner Fahrlässigkeit und ohne Rücksicht auf die Strafbarkeit der übrigen Beteiligten strafbar[1099].

Art. 22 § 1. Ist die verbotene Tat nur versucht worden, so sind die in Art. 18 §§ 2 und 3 bezeichnenden Personen wie wegen eines Versuchs zu bestrafen.

§ 2. Ist eine verbotene Tat nicht einmal versucht worden, so kann das Gericht die außerordentliche Strafmilderung anwenden oder sogar von der Verhängung von Strafe absehen.

II. Die Beteiligungsformen

Das polnische Strafrecht hat sich gegen das Modell der Einheitstäterschaft entschieden und differenziert zwischen verschiedenen Beteiligungsformen[1100]. Die Lehre vom extensiven Täterbegriff und ihre dogmatische Basis, die Bedingungs-

---

1099 Zitiert nach, *Weigend*, Das polnische Strafgesetzbuch, 1998, 43, 44.

1100 Vgl. *Andrejew*, in: Drittes deutsch-polnisches Kolloquium über Strafrecht und Kriminologie, 1988, 14; *Golla*, Das geltende polnische Strafrecht, 1984, 116; *Spotowski*, Erscheinungsformen der Straftat im deutschen und polnischen Recht, 1979, 91, 92.

theorie, ist folglich auf Ablehnung gestoßen[1101]. Aber auch das akzessorische Teilnahmesystem ist nicht in seiner gesamten Gestalt angenommen worden, da das polnische Strafrecht den Begriff der Teilnahme an einer fremden Tat nicht anerkennt[1102]. Geschaffen wurde daher eine dritte Lösung für die Regelung der Mitwirkung mehrerer Personen an einer strafbaren Handlung, die dem dualistischen Teilnahmesystem aber ähnelt[1103]. Die Besonderheit, die diese Lösung aufweist, besteht darin, dass sie als Grundlage den Grundsatz der individuellen Verantwortlichkeit der Mitwirkenden hat[1104]. Es geht hier um die so genannte „polnische Konstruktion“[1105], bei der angesichts der Tatsache, dass nach der polnischen Doktrin die Formen der Anstiftung und Beihilfe unabhängig von der Straftat des Haupttäters sind, die Begriffe der Beteiligung oder der Teilnahme nicht verwendet werden.

Insbesondere die Figuren der Täterschaft, der Anstiftung und der Beihilfe werden im polnischen Strafrecht als „Erscheinungsformen“ der Straftatbegehung bezeichnet. Die Begehung einer Straftat ist daher in der Form der Täterschaft, der Anstiftung und der Beihilfe möglich. Differenziert wird ferner zwischen diesen „Erscheinungsformen“ und den „Entwicklungsformen“ (Vollendung, Versuch und Vorbereitung) der Straftatbegehung. Mit der „Entwicklungsformen“ sind in

1101 Vgl. *Spotowski*, Erscheinungsformen der Straftat im deutschen und polnischen Recht, 1979, 95; *Wasek*, ZStW 88, 533.

1102 Vgl. *Ambos*, Der Allgemeine Teil des Völkerstrafrechts, 2002, 545; *Andrejew*, in: Das ausländische Strafrecht der Gegenwart, 1982, 38; ders., in: Drittes deutsch-polnisches Kolloquium über Strafrecht und Kriminologie, 1988, 13; *Buchala/Kubicki*, in: Drittes deutsch-polnisches Kolloquium über Strafrecht und Kriminologie, 1988, 57, 58: „Um diese skizzenartige Darstellung der Charakteristik der polnischen Konzeption der Erscheinungsformen der Straftat zu ergänzen, sollte erwähnt werden, daß nach dem polnischen Modell die Grundlage der Kriminalisierung nicht in der Verletzung (bzw. Gefährdung) eines Rechtsguts liegt, die den Kern des Modells der „Beteiligung an einer fremden Straftat“ und des Modells der „Einheitstäterschaft“ ausmacht, sondern in der Verletzung der Norm selbst, da die Strafverantwortung nicht davon abhängt, ob der Täter sensu stricto dazu überging, das Rechtsgut zu verletzten.“

1103 Vgl. *Wasek*, ZStW 88, 532; *Zoll*, ZStW 2005, 761.

1104 Vgl. *Andrejew*, in: Drittes deutsch-polnisches Kolloquium über Strafrecht und Kriminologie, 1988, 13; *Spotowski*, Erscheinungsformen der Straftat im deutschen und polnischen Recht, 1979, 103; *Weigend*, in: Nationale Strafverfolgung völkerrechtlicher Verbrechen, 2003, 125.

1105 Vgl. *Andrejew*, in: Drittes deutsch-polnisches Kolloquium über Strafrecht und Kriminologie, 1988, 17; *Weigend*, in: Nationale Strafverfolgung völkerrechtlicher Verbrechen, 2003, 125.

der polnischen Doktrin die unterschiedlichen Stadien der Straftat gemeint, die im gleichen Kapitel des polnischen Strafgesetzbuches geregelt sind[1106].

In Art. 18 Abs. 1 des neuen polnischen Strafgesetzbuches von 1997[1107] sind vier Täterschaftsformen geregelt[1108]. Wer eine strafbare Tat allein begeht, heißt unmittelbarer Täter. Neben der Alleintäterschaft wird aber auch die Mittäterschaft bestraft, die dann gegeben ist, wenn jemand gemeinsam mit einer anderen Person die Straftat ausführt. Vorausgesetzt wird hierfür der gemeinsame Tatentschluss bzw. das gegenseitige Einverständnis der Mitwirkenden[1109]. Als Täter wird daneben noch derjenige charakterisiert, der als Verbrechensorganisator[1110] die Ausführung der Tat durch eine andere Person leitet[1111]. Die leitende Täterschaft, die erst im Jahre 1969 in das Strafgesetzbuch eingeführt wurde, ist mit der Figur der mittelbaren Täterschaft identisch[1112] und wird als eine Erweiterung der Täterschaft angesehen[1113].

Das neue polnische Strafgesetzbuch erkennt des Weiteren noch eine vierte Täterschaftsform an, nämlich die Auftragstäterschaft, die dann vorliegt, wenn der Täter jemand anderen unter Missbrauch seiner Abhängigkeit dazu anhält, die Tat zu begehen. Das Auftragsverhältnis zwischen beiden Seiten wird als der konstruktive Angelpunkt für die Auftragstäterschaft erachtet[1114].

1106 Vgl. *Andrejew*, in: Das ausländische Strafrecht der Gegenwart, 1982, 39; ders., in: Drittes deutsch-polnisches Kolloquium über Strafrecht und Kriminologie, 1988, 13; *Wasek*, ZStW 88, 532 ff.

1107 Vgl. *Weigend*, ZStW 1998, 114 ff.

1108 Vgl. *Weigend*, in: Nationale Strafverfolgung völkerrechtlicher Verbrechen, 2003, 125.

1109 Vgl. *Andrejew*, in: Drittes deutsch-polnisches Kolloquium über Strafrecht und Kriminologie, 1988, 14; *Spotowski*, Erscheinungsformen der Straftat im deutschen und polnischen Recht, 1979, 132.

1110 Vgl. *Andrejew*, in: Drittes deutsch-polnisches Kolloquium über Strafrecht und Kriminologie, 1988, 16.

1111 Vgl. *Golla*, Das geltende polnische Strafrecht, 1984, 118: „Der leitende Täter legt bei der Tatbegehung selbst keine Hand, spielt aber bei der Tatverwirklichung willensmäßig und intellektuell eine ebenso große oder noch größere Rolle als derjenige, der die Straftat selbst ausführt. Unter „leiten“ sind Tätigkeiten zu verstehen, die im Aussuchen von Tatobjekten und dem Aufzeigen der Möglichkeiten der Tatbegehung bestehen. Der leitende Täter ist gewissermaßen der Organisator der Straftat.“

1112 Vgl. *Andrejew*, in: Drittes deutsch-polnisches Kolloquium über Strafrecht und Kriminologie, 1988, 16; *Buchala/Kubicki*, in: Drittes deutsch-polnisches Kolloquium über Strafrecht und Kriminologie, 1988, 57; *Spotowski*, Erscheinungsformen der Straftat im deutschen und polnischen Recht, 1979, 138; *Wasek*, ZStW 88, 547.

1113 Vgl. Andrejew, in: Drittes deutsch-polnisches Kolloquium über Strafrecht und Kriminologie, 1988, 15, 16; *Golla*, Das geltende polnische Strafrecht, 1984, 118.

1114 Vgl. *Weigend*, in: Nationale Strafverfolgung völkerrechtlicher Verbrechen, 2003, 125.

Für die Abgrenzung der Täterschaft von der Teilnahme wird nach der polnischen Lehre und Rechtsprechung die formell-objektive Theorie verwendet[1115].

B. Die Anstiftung

I. Der objektive Tatbestand der Anstiftung

Die Anstiftung ist in Art. 18 Abs. 2 des polnischen Strafgesetzbuches geregelt. Für die Erfüllung ihres objektiven Tatbestandes wird die Veranlassung einer Person zur Begehung einer verbotenen Tat verlangt. Dies kann durch jedes taugliches Mittel stattfinden[1116]. Da im Gesetzestext keine Aufzählung der Anstiftungsmittel vorliegt, können beliebige Beeinflussungsmethoden verwendet werden, wie z.B. Empfehlung, Rat, Drohung, Überredung, Befehl oder Versprechen[1117]. Die überwiegende Ansicht im Schrifttum geht ferner davon aus, dass zwischen Anstifter und Täter ein geistiger Kontakt bestehen muss[1118]. Die psychische Einflussnahme wird daher für die Erweckung des Tatentschlusses[1119] beim unmittelbaren Täter gefordert. Die Anstiftungshandlung muss eine bestimmte Person oder einen bestimmbaren Personenkreis als Adressat haben, da andernfalls das Delikt der öffentlichen Aufforderung zu strafbaren Handlungen nach Art. 255 Abs. 3 begangen wird[1120]. Den Täter braucht der Anstifter jedoch nicht persönlich zu kennen[1121].

Ein untaugliches Anstiftungsobjekt stellt auch im polnischen Strafrecht derjenige dar, der zur Tat schon fest entschlossen ist (*omnimodo facturus*)[1122].

1115 Vgl. *Golla*, Das geltende polnische Strafrecht, 1984, 117; *Spotowski*, Erscheinungsformen der Straftat im deutschen und polnischen Recht, 1979, 127; *Wasek*, ZStW 88, 557.

1116 Vgl. *Golla*, Das geltende polnische Strafrecht, 1984, 119.

1117 Vgl. *Spotowski*, Erscheinungsformen der Straftat im deutschen und polnischen Recht, 1979, 147; *Wasek*, ZStW 88, 551.

1118 Vgl. *Golla*, Das geltende polnische Strafrecht, 1984, 119; *Spotowski*, Erscheinungsformen der Straftat im deutschen und polnischen Recht, 1979, 147.

1119 Vgl. *Spotowski*, Erscheinungsformen der Straftat im deutschen und polnischen Recht, 1979, 148.

1120 Vgl. *Spotowski*, Erscheinungsformen der Straftat im deutschen und polnischen Recht, 1979, 148; *Wasek*, ZStW 88, 552; *Weigend*, in: Nationale Strafverfolgung völkerrechtlicher Verbrechen, 2003, 127.

1121 Vgl. *Wasek*, ZStW 88, 552.

1122 Vgl. *Spotowski*, Erscheinungsformen der Straftat im deutschen und polnischen Recht, 1979, 148.

Die vorgesehene Strafdrohung für die Täterschaft gilt nach dem Wortlaut des Art. 19 Abs. 1 auch für den Fall der Anstiftung[1123].

II. Der subjektive Tatbestand der Anstiftung

Hinsichtlich der subjektiven Seite der Anstiftung ist auf die sprachliche Aussage der Vorschrift 18 Abs. 2 des polnischen Strafgesetzbuches abzustellen. Gefordert wird der Wille, d.h. der Vorsatz des Anstifters, den Tatentschluss beim unmittelbaren Täter hervorzubringen[1124]. Ein Teil der Literatur vertritt darüber hinaus die Ansicht, dass der Anstifter über Verwirklichungswillen in Bezug auf die Haupttat verfügen muss[1125]. Unerlässlich ist es aber nicht, dass er alle Einzelheiten der Tatvornehmung kennt[1126].

III. Die Möglichkeit der Anstiftung zu einer Fahrlässigkeitstat

Gegenstand einer großen Auseinandersetzung in der polnischen Lehre und Praxis bildet die Frage, ob die Anstiftung zu einer unvorsätzlichen Haupttat möglich ist[1127]. Diese Problematik resultiert aus dem Umstand, dass die Vorschrift über die Anstiftung im polnischen Strafgesetzbuch darüber keine Auskunft gibt. Trotz der fehlenden expliziten Regelung wird jedoch die Möglichkeit einer Anstiftung zu einer Fahrlässigkeitstat teilweise abgelehnt. Hier wird gewöhnlich eine fahrlässige Tatbegehung in mittelbarer Täterschaft oder eine Fahrlässigkeitstat in unmittelbarer Täterschaft angenommen[1128].

Vertreten wird aber auch die Gegenmeinung, die als Grundlage die Thesen von *Makarewicz* hat. *Makarewicz*, ein Mitgestalter des polnischen Strafgesetzbuches von 1932[1129], wird in Polen als einer der bedeutendsten Strafrechtslehrer des

---

1123 Vgl. *Golla*, Das geltende polnische Strafrecht, 1984, 120; *Weigend*, in: Nationale Strafverfolgung völkerrechtlicher Verbrechen, 2003, 126.

1124 Vgl. *Andrejew*, in: Das ausländische Strafrecht der Gegenwart, 1982, 41.

1125 Vgl. *Spotowski*, Erscheinungsformen der Straftat im deutschen und polnischen Recht, 1979, 150.

1126 Vgl. *Spotowski*, Erscheinungsformen der Straftat im deutschen und polnischen Recht, 1979, 148.

1127 Vgl. *Andrejew*, in: Das ausländische Strafrecht der Gegenwart, 1982, 41; *Buchala/Kubicki*, in: Drittes deutsch-polnisches Kolloquium über Strafrecht und Kriminologie, 1988, 60; *Spotowski*, Erscheinungsformen der Straftat im deutschen und polnischen Recht, 1979, 120; *Wasek*, ZStW 88, 562.

1128 Vgl. *Andrejew*, in: Das ausländische Strafrecht der Gegenwart, 1982, 41; *Spotowski*, Erscheinungsformen der Straftat im deutschen und polnischen Recht, 1979, 122.

1129 Vgl. *Buchala*, ZStW 106 (1994), 767; *Spotowski*, Erscheinungsformen der Straftat im deutschen und polnischen Recht, 1979, 85.

20. Jahrhunderts angesehen. Mit seinem Werk „Einführung in die Philosophie des Strafrechts" hat er die polnische Beteiligungslehre geprägt[1130]. Für ihn muss also der Vorsatz des Anstifters nicht unbedingt die Folgen umfassen, die das Verhalten des Haupttäters bewirken[1131]. Eine Anstiftung zu einer fahrlässigen Straftat wurde daher von *Makarewicz* als möglich erachtet. Seine Auffassung hat Einfluss sowohl auf einen großen Teil der Literatur als auch der Rechtsprechung ausgeübt[1132].

Nach *Buchala/Kubicki* sei demgegenüber einfach auf den Wortlaut der Regelung über die Anstiftung abzustellen, um festzustellen, dass die Möglichkeit der Anstiftung zu einer unvorsätzlichen Tat nicht in Betracht komme[1133]. Im Gegensatz zum Strafgesetzbuch von 1932 definiert das geltende polnische Strafgesetzbuch in Art. 18 Abs. 2 den Anstifter als denjenigen, der eine andere Person veranlasst, eine verbotene Handlung zu begehen. Der frühere Begriff „Straftat" ist durch den Begriff der „verbotenen Handlung" ersetzt worden. „Diese Änderung beseitigte die Grundlage der vormaligen Meinungsverschiedenheiten im Zusammenhang mit dem Problem der Anstiftung und Beihilfe zu einer fahrlässigen Tat und besagte, daß ein solcher Täter nicht schuldig zu sein braucht, damit Anstifter und Gehilfe als solche für ihr entsprechendes Verhalten zur Verantwortung gezogen werden können."[1134]

IV. Das Prinzip der autonomen Verantwortlichkeit der Mitwirkenden

Die bereits erwähnte „polnische Konstruktion"[1135] findet ihren Ausdruck im Prinzip der individuellen strafrechtlichen Verantwortlichkeit von Täter, Anstifter und Gehilfen[1136]. Die Anstiftung und die Beihilfe werden nicht als Teilnahme-

---

1130 Vgl. *Spotowski*, Erscheinungsformen der Straftat im deutschen und polnischen Reht, 1979, 85.

1131 Vgl. *Andrejew*, Erscheinungsformen der Straftat im deutschen und polnischen Recht, 1979, 22.

1132 Vgl. *Andrejew*, in: Drittes deutsch-polnisches Kolloquium über Strafrecht und Kriminologie, 1988, 22; *Buchala/Kubicki*, in: Drittes deutsch-polnisches Kolloquium über Strafrecht und Kriminologie, 1988, 60, 61, 62.

1133 Vgl. *Buchala/Kubicki*, in: Drittes deutsch-polnisches Kolloquium über Strafrecht und Kriminologie, 1988, 62, 63.

1134 Vgl. *Buchala/Kubicki*, in: Drittes deutsch-polnisches Kolloquium über Strafrecht und Kriminologie, 1988, 63.

1135 Vgl. *Buchala/Kubicki*, in: Drittes-polnisches Kolloquium über Strafrecht und Kriminologie, 1988, 55.

1136 Vgl. *Andrejew*, in: Drittes deutsch-polnisches Kolloquium über Strafrecht und Kriminologie, 1988, 17; *Buchala/Kubicki*, in: Drittes-polnisches Kolloquium über Strafrecht und Kriminologie, 1988, 56; *Weigend*, in: Nationale Strafverfolgung völkerrechtlicher Verbrechen, 2003, 125.

formen bezeichnet, sondern stellen neben der Täterschaft gleichwertige und vorwiegend selbständige Erscheinungsformen der Straftatbegehung dar[1137]. Das Unrecht der Anstiftung ist nicht vom Unrecht des unmittelbaren Täters abhängig und die Bejahung des Tatbestands der Anstiftung setzt nicht das Vorliegen einer Haupttat voraus. Vielmehr wird in der polnischen Beteiligungslehre die Ansicht vertreten, dass es bei einem Zusammenwirken mehrerer so viele Straftaten gibt, wie Personen beteiligt sind[1138]. Offenkundig wird demgemäß der Grundsatz der Akzessorietät der Teilnahme im polnischen Strafrecht nicht vertreten[1139]. Der Anstifter haftet für sein eigenes Unrecht, und seine Strafbarkeit ist nach Art. 20 von der Strafbarkeit der anderen Mitwirkenden unabhängig[1140]. Ohne Belang für die Bestrafung des Anstifters ist ferner, ob der Haupttäter die Tat vollendet hat oder nicht[1141]. Spuren der akzessorischen Verantwortung des Anstifters kann man in Art. 22 Abs. 2 erkennen, der eine Strafmilderung oder auch den gänzlichen Verzicht auf die Strafe für den Anstifter vorsieht, wenn die Tat des Haupttäters nicht das Versuchsstadium erreicht hat[1142].

V. Die versuchte Anstiftung

Die Anstiftung stellt im polnischen Strafrecht eine selbständige Form der Tatbegehung dar. Auf diese Unabhängigkeit der Anstiftung beruht die Regelung des

---

1137 Vgl. *Buchala/Kubicki*, in: Drittes deutsch-polnisches Kolloquium über Strafrecht und Kriminologie, 1988, 56; *Golla*, Das geltende polnische Strafrecht, 1984, 118, 119; *Wasek*, ZStW 88, 532; *Weigend*, in: Nationale Strafverfolgung völkerrechtlicher Verbrechen, 2003, 126.

1138 Vgl. *Spotowski*, Erscheinungsformen der Straftat im deutschen und polnischen Recht, 1979, 88 ff.; *Wasek*, ZStW 88, 533.

1139 Vgl. *Andrejew*, in: Drittes deutsch-polnisches Kolloquium über Strafrecht und Kriminologie, 1988, 17; *Golla*, Das geltende polnische Strafrecht, 1984, 119; *Spotowski*, Erscheinungsformen der Straftat im deutschen und polnischen Recht, 1979, 100: „In der polnischen Strafrechtslehre wird bestritten, daß sich die Akzessorietät der Anstiftung oder der Beihilfe aus der Natur der Sache ergebe und die Beteiligungsformen vom Dasein einer Haupttat abhängig seien. Die Anstiftung und die Beihilfe werden jedoch als „relative" Begriffe aufgefaßt. Sie müssen auf ein Verhalten bezogen sein, das sich als täterschaftliche Begehung eines Straftatbestandes darstellt. Diese Bezogenheit bedeutet aber keine Abhängigkeit von der täterschaftlichen Begehung der Straftat."; *Wasek*, ZStW 88, 533.

1140 Vgl. *Andrejew*, in: Drittes deutsch-polnisches Kolloquium über Strafrecht und Kriminologie, 1988, 17; *Buchala/Kubicki*, in: Drittes deutsch-polnisches Kolloquium über Strafrecht und Kriminologie, 1988, 56; *Wasek*, ZStW 88, 533; *Weigend*, in: Nationale Strafverfolgung völkerrechtlicher Verbrechen, 2003, 126.

1141 Vgl. *Weigend*, in: Nationale Strafverfolgung völkerrechtlicher Verbrechen, 2003, 126.

1142 Vgl. *Golla*, Das geltende polnische Strafrecht, 1984, 120; *Wasek*, ZStW 88, 533.

Art. 22 Abs. 1 des polnischen Strafgesetzbuches, der die versuchte Anstiftung für strafbar erklärt[1143].

C. *Zusammenfassung*

Trotz der gegenseitigen Beeinflussung von deutscher und polnischer Rechtsordnung[1144] hat der polnische Gesetzgeber hinsichtlich der Mitwirkung mehrerer Personen an einer Straftat einen eigenen „Weg" gewählt. Weder das Teilnahmesystem noch das Einheitstätermodell ist vom polnischen Strafrecht übernommen worden. Die Täterschaft, die Anstiftung und die Beihilfe bilden voneinander unabhängige Erscheinungsformen der Straftat. Obwohl wie bei einem Teilnahmesystem zwischen Täterschaft und Teilnahme (nach objektiven Kriterien) unterschieden wird, wird der Grundsatz der Akzessorietät der Teilnahme abgelehnt. Die Täterschaft, die Anstiftung und die Beihilfe stellen schlicht parallele Formen der Realisierung der Merkmale einer verbotenen Handlung dar. Die polnische Beteiligungslehre basiert auf der so genannten „polnischen Konzeption", deren Schöpfer *Makarewicz* war, und die die autonome Verantwortlichkeit der Mitwirkenden zum Inhalt hat.

1143 Vgl. *Andrejew*, in: Drittes deutsch-polnisches Kolloquium über Strafrecht und Kriminologie, 1988, 32; *Weigend*, in: Nationale Strafverfolgung völkerrechtlicher Verbrechen, 2003, 126.

1144 Vgl. *Jescheck*, in: Festschrift für Spendel, 1992, 851; *Waltos*, ZStW 108 (1996), 630 ff.

3. Teil: Übernationale Regelungen der Anstiftung

Neben der Darstellung der nationalen Regelungen verschiedener europäischer Staaten hinsichtlich der Anstiftung erscheint es uns notwendig, eine kurze Betrachtung der Problematik der Anstiftung aus supranationaler und internationaler Sicht vorzunehmen. Dadurch soll das Ziel erreicht werden, die unterschiedlichen Vorschläge und Lösungen in Bezug auf die Anstiftungsdogmatik zu berücksichtigen und folglich wichtige Schlussfolgerungen zu ziehen, die der Ausgestaltung einer Modellvorschrift dienen sollen.

Von Bedeutung ist daher die Stellung der Anstiftung im Allgemeinen Teil des *Corpus Juris-Projekts*, das zum Schutz der finanziellen Interessen der Europäischen Union entworfen wurde und im Rahmen der Bemühungen um die Harmonisierung der nationalen Strafrechtssysteme eine bemerkenswerte Rolle spielt. Ferner wird die Initiative der Arbeitsgruppe um Klaus Tiedemann erwähnt, die mit dem Ziel der Strafrechtsangleichung in Europa einen Katalog von „Europa-Delikten" erarbeitet hat.

Maßgeblich für die Rechtsvergleichung und die Schaffung einer Diskussionsgrundlage hinsichtlich einer Strafrechtsvereinheitlichung in Europa ist zusätzlich die Regelung der Anstiftung im Statut des Internationalen Strafgerichtshofes, das als ein erster, entscheidender Schritt zur Überwindung der Gegensätze zwischen kontinentaleuropäischem Recht und *Common Law* angesehen werden muss.

A. Die Anstiftung im Corpus Juris der strafrechtlichen Regelungen zum Schutz der finanziellen Interessen der Europäischen Union

I. Wesentlicher Inhalt des Corpus Juris-Projekts

Einen zentralen Markstein im Rahmen der europäischen Strafrechtsharmonisierung und der gesetzgeberischen Aktivität der Europäischen Union bildet der bereits 1997 in französischer und englischer Fassung veröffentlichte Entwurf eines *Corpus Juris* der strafrechtlichen Regelungen zum Schutz der finanziellen Interessen der Europäischen Union. Die bis zu diesem Zeitpunkt erfolgten Bemühungen zur Assimilierung und Angleichung der nationalen Strafrechtsordnungen einerseits, und die unternommenen Schritte der justiziellen Zusammenarbeit andererseits, hatten nicht vermocht, den Schutz der finanziellen Interessen der Gemeinschaft zu gewährleisten[1145]. Die bestehenden rechtssystematischen Unterschiede der verschiedenen Rechtsordnungen und der begrenzte Anwendungsbereich des nationalen Rechts hatten die Ineffizienz und die Wirkungslosigkeit von Strafnormen zur Folge. Mit dem *Corpus Juris-Projekt* könnte nun durch die Etablierung eines neben den nationalen Strafrechtsordnungen geltenden und effizienteren Sanktionensystems das Ziel erreicht werden, die Vereinheitlichung mitgliedstaatlicher Strafrechte zu schaffen[1146].

Die neue, überarbeitete Fassung des *Corpus Juris* (sog. „Corpus Juris 2000" oder „Corpus Juris Florence"[1147]) stellt das Ergebnis der Initiative des Europäischen Parlaments und der Kooperation der Europäischen Kommission, der Vertreter der mitgliedstaatlichen Justizverwaltungen und der europäischen Strafrechtswissenschaftler dar[1148]. Es handelt sich dabei um eine Modellkodifikation, d.h, um einen in den Mitgliedstaaten unmittelbar anwendbaren Strafgesetzestext, der materielle und strafprozessuale Vorschriften enthält[1149].

1145 Vgl. *Hecker*, Europäisches Strafrecht, 2005, 497; *Sieber*, in: Huber (Hrsg.), Das Corpus Juris als Grundlage eines Europäischen Strafrechts, 2000, 333; *Tiedemann*, GA 1998, 109; *Wattenberg*, StV 2000, 95.

1146 Vgl. *Braum*, JZ 2000, 494; *Hassemer*, KritV 1999, 138; *Hecker*, Europäisches Strafrecht, 2005, 497; *Kaiafa-Gbandi*, in: Huber (Hrsg.), Das Corpus Juris als Grundlage eines Europäischen Strafrechts, 2000, 91, 92; *Ligeti*, Strafrecht und strafrechtliche Zusammenarbeit in der Europäischen Union, 2005, 231; *Otto*, Jura 2000, 99; *Rasner*, Erforderlichkeit, Legitimität und Umsetzbarkeit des Corpus Juris Florenz, 2005, 70, 72; *Schubert*, Der Versuch – Überlegungen zur Rechtvergleichung und Harmonisierung, 2005, 216; *Sieber*, in: Huber (Hrsg.), Das Corpus Juris als Grundlage eines Europäischen Strafrechts, 2000, 334, 335; *Spinellis*, KritV 1999, 147, 148; *Wattenberg*, StV 2000, 95.

1147 Vgl. *Rasner*, Erforderlichkeit, Legitimität und Umsetzbarkeit des Corpus Juris Florenz, 2005, 68.

1148 Vgl. *Braum*, JZ 2000, 493; *Eisele*, JA 2000, 901; *Hecker*, Europäisches Strafrecht, 2005, 497; *Ligeti*, Strafrecht und strafrechtliche Zusammenarbeit in der Europäischen Union, 2005, 89, 231; *Otto*, Jura 2000, 99; *Pieth*, ZStW 109 (1997), 768; *Rasner*, Erforderlichkeit, Legitimität und Umsetzbarkeit des Corpus Juris Florenz, 2005, 65 ff.; *Schubert*, Der Versuch – Überlegungen zur Rechtsvergleichung und Harmonisierung, 2005, 216; *Sieber*, in: Delmas-Marty (Hrsg.), Corpus Juris der strafrechtlichen Regelungen zum Schutz der finanziellen Interessen der Europäischen Union, 1998, 6; *Tiedemann*, in: Festschrift für Roxin, 2001, 1406; *Wattenberg*, StV 2000, 95.

1149 Vgl. *Hecker*, Europäisches Strafrecht, 2005, 497; *Kaiafa-Gbandi*, in: Huber (Hrsg.), Das Corpus Juris als Grundlage eines Europäischen Strafrechts, 2000, 91; *Rasner*, Erforderlichkeit, Legitimität und Umsetzbarkeit des Corpus Juris Florenz, 2005, 71; *Satzger*, Internationales und Europäisches Strafrecht, 2005, 87; *Spinellis*, KritV 1999, 147; *Tiedemann*, in: Festschrift für Roxin, 2001, 1406; *Wattenberg*, StV 2000, 95.

Das *Corpus Juris-Projekt* basiert auf konkreten Grundprinzipien, die in Einklang mit der europäischen Rechtstradition stehen und als Bestandteile unseres gemeinsamen europäischen Kulturerbes angesehen werden können[1150]. Bei der Ausgestaltung der Leitlinien des *Corpus Juris* wurden ebenfalls sowohl die Ideen der Aufklärung und die Garantien der Europäischen Menschenrechtskonvention, als auch die Rechtsprechung des Europäischen Gerichtshofes berücksichtigt[1151].

Das *Corpus Juris* besteht aus einem materiellen (Art. 1–17) sowie einem prozessualen Teil (Art. 18–35). Ausgehend von dem Gesetzlichkeitsprinzip werden im Besonderen Teil acht Straftatbestände (Betrügereien zum Nachteil des Gemeinschaftshaushalts, Ausschreibungsbetrug, Bestechlichkeit und Bestechung, Missbrauch von Amtsbefugnissen, Amtspflichtverletzung, Verletzung des Dienstgeheimnisses, Geldwäsche und Hehlerei, Bildung einer kriminellen Vereinigung) definiert (Art. 1–8), die zum Schutz des EU-Haushalts vorgesehen sind[1152]. Von Interesse ist insbesondere der auf der Grundlage des Schuld- und Verhältnismäßigkeitsprinzips entwickelte Allgemeine Teil des Entwurfs (Art. 9–17), der die zentralen Straftatbestände ergänzt[1153]. Bei den Verfahrensvorschriften wird unter anderem die Einrichtung einer Europäischen Staatsanwaltschaft mit eigener Ermittlungskompetenz vorgeschlagen[1154]. Der prozessuale Teil des Corpus Juris ist

---

1150 Vgl. *Kaiafa-Gbandi*, To Poiniko Dikaio stin Europaiki Enosi, 2003, 89 ff.; *Rasner*, Erforderlichkeit, Legitimität und Umsetzbarkeit des Corpus Juris Florenz, 2005, 75, 76; *Tiedemann*, in: Wirtschaftsstrafrecht in der Europäischen Union, 2002, 4.

1151 Vgl. *Hassemer*, KritV 1999, 134, 135; *Hecker*, Europäisches Strafrecht, 2005, 497; *Schubert*, Der Versuch – Überlegungen zur Rechtsvergleichung und Harmonisierung, 2005, 217; *Sieber*, in: Huber (Hrsg.), Das Corpus Juris als Grundlage eines Europäischen Strafrechts, 2000, 334; *Spinellis*, KritV 1999, 148.

1152 Vgl. *Braum*, JZ 2000, 495 ff.; *Hassemer*, KritV 1999, 136; *Hecker*, Europäisches Strafrecht, 2005, 498; *Kaiafa-Gbandi*, in: Huber (Hrsg.), Das Corpus Juris als Grundlage eines Europäischen Strafrechts, 2000, 91, 92; *Manoledakis*, KritV 1999, 186; *Neumann*, in: Huber (Hrsg.), Das Corpus Juris als Grundlage eines Europäischen Strafrechts, 2000, 69; *Otto*, Jura 2000, 99; *Pieth*, ZStW 109 (1997), 768; *Satzger*, Internationales und Europäisches Strafrecht, 2005, 87; *Tiedemann*, in: Huber (Hrsg.), Das Corpus Juris als Grundlage eines europäischen Strafrechts, 2000, 61.

1153 Vgl. *Hassemer*, KritV 1999, 136; ders., in: Strafrecht und Kriminalität in Europa, 2003, 17; *Kaiafa-Gbandi*, in: Huber (Hrsg.), Das Corpus Juris als Grundlage eines Europäischen Strafrechts, 2000, 103f.; *Neumann*, in: Huber (Hrsg.), Das Corpus Juris als Grundlage eines Europäischen Strafrechts, 2000, 71 ff.; *Satzger*, Internationales und Europäisches Strafrecht, 2005, 87, 88; *Sieber*, in: Huber (Hrsg.), Das Corpus Juris als Grundlage eines Europäischen Strafrechts, 2000, 338; *Tiedemann*, GA 1998, 108.

1154 Vgl. *Braum*, JZ 2000, 497; *Hecker*, Europäisches Strafrecht, 2005, 498; *Ligeti*, Strafrecht und strafrechtliche Zusammenarbeit in der Europäischen Union 2005, 90, 215, 232; *Nelles*, ZStW 1997, 752; *Satzger*, Internationales und Europäisches Strafvon den Prinzipien der europäischen Territorialität (Art. 18), der Subsidiarität und der richterlichen Rechtskontrolle (Art. 35) geprägt worden[1155].

II. Der Allgemeine Teil des Corpus Juris

Das Vorliegen von allgemeinen Zurechnungsregeln im Text des Corpus Juris-Projekts wurde vorwiegend als ein deutsches Anliegen für notwendig gehalten, da die allgemeinen Vorschriften[1156] diejenigen des Besonderen Teils ergänzen[1157]. Die Gleichmäßigkeit der Rechtsanwendung und die Harmonisierung der Rechtsordnungen der Mitgliedstaaten kann durch die Typisierung der Straftatbestände allein nicht erreicht werden. Vielmehr wird die Normierung von einheitlichen allgemeinen Vorschriften als erforderlich angesehen.

Der Allgemeine Teil des *Corpus Juris* enthält Regelungen über Schuld und Irrtum, Täterschaft und Teilnahme, Versuchsstrafbarkeit und strafrechtliche Verantwortlichkeit von Unternehmensleitern und juristischen Personen[1158].

1. Das Beteiligungsmodell im Corpus Juris

Artikel 11 – Individuelle strafrechtliche Verantwortlichkeit

Jede Einzelperson kann als Täter, Anstifter oder Gehilfe einer der oben bezeichneten Straftaten (Art. 1–8) schuldig gesprochen werden:

---

recht, 2005, 88; *Sieber*, in: Huber (Hrsg.), Das Corpus Juris als Grundlage eines Europäischen Strafrechts, 2000, 342; *Wattenberg*, StV 2000, 96.

1155 Vgl. *Hecker*, Europäisches Strafrecht, 2005, 498; *Sieber*, in: Huber (Hrsg.), Das Corpus Juris als Grundlage eines Europäischen Strafrechts, 2000, 334; *Spinellis*, KritV 1999, 148.

1156 Vgl. *Tiedemann*, in: Huber (Hrsg.), Das Corpus Juris als Grundlage eines Europäischen Strafrechts, 2000, 61: „Diese in der äußeren Anordnung an nordische Rechtsordnungen erinnernden Prinzipien und Regeln des Allgemeinen Teils im Corpus Juris sind damit eindeutig bereichsspezifisch konstruiert."; siehe auch ders., GA 1998, 109.

1157 Vgl. *Sieber*, in: Delmas-Marty (Hrsg.), Corpus Juris der Strafrechtlichen Regelungen zum Schutz der finanziellen Interessen der Europäischen Union, 1998, 7; ders., in: Huber (Hrsg.), Das Corpus Juris als Grundlage eines Europäischen Strafrechts, 2000, 338; *Kaiafa-Gbandi*, in: Huber (Hrsg.), Das Corpus Juris als Grundlage eines Europäischen Strafrechts, 2000, 92.

1158 Vgl. *Delmas-Marty*, Corpus Juris der strafrechtlichen Regelungen zum Schutz der finanziellen Interessen der Europäischen Union, 1998, 30 ff.; *Eisele*, JA 2000, 901; *Hassemer*, in: Strafrecht und Kriminalität in Europa, 2003, 20; *Satzger*, Internationales und Europäisches Strafrecht, 2005, 87, 88; *Tiedemann*, GA 1998, 108; *Weigend*, in: Strafrecht und Kriminalität in Europa, 2003, 66.

- *Täter der Straftat ist, wer die unter Strafe gestellten Handlungen allein, mit einer anderen Person oder einer Vereinigung (Artikel 13) oder durch Vermittlung einer unschuldigen Person begeht;*
- *Anstifter der Straftat ist, wer wissentlich eine natürliche Person oder eine Vereinigung (Artikel 13) veranlasst hat, die deliktische Handlung zu begehen;*
- *Gehilfe der Straftat ist, wer wissentlich einer Einzelperson oder einer Vereinigung (Artikel 13) hilft, die deliktische Handlung zu begehen.*

Die höhste für den Gehilfen verhängte Strafe darf drei Viertel der in Artikel 14 vorgesehenen Strafen nicht übersteigen.[1159]

In Artikel 11 des *Corpus Juris 2000* wird ausdrücklich zwischen Täter, Anstifter und Gehilfen unterschieden. Nach der historischen Tradition der meisten europäischen Staaten bekennen sich die Verfasser des *Corpus Juris-Projekts* zur Idee des dualen Beteiligungsmodells, das zwischen Täterschaft und Teilnahme differenziert[1160]. Das Gegenmodell der Einheitstäterschaft ist folglich auf Ablehnung gestoßen. Bei der neuen Fassung des *Corpus Juris 2000* ist für den Gehilfen eine Absenkung der jeweiligen Höchststrafe um ein Viertel vorgesehen. Dadurch wird deutlich gemacht, dass der Beitrag des jeweiligen Teilnehmers nicht erst wie es beim *Corpus Juris* von 1995 der Fall war, bei der Strafzumessung eingeschätzt wird[1161].

2. *Die Täterschaft*

Der Täterbegriff wird in Art. 11 des *Corpus Juris 2000* restriktiv definiert, wobei nicht nur die unmittelbare Täterschaft, sondern auch die Mittäterschaft und die mittelbare Täterschaft vorgesehen werden[1162]. In der früheren Version des *Cor-*

1159 Zitiert nach *Rasner*, Erforderlichkeit, Legitimität und Umsetzbarkeit des Corpus Juris Florenz, 2005, 265.

1160 Vgl. *Delmas-Marty*, Corpus Juris der strafrechtlichen Regelungen zum Schutz der finanziellen Interessen der Europäischen Union, 1998, 42; *Kaiafa-Gbandi*, in: Huber (Hrsg.), Das Corpus Juris als Grundlage eines Europäischen Strafrechts, 2000, 108; ders., To Poiniko Dikaio stin Europaiki Enosi, 2003, 97; *Neumann*, in: Huber (Hrsg.), Das Corpus Juris als Grundlage eines Europäischen Strafrechts, 2000, 75; *Otto*, Jura 2000, 105; *Spinellis*, KritV 1999, 150; *Tiedemann*, in: Huber (Hrsg.), Das Corpus Juris als Grundlage eines Europäischen Strafrechts, 2000, 64; ders., in: Wirtschaftsstrafrech in der Europäischen Union, 2002, 15; *Weigend*, in: Strafrecht und Kriminalität in Europa, 2003, 77.

1161 Vgl. *Neumann*, in: Huber (Hrsg.), Das Corpus Juris als Grundlage eines Europäischen Strafrechts, 2000, 75; *Weigend*, in: Strafrecht und Kriminalität in Europa, 2003, 77.

1162 Vgl. *Spinellis*, KritV1999, 150.

pus Juris war die mittelbare Täterschaft überhaupt nicht erwähnt worden, was jedoch keine Zustimmung gefunden hatte[1163].

3. Die Anstiftung

Im *Corpus Juris 2000* regelt Art. 11 die individuelle strafrechtliche Verantwortlichkeit und erkennt die Anstiftung als Teilnahmefigur an. Die Beteiligungsform der Anstiftung wird als die vorsätzliche Veranlassung einer natürlichen Person oder einer Vereinigung zur Vornehmung einer tatbestandsmäßigen Handlung definiert. Die Verfasser des Artikels haben auf die enumerative Aufzählung der Anstiftungsmittel der früheren Fassung des *Corpus Juris* verzichtet. Ein solcher Katalog von Anstiftungshandlungen wurde als überflüssig angesehen[1164].

Wenig einleuchtend ist trotzdem die neue Regelung der Anstiftung im Entwurf des *Corpus Juris Florenz,* und zwar hinsichtlich der minimalen Merkmale, die die Haupttat aufweisen muss[1165]. Die Frage der Strafbarkeit des Anstifters bleibt offen, da die Formulierung des Artikels 11 keine Auskünfte über die rechtliche Qualität der Haupttat erteilt. Fraglich ist demnach, ob die Deliktsbegehung durch den Täter erforderlich ist, d.h, ob die Vollendung der deliktischen Handlung für notwendig gehalten wird. Ungeklärt bleibt des Weiteren die Möglichkeit der Anstiftung zu einer unvorsätzlichen Tat[1166]. Vorgesehen ist lediglich, dass der Veranlasser die Begehung einer unerlaubten Tat „wissentlich" auffordern muss. Aus dem Wortlaut des Textes ist hingegen nicht herzuleiten, ob eine vorsätzliche Anstiftung zu einer Fahrlässigkeitstat überhaupt für strafbar erklärt werden muss oder nicht.

Auch wenn die Verfasser des *Corpus Juris-Projekts* das Differenzierungsmodell übernommen haben, bestehen bei der Regelung hinsichtlich Täterschaft und Teilnahme systematische Lücken, die ausgefüllt werden müssen. Der Grad der

---

1163 Vgl. *Sieber*, in: Huber (Hrsg.), Das Corpus Juris als Grundlage eines Europäischen Strafrechts, 2000, 338; *Tiedemann*, in: Huber (Hrsg.), Das Corpus Juris als Grundlage eines Europäischen Strafrechts, 2000, 64.

1164 Vgl. *Neumann*, in: Huber (Hrsg.), Das Corpus Juris als Grundlage eines Europäischen Strafrechts, 2000, 75; *Otto*, Jura 2000, 105; *Sieber*, in: Huber (Hrsg.), Das Corpus Juris als Grundlage eines Europäischen Strafrechts, 2000, 338; *Tiedemann*, in: Huber (Hrsg.), Das Corpus Juris als Grundlage eines Europäischen Strafrechts, 2000, 64.

1165 Vgl. *Kaiafa-Gbandi*, in: Huber (Hrsg.), Das Corpus Juris als Grundlage eines Europäischen Strafrechts, 2000, 108, 109; ders., To Poiniko Dikaio stin Europaiki Enosi, 2003, 97, 98.

1166 Vgl. *Neumann*, in: Huber (Hrsg.), Das Corpus Juris als Grundlage eines Europäischen Strafrechts, 2000, 76; *Sieber*, in: Huber (Hrsg.), Das Corpus Juris als Grundlage eines Europäischen Strafrechts, 2000, 338.

Akzessorietät der Teilnahme von der Haupttat zählt zu den wichtigen Anhaltspunkten der gesamten Teilnahmeproblematik und ist eng mit der Strafbarkeit des Anstifters und der sonstigen Beteiligten verbunden. Mangels einer klaren Regelung bezüglich der akzessorischen Verantwortung des Teilnehmers und der wesentlichen Elemente der Haupttat kann nicht mit Sicherheit festgestellt werden, wann eine strafbare Anstiftung vorliegt[1167]. Aus diesem Grund verstößt nach einer Meinung die Vorschrift des Artikels 11 gegen das Legalitätsprinzip[1168].

III. Umsetzbarkeit des Corpus Juris

Die vorgeschlagenen Regelungen des *Corpus Juris-Projekts* zielen darauf ab, eine Diskussion über eine europaweite Harmonisierung des Strafrechts anzustoßen[1169]. Das Corpus Juris wird darüber hinaus für eine Basis gehalten, die der Entwicklung der Grundlagen und Prinzipien modernen Strafrechts dient[1170]. Angesichts der Tatsache, dass unmittelbar geltendes europäisches Strafrecht sowohl gegen europäisches Vertragsrecht als auch gegen manche Verfassungen der Mitgliedstaaten verstößt, ist der Entwurf des Corpus Juris keine unmittelbar wirksame Zwangsordnung[1171]. Die Vorschläge sind lediglich als „Mindest- oder Basisregeln konzipiert“[1172].

Noch unentschieden bleibt also das Verfahren bzw. die Methoden, die angewandt werden müssen, um das *Corpus Juris* in geltendes Recht zu transformie-

---

1167 Vgl. *Kaiafa-Gbandi*, in: Huber (Hrsg.), Das Corpus Juris als Grundlage eines Europäischen Strafrechts, 2000, 108; ders., To Poiniko Dikaio stin Europaiki Enosi, 2003, 97; *Tiedemann*, in: Huber (Hrsg.), Das Corpus Juris als Grundlage eines Europäischen Strafrechts, 2000, 65, 66.

1168 Vgl. *Kaiafa-Gbandi*, in: Huber (Hsrg.), Das Corpus Juris als Grundlage eines Europäischen Strafrechts, 2000, 109; ders., To Poiniko Dikaio stin Europaiki Enosi, 2003, 98.

1169 Vgl. *Hecker*, Europäisches Strafrecht, 2005, 499; *Rasner*, Erforderlichkeit, Legitimität und Umsetzbarkeit des Corpus Juris Florenz, 2005, 71; *Schubert*, Der Versuch-Überlegungen zur Rechtsvergleichung und Harmonisierung, 2005, 222; *Sieber*, in: Delmas-Marty (Hrsg.), Corpus Juris der strafrechtlichen Regelungen zum Schutz der finanziellen Interessen der Europäischen Union, 1998, 9; *Vogel*, GA 2002, 533; *Wattenberg*, StV 2000, 103.

1170 Vgl. *Ligeti*, Strafrecht und strafrechtliche Zusammenarbeit in der Europäischen Union, 2005, 232.

1171 Vgl. *Braum*, JZ 2000, 498 f.; *Kaiafa-Gbandi*, in: Huber (Hrsg.), Das Corpus Juris als Grundlage eines Europäischen Strafrechts, 2000, 92 f.; *Ligeti*, Strafrecht und strafrechtliche Zusammenarbeit in der Europäischen Union, 2005, 89.

1172 Vgl. *Tiedemann*, in: Huber (Hrsg.), Das Corpus Juris als Grundlage eines Europäischen Strafrechts, 2000, 66.

ren[1173]. Mangels einer Rechtsgrundlage für die Umsetzung des Projekts in supranationales Recht[1174] wurden verschiedene Wege vorgeschlagen[1175]. So kann entweder aufgrund von Artikel 280 Abs. 4 EGV im Rahmen der Ersten Säule der Europäischen Union oder mittels einer entsprechenden Konvention im Rahmen der Dritten Säule (Art. 34 EUV), aber auch durch Vertragsänderung die Umsetzung des *Corpus Juris* zustande gebracht werden[1176].

B. Die Regelung der Anstiftung beim „Europa-Delikte"-Projekt

I. Die gezielte Harmonisierung des europäischen Wirtschaftstrafrechts

Parallel zum Entwurf des *Corpus Juris* ist ein privates Forschungsprojekt mit dem Titel „Europa-Delikte" zu erwähnen, das Werk einer Arbeitsgruppe unter der Leitung von *Prof. Dr. Dr. h.c. mult. Klaus Tiedemann* ist[1177]. Diese Initiative, die im Jahre 1992 begonnen hat, zielt auf die Harmonisierung des Wirtschaftsrechts der Mitgliedstaaten der Europäischen Union ab[1178]. Im Rahmen der in einem Symposium in Madrid und später in Freiburg anschließenden Diskussionen[1179] wurden sowohl die Gemeinsamkeiten als auch die Unterschiede des Allgemeinen und des Besonderen Teils des Strafrechts in den einzelnen europäischen Strafrechtsordnungen herausgearbeitet[1180]. Nach der Rechtsvergleichung und unter Berücksichtigung der grundlegenden Prinzipien und Regeln, die als Gemeingut des europäischen Strafrechts zu bezeichnen sind, wurden Straftatbe-

---

1173 Vgl. *Eisele*, JA 2000, 901.

1174 Vgl. *Satzger*, Internationales und Europäisches Strafrecht, 2005, 88.

1175 Zur Umsetzung des Corpus Juris siehe analytisch *Rasner*, Erforderlichkeit, Legitimität und Umsetzbarkeit des Corpus Juris Florenz, 2005, 204 ff.

1176 Vgl. *Braum*, JZ 2000, 498; *Eisele*, JA 2000, 901; *Satzger*, in: Wirtschaftsstrafrecht in der Europäischen Union, 2002, 71 ff.; *Schubert*, Der Versuch-Überlegungen zur Rechtsvergleichung und Harmonisierung, 2005, 223; *Sieber*, in: Delmas-Marty (Hrsg.), Corpus Juris der strafrechtlichen Regelungen zum Schutz der finanziellen Interessen der Europäischen Union, 1998, 8; *Tiedemann*, in: Huber (Hrsg.), Das Corpus Juris als Grundlage eines Europäischen Strafrechts, 2000, 66; ders., in: Festschrift für Roxin, 2001, 1406.

1177 Vgl. *Schünemann*, GA 2004, 198.

1178 Vgl. *Ruegenberg*, JZ 1998, 454; *Satzger*, in: Wirtschaftsstrafrecht in der Europäischen Union, 2002, 71; *Sieber*, in: Bausteine des europäischen Wirtschaftsstrafrechts, 1995, 349 ff.; *Waßmer*, JZ 1999, 1100; *Weigend*, in: Wirtschaftsstrafrecht in der Europäischen Union, 2002, 407.

1179 Siehe *Schubert*, Der Versuch – Überlegungen zur Rechtsvergleichung und Harmonisierung, 2005, 226, 227.

1180 Vgl. *Ruegenberg*, JZ 1998, 453; ders., JZ 1999, 30.

stände entworfen (sog. „Europa-Delikte"), die Bestandteile eines zukünftigen europäischen Wirtschaftsstrafrechts darstellen könnten[1181].

Das Projekt „Europa-Delikte" gliedert sich in einen Allgemeinen (Art. 1–22) und einen Besonderen Teil (Art. 23–58)[1182]. Der Besondere Teil enthält Tabestände wie Insiderhandel, Kursbetrug, wettbewerbsbeschränkende Absprachen bei Ausschreibungen sowie Umweltdelikte. Von den Verfassern dieser privaten Forschungsarbeit ist nicht geklärt worden, ob das Projekt für ein Modellstrafgesetzbuch gehalten werden muss[1183]. Im Allgemeinen gehen die Teilnehmer der beiden erwähnten Symposien davon aus, dass die Form der Harmonisierung im Wege eines Modellstrafgesetzbuches eine ernstzunehmende Perspektive für das zukünftige europäische Strafrecht sei. Durch die Schaffung eines solchen einheitlichen Strafgesetzbuches könnte die Übereinstimmung der europäischen Strafrechtskultur offenbart werden[1184].

Der Katalog von „Europa-Delikten" „begreift sich als Ergänzung zum Corpus Juris"[1185]. Bezüglich der Umsetzung dieses Projekts stehen zwei Möglichkeiten zur Verfügung: Entweder im Rahmen der Ersten Säule der EU oder auf der Basis der Dritten Säule, nämlich im Bereich der polizeilichen und zustiziellen Zusammenarbeit in Strafsachen, könnte eine Strafrechtsangleichung realisiert werden[1186].

II. Die Anstiftungsregelung im Allgemeinen Teil des Projekts

„Art. 1: Anstiftung und Beihilfe
1. Anstifter ist, wer einen anderen vorsätzlich zur Begehung einer vorsätzlichen und rechtswidrigen Tat bestimmt, ohne mittelbarer Täter (Artikel 14) oder für

1181 Vgl. *Satzger*, Internationales und Europäisches Strafrecht, 2005, 88; *Tiedemann*, in: Wirtschaftstrafrecht in der Europäischen Union, 2002, 5.

1182 Vgl. *Rasner*, Erforderlichkeit, Legitimität und Umsetzbarkeit des Corpus Juris Florenz, 2005, 70; *Satzger*, Internationales und Europäisches Strafrecht, 2005, 88; *Sieber*, in: Bausteine des europäischen Wirtschaftsstrafrechts, 1995, 365.

1183 Vgl. *Ruegenberg*, JZ 1999, 31; *Schubert*, Der Versuch – Überlegungen zur Rechtsvergleichung und Harmonisierung, 2005, 232.

1184 Vgl. *Sieber*, in: Bausteine des europäischen Wirtschaftstrafrechts, 1995, 365.

1185 Vgl. zitiert nach *Rasner*, Erforderlichkeit, Legitimität und Umsetzbarkeit des Corpus Juris Florenz, 2005, 70; *Waßmer*, JZ 1999, 1100.

1186 Zur Möglichkeiten der Umsetzung siehe *Pradel*, in: Wirtschaftsstrafrecht in der Europäischen Union, 2002, 55 ff.; *Satzger*, in: Wirtschaftsstrafrecht in der Europäischen Union, 2002, 71 ff.

fremdes Verhalten verantwortlich (Artikel 15) zu sein. Der Anstifter wird wie der Täter bestraft."[1187]

Im Allgemeinen Teil wurden neben den Not- und Konfliktrechten und der Lehre von Irrtum und Versuch auch die Täterschaft und die Teilnahme geregelt. Für die Erarbeitung und die Verfassung der Art. 11–17 waren die Professoren *Klaus Tiedemann* und *Bernd Schünemann* zuständig[1188].

Zurückgewiesen wird nach diesen Artikeln das von nur wenigen europäischen Staaten vertretene Einheitstäterprinzip, denn es wird explizit die differenzierte Behandlung von Täterschaft und Teilnahme angenommen[1189]. In Art. 12 unterscheiden die Verfasser des Projekts zwischen Täter, Anstifter und Gehilfen[1190]. Anerkannt wird ferner der Grundsatz der selbständigen Strafbarkeit der Beteiligten[1191] (Art. 11), wobei die Anstiftung als limitiert akzessorische Teilnahmeform charakterisiert wird. Für die Erfüllung des objektiven Tatbestands der Anstiftung wird die Veranlassung eines anderen zur Begehung einer rechtswidrigen Tat verlangt, während subjektiv Vorsatz erforderlich ist. Die Möglichkeit der Strafbarkeit der Anstiftung zu einer unvorsätzlichen Handlung wird ausdrücklich ausgeschlossen. Der Anstifter ist schließlich hinsichtlich des angedrohten Strafmaßes mit dem Täter gleichzustellen.

C. Die Anstiftung im Rom-Statut des IStGH

I. Das Rom-Statut des IStGH

Die Etablierung eines ständigen internationalen Strafgerichtshofs (IStGH), der auf der Diplomatischen Bevollmächtigtenkonferenz der Vereinten Nationen („United Nations Diplomatic Conference of Plenipotentiaries on the Establishment of an International Criminal Court") im Sommer 1998 beschlossen worden ist, hatte die Institutionalisierung der internationalen Strafgerichtsbarkeit zur Folge[1192]. Mit der Schaffung des IStGH-Statuts, das die erste Kodifikation des Völ-

---

1187 Zitiert nach *Tiedemann* (Hrsg.), Wirtschaftsstrafrecht in der Europäischen Union, 2002, 460.

1188 Vgl. *Waßmer*, JZ 1999, 1100.

1189 Vgl. *Weigend*, in: Wirtschaftsstrafrecht in der Europäischen Union, 2002, 416.

1190 Vgl. *Waßmer*, JZ 1999, 1100.

1191 Vgl. *Weigend*, in: Wirtschaftsstrafrecht in der Europäischen Union, 416: „Erfreulicherweise wird dadurch zumindest implizit…dem Prinzip der stellvertretenden Haftung (vicarius liability) eine Absage erteilt."

1192 Vgl. *Ahlbrecht*, Geschichte der völkerrechtlichen Strafgerichtsbarkeit im 20. Jahrhundert, 1999, 358; *Ambos*, Internationales Strafrecht, 2006, 78, 79; *Hilgendorf*, in: Raum und Recht, 2002, 343; *Kaiafa-Gbandi*, in: Strafrecht Biorecht Rechtsphilosokerstrafrechts darstellt,[1193] wird daher der Weg zur Internationalisierung des Strafrechts geöffnet. In der Vergangenheit insbesonders im Laufe des vorherigen Jahrhunderts, wurden in diese Richtung mehrmals Initiativen ergriffen, die schließlich zur Verabschiedung des Status des Internationalen Strafgerichtshofs geführt haben. Die Idee eines weltweit geltenden Strafrechts ist aber nicht neu[1194]. Die Notwendigkeit der Bekämpfung und der strafrechtlichen Verfolgung von schweren Verletzungen des Völkerrechts, deren Begehung die internationale Gemeinschaft als Ganzes berührt, wurde vorwiegend nach dem Zweiten Weltkrieg mit der Einrichtung des Internationalen Militärgerichtshofs von Nürnberg (IMG) und des Internationalen Gerichtshofs in Tokio (IMGFO) für japanische Kriegsverbrecher deutlich gemacht[1195]. Nach diesen ersten Schritten folgten die Ad-hoc-Tribunale für Jugoslawien (IStTJ) und Ruanda (IStTR)[1196], und im Jahre 1994 legte die Völkerrechtskommission den ersten Entwurf eines Status für einen Ständigen Internationalen Strafgerichtshof vor[1197]. Die Bestrebungen hinsichtlich der Gestaltung des supranationalen Strafrechts haben zum Beschluss der internationalen Staatenkonferenz von Rom zur Annahme des Gründungsstatus über den Internationalen Strafgerichtshof geführt.

In Rom wurde der Grundstein für das erste unabhängige und ständige Weltstrafgericht gelegt[1198]. Der IStGH ist kein Ad-hoc-Gericht[1199] und hat, wie sich

---

phie, Festschrift für Schreiber, 2003, 199; *Roggemann*, Die Internationalen Strafgerichtshöfe, 1999, 5.

1193 Vgl. *Ambos*, Internationales Strafrecht, 2006, 79; *Kaiafa-Gbandi*, in: Strafrecht Biorecht Rechtsphilosophie, Festschrift für Schreiber, 2003, 204; *Bitzilekis*, in: Diethnopoiisi tou Poinikou Dikaiou, 2003, 153.

1194 Zur Entstehungsgeschichte des Internationalen Strafgerichthofes siehe *Triffterer*, in: Commentary on the Rome Statute of the International Criminal Court, 1999, 18 ff.

1195 Vgl. *Engelhart*, Jura 2004, 737; *Cassese*, International Criminal Law, 2003, 329 ff.; *Hecker*, Europäisches Strafrecht, 2005, 64; *Hilgendorf*, in: Raum und Recht, 2002, 342, 343; *Nill-Theobald*, ZStW 1996, 231; *Roggemann*, Die Internationalen Strafgerichtshöfe, 1999, 6; *Satzger*, Internationales und Europäisches Strafrecht, 2005, 152, 154; *Triffterer*, in: Festschrift für Roxin, 2001, 1419 f.; *Weigend*, in: Entwicklungen und Probleme des Strafrechts an der Schwelle zum 21. Jahrhundert, 15 f.; *Werle*, Völkerstrafrecht, 2003, Rdn. 14–15.

1196 Vgl. *Ambos*, Internationales Strafrecht, 2006, 101, 103; *Engelhart*, Jura 2004, 740, 741; *Cassese*, International Criminal Law, 2003, 335 ff.; *Hecker*, Europäisches Strafrecht, 2005, 64; *Hilgendorf*, in: Raum und Recht, 2002, 343; *Nill-Theobald*, ZStW 1996, 229, 231; *Satzger*, Internationales und Europäisches Strafrecht, 2005, 155 ff.; *Triffterer*, in: Festschrift für Roxin, 2001, 1420; *Weigend*, in: Entwicklungen und Probleme des Strafrechts an der Schwelle zum 21. Jahrhundert, 17, 18.

1197 Vgl. *Satzger*, Internationales und Europäisches Strafrecht, 2005, 160.

1198 Vgl. *Engelhart*, Jura 2004, 741; *Fastenrath*, JuS 1999, 632; *Jescheck*, in: Menschengerechtes Strafrecht, Festschrift für Eser, 2005, 1000, 1001; *Roggemann*, Die Internationalen Strafgerichtshöfe, 1999, 7; *Satzger*, JuS 2004, 944; ders., Interaus den Art. 1 und 17 ergibt, lediglich eine ergänzende Strafgerichtsbarkeit[1200]. Dies bedeutet, dass er sich mit einem Fall nicht beschäftigen darf, wenn bereits ein nationales Gericht mit dem Fall befasst ist oder ein Strafverfahren durchgeführt wird. Dadurch wird der Vorrang der Gerichtsbarkeit der nationalen Gerichte vor der des IStGH bestätigt. Ausnahmsweise wird dieser Grundsatz nach Art. 17 des Statuts durchgebrochen, wenn der betroffene Staat „nicht willens oder nicht in der Lage ist", ein vom IStGH-Statut erfasstes Verbrechen zu verfolgen.[1201]. Nur dann kann daher der Internationale Strafgerichtshof tätig werden und die Gerichtsbarkeit der Vertragsstaaten ersetzen. Die Normierung des Art. 17 IStGH ist als Komplementaritätsprinzip bzw. als Grundsatz der Subsidiarität bekannt[1202].

Das IStGH-Statut besteht aus 128 Artikeln, die sowohl die Verbrechenstatbestände („elements of crime"), die Verfahrens- und Beweisregeln („rules of procedure and evidence"), als auch die Prinzipien eines „Allgemeinen Teils" und die Zusammensetzung des Gerichtshofs umfassen. Die sachliche Zuständigkeit des IStGH ist bei Völkermord, Verbrechen gegen die Menschlichkeit, Kriegsverbrechen und Aggression gegeben[1203].

---

nationales und Europäisches Strafrecht, 2005, 160; *Weigend*, in: Festschrift für Roxin, 2001, 1384, 1385.

1199 Vgl. *Weigend*, in: Entwicklungen und Probleme des Strafrechts an der Schwelle zum 21. Jahrhundert, 19.

1200 Vgl. *Bitzilekis*, in: Diethnopoiisi tou Poinikou Dikaiou, 2003, 153; *Kaiafa-Gbandi*, in: Diethnopoiisi tou Poinikou Dikaiou, 2003, 115; *Symeonidou-Kastanidou*, in: Diethnopoiisi tou Poinikou Dikaiou, 2003, 82.

1201 Vgl. *Kaiafa-Gbandi*, in: Strafrecht Biorecht Rechtsphilosophie, Festschrift für Schreiber, 2003, 201; *Satzger*, Internationales und Europäisches Strafrecht, 2005, 165; *Schubert*, Der Versuch – Überlegungen zur Rechtsvergleichung und Harmonisierung, 2005, 234.

1202 Vgl. *Ambos*, Internationales Strafrecht, 2006, 264 ff.; *Fastenrath*, JuS 1999, 634; *Hecker*, Europäisches Strafrecht, 2005, 66; *Jescheck*, in: Menschengerechtes Strafrecht, Festschrift für Eser, 2005, 1001; *Lagodny*, ZStW 113 (2001), 819; *Satzger*, JuS 2004, 945; ders., Internationales und Europäisches Strafrecht, 2005, 165 f.; *Symeonidou-Kastanidou*, in: Diethnopoiisi tou Poinikou Dikaiou, 2003, 94 ff.; *Triffterer*, in: Festschrift für Roxin, 2001, 1416, 1420; *Weigend*, in: Entwicklungen und Probleme des Strafrechts an der Schwelle zum 21. Jahrhundert, 21; ders., in: Festschrift für Roxin, 2001, 1385; ders., in: Menschengerechts Strafrecht, Festschrift für Eser, 2005, 961, 962; *Werle/Jeßberger*, JZ 2002, 726; *Williams*, in: Commentary on the Rome Statute of the International Criminal Court, 1999, 383 ff.

1203 Vgl. *Ambos*, Internationales Strafrecht, 2006, 79; *Fastenrath*, JuS 1999, 634; *Jescheck*, in: Menschengerechtes Strafrecht, Festschrift für Eser, 2005,1001; *Roggemann*, Die Internationalen Strafgerichtshöfe, 1999, 16; *Satzger*, JuS 2004, 944; ders., Internationales und Europäisches Strafrecht, 2005, 162; *Weigend*, in: Entwicklungen und Probleme des Strafrechts an der Schwelle zum 21. Jahrhundert, 19.

II. Völkerstrafrechtliche Zurechnung und individuelle Verantwortlichkeit

Die ständige supranationale Instanz für die Aburteilung völkerrechtlicher Verbrechen, die in der diplomatischen Konferenz in Rom eingerichtet worden ist, unterscheidet sich von den bisherigen Ad-hoc-Tribunalen vorwiegend hinsichtlich ihrer Zuständigkeit. Der Internationale Strafgerichtshof hat nicht die Schlichtung von Konflikten zwischen Staaten und Organisationen zur Aufgabe, sondern ist für die Strafverfolgung natürlicher Personen zuständig[1204]. Nach Art. 25 Abs. 1 des Status von Rom wird daher die völkerstrafrechtliche Verantwortlichkeit natürlicher Personen geregelt, während die kollektive strafrechtliche Verantwortlichkeit und die Strafbarkeit von Personenverbänden oder juristischen Personen nicht vorgesehen ist[1205]. Dieser Grundsatz offenbart die Notwendigkeit, den Tatvorwurf zu individualisieren[1206], die sowohl das nationale Strafrecht als auch das Völkerstrafrecht betrifft, auch angesichts der Tatsache, dass die Völkerverbrechen naturgemäß nur in seltenen Ausnahmefällen von Einzeltätern begangen worden sind[1207]. Die Annahme der individuellen Dimension makrokrimineller

---

1204 Vgl. *Ahlbrecht*, Geschichte der völkerrechtlichen Strafgerichtsbarkeit im 20. Jahrhundert, 1999, 362; *Ambos*, Internationales Strafrecht, 2006, 128 ff.; *Engelhart*, Jura 2004, 742; *Jescheck*, in: Menschengerechtes Strafrecht, Festschrift für Eser, 2005, 1000; *Roggemann*, Die Internationalen Strafgerichtshöfe, 1999, 18; *Satzger*, Internationales und Europäisches Strafrecht, 2005, 176.

1205 Vgl. *Ahlbrecht*, Geschichte der völkerrechtlichen Strafgerichtsbarkeit im 20. Jahrhundert, 1999, 362; *Ambos*, in: Commentary on the Rome Statute of the International Criminal Court, 1999, 478: „The inclusion of collective liability would detract from the Court's jurisdictional focus, which is in individuals. Furthermore, the Court would be confronted with serious and ultimately overwelming problems of evidence. In addition, there are not yet universally recognized common standards for corporate liability; in fact the concept is not even recognized in some major criminal law systems. Consequently, the absence of corporate criminal liability in many states woud renter the principle of compementary (article 17) unworkable."; *Kaiafa-Gbandi*, in: Strafrecht Biorecht Rechtsphilosophie, Festschrift für Schreiber, 2003, 214; ders., in: Diethnopoiisi tou Poinikou Dikaiou, 2003, 135; *Roggemann*, Die Internationalen Strafgerichtshöfe, 1999, 18; *Triffterer*, ZStW 114 (2002), 338, 339.

1206 Vgl. *Ambos*, Internationales Strafrecht, 2006, 128, 129: „So gesehen kann die völkerstrafrechtliche Entwicklung von Nürnberg bis den Haag als „die Geschichte der völkerrechtlichen Subjektwerdung des einzelnen" bezeichnet werden. Sie findet mit Art. 25 Abs. 1 und 2 ihren vorläufigen Abschluss, wobei der Grundsatz der individuellen Verantwortlichkeit des Einzelnen schon in Nürnberg anerkannt worden ist."; *Triffterer*, in: Festschrift für Jescheck, 1985, 1489; *Weigend*, in: Entwicklungen und Probleme des Strafrechts an der Schwelle zum 21. Jahrhundert, 2004, 15, 16.

1207 Vgl. *Werle*, Völkerstrafrecht, 2003, Rdn. 396.

Verhaltensweisen führt zur Bereitstellung von allgemeinen Zurechnungsregeln, die die strafrechtliche Haftung sowohl des unmittelbar Ausführenden als auch des Mitwirkenden begründen. Die individuelle Verantwortlichkeit wegen völkerrechtlicher Verbrechen (*individual criminal responsibility*) wird ausführlich in Art. 25 des „Allgemeinen Teils" des Rom-Statuts geregelt.

III. Der Aufbau des völkerstrafrechtlichen Verbrechens

Maßgeblich für diese Untersuchung ist die Beantwortung der Frage, an welchem Strafrechtssystem das Rom-Statut orientiert ist, nämlich entweder am kontinentaleuropäischen System oder am System des „common law"[1208]. Von Interesse ist hier insbesondere die Struktur des völkerstrafrechtlichen Verbrechensbegriffs. Wie sich gezeigt hat, folgt das kontinentaleuropäische System dem dreigliedrigen Verbrechensaufbau, der die Deliktsstufen der „Tatbestandsmäßigkeit", der „Rechtswidrigkeit" und der „Schuld" enthält[1209]. Das „common law" des angloamerikanischen Rechtskreises geht hingegen von einem zweigliedrigen Straftatbegriff aus, der aus zwei Komponenten besteht: Zum einen der „offence", der die verantwortungsbegründenden Umstände einschließt und zum anderen der „defences", mit den die verantwortungsausschließenden Gründe gemeint sind[1210]. Festzustellen ist, dass die Verfasser des Rom-Status eher dem angloamerikanischen System gefolgt sind, das auf der offence-defence Dichotomie beruht[1211], obwohl freilich die Terminologie des „Common Law"-Systems („actus reus", „mens rea", „defence") vermieden wird[1212]. Nach einer anderen Meinung sei das IStGH-Statut weder durch das eine noch durch das andere System beeinflusst worden[1213]. Die Zweiteilung des Verbrechensbegriffs sei rein formal, wobei der Ermittlungsgrundsatz kontinental-europäischer Prägung ist. Unabhängig von der Frage, welche Ansicht zutreffend ist, muss hier die Bedeutung der systematischen Vereinheitlichung von erstmals erfolgten allgemeinen Grundsätzen im Text des

1208 Vgl. *Ahlbrecht,* Geschichte der völkerrechtlichen Strafgerichtsbarkeit im 20. Jahrhundert, 1999, 17, 18; *Lagodny*, ZStW 113 (2001), 801, 808; *Satzger*, Internationales und Europäisches Strafrecht, 2005, 177.

1209 Vgl. *Lagodny*, ZStW 113 (2001), 817; *Tiedemann*, in: Festschrift für Lenckner, 1998, 420.

1210 Vgl. *Lagodny*, ZStW 113 (2001), 817; *Ruegenberg*, JZ 1998, 453; *Tiedemann*, in: Festschrift für Leckner, 1998, 421.

1211 Ausführlich siehe *Ambos*, Internationales Strafrecht, 2006, 126; *Schubert*, Der Versuch – Überlegungen zur Rechtsvergleichung und Harmonisierung, 2005, 235.

1212 Vgl. *Lagodny*, ZStW 113 (2001), 820; *Satzger*, Internationales und Europäisches Strafrecht, 2005, 177.

1213 Vgl. *Satzger*, Internationales und Europäisches Strafrecht, 2005, 177.

Rom-Statuts betont werden, auch wenn die Formulierung „Allgemeiner Teil“ durch die Überschrift „Allgemeine Strafrechtsprinzipien“ (*general principles of criminal law*) ersetzt worden ist[1214].

IV. Das ausgewählte Modell strafrechtlicher Beteiligung

Die Bestimmungen bezüglich der Formen strafbarer Beteiligung an einem Völkerrechtsverbrechen waren bis zur Verabschiedung des Rom-Statuts lediglich rudimentär und fragmentarisch[1215]. In den Statuten von Nürnberg und Tokio wurden die strafbaren Teilnahmeformen direkt in den Straftatbeständen aufgezählt[1216]. Die völkerstrafrechtliche Rechtsprechung hatte sich bis zu diesem Zeitpunkt nur wenig mit der Differenzierung zwischen verschiedenen Teilnahmeformen beschäftigt[1217]. Erst die Judikatur des Jugoslawien-Strafgerichtshofes bewirkte den Durchbruch und legte ein ausgedehntes Mitwirkungskonzept zugrunde[1218].

Das Erfordernis einer soliden differenzierten Regelung der Beteiligungsformen an den Völkerstraftaten wurde insbesondere durch das Rom-Statut des IStGH deutlich gemacht, das in dem Teil, der die „Allgemeinen Grundsätze“ des Völkerstrafrechts enthält, detailliert unterschiedliche Arten strafbarer Teilnahme vorsieht[1219]. In Art. 25 des Rom-Statuts wird eine Unterscheidung zwischen Täterschaft und Teilnahme vorgenommen[1220]. Explizit wird auch zum ersten Mal die Beteiligungsfigur der Anstiftung als Grundform des Veranlassens Dritter zu Straftaten anerkannt. Ersichtlich stützt sich die Regelung des Art. 25 des IStGH über die persönliche strafrechtliche Vorwerfbarkeit auf das dualistische Teilnah-

---

1214 Siehe *Roggemann*, Die Internationalen Strafgerichtshöfe, 1999, 24.

1215 Vgl. *Lagodny*, ZStW 113 (2001), 815, 816.

1216 Vgl. *Werle*, Völkerstrafrecht, 2003, Rdn. 398.

1217 Vgl. *Ambos*, Der Allgemeine Teil des Völkerstrafrechts, 2002, 615; *Werle*, Völkerstrafrecht, 2003, Rdn. 399.

1218 Vgl. *Ambos*, Der Allgemeine Teil des Völkerstarfrechts, 2002, 615; ders., Internationales Strafrecht, 2006, 103; *Werle*, Völkerstrafrecht, 2003, Rdn. 400.

1219 Vgl. *Bitzilekis*, in: Diethnopoiisi tou Poinikou Dikaiou, 2003, 154; *Satzger*, Internationales und Europäisches Strafrecht, 2005, 187 ff.; *Werle*, Völkerstrafrecht, 2003, Rdn. 401 ff: „Art. 25 Abs. 3 IStGH verköpert fast durchweg Völkergewohnheitsrecht. Die Vorschrift systematisiert erstmals die vom Völkergewohnheitsrecht anerkannten Beteiligungsformen, die vorsichtig ergänzt oder modifiziert werden.“

1220 Vgl. *Ambos*, in: Commentary on the Rome Statute of the International Criminal Court, 1999, 476, 477.

memodell[1221]. Problematisch ist jedoch, dass keine unterschiedlichen Sanktionen, d.h. keine Abstufungen im Grad der strafrechlichen Verantwortlichkeit für die Täterschaft und die Teilnahme existieren[1222]. Alle Beteiligungsarten, auch die Anstiftung und die Beihilfe, werden folglich gleichgestellt und nur auf der Ebene der Strafzumessung bewertet, was zu der Auffassung geführt hat, dass das Modell strafbarer Beteiligung des Internationalen Strafgerichtshofes eher dem aus Österreich bekannten funktionalen Einheitstätersystem ähnelt[1223].

1. Die Täterschaft

„Art. 25 Abs. 3 IStGH: In accordance with this Statute, a person shall be criminally responsible and liable for punishment for a crime within the jurisdiction of the Court if that Person:

(a) Commits such a crime, whether as an individual, jointly with another or through another person, regardless of whether that other person is criminally responsible.“[1224]

Das IStGH unterscheidet in Art. 25 zwischen drei verschiedenen Formen der Beteiligung an einer Straftat. Hinsichtlich der Täterschaft kommen gemäß Art. 25 Abs. 3 (a) die Alleintäterschaft, die Mittäterschaft und die mittelbare Täterschaft in Betracht[1225]. Nach dieser Vorschrift wird als unmittelbarer Täter derjenige bezeichnet, der als Einzelperson eine Handlung ausführt. Durch den Wortlaut des Artikels bleibt jedoch unklar, ob damit eine eigenhändige Begehung gemeint ist[1226]. Vertreten wird unter Berücksichtigung der bisherigen völkerstrafrechtli-

---

1221 Vgl. *Ambos*, in: Commentary on the Rome Statute of the International Criminal Court, 1999, 477; ders., Internationales Strafrecht, 2006, 130; *Tiedemann*, in: Wirtschaftsstrafrecht in der Europäischen Union, 2002, 15.

1222 Vgl. *Ambos*, Internationales Strafrecht, 2006, 131; *Bitzilekis*, in: Diethnopoiisi tou Poinikou Dikaiou, 2003, 155; *Kaiafa-Gbandi*, in: Strafrecht Biorecht Rechtsphilosophie, Festschrift für Schreiber, 2003, 216, 217: „Somit läuft aber die Unterscheidung zwischen Täterschaft und Teilnahme ins Leere, da sie dem dunklen Gebiet der Strafzumessung mit der Folge überlassen wird, dass der Grundsatz der individuellen Verantwortlichkeit dadurch auch mittelbar verletzt wird.“; *Satzger*, Internationales und Europäisches Strafrecht, 2005, 188; *Werle*, Völkerstrafrecht, 2003, Rdn. 402.

1223 Vgl. *Ambos*, Internationales Strafrecht, 2006, 131.

1224 Zitiert nach *Roggemann*, Die Internationalen Strafgerichtshöfe, 1999, 43.

1225 Vgl. *Ambos*, ZStW 1999, 186; ders., in: Commentary on the Rome Statute of the International Criminal Court, 1999, 478; *Gropengießer*, in: Nationale Strafverfolgung völkerrechtlicher Verbrechen, 2003, 285; *Satzger*, Internationales und Europäisches Strafrecht, 2005, 188; *Werle*, Völkerstrafrecht, 2003, Rdn. 401 ff.

1226 Vgl. *Ambos*, in: Commentary on the Rome Statute of the International Criminal Court, 1999, 479.

chen Rechtsprechung und des Völkergewohnheitsrechts die Ansicht, dass der Alleintäter die Tat „selbst", also eigenhändig begehen muss[1227].

Die Täterschaft wird auch im Völkerstrafrecht anhand objektiver Kriterien von der Teilnahme abgegrenzt, wobei als Leitlinie für ihre Feststellung das von Roxin entwickelte Element der „Handlungsherrschaft" eingesetzt wird[1228].

2. *Die Teilnahme*

Das Rom-Statut kennt einerseits die Teilnahmeformen der Anstiftung, der Aufforderung und der Anordnung und andererseits diejenigen der Beihilfe und der Unterstützung[1229]. Die Anstiftung stellt die Grundform des Veranlassens Dritter zur Begehung von Straftaten dar und umfasst als Unterbegriffe die Aufforderung und die Anordnung[1230].

a. *Die Anstiftung*

„Art. 25 Abs. 3 IStGH: In accordance with this Statute, a person shall be criminally responsible and liable for punishment for a crime within the jurisdiction of the Court if that person:

(b) Orders, solicits or induces the commission of such a crime which in fact occurs or is attempted."[1231]

Durch die Begriffe „solicits or induces", die nach herrschender Ansicht[1232] der deutschen Übersetzung „auffordert oder anstiftet" entsprechen, wird im Rom-Statut die Anstiftung als akzessorische Grundform des Veranlassens fremder Straftaten erfasst. Wie im deutschen Strafrecht und den Rechtsordnungen der meisten europäischen Länder wird auch hier die Anstiftung als Hervorrufen des Tatentschlusses bezeichnet[1233]. Insbesondere muss die Aufforderung konkret

---

1227 Vgl. *Ambos*, Internationales Strafrecht, 2006, 132; *Werle*, Völkerstrafrecht, 2003, Rdn. 403.

1228 Vgl. *Ambos*, Der Allgemeine Teil des Völkerstrafrechts, 2002, 547; ders., Internationales Strafrecht, 2006, 133.

1229 Vgl. *Ambos*, Internationales Strafrecht, 2006, 144; *Kaiafa-Gbandi*, in: Strafrecht Biorecht Rechtsphilosophie, Festschrift für Schreiber, 2003, 217; *Satzger*, Internationales und Europäisches Strafrecht, 2005, 189; *Werle*, Völkerstrafrecht, 2003, Rdn. 409 ff.

1230 Vgl. *Satzger*, Internationales und Europäisches Strafrecht, 2005, 189.

1231 Zitiert nach *Roggemann*, Die Internationalen Strafgerichtshöfe, 1999, 43.

1232 Vgl. *Ambos*, Der Allgemeine Teil des Völkerstrafrechts, 2002, 646; *Werle*, Völkerstrafrecht, 2003, Rdn. 411.

1233 Vgl. *Ambos*, in: Commentary on the Rome Statute of the International Criminal Court, 1999, 481; *Satzger*, Internationales und Europäisches Strafrecht, 2005, 189.

sein, in dem Sinne, dass die Anstiftungshandlung sich an eine bestimmte Person oder an einen bestimmbaren Personenkreis richtet[1234]. Daraus ergibt sich, dass die Vorschrift des Art. 25 Abs. 3 (b) des IStGH die Aufforderung an einen nicht konkretisierten Adressatenkreis nicht einschließt[1235].

Umstritten bleibt im Völkerstrafrecht noch die Frage, ob der schon zur Tat entschlossene Täter (*omnimodo facturus*) angestiftet werden kann oder nicht[1236].

Belanglos für die Anstiftung ist das angewendete Mittel der Veranlassung[1237]. Auffällig ist hier aber, dass vor allem der Ausdruck „induces" eine psychische Einwirkung bzw. eine Überredung oder Überzeugung voraussetzt[1238]. Die Aufforderung des Anstifters mag eventuell als physischer Zwang (*vis compulsiva*) erscheinen[1239].

In subjektiver Hinsicht wird ein doppelter Anstiftervorsatz verlangt, der sich sowohl auf die Anstiftungshandlung, als auch auf die Ausführung der Tat durch den Haupttäter beziehen muss[1240].

Das Element des Vorsatzes („intent and knowledge") wird nicht nur im Falle der Anstiftung für erforderlich gehalten, sondern auch für die übrigen Teilnahmeformen und die Täterschaft, was sich aus dem Wortlaut des Art. 30 IStGH ergibt[1241]. Der Veranlasser muss folglich die Herbeiführung der Haupttat gewollt haben oder zumindest in dem Bewusstsein handeln, daß die Begehung der Tat mit hoher Wahrscheinlichkeit („substantial likelihood") die Folge seines Verhaltens sein wird[1242].

1234 Vgl. *Ambos*, Der Allgemeine Teil des Völkerstrafrechts, 2002, 646, 649; ders., Internationales Strafrecht, 2006, 148.

1235 Vgl. *Ambos*, Der Allgemeine Teil des Völkerstrafrechts, 2002, 148; ders., Internationales Strafrecht, 2006, 646.

1236 Diese Möglichkeit bejaht *Werle*, Völkerstrafrecht, 2003, Rdn. 411; für *Ambos* – Internationales Strafrecht, 2006, 148 – ist die Problematik noch ungeklärt.

1237 Vgl. *Ambos*, Der Allgemeine Teil des Völkerstrafrechts, 2002, 649.

1238 Vgl. *Ambos*, in: Commentary on the Rome Statute of the International Criminal Court, 1999, 481; ders., Der Allgemeine Teil des Völkerstrafrechts, 2002, 647; *Werle*, Völkerstrafrecht, 2003, Rdn. 411.

1239 Vgl. *Ambos*, in: Commentary on the Rome Statute of the International Criminal Court, 1999, 481; ders., Der Allgemeine Teil des Völkerstrafrechts, 2002, 647; ders., Internationales Strafrecht, 2006, 148.

1240 Vgl. *Satzger*, Internationales und Europäisches Strafrecht, 2005, 189.

1241 Vgl. *Cassese*, International Criminal Law, 2003, 176: „As stated above, the ICC Statute contains the only international provision setting out a general definition of the subjektive element of international crimes: Article 30. This provision envisages intent and knowledge as the only mental elements of those crimes."; *Triffterer*, in: Festschrift für Roxin, 2001, 1436.

1242 Vgl. *Ambos*, ZStW 1999, 188; ders., Internationales Strafrecht, 2006, 148; *Werle*, Völkerstrafrecht, 2003, Rdn. 412.

b. Die Anordnung

Eine weitere Form des Veranlassens fremder Straftaten bildet die Anordnung, die auch in Art. 25 Abs. 3 (b) geregelt ist. Wer die Begehung eines Völkerverbrechens „anordnet", d.h. eine Person daran auffordert („orders"), wird unter Strafe gestellt. Vorausgesetzt für diesen besonderen Fall der Anstiftung wird das Vorliegen einer übergeordneten Stellung des Veranlassers bzw. eine Befehlssituation im Rahmen einer militärischen Hierarchie[1243]. Derjenige, der wegen Anordnung eines Verbrechens verurteilt wird, muss seine Position und seine Autorität ausgenutzt haben, um den Anordnungsempfänger zu überzeugen, eine unerlaubte Handlung vorzunehmen. Zur Erfüllung des subjektiven Tatbestandes der Anordnung wird nach der Regelung des Art. 30 IStGH Vorsatz verlangt.

c. Die Aufstachelung

„Art. 25 Abs. 3 IStGH: In accordance with this Statute, a person shall be criminally responsible and liable for punishment for a crime within the jurisdiction of the Court if that person:

(e) In respect of the crime of genocide, directly and publicly incites others to commit genocide."

Die dritte Form der Anstiftung ist in Art. 25 Abs. 3 (e) des IStGH geregelt und stellt im Grunde genommen ein selbständiges Verbrechen dar. Hier wird die Auffassung vertreten, dass die Aufstachelung zum Völkermord („incitement") nicht zu den Beteiligungsformen zählt und sie deshalb „systematisch unrichtig" bei den Zurechnungsregeln für die individuelle Verantwortlichkeit eingeordnet ist[1244]. Diese Ansicht stützt sich auf den Umstand, dass die Aufstachelung über eine andere tatbestandliche Struktur als die Anstiftung verfügt[1245]. Diese Schlussfolgerung lässt sich auch aus dem Wortlaut der Regelung über die Aufstachelung ziehen, die die Ausdrücke „directly and publicly" verwendet. Die Auslegung der beiden Begriffe zeigt, dass die Intensität der Einwirkung der bestimmten Veranlassung auf den potentiellen Adressaten angesichts ihrer Unmittelbarkeit heftiger ist als bei der Anstiftung des Art. 25 Abs. 3 (b) IStGH[1246]. Zusätzlich richtet sich die Aufstachelung auf einen nicht konkretisierten Personenkreis und muss damit den Charakter einer öffentlichen Aufforderung („publicy") haben. Sie weist Ähn-

---

1243 Vgl. *Ambos*, Internationales Strafrecht, 2006, 147; *Satzger*, Internationales und Europäisches Strafrecht, 2005, 189; *Werle*, Völkerstrafrecht, 2003, Rdn. 410.
1244 Vgl. *Werle*, Völkerstrafrecht, 2003, Rdn. 409.
1245 Vgl. *Ambos*, Der Allgemeine Teil des Völkerstrafrechts, 2002, 653.
1246 Vgl. *Ambos*, Der Allgemeine Teil des Völkerstrafrechts, 2002, 651.

lichkeiten mit § 111 (Öffentliche Aufforderung zu Straftaten) und § 130a (Anleitung zu Straftaten) des deutschen Strafgesetzbuchs auf[1247].

Beachtenwert ist, dass die Aufstachelung des Art. 25 Abs. 3 (e) IStGH lediglich im Zusammenhang mit dem Genozid, d.h. mit Völkermord, strafbar ist. Obwohl also sie im Artikel über die allgemeinen Beteiligungsregeln geregelt ist, bildet sie ein eigenständiges Delikt, das nicht von der Vollendung des Völkermords abhängig, sondern als „inchoate crime" konzipiert ist[1248]. Die Aufstachelung ist ein abstraktes Gefährdungsdelikt, das weder einen Kausalzusammenhang zwischen dem Aufruf zu Straftaten und dem Erfolg, noch die tatsächliche Begehung des Völkermords erfordert[1249]. Subjektiv wird neben dem Vorsatz auch eine Zerstörungsabsicht gefordert[1250].

3. Die Akzessorietät der Anstiftung

Der Grundsatz der Akzessorietät der Teilnahme von der Haupttat wurde bis zur Verabschiedung des IStGH-Statuts im Völkergewohnheitsrecht nicht anerkannt[1251]. Dennoch hat das Prinzip der akzessorischen Verantwortung des Mitwirkenden im Rom-Statut eine hinreichende Stütze gefunden. Ausdrücklich wird in Art. 25 Abs. 3 verlangt, dass die Haupttat („such a crime") zumindest das Versuchsstadium erreicht hat. Sowohl die Anstiftung (Art. 25 Abs. 3 b) als auch die Beihilfe (Art. 25 Abs. 3 c) werden dadurch als quantitativ akzessorisch bezeichnet[1252]. Diese Abhängigkeit der Teilnahmeformen von der Handlung des Haupttäters stellt jedoch in Wahrheit eine faktische Bezogenheit dar[1253]. Die sprachliche Aussage des Statuts enthält aber keine ausreichenden Anhaltspunkte für die Annahme auch der so genannten qualitativen (limitierten) Akzessorietät[1254]. Nach

---

1247 Vgl. *Ambos*, Der Allgemeine Teil des Völkerstrafrechts, 2002, 651; *Gropengießer*, in: Nationale Strafverfolgung völkerrechtlicher Verbrechen, 2003, 288.

1248 Vgl. *Ambos*, Der Allgemeine Teil des Völkerstrafrechts, 2002, 652.

1249 Vgl. *Ambos*, Der Allgemeine Teil des Völkerstrafrechts, 2002, 652, 653; ders., Internationales Strafrecht, 2006, 149; *Werle*, Völkerstrafrecht, 2003, Rdn. 409.

1250 Vgl. *Ambos*, Internationales Strafrecht, 2006, 149.

1251 Vgl. *Ambos*, Der Allgemeine Teil des Völkerstrafrechts, 2002, 616; *Werle*, Völkerstrafrecht, 2003, Rdn. 401.

1252 Vgl. *Ambos*, Der Allgemeine Teil des Völkerstrafrechts, 2002, 617; ders., Internationales Strafrecht, 2006, 144; *Bitzilekis*, in: Diethnopoiisi tou Poinikou Dikaiou, 2003, 155; *Gropengießer*, in: Nationale Strafverfolgung völkerrechtlicher Verbrechen, 2003, 286.

1253 Vgl. *Ambos*, Der Allgemeine Teil des Völkerstrafrechts, 2002, 617, 618.

1254 Vgl. *Ambos*, Internationales Strafrecht, 2006, 144; *Bitzilekis*, in: Diethnopoiisi tou Poinikou Dikaiou, 2003, 156.

einer Meinung „hängt" das Vorliegen dieser Art der Akzessorietät „von der Differenziertheit des betreffenden Verbrechenssystems ab"[1255].

V. Die Anpassung des deutschen Strafrechts an das IStGH-Statut. Das deutsche Völkerstrafgesetzbuch

Das IStGH-Statut wurde von der Bundesrepublik Deutschland im Jahre 2000 ratifiziert[1256]. Dadurch wurde die Verpflichtung zur Zusammenarbeit mit dem IStGH und zur Leistung von Rechtshilfe bestätigt[1257]. Ziel der Bundesregierung war es außerdem, die sich aus dem IStGH-Statut ergebenden Pflichten in nationale Vorschriften umzusetzten, damit auch die deutschen Gerichte in vollem Umfang in die Lage versetzt werden, die Strafverfolgung aller im Rom-Statut kodifizierten völkerrechltichen Verbrechen sicherzustellen[1258]. Zur Herstellung des Vorrangs der nationalen Strafgerichtsbarkeit war daher die Anpassung des deutschen Strafrechts an die Strafnormen des Statuts erforderlich. Dasselbe gilt auch für die übrigen europäischen Vertragsstaaten.

Der Pönalisierungsauftrag des Römischen Statuts[1259], nämlich die Obliegenheit der Staaten, die erforderlichen Strafnormen für die Bestrafung von Völkerrechtsverbrechen im innerstaatlichen Recht zu schaffen, verlangte gesetzgeberische Änderungen. Die Möglichkeit der Überstellung deutscher Staatsangehöriger an den IStGH wurde durch Änderung des Art. 16 II GG explizit anerkannt[1260]. Zusätzlich hat der deutsche Gesetzgeber das Ausführungsgesetz zum Römischen Statut erlassen, das die Voraussetzungen der Zusammenarbeit und der Rechtshilfe zwischen Deutschland und dem IStGH vorsieht[1261]. Die Ausformulierung der

---

1255 Vgl. *Ambos*, Der Allgemeine Teil des Völkerstrafrechts, 2002, 618.

1256 Vgl. *Zimmermann*, ZRP 2002, 97.

1257 Vgl. *Schubert*, Der Versuch – Überlegungen zur Rechtsvergleichung und Harmonisierung, 2005, 245; *Weigend*, in: Entwicklungen und Probleme des Strafrechts an der Schwelle zum 21. Jahrhundert, 2004, 22.

1258 Vgl. *Hermsdörfer*, DRiZ 2000, 70; *Jescheck*, in: Menschengerechts Strafrecht, Festschrift für Eser, 2005, 1002; *Satzger*, JuS 2004, 945; ders., Internationales und Europäisches Strafrecht, 2005, 220; *Zimmermann*, NJW 2002, 3068.

1259 Vgl. *Schubert*, Der Versuch – Überlegungen zur Rechtsvergleichung und Harmonisierung, 2005, 245; *Werle/Jeßberger*, JZ 2002, 727; *Zimmermann*, NJW 2002, 3068.

1260 Vgl. *Hermsdörfer*, DRiZ 2000, 73; *Kreß*, NStZ 2000, 619; *Satzger*, Internationales und europäisches Strafrecht, 2005, 220; *Weigend*, in: Entwicklungen und Probleme des Strafrechts an der Schwelle zum 21. Jahrhundert, 2004, 22; *Werle*, JZ 2001, 885.

1261 Vgl. *Kreß*, NStZ 2000, 619; *Satzger*, Internationales und europäisches Strafrecht, 2005, 221; *Weigend*, in: Entwicklungen und Probleme des Strafrechts an der

Straftatbestände des Rom-Statuts, namentlich die Umsetzung des materiellrechtlichen Gehalts des IStGH-Statuts in deutsches Recht wurde durch die Schaffung eines eigenständigen deutschen Völkerstrafgesetzbuches realisiert[1262].

Das deutsche Völkerstrafgesetzbuch besteht aus einem Allgemeinen (§§ 1–5) und einem Besonderen Teil (§§ 6–14)[1263]. § 2 VStGB bestimmt als „zentrale Umschaltnorm“[1264], dass soweit nicht das Gesetz selbst spezifische Sonderregelungen enthält, auf Taten nach dem Völkerstrafgesetzbuch das allgemeine Strafrecht Anwendung findet[1265]. Im deutschen Völkerstrafgesetzbuch wird daher kein zweiter Allgemeiner Teil etabliert, sondern die Vorschriften beschränken sich auf die nach dem IStGH-Statut unvermeindlichen Abweichungen gegenüber dem AT des StGB. Dementsprechend sind die allgemeinen Regeln über Vorsatz, Irrtum, Notwehr, Notstand sowie Täterschaft und Teilnahme auf die Tatbestände der Völkerrechtsverbrechen anzuwenden[1266]. Das dVStGB verfügt daher im Allgemeinen Teil über Regelungen lediglich in Bezug auf den räumlichen Anwendungsbereich (§ 1 VStGB), das Handeln auf Befehl (§ 3 VStGB), die Verantwortlichkeit militärischer Befehlshaber und sonstiger Vorgesetzter (§ 4 VStGB) und die Verjährung (§ 5 VStGB)[1267].

Schwelle zum 21. Jahrhundert, 2004, 22; *Werle*, JZ 2001, 885; *Zimmermann*, NJW 2002, 3068.

1262 Vgl. *Engelhart*, Jura 2004, 742, 743: „Das VStGB begnügt sich daher nicht mit einer bloßen Umsetzung des IStGH-Statuts, sondern hat darüber hinaus zum Ziel, bei den Verbrechenstatbeständen den gesamten gegenwärtigen Stand des Völkerstrafrechts zu normieren, quasi ein „Modell-Gesetzbuch“ zu sein.“; *Hecker*, Europäisches Strafrecht, 2005, 68, 69; *Jescheck*, in: Menschengerechtes Strafrecht, Festschrift für Eser, 2005, 1002; *Satzger*, Internationales und europäisches Strafrecht, 2005, 221; *Werle*, JZ 2001, 885; *Zimmermann*, ZRP 2002, 99.

1263 Vgl. *Hecker*, Europäisches Strafrecht, 2005, 69, 70.

1264 Vgl. *Satzger*, Internationales und Europäisches Strafrecht, 2005, 224; *Werle/Jeßberger*, JZ 2002, 728.

1265 Vgl. *Weigend*, in: Entwicklungen und Probleme des Strafrechts an der Schwelle zum 21. Jahrhundert, 2004, 24; *Werle*, JZ 2001, 889; *Werle/Jeßberger*, JZ 2002, 728; *Zimmermann*, ZRP 2002, 99.

1266 Vgl. *Weigend*, in: Entwicklungen und Probleme des Strafrechts an der Schwelle zum 21. Jahrhundert, 2004, 24, 25; *Werle/Jeßberger*, JZ 2002, 728.

1267 Vgl. *Hecker*, Europäisches Strafrecht, 2005, 69, 70; *Satzger*, Internationales und europäisches Strafrecht, 2005, 224; *Werle/Jeßberger*, JZ 2002, 728, 729; *Zimmermann*, ZRP 2002, 100.

VI. Zusammenfassung

Die Einrichtung des ständigen internationalen Strafgerichtshofes bildet nicht nur eine wichtige Rechtsquelle, sondern spiegelt auch die Notwendigkeit für eine internationale Rechtsvereinheitlichung und Harmonisierung wider. Beachtenswert ist vor allem hinsichtlich des Allgemeinen Teils des Rom-Statuts die Annäherung an die kontinentaleuropäische Strafrechtsdogmatik. Bedeutsam ist ferner, dass der Grundsatz der individuellen völkerstrafrechtlichen Verantwortlichkeit, die in Art. 25 des Statuts geregelt ist, auf der Doktrin der Haftung für das persönliche Unrecht des deutschen Rechts beruht und nicht auf der Theorie der Haftung für Verhalten Dritter (*vicarius liability*[1268]), die im angloamerikanischen Rechtskreis vertreten wird[1269].

1268 Vgl. *Fletcher*, Basic Concepts of Criminal Law, 1998, 190.
1269 Vgl. *Bitzilekis*, in: Diethnopoiisi tou Poinikou Dikaiou, 2003, 154.

4. Teil: Rechtsvergleichende Untersuchung

Im folgenden Kapitel sollen sowohl die Beteiligungssysteme als auch die Regelungen der einzelnen Rechtsordnungen hinsichtlich der Anstiftung gegenübergestellt werden. Dadurch wird der Versuch unternommen, eine zusammenfassende Übersicht zu geben und die bestehenden beachtlichen Unterschiede und Gemeinsamkeiten der verschiedenen Strafrechtssysteme in Bezug auf die Anstiftungsdogmatik zu betonen. Die grundsätzlichen Elemente der Beteiligungsform der Anstiftung sollen ferner unter dem Blickwinkel der übernationalen Lösungsansätze betrachtet werden.

A. Gegenüberstellung der Beteiligungssysteme der untersuchten europäischen Länder

I. Teilnahmesystem: Deutschland, Schweiz, Frankreich, England, Schweden, Finnland, Spanien, Griechenland und Polen

Die untersuchten Länder lassen sich danach klassifizieren, ob sie sich für das Differenzierungs-Teilnahmemodell oder für das Einheitstätersystem entschieden haben. Beabsichtigt wird daher, die Gemeinsamkeiten bzw. die Unterschiede der Vorschriften über die Täterschaft und die Teilnahme hervorzuheben. Die erste Gruppe bilden solche Staaten, die ausdrücklich oder konkludent zwischen Tätern und Teilnehmern differenzieren.

Mit einem bestimmten Kapitel im Strafgesetzbuch, das der Täterschaft und der Teilnahme gewidmet ist, stellt der deutsche Gesetzgeber klar, dass eine Kategorisierung des strafrechtlichen Verhaltens bereits auf Tatbestandsebene für bedeutend gehalten wird[1270]. Offenkundig ist die Hinwendung der deutschen Strafrechtslehre zum dualistischen Beteiligungsmodell, das für eine gesetzliche Unterscheidung zwischen den einzelnen Mitwirkungsformen plädiert. Die Täterschaft wird in § 25 StGB anhand objektiver Kriterien und insbesondere anhand der Tatherrschaftstheorie geregelt, wobei die Strafbarkeit der Anstiftung und der Beihilfe erst durch die Vorschriften der §§ 26 und 27 begründet worden ist. Die deutsche Strafrechtsdogmatik bestimmt den Begriff der Täterschaft restriktiv und er-

1270 Vgl. *Roxin*, Strafrecht, AT, Band II, 2003, 7.

weitert die Bezeichnung „Täter", indem sie die Teilnahmefiguren der Anstiftung und der Beihilfe vorsieht[1271]. Das deliktische Benehmen der einzelnen Beteiligungsarten wird dementsprechend schon im Allgemeinen Teil des Strafgesetzbuches konkretisiert. Diese restriktive Interpretation der Tatbestände ist mit der in Deutschland herrschenden personalen Unrechtslehre[1272] verbunden, die eine Bewertung des Tatbeitrags nach seinem sachlichen Gewicht, namentlich nach seinem Handlungsunwert verlangt[1273]. Im deutschen Rechtsraum hat sich folglich das Teilnahmesystem etabliert, das als Kriterium für die Unterscheidung der verschiedenen Beteiligtenrollen hauptsächlich die Qualität des Tatbeitrags verwendet. Die Bewertung des verbrecherischen Verhaltens der Mitwirkenden wird schon im Tatbestand vorgenommen und nicht erst bei der Strafzumessung[1274]. Das duale Teilnahmemodell ist im deutschen Strafrecht durch den Grundsatz der limitierten Akzessorietät geprägt, der bestimmt, dass das Unrecht des Anstifters aus dem Unrecht des Haupttäters abzuleiten ist.

Neben Deutschland folgt auch die Schweiz dem Differenzierungsmodell[1275]. Das schweizerische Strafrecht ist auch sehr stark von der deutschen Strafrechtswissenschaft beeinflusst. Dies hat zur Konsequenz, dass die schweizerische Beteiligungslehre viele Ähnlichkeiten mit dem deutschen Dogma hinsichtlich Täterschaft und Teilnahme aufweist. Der Gesetzgeber in der Schweiz hat jedoch auf eine Definition der Täterschaft im Strafgesetzbuch verzichtet.

Hinsichtlich der Frage der Abgrenzung von Täterschaft und Teilnahme geht sowohl die schweizerische Literatur als auch die Praxis von der Tatherrschaftstheorie aus.

Entsprechendes gilt für Frankreich, wo durch besondere Regelungen im Allgemeinen Teil des Strafgesetzbuches der Teilnehmer vom Täter, und zwar nach einhelliger Ansicht durch Einsatz von objektiven Anhaltspunkten, abgegrenzt wird. Auch in Frankreich wird der Täterbegriff restriktiv interpretiert. Die Teilnahmefigur der Anstiftung ist akzessorisch ausgestaltet, da die französische Beteiligungslehre sich auf das Prinzip des „emprunt de criminalite" stützt, das heute zum Grundsatz der limitierten Akzessorietät abgeschwächt worden ist[1276].

Von großem Interesse in rechtsvergleichender Betrachtung ist die Beantwortung der Frage, wie die Teilnahmeproblematik beim ungeschriebenen englischen Strafrecht (*common law*) geregelt ist. Der Vergleich der angelsächsischen Rechtsordnung mit den übrigen europäischen Rechtssystemen ist jedoch ange-

---

1271 Vgl. *Kühl*, Strafrecht, AT, 2002, 758, 759.
1272 Vgl. *Benakis*, in: Festschrift für Welzel, 1974
1273 Vgl. *Rudolphi*, in: Festschrift für Maurach, 1972, 51 ff.
1274 Vgl. *Kühl*, Strafrecht, AT, 2002, 759.
1275 Vgl. *Stratenwerth*, Schweizerisches Strafrecht, AT I, 2005, 337.
1276 Vgl. *Jescheck/Weigend*, Lehrbuch des Strafrechts, AT, 1996, 661.

sichts der Tatsache, dass es sich hier um ungeschriebenes Richterrecht handelt, nicht immer einfach. Schwierig ist es auch, die Begriffe des englischen Strafrechts hinsichtlich Täterschaft und Teilnahme den Begriffen der anderen Strafgesetzbücher kontinentaleuropäischer Prägung gegenüberzustellen. Trotz der sich daraus ergebenden struktuellen, aber auch inhaltlichen Unterschiede zeigt es sich, dass neben Deutschland, Frankreich und der Schweiz auch England vom dualistischen Teilnahmemodell geprägt ist[1277]. Für die Bezeichnung der Täterschaft werden dort ebenso wie in den meisten anderen Ländern objektive Kriterien eingesetzt, wobei die Beteiligung ihre gesetzliche Regelung im Accessories und Abettors Act 1861 in der Fassung des *Criminal Law Act 1977* findet. Der Täter und die übrigen Teilnehmer werden hinsichtlich der Strafe gleich behandelt. Zentraler Punkt im Rahmen der englischen Strafrechtsdogmatik in Bezug auf die Teilnahme am Verbrechen ist, dass auch in England das Prinzip der akzessorischen Haftung des Mitwirkenden („the derivative theory of accessorial liability") gilt[1278].

Schweden gehört ebenfalls zu den Staaten, die in ihrem Strafgesetzbuch explizit zwischen Täterschaft, Anstiftung und Beihilfe differenzieren[1279]. Für die schwedische Beteiligungsdogmatik gibt es im Vergleich zu den anderen untersuchten Ländern nicht viel zu bemerken. Auch der schwedische Gesetzgeber geht von einer restriktiven Interpretation der Tatbestände aus und hält die Anstiftung und die Beihilfe für Strafausdehnungsgründe. Die überwiegende Ansicht in Schweden bestimmt den Täterbegriff nach der formal-objektiven Theorie. Beachtenswert ist ferner, dass auch im schwedischen Stafrecht die gesamte Teilnahmeproblematik den Grundsatz der Akzessorietät der Teilnahme zur Basis hat.

Die deutsche Strafrechtswissenschaft hat immer Einfluss auf das finnische Strafrecht ausgeübt. Auch wenn der Begriff der Teilnahme im finnischen Strafgesetzbuch nicht zu finden ist, spricht der Gesetzgeber von der Beteiligung und grenzt diese deutlich von der Täterschaft ab[1280]. Die Tatherrschaftstheorie hat sich in der finnischen Literatur genauso wie im deutschen Schrifttum durchgesetzt und die in der Vergangenheit gültige formal-objektive Theorie verdrängt.

1277 Vgl. *Ashworth*, Principles of Criminal Law, 2003, 414; *Cassese*, International Criminal Law, 2003, 179.

1278 Vgl. *Ambos*, Der allgemeine Teil des Völkerstrafrechts, 2002, 617; *Ashworth*, ZStW 1998, 469; *K.J.M Smith*, A Modern Treatise on the Law of Criminal Complicity, 1991, 73.

1279 Vgl. *Cornils*, in: Nationale Strafverfolgung völkerrechtlicher Verbrechen, 2003, 228.

1280 Vgl. *Schöberl*, Die Einheitstäterschaft als europäisches Modell, 2006, 167.

Im spanischen Strafrecht ist die Idee der Aufteilung in Täter, Anstifter und Gehilfen vollständig angenommen worden[1281]. Im neuen spanischen Strafgesetzbuch finden sich im Allgemeinen Teil Vorschriften, die zwischen den „Tätern im eigentlichen Sinne“ und den „Tätern im weiteren Sinne“, also den Beteiligten, unterscheiden. Diskussionen hinsichtlich der Kriterien für die Abgrenzung der Täterschaft von der Teilnahme werden auch in Spanien geführt. Als bestimmend für die Charakterisierung des Täters wird die Tatherrschaftslehre erachtet[1282]. Anerkannt im Rahmen des geltenden dualen Beteiligungsmodells ist auch das Prinzip der limitierten akzessorischen Verantwortung des Teilnehmers[1283].

Sowohl für das griechische Schrifttum als auch für die Rechtsprechung wurde der Gedanke des Differenzierungs-Teilnahmesystems immer für grundlegend gehalten[1284]. Die These von der Einheitstäterschaft wurde von Anfang an als unvereinbar mit dem griechischen Strafrecht bezeichnet und hat deswegen niemals großen Beifall in der griechischen Rechtswissenschaft gefunden. Von Bedeutung ist der Umstand, dass das griechische Strafrecht immer den wissenschaftlichen Entwicklungen in Deutschland gefolgt ist. Dies hatte die Beeinflussung insbesondere der griechischen Literatur durch die deutsche Strafrechtsdogmatik zur Folge. Festzuhalten ist dementsprechend, dass die deutsche Teilnahmelehre mehrmals Anlass für theoretische Diskussionen in Griechenland gegeben haben. Trotz der Gemeinsamkeiten der beiden Rechtsordnungen liegen jedoch auch bemerkenswerte Unterschiede vorwiegend bei der Anstiftung vor, die in rechtsvergleichender Betrachtungsweise den Gegenstand eines folgenden Kapitels bilden werden. Der griechische Gesetzgeber interpretiert den Täterbegriff restriktiv, und zwar nach den Prinzipien der formal-objektiven Theorie[1285], wobei auch die Tatherrschaftslehre vereinzelt vertreten wird. Die griechische Beteiligungslehre basiert ebenfalls auf dem Grundsatz der limitierten Akzessorietät der Teilnahme[1286].

Von Interesse ist abschließend die Lösung, die Polen ausgewählt hat. Die theoretische Konzeption, auf die sich die gesamte Beteiligungsproblematik stützt, ist wegen ihrer Eigentümlichkeit auch als „polnische Konstruktion“ bekannt gewor-

---

1281 Vgl. *Puig/Guirao*, GA 2005, 244 ff.; *Tiedemann*, in: Festschrift für Nishihara, 1998, 499 ff.

1282 Vgl. *Stein*, Die Regelungen von Täterschaft und Teilnahme, 2002, 148; *Tsolka*, Der allgemeine Teil des europäischen supranationalen Strafrechts, 1995, 275.

1283 Vgl. *Gimbernat Ordeig*, in: Das ausländische Strafrecht der Gegenwart, 1982, 396; *Zapatero*, ZStW 1998, 451.

1284 Vgl. *Androulakis*, Poiniko Dikaio, Geniko meros II, 1986, 157, 160; *Bitzilekis*, H simmetoxiki praxi, 1990, 23 ff.

1285 Vgl. *Benakis*, in: Sistimatiki erminia tou Poinikou Kodika, 2005, 667, 668.

1286 Vgl. *Benakis*, Täterschaft und Teilnahme nach deutschem und griechischem Strafrecht, 1961, 59; *Manoledakis*, Poiniko Dikaio, Geniki Theoria, 2004, 614.

den[1287]. Obwohl das polnische Strafrecht vom Teilnahmesystem ausgeht, ist festzustellen, dass es nicht allen Prinzipien dieses Systems treu bleibt. Trotz der gesetzlichen Verankerung der Teilnahmefiguren der Anstiftung und der Beihilfe besteht in der Literatur aber auch in der Rechtsprechung Einigkeit darüber, dass das Unrecht des Beteiligten nicht vom Unrecht des Haupttäters abhängig ist. Als Grundlage der „polnischen Konstruktion" wird die These der individuellen Verantwortlichkeit der Mitwirkenden angesehen[1288]. Die Ablehnung der akzessorischen Haftung des Teilnehmers bildet einen Sonderfall und unterscheidet die polnische Teilnahmelehre von anderen Ländern, die sich für das duale Teilnahmemodell entschieden haben.

II. Einheitstätersystem: Österreich, Dänemark, Norwegen und Italien

Zu der zweiten Gruppe gehören die Länder, die das Teilnahmesystem ablehnen und die Problematik der strafrechtlichen Beteiligung mehrerer unter dem Blickwinkel der Einheitstäteridee betrachten. Das Hauptbeispiel bildet Österreich, wo die Einheitstäterschaftslehre gesetzlich festgeschrieben ist. Dieses monistische Beteiligungssystem basiert auf der Vereinheitlichung aller Tatbegehungsformen. Die grundlegenden Prinzipien der Einheitstäteridee lassen sich unter den folgenden drei Punkten zusammenfassen[1289]: Erstens ist das Einheitstätermodell mit dem extensiven Täterbegriff verbunden. Die zweite wesentliche These ist die rechtliche Gleichwertigkeit aller Beteiligungsarten und drittens ist bei diesem System der Verzicht auf jegliche Akzessorietät kennzeichnend.

Im Unterschied zum deutschen Strafrecht erklärt der österreichische Gesetzgeber alle Beteiligten zu Tätern, d.h., er hält sämtliche Tatbegehungsformen für Täterschaftstypen. Es handelt sich also beim extensiven Täterbegriff um eine weite Interpretation des Tatbestands, der alle Formen der Begehung eines Verbrechens umfasst. Diese Auffassung zum Täterbegriff führt zwangsläufig zu der Annahme von der Gleichwertigkeit aller Mitwirkenden. Zwischen den Beteiligten liegt dem Gedanken der Einheitstäterschaft zufolge keine Differenzierung in Bezug auf die Strafwürdigkeit vor; der Unwert aller Täterformen wird nämlich gleich hoch angesetzt. Eine Kategorisierung auf der Ebene des Tatbestands, wie

1287 Vgl. *Weigend,* in: Nationale Strafverfolgung völkerrechtlicher Verbrechen, 2003, 125.

1288 Vgl. *Spotowski*, Erscheinungsformen der Straftat im deutschen und polnischen Recht, 1979, 103.

1289 Vgl. *Engert*, Einheitstäter oder getrennte Behandlung von Täter und Teilnehmer?, 2005, 21 ff.; *Schöberl*, Die Einheitstäterschaft als europäisches Modell, 2006, 51; *Stein*, Die Regelungen von Täterschaft und Teilnahme, 2002, 204 ff.

sie im dualistischen Teilnahmemodell vorgenommen wird, findet nicht statt. Erst auf der Ebene der gesetzlichen bzw. richterlichen Strafzumessung sind die einzelnen Tatbeiträge individuell zu bewerten. Der Mangel an wertenden abstrakt dogmatischen Kategorien im Gesetz je nach dem tatsächlichen Beitrag des einzelnen Mitwirkenden wird von den Anhängern des Teilnahmesystems in Deutschland, aber auch in anderen Ländern kritisiert und stellt das Hauptargument dar, das gegen die Einführung der Einheitstäterschaft angeführt wird. Da alle Mitwirkungsformen als gleichwertig angesehen werden, entfällt das Erfordernis der Akzessorietät der Teilnahme. Vielmehr besteht im Rahmen des Einheitstätersystems kein Zweifel daran, dass die an der Tat Beteiligten eigenes Unrecht verwirklichen. Deswegen ist keine Haupttat notwendig. Die Beurteilung jedes Mitwirkenden ist nicht auf die Bewertung der Tatbeiträge der anderen Personen angewiesen, die an der Begehung einer unerlaubten Handlung teilnehmen.

Neben diesen Grundprinzipien ist zusätzlich zu bemerken, dass das Einheitstätersystem in zwei verschiedene Varianten untergliedert ist, nämlich das formale und das funktionale[1290]. Diese Differenzierung wurde erstmals von *Kienapfel*[1291] eingeführt und ist sowohl von der Lehre als auch von der Praxis anerkannt worden. Die „klassische" Konzeption bildet die formale Einheitstäterschaft. Charakteristisch für sie ist der Verzicht des Gesetzgebers auf jede begriffliche Unterscheidung auf dogmatischer Ebene. Der formal-einheitliche Täterbegriff erfasst daher alle Arten der Beteiligung an einem deliktischen Geschehen. Demgegenüber lehnt das funktionale Einheitstätersystem nicht unbedingt eine wertende begrifflich-dogmatische Kategorisierung der Täterschafts- und Teilnahmearten ab. Trotz einer differenzierten begrifflichen Erfassung der Mitwirkenden bleibt aber die These von der individuellen Bestrafung jedes Beteiligten nach Maßgabe seines Unrechts und seiner Schuld unberührt. Dies bedeutet, dass auch im System der funktionalen Einheitstäterschaft die Bewertung der einzelnen Tatbeiträge erst auf der Strafzumessungsebene und nicht auf der Ebene des Tatbestands stattfindet. Eine Typendifferenzierung auf der Tatbestandsmäßigkeitsebene wird folglich für rein begrifflich gehalten.

Die überwiegende Meinung in Österreich geht davon aus, das das österreichische Strafrecht ein typisches Beispiel für die funktionale Einheitstäterschaft darstellt. Diese Ansicht wird vorwiegend von *Kienapfel*[1292] vertreten, aber auch von einer großen Mehrheit anderer Wissenschaftler. Sie findet ihre Grundlage darin,

1290 Vgl. *Ambos*, Der Allgemeine Teil des Völkerstrafrechts, 2002, 544, 545; *Kienapfel*, in: Strafrechtsdogmatik und Kriminalpolitik, Müller-Dietz (Hrsg.), 1971, 25 ff.; *Schöberl*, Die Einheitstäterschaft als europäisches Modell, 2006, 57 ff.; *Stein*, Die Regelungen von Täterschaft und Teilnahme, 2002, 206 ff.

1291 Vgl. *Kienapfel*, Jus 1974, 5.

1292 Vgl. *Kienapfel*, RZ 1975, 167.

dass der österreichische Gesetzgeber eine Differenzierung zwischen Täterschaft, Bestimmungstäterschaft und Beitragstäterschaft vornimmt[1293]. Eine Mindermeinung[1294] hingegen sieht das Beteiligungssystem Österreichs als formales Einheitstätersystem an[1295].

Der Lösung der Alleintäterschaft folgt auch Dänemark. Umstritten ist hier jedoch, ob sich der dänische Gesetzgeber für ein formales oder ein funktionales Einheitstätermodell entschieden hat. Angesichts der Tatsache, dass die dänischen Regelungen zwischen verschiedenen Formen der Beteiligung differenzieren (§ 23 1 dänStGB), liegt der Schluss nahe, dass es sich um ein funktionales Einheitstätersystem handelt[1296]. Abgelehnt wird auch hier das Prinzip der akzessorischen Verantwortung der Mitwirkenden, da dieser Grundsatz lediglich mit der Teilnahmelehre verbunden ist. Maßgeblich für die dänische Einheitstäterlehre ist in erster Linie die Feststellung der Mitwirkung an einem „deliktischen Gesamtgeschehen"[1297]. Dieser Gesichtspunkt wird als Kriterium für die Bejahung der Strafbarkeit des Beteiligten eingesetzt.

Die Zuordnung des norwegischen Rechts zum funktionalen Einheitstätersystem ergibt sich aus § 58 norwStG[1298]. Das norwegische Strafgesetz weist aber die Eigentümlichkeit auf, dass es im Allgemeinen Teil nicht über eine Regelung der Beteiligung verfügt. Abgesehen von § 58 norwStG liegen im Besonderen Teil Vorschriften mit Mitwirkungs- und ohne Mitwirkungszusatz vor. Im norwegischen Strafrecht ist nicht von Teilnahme die Rede. Anerkannt werden nur die Haupttäterschaft, die extensiv definiert wird, und die Mitwirkung. Die Mitwirkungsformen werden im Rahmen des monistischen Einheitstätersystems als eigenständig und von der Handlung des Haupttäters unabhängig erachtet.

Italien hat sich ebenfalls zugunsten der Einheitstäteridee entschieden. Eine begrifflich-kategoriale Unterscheidung zwischen den verschiedenen Beteiligungstypen ist im italienischen Strafgesetzbuch nicht zu finden, und deshalb handelt es sich nach der überwiegenden Auffassung um eine Variante der formalen

---

1293 Vgl. *Ambos*, Der Allgemeine Teil des Völkerstrafrechts, 2002, 544; *Fabrizy*, in: Wiener Kommentar zum Strafgesetzbuch, 1992, § 12 Rdn. 13; *Kienapfel/Höpfel*, Grundriss des Strafrechts, AT, 2005, 207, 208, 211; *Triffterer*, Österreichisches Strafrecht, AT, 1994, 391.

1294 Vgl. *Burgstaller*, RZ 1982, 216 f.; *Fuchs*, in: Strafrechtliche Probleme der Gegenwart, 1986, 14 ff.

1295 Analytisch zu dieser Gegenauffassung siehe *Engert*, Einheitstäter oder getrennte Behandlung von Täter und Teilnehmer ?, 2005, 28 ff.

1296 So *Kienapfel*, in: Strafrechtsdogmatik und Kriminalpoltik, 1971, 38.

1297 Vgl. *Hamdorf*, Beteiligungsmodelle im Strafrecht, 2002, 233; *Schöberl*, Die Einheitstäterschaft als europäisches Modell, 2006, 108.

1298 Vgl. *Schöberl*, Die Einheitstäterschaft als europäisches Modell, 2006, 77.

Einheitstäterschaft[1299]. Die Formen der Mitwirkung werden nach dem Grundsatz der „conditio sine qua non" als gleichwertig angesehen, wobei jeder Beteiligte für seinen Beitrag autonom verantwortlich ist.

B. Die Regelung der Anstiftung in den Strafrechtsordnungen der europäischen Staaten

Den Kern des folgenden Teils bildet die Zusammenfassung der grundlegenden Charakteristika der Anstiftungsregelungen, so wie diese in den Strafgesetzbüchern der untersuchten europäischen Länder vorgesehen sind. Von Bedeutung ist hier die erste Gruppe der europäischen Staaten, die sich in ihren Gesetztestexten eindeutig für das Differenzierungs-Teilnahmesystem gesprochen haben. Die Darstellung der Ergebnisse des Vergleichs dient dem Entwurf einer Modellvorschrift hinsichtlich der Anstiftung.

I. Der objektive Tatbestand der Anstiftung

Die Gegenüberstellung der Vorschriften der verschiedenen Staaten lässt wesentliche Schlussfolgerungen zu. Länder, in denen das dualistische Teilnahmesystem vorherrscht, begreifen die Anstiftung als das Hervorrufen des Tatentschlusses[1300]. Für die meisten Rechtsordnungen ist es ein Gemeinplatz, dass die Anstiftung den Charakter der Aufforderung bzw. der Motivierung zur Verübung eines Verbrechens haben muss. Deutschland und die Schweiz, aber auch Frankreich, Polen, Griechenland und Spanien interpretieren den Begriff „Bestimmen" als das Erwecken der Entscheidung zur Begehung einer unerlaubten Handlung beim unmittelbaren Täter[1301]. Entsprechendes gilt für zwei skandinavische Staaten, nämlich für Schweden und Finnland, wo der Gesetzgeber die Tatveranlassung eines anderen für den Kernpunkt des objektiven Tatbestands der Anstiftung hält[1302]. Dasselbe ist im englischen Strafrecht festzustellen, da mit den Begriffen „ counselling and procuring", die im *Accessories and Abettors Act 1861* zu finden sind, die Verleitung bzw. die Ermutigung zur Tat gemeint sind.

Die zweite bemerkenswerte Gemeinsamkeit betrifft die Anstiftungsmittel, die in den Regelungen der Mehrheit der europäischen Länder nicht abschließend er-

1299 Vgl. *Kienapfel*, in: Strafrechtsdogmatik und Kriminalpolitik, 1971, 30.
1300 Vgl. 2. Teil § 1. II. 2 a); § 3. II. 1; § 4. II. 1; § 5. II. 1.; § 7. II. 1.; § 9. II. 1; § 11. II. 1; § 12. II. 1; § 13. II. 1.
1301 Vgl. 2. Teil §§ 1, 3, 4, 11, 12, 13.
1302 Vgl. 2. Teil §§ 7, 9.

wähnt werden. Rat, Überredung, Versprechungen und Beauftragung, aber auch Drohung und Irreführung stellen beispielhaft Methoden dar, die der Anstifter zur Willensbeeinflussung anwenden kann. Nur im französischen Gesetztestext (Art. 121–7 Abs. 2 franzStGB) liegt eine Aufzählung der Anstiftungsmittel vor.

Trotz der fehlenden enumerativen Erwähnung der Anstiftungsmittel ist in den Beteiligungslehren der Rechtsordnungen, die das Teilnahmemodell ausgewählt haben, eine restriktive Sichtweise hinsichtlich der Anstiftung zu erkennen. Zur Rechtfertigung des bestehenden Strafrahmens und der Gleichstellung des Anstifters mit dem Haupttäter wird nach der herrschenden Ansicht in allen europäischen Ländern eine psychische bzw. kommunikative Beeinflussung des Täters gefordert. Eine Ausnahme bildet das englische Strafrecht, das eine kommunikative Einflussnahme des Täters und eine körperliche Anwesenheit lediglich für den Fall der Beihilfe und nicht für den der Anstiftung verlangt. Die Theorie des geistigen Kontakts hat sich dementsprechend in der Lehre der europäischen Staaten durchgesetzt. Die Schaffung einer tatanreizenden Situation reicht folglich nicht aus. Diese Auffassung führt zu einer Einschränkung der Anstifterstrafbarkeit.

II. Der subjektive Tatbestand der Anstiftung

Die Anstiftung muss in subjektiver Hinsicht vom Vorsatz des Anstifters gedeckt sein. Das erfordern die gesetzlichen Regelungen der untersuchten Länder. Insbesondere wird ein doppelter Anstiftervorsatz verlangt, der sich einerseits auf die Anstiftungshandlung und andererseits auf die Ausführung der Haupttat bezieht[1303]. Auffällig ist, dass die Kenntnis der „wesentlichen Dimensionen“[1304] des Unrechts, die die Strafbarkeit der Haupttat begründen, als unerlässlich angesehen wird. Das Vorsatzerfordernis wird explizit in den Strafgesetzbüchern der europäischen Länder erwähnt. Auf diese Weise wird die gesetzgeberische Entscheidung ausgedrückt, die gegen die Möglichkeit der fahrlässigen Anstiftung spricht. Die fahrlässige Teilnahme wird in den meisten europäischen Rechtssystemen für straflos erklärt, und deswegen kommt in diesem Fall nur fahrlässige Täterschaft in Betracht[1305]. Von den Ländern, die dem dualen Beteiligungsmodell folgen, hebt sich in Bezug auf den subjektiven Tatbestand der Anstiftung lediglich Schweden ab. In der schwedischen Teilnahmelehre wird daher sowohl die vorsätzliche als auch die fahrlässige Anstiftung für strafbar erachtet.

1303 Vgl. 2. Teil § 1 III; § 3 II; § 4 II; § 5 II; § 9 II; § 11 II; § 12 II.
1304 Siehe *Roxin*, Strafrecht, AT, Band II, 2003, 174.
1305 Vgl. *Schönke/Schröder* 2006 Vorbem §§ 25 Rdn. 15.

Nicht nur die deutsche und schweizerische, sondern auch die französische, spanische, finnische, griechische und polnische Beteiligungslehre gehen davon aus, dass der Anstifter über Vollendungsvorsatz verfügen muss. Das bedeutet, dass die Absicht oder der nach deutschem Strafrecht ausreichende Eventualvorsatz des Veranlassers noch die Verwirklichung des Erfolges umfassen muss.

III. Die Akzessorietät der Anstiftung

Mit dem Beteiligungssystem, das eine Unterscheidung zwischen Täterschaft und Teilnahme vornimmt und das Wesen der Teilnahme als Mitwirkung an fremder Tatbestandsverwirklichung (Unrechtsteilnahmetheorie) beschreibt, ist der Grundsatz der Akzessorietät verbunden[1306]. Maßgeblich für die Vollendung des Unrechtstatbestands der Anstiftung ist folglich das Vorhandensein einer Haupttat. Diese These ist Gemeingut aller Rechtsordnungen geworden, die vom Teilnahmemodell geprägt sind. Selbst das französische Strafrecht und insbesondere das ungeschriebene englische Recht, die der deutschen Strafrechtsdogmatik nicht so stark ähneln, sprechen von dem Prinzip des „emprunt de criminalite" bzw. „the derivative theory of accessorial liability".

In Bezug auf den Grad der akzessorischen Verantwortung der Beteiligten haben die europäischen Gesetzgeber die limitierte Akzessorietät gewählt. Die Haupttat muss hiernach eine tatbestandsmäßige und rechtswidrige Handlung sein. Ob zu diesen rechtlichen Qualitäten in der Mehrheit der europäischen Länder noch die Voraussetzung der vorsätzlich begangenen Tat gehört, ist noch näher zu erörtern. Festgehalten kann aber werden, dass die schuldhafte Tatbegehung des unmittelbaren Täters nicht mehr für die Bestrafung des Anstifters vorausgesetzt wird. Es ist eine bewusste Abkehr der Rechtssysteme vom Prinzip der strengen Akzessorietät erfolgt, die in der Vergangenheit herrschend war[1307].

Neben der so genannten qualitativen Akzessorietät, die die rechtlichen Voraussetzungen der Haupttat betrifft, ist auch die quantitative Akzessorietät zu berücksichtigen. Diese hat mit der Frage zu tun, welche Verwirklichungsstufe die Haupttat erreichen muss, damit die Anstiftung strafbar ist. Die überwiegende Mehrheit der untersuchten Rechtsordnungen vertritt die Meinung, dass die Haupttat wenigstens versucht werden muss.

Die unterschiedliche Lösung des polnischen Strafrechts bezüglich der Teilnahmeproblematik und insbesondere hinsichtlich des Prinzips der Akzessorietät muss aber hier betont werden. Die polnische Literatur und die polnische Recht-

---

1306 Vgl. 2. Teil § 1 B. V. 1.
1307 Vgl. *Jescheck/Weigend*, Lehrbuch des Strafrechts, AT, 1996, 655.

sprechung haben die Lehre von der akzessorischen Haftung des Teilnehmers abgelehnt, da die Teilnahmeformen einschließlich der Anstiftung selbständige Erscheinungsformen der Straftatbegehung bilden[1308].

IV. Die Möglichkeit der Anstiftung zu einer unvorsätzlichen Haupttat

Ein in der Anstiftungsproblematik viel diskutiertes Thema ist die Frage, ob eine Anstiftung zu einer Fahrlässigkeitstat möglich ist. Innerhalb der im Rahmen dieser Untersuchung behandelten Rechtsordnungen lassen hierbei sich drei Gruppen unterscheiden. Zunächst sind hierbei die Länder von Interesse, bei denen die Möglichkeit der Anstiftung zu einer unvorsätzlichen Haupttat nicht zu erkennen ist. Ausgeschlossen wird eine solche Möglichkeit in Deutschland, der Schweiz und in Finnland. Dies ergibt sich eindeutig aus der sprachlichen Aussage des Gesetzestextes. Für das Vorliegen einer strafbaren Anstiftung wird den Strafgesetzbüchern dieser Länder zufolge explizit das Vorliegen einer vorsätzlich begangenen rechtswidrigen Tat gefordert.

Die zweite Gruppe bilden Frankreich, England und Schweden, die eine Anstiftung zu einer Fahrlässigkeitstat für strafbar halten. Es handelt sich hier also um eine feste Entscheidung sowohl der Literatur als auch der Rechtsprechung.

Zur dritten Kategorie zählen jene Länder, bei denen das Thema unentschieden ist. In Spanien, Griechenland und Polen ist sowohl die Lehre als auch die Judikatur hinsichtlich der Straflosigkeit bzw. Bestrafung der Anstiftung zu einer unvorsätzlichen Tat gespalten. Schwierigkeiten bereitet vor allem die Tatsache, dass die gesetzlichen Vorschriften dieser Staaten keine Auskunft in Bezug auf die Behandlung des Anstifters im Falle einer fahrlässigen Haupttat geben. Da auf die sprachliche Aussage des Gesetzes selbst nicht abzustellen ist, bildet die Problematik den Gegenstand einer umfangreichen wissenschaftlichen Diskussion.

V. Der Strafgrund der Anstiftung

Von besonderer Bedeutung ist die Frage, wie die Strafbarkeit des Anstifters zu rechtfertigen ist. In den meisten europäischen Strafrechtssystemen ist eine tätergleiche Bestrafung des Anstifters vorgesehen. Der Anstifter wird nach herrschender Ansicht als der „geistige Urheber“[1309] der Tat des unmittelbaren Täters ange-

1308 Vgl. 2.Teil § 13 A. II.

1309 *Feuerbach* hat zuerst die Anstiftung als „intellektuelle Urheberschaft“ definiert. Siehe dazu *Maiwald*, in: Festschrift für Schroeder, 2006, 291 f.

sehen, weil er dessen Tatentschluss hervorruft. Er ist derjenige, der den entscheidenden Anstoß zur Verletzung oder Gefährdung eines Rechtsgutes gibt. Der Beitrag des Veranlassers, der den Haupttäter zur Begehung einer rechtswidrigen Handlung motiviert, wird als größer und wichtiger als der des Gehilfen eingeschätzt. Aus diesem Grund ist für die Teilnahmeform der Anstiftung keine Strafmilderung vorgesehen, sondern der Gesetzgeber der meisten europäischen Staaten unterwirft den Anstifter und den Täter der gleichen gesetzlichen Strafdrohung.

In der Mehrheit der europäischen Strafrechtsordnungen, in denen das duale Differenzierungssystem im Bereich von Täterschaft und Teilnahme gilt, ist daher die modifizierte Unrechtsteilnahmetheorie vorherrschend. Diese Lehre stützt sich auf die These der Unselbständigkeit der Beteiligung und sieht als Strafgrund der Teilnahme die Verursachung der durch den Täter begangenen Rechtsgutsverletzung an.

Als überholt wird im Allgemeinen die sog. Schuldteilnahme- oder Korruptionstheorie erachtet, die in der Vergangenheit im deutschen Strafrecht, aber auch in anderen europäischen Strafrechtsordnungen vertreten wurde. Heute ist diese Theorie mit der geltenden Beteiligungslehre und vor allem mit dem Grundsatz der limitiert akzessorischen Verantwortung des Mitwirkenden unvereinbar. Im spanischen Schrifttum wird jedoch vereinzelt die Auffassung unterstützt, der Anstifter sei aufgrund der „Korrumpierung" eines anderen zu bestrafen.

Der Strafgrund der Teilnahme dient der Abgrenzung der Anstiftung und der Beihilfe von den Täterschaftsformen. Der Strafgrund der Anstiftung beantwortet jedoch die Frage, warum der Gesetzgeber die Anstiftung im Strafrahmen der Täterschaft völlig gleichgestellt hat. Dies ist nicht nur beim deutschen Strafrecht der Fall, sondern gilt für die meisten anderen europäischen Strafrechtsordnungen. Um die Gleichsetzung des Unwertgehalts der Anstiftung mit dem der Täterschaft zu rechtfertigen, verlangt die herrschende Meinung in der Strafrechtslehre der untersuchten europäischen Staaten eine geistige Kommunikation zwischen Anstifter und Täter. Die bloße Schaffung einer Situation, die die Anregung zur Deliktsbegehung gibt, wird für ungenügend gehalten. Dadurch wird die Reichweite der Anstiftung eingeschränkt, denn sie umfasst nicht die „leichteren" Formen der Tataufforderung. Aus der Gegenüberstellung der verschiedenen Anstiftungsvorschriften der europäischen Länder lässt sich daher schließen, dass ein restriktives Verständnis von Anstiftung vorherrschend ist. Die Auffassung, dass der Anstifter derjenige sei, der „durch sein zielgerichtetes Andringen die Tat überhaupt erst auslöst", findet in vielen europäischen Staaten Anhänger[1310]. Nach der gleichen

1310 Vgl. *Roxin*, in: Leipziger Kommentar 2003, § 26 Rdn. 15.

Ansicht „wird die geringere Tatnähe des Anstifters also dadurch kompensiert, dass er die „Initialzündung“ zur Tatbegehung gibt“[1311].

C. Zusammenfassung der übernationalen Ansätze

I. Die Anstiftung im Corpus Juris der strafrechtlichen Regelungen zum Schutz der finanziellen Interessen der Europäischen Union

Die Verfasser des Entwurfs eines *Corpus Juris* folgen hinsichtlich der Täterschaft und der Teilnahme dem Differenzierungs-Beteiligungsmodell und lehnen den Begriff der Einheitstäterschaft ab[1312]. Vielmehr wird die Täterschaft restriktiv interpretiert und durch die Teilnahmeformen der Anstiftung und der Beihilfe erweitert[1313]. Nach Art. 11 des Entwurfs wird die Anstiftung als die Bestimmung eines Anderen zur Begehung einer Straftat definiert. Aus subjektiver Hinsicht ist Vorsatz erforderlich, wobei unklar ist, welche rechtlichen Eigenschaften die Haupttat besitzen muss. Eine konkrete Regelung bezüglich der rechtlichen Qualität der Handlung des unmittelbaren Täters ist folglich im Text des *Corpus Juris* nicht zu finden[1314]. Offen bleibt demnach, ob der Fall der Anstiftung zu einer Fahrlässigkeitstat für strafbar gehalten wird. Hinsichtlich der Strafdrohung werden der Täter und der Anstifter gleichgestellt.

II. Die Anstiftung im europäischen Wirtschaftsstrafrecht

Mit dem Ziel der Förderung einer Harmonisierung des europäischen Wirtschaftsstrafrechts wurde das private Projekt „Europa-Delikte“ entworfen. Die Anwendung der Straftatbestände, die im Katalog der „Europa-Delikten“ enthalten sind, macht auch die Anwendung mancher Bestimmungen des Allgemeinen Teils erforderlich. Die Lehre von Täterschaft und Teilnahme wird daher im Allgemeinen Teil dieser Forschungsarbeit berücksichigt und in den Art. 11–17 geregelt.

Ausgehend von der Annahme des dualen Beteiligungssystems ist die Anstiftung als eine akzessorische Mitwirkungsform vorgesehen[1315]. Insbesondere wird für die Erfüllung des objektiven Tatbestandes der Anstiftung die Veranlassung

---

1311 Vgl. *Roxin*, in: Leipziger Kommentar 2003, § 26 Rdn. 15.

1312 Vgl. *Tiedemann*, in: Huber (Hrsg.), Das Corpus Juris als Grundlage eines Europäischen Strafrechts, 2000, 64.

1313 Vgl. *Spinellis*, KritV 1999, 150.

1314 Vgl. *Kaiafa-Gbandi*, To Poiniko Dikaio stin Europaiki Enosi, 2003, 97, 98.

1315 Vgl. *Waßmer*, JZ 1999, 1100.

einer anderen Person zur Vornehmung einer rechtswidrigen und vorsätzlichen Tat gefordert. Die Anstiftungshandlung muss ferner von dem Vorsatz des Veranlassers gedeckt sein. Schließlich darf nicht außer Acht gelassen werden, dass die Verfasser des Entwurfs sich zur These der grundsätzlichen rechtlichen Gleichbewertung des Täterunrechts mit dem Unrecht des Anstifters bekennen. Aus diesem Grund ist für Täter und Anstifter der gleiche Strafrahmen vorgesehen.

Für die Schaffung dieser einheitlichen Regelung der Anstiftung, die als Vorschlag der Vereinheitlichung des europäischen Wirtschaftsstrafrechts dient, wurden die Traditionen und die übereinstimmenden Prinzipien herangezogen, die Teil des gemeinsamen europäischen Kulturerbes bilden[1316]. Angenommen wurde die differenzierte Behandlung von Täterschaft und Teilnahme je nach dem Gewicht der Tatbeiträge, die der italienischen Lehre des späten Mittelalters entstammt. Diese stellt für die meisten Mitgliedstaaten der EU den grundlegenden Ausgangspunkt der Beteiligungsdogmatik dar.

III. Die Anstiftung im Statut des Internationalen Strafgerichtshofes

Das Rom-Statut für die Einrichtung eines Internationalen Strafgerichtshofes enthält im Kapitel der allgemeinen Grundsätze eine detallierte Regelung hinsichtlich der Täterschaft und der Teilnahme. Auffällig ist die Auswirkung des Common Law und des angloamerikanischen Strafrechtsdenkens auf die Formulierung dieser Vorschrift, die kaum kontinentaleuropäisch geprägt ist[1317]. Das ergibt sich deutlich aus dem Wortlaut der Regelung, die sich Begriffe eindeutig angloamerikanischer Herkunft bedient. Trotz dieser Tatsache ist der Versuch der Verfasser erkennbar, eine Annäherung der beiden Strafrechtssysteme, nämlich des kontinentaleuropäischen und des angelsächsischen, zu erreichen.

Trotz all dieser – in der Mehrheit rein terminologischer – Unterschiede ist es eklatant, dass die Anstiftung auch im Rom-Statut als Hervorrufen des Tatentschlusses bezeichnet wird[1318]. Für strafbar wird insbesondere die vorsätzliche Aufforderung eines anderen erklärt, wobei die psychische Beeinflussung des Angestifteten zu den hauptsächlichen Voraussetzungen der Anstifterstrafbarkeit zählt[1319]. Dadurch wird bestätigt, dass die geistige Kommunikation zwischen dem

1316 Zu den gemeineuropäischen Prinzipien siehe: *Pagliaro*, in: Bausteine des europäischen Wirtschaftstrafrechts, 1995, 380, 381, 384.

1317 Vgl. *Ambos*, Internationales Strafrecht, 2006, 126.

1318 Vgl. *Ambos*, in: Triffterer (Hrsg.), Commentary on the Rome Statute of the International Criminal Court, 1999, 480, 481.

1319 Vgl. *Ambos*, in: Triffterer (Hrsg.), Commentary on the Rome Statute of the International Criminal Court, 1999, 481.

Anstifter und dem Angestiftetem als eine wesentliche Bedingung für die Bestrafung des Anstifters angesehen wird, wie sich aus dem IStGH-Statut und den Vorschriften der meisten europäischen Rechtsordnungen ergibt.

Bemerkenswert ist schließlich, dass alle Täter- und Teilnehmertypen im Text des Statuts hinsichtlich der Strafdrohung gleich behandelt werden[1320]. Eine Strafmilderung für die Beihilfe wird nicht für notwendig und angemessen gehalten. Hierdurch unterscheidet sich die Anstiftungsregelung des IStGH-Statuts außerdem von den entsprechenden Vorschriften des *Corpus Juris* und des „Europa-Delikte"-Projekts.

1320 Vgl. *Satzger*, Internationales und Europäisches Strafrecht, 2005, 188; *Werle*, Völkerstrafrecht, 2003, Rd. 402.

5. Teil

A. Ergebnis

Aus der Rechtsvergleichung der untersuchten Länder und der übernationalen Lösungsansätze haben sich die wesentlichen Elemente des objektiven und subjektiven Tatbestands der Anstiftung ergeben. Für die Schaffung der einheitlichen Modellvorschrift wurden die in den verschiedenen Rechtsordnungen vertretenen Theorien und Ansichten berücksichtigt. Die vorgeschlagene Modellvorschrift besteht aus einer Synthese der wichtigsten Merkmale der unterschiedlichen Anstiftungsregelungen, die Gegenstand der Untersuchung waren. Die Formulierung einer Vorschrift für die versuchte Anstiftung wird bewusst vermieden, da sie zu der Dogmatik des Versuchs gehört, mit der wir uns im Rahmen dieser Arbeit nicht intensiv beschäftigt haben.

Aus der Zusammenfassung der maßgeblichen Anhaltspunkte ergibt sich, dass die Anstiftung als das Bestimmen eines anderen zur Begehung einer tatbestandsmäßigen Handlung zu definieren ist. In subjektiver Hinsicht wird Vorsatz verlangt, und zwar doppelter Anstiftervorsatz, der sich zum einen auf die eigene Anstiftungshandlung und zum anderen auf die Ausführung der Haupttat beziehen muss. In der Modellvorschrift wird als Voraussetzung explizit das Vorhandensein der rechtswidrigen und vorsätzlichen Haupttat erwähnt. Diese ist Gemeingut der meisten europäischen Anstiftungsregelungen und mit dem Grundsatz der limitierten Akzessorietät vereinbar.

Der Anstifter wird einer tätergleichen Strafdrohung unterstellt. Die tätergleiche Zurechnung der Haupttat zum Anstifter lässt sich aber mit dem unklaren und erfüllungsbedürftigen Begriff des „Bestimmens", der in den meisten europäischen Vorschriften verwendet wird, nicht hinreichend begründen. Aus diesem Grund wird versucht, die Gleichbestrafung des Anstifters mit dem Täter durch eine präzisere Begriffsbestimmung der Anstiftung zu rechtfertigen. Für den objektiven Tatbestand der Anstiftung soll nicht jede Anregung des Tatentschlusses beim Haupttäter genügen. Das bloße Setzen einer Bedingung, die ursächlich für das Hervorrufen des Tatentschlusses wäre, reicht daher nicht aus. Erforderlich ist eine engere Auslegung der Anstiftung. Ausgehend von diesem restriktiven Verständnis des „Bestimmens" wird daher ein „gegenseitiges Einverständnis", nämlich ein „kollusives Zusammenwirken[1321]“ zwischen, Anstifter und Täter gefordert. Die Anstiftungshandlung muss unmittelbar auf den Willen des Täters einwirken, und das ist der Fall, wenn Anstifter und Täter kollusiv, also einverständlich zusammenarbeiten.

Die Voraussetzung des „gegenseitigen Einverständnisses“ für die Anstifterstrafbarkeit ist zudem mit dem Wortsinn des Gesetzes vereinbar. Nach dem allgemeinen Sprachgebrauch ist es so, dass die reine Schaffung einer tatanreizenden Sachlage oder die bloße Erteilung von Informationen nicht ausreichen, um den Gehalt des Begriffes „Bestimmen“ zu erläutern. Dieser Begriff wird vielmehr als „anordnen, beeinflussen und überreden“[1322] interpretiert. Aus der grammatischen Auslegung des Gesetzes ergibt sich folglich, dass für die Erfüllung des objektiven Tatbestandes der Anstiftung ein Verhalten verlangt wird, das auf den Willen des potentiellen Täters in besonders intensiver Weise einwirken kann. Das Hervorrufen des Tatentschlusses soll daher nach dem Gesetzteswortlaut das Ergebnis einer starken Beeinflussung[1323] bzw. eines Zusammenwirkens von Anstifter und Täter sein. Der Anstifter muss den Haupttäter überreden, und der Haupttäter muss dann im Einvernehmen d.h. in Übereinstimmung mit dem Anstifter handeln. Die Begehung des Verbrechens soll demnach als die Konsequenz einer Zusammenarbeit zwischen Anstifter und Täter erscheinen.

Die kollusive Tatveranlassung wird als kommunikative Beeinflussung des Täters charakterisiert, die aber nicht zu schwach sein darf und von der psychischen Beihilfe abzugrenzen ist. Unter ersterer wird also eine intensive Einwirkung auf den Täter verstanden, die mehr als eine psychisch vermittelte Verursachung oder eine rein geistige Beeinflussung ist[1324]. Der Einflussgrad der Anstiftungshandlung und die Intensität der kollusiven Verhaltensweisen des Anstifters, welche Aufforderungscharakter haben müssen, sind Anhaltspunkte, die der klaren Abgrenzung der strafbaren Anstiftung von der psychischen Beihilfe dienen. In den Teilnahmelehren der meisten untersuchten Länder wird als Voraussetzung für die Erfüllung des objektiven Tatbestandes der Anstiftung ein geistiger Kontakt zwischen Anstifter und Täter gefordert. Da aber hierdurch die Gefahr der Verwechs-

---

1321 Vgl. *Meyer*, Das Erfordernis der Kollusion bei der Anstiftung, 1973, 141 f. Meyer verwendet auch die Begriffe: „ gegenseitige Rollenabstimmung“ und „geistige Kommunikation“.

1322 *Wahrig*, Deutsches Wörterbuch, 2000, 264.

1323 Vgl. *Gallas*, Anmerkung, JR 1956, 226.

1324 Vgl. *Meyer*, Das Erfordernis der Kollusion bei der Anstiftung, 1973, 141, 142: „Dieses Mehr ist das einverständliche Zusammenwirken von Anstifter und Angestiftetem zu einer Rechtsgutsverletzung. Erst das einverständliche Zusammenspiel ist es, was die Anstiftung von anderen Erscheinungsformen der Verursachung eines Tatentschlusses bei einem anderen abhebt.“

lung der Anstiftung mit der psychischen Beihilfe besteht, erscheint es angebracht, das Element des „gegenseitigen Einverständnisses“ hinzuzufügen, das mehr als eine rein geistige Einflussnahme ist und auf den potentiellen Täter in intensiverer Weise einwirkt.

Die Konstellation des Schaffens einer Sachlage, die einen anderen zur Begehung einer strafbedrohten Tat anreizt, ist daher als eine zu weite Auslegung des Begriffes „Bestimmen“ anzusehen. Dadurch werden so geringe Anforderungen an das „Bestimmen“ gestellt, dass die tätergleiche Bestrafung des Anstifters nicht zu rechtfertigen ist. Die einfachen Hinweise auf die Möglichkeit der Tatbegehung, die Erteilung von Informationen und die Schaffung von Situationen, die als Anlass für die Ausführung einer unerlaubten Handlung dienen könnten, reichen also für eine Anstifterstrafbarkeit nicht aus. Die bloße Schaffung einer tatanreizenden Sachlage stellt übrigens nicht eine über das erlaubte Risiko hinausgehende Gefahr für das Handlungsobjekt dar.

Für das Erfordernis des kollusiven Zusammenwirkens zwischen Anstifter und Angestiftetem sprechen überdies teleologische und systematische Argumente. Die restriktive Auslegung des Begriffes „Bestimmen“ ist grundsätzlich aus dem besonderen Strafgrund der Anstiftung herzuleiten. Für zutreffender wird die von *Roxin* entwickelte Konzeption der Anstiftung als eines „akzessorischen Rechtsgutsangriffs“[1325] gehalten. Das Unrecht des Anstifters ist nach dieser Theorie zwar aus dem Unrecht des Haupttäters abzuleiten, aber es hat auch einen eigenständigen Charakter. Das Wesen der Anstiftung wird durch das (Mit-)Verursachen einer Rechtsgutsverletzung geprägt, d.h., auch der Anstifter selbst handelt rechtsgutsverletzend[1326]. Der besondere Strafgrund der Anstiftung besteht also darin, dass der Anstifter teils unrechtsakzessorisch handelt und teils selbst das auch ihm gegenüber geschützte Rechtsgut gefährdet bzw. verletzt[1327]. Um den Strafgrund der Anstiftung näher zu konkretisieren, muss zunächst darauf hingewiesen werden, dass der Unrechtstatbestand der Anstiftung auf Handlungs- und Erfolgsunrecht zu verteilen ist. Wir gehen davon aus, dass der Handlungsunwert des Anstifters das selbständige Element ist, während der Erfolgsunwert das un-

---

1325 Siehe *Roxin*, Strafrecht, AT, Band II, 2003, 130, 131.

1326 Siehe *Zielinski*, Handlungs- und Erfolgsunwert im Unrechtsbegriff, 1973, 306, 307.

1327 *Roxin* bemerkt, dass das Erfordernis des selbständigen Rechtsgutsangriffs, trotz seiner fehlenden ausdrücklichen Erwähnung im Gesetzeswortlaut aus den allgemeinen Grundsätzen der Zurechnung zu erklären ist. Er erwähnt treffend, dass „ein Erfolg nur zugerechnet werden kann, wenn er auf der Schaffung eines unerlaubten Risikos beruht. Da der Teilnehmer vorsätzlich handeln muß, stellt sich die vorsätzliche Schaffung eines unerlaubten Risikos durch ihn als jener selbständige Rechtsgutsangriff dar, der für eine strafbare Teilnahme erforderlich ist.“ – Zitiert nach *Roxin*, Strafrecht, AT, Band II, 2003, 130.

selbständige (akzessorische) Element des Anstifterunrechts darstellt. Der hervorgerufene Tatentschluss und die (Mit-) Verursachung einer Rechtsgutsbeeinträchtigung beschreiben den Erfolgsunwert der Anstiftung. Von besonderer Bedeutung für die hier vertretene Meinung ist aber die Beantwortung der Frage, wie der Handlungsunwert des Anstifters beschaffen sein muss, um die tätergleiche Bestrafung dogmatisch zu rechtfertigen. Der rechtsgutsgefährdende Handlungsunwert des Anstifters ist nur dann festzustellen, wenn dieser durch eine intensive Beeinflussung auf den Willen des Täters einwirkt[1328] und die Begehung einer tatbestandlichen und rechtswidrigen Handlung vorschlägt. Das Element des „gegenseitigen Einverständnisses“ oder, anders gesagt, des „kollusiven Zusammenwirkens“ schildert vollständig das Handlungsunrecht des Anstifters. Durch eine „intellektuelle Bearbeitung“[1329] drängt der Anstifter den Täter direkt zur Deliktsbegehung und deswegen ist er schon von *Feuerbach* als „intellektueller Urheber“[1330] bezeichnet. Das menschliche Verhalten des Anstifters verstößt auf diese Weise mit besonderer Intensität gegen „zugrundeliegende Verhaltensnormen“. Jede allgemeine Veranlassung zur Ausführung einer strafbedrohten Tat oder die schlichte Mitteilung einer Information, die zur Deliktsbegehung motivieren könnte, sollte in einer Gesellschaft freier Kommunikation nicht als Anstiftung strafbar sein. Solche Verhaltensweisen, denen man im Alltag häufig begegnet und die meistens nicht ernst genommen werden, können nicht den Gehalt des Handlungsunwertes der Anstiftung erfüllen, da sie den allgemeinen Verhaltensnormen nicht widersprechen und das erlaubte Risiko nicht überschreiten. Es ist folglich festzustellen, dass der Handlungsunwert der Anstiftung eine zielgerichtete Tataufforderung, nämlich ein Überreden voraussetzt, das aber unverbindlichen Charakter hat und den Täter nicht zur Tatbegehung zwingt. Dadurch wird der Mangel des Anstifters an Tatherrschaft kompensiert und die Gleichstellung des Unwertgehalts des Anstifters mit demjenigen des Täters gerechtfertigt.

Die vorgeschlagene Modellvorschrift wird nach dem Vorbild von § 26 des deutschen Strafgesetzbuches formuliert, wobei die englische Version der typischen gesetzlichen Form des angloamerikanischen Rechts folgt.

1328 Vgl. *Welzel*, Anmerkung, JZ 1953, 764: „Bestimmen ist eine ganz bestimmte Art der Tatverursachung, nämlich diejenige durch geistiges Hervorrufen des Tatentschlusses beim Täter. Jede Nivellierung des Bestimmens zum bloßen Veranlassen oder gar zum bloßen Verursachen ist contra legem.“

1329 Zitiert nach *Roxin*, in: Leipziger Kommentar 2003 § 26 Rdn. 4.

1330 Vgl. *Feuerbach*, Lehrbuch des Peinlichen Rechts, 1801, § 52.

B. Vorschlag einer einheitlichen Anstiftungsregelung

I. Deutsch

„Anstiftung
Anstifter ist, wer im Rahmen eines gegenseitigen Einverständnisses einen anderen vorsätzlich zur Begehung einer vorsätzlichen und rechtswidrigen Tat bestimmt. Der Anstifter wird wie der Täter bestraft.“

II. Englisch

„Whosoever shall intentionally and within the framework of a mutual agreement incite another person to the intentional commission of any indictable offence, shall be liable to be punished as a principal offender.“

Literaturverzeichnis*

A

Ackermann, Bruni, Die Strafbarkeit juristischer Personen im deutschen Recht und in ausländischen Rechtsordnungen, Frankfurt am Main, Bern, New York, 1984.

Agge, Ivar, Die Entwicklung des schwedischen Strafrechts, ZStW 71 (1959), S. 93 ff. und S. 305 ff.

Agge, Ivar / **Thornstedt**, Hans, Das schwedische Strafrecht, in: Das ausländische Strafrecht der Gegenwart, Berlin, 1976, S. 249 ff.

Ahlbrecht, Heiko, Geschichte der völkerrechtlichen Strafgerichtsbarkeit im 20. Jahrhundert, Baden-Baden, 1999.

Albrecht, Peter-Alexis, Europäischer Strafrechtsraum: Ein Albtraum?, ZRP 2004, S. 1ff.

Albrecht, Peter-Alexis / **Braum**, Stefan, Kontingentes „Europäisches Strafrecht" in actio: Schwerpunkte, Konturen, Defizite, KritV, 2001, S. 312 ff.

Albrecht, Peter-Alexis / **Braum**, Stefan / **Frankenberg**, Günther / **Günther**, Klaus / **Naucke**, Wolfgang / **Simitis**, Spiros, Thesen zur Entwicklung rechtsstaatlicher Grundlagen europäischen Strafrechts, KritV 2001, S. 279 ff.

Alkalay, Michael, Das materielle Strafrecht der Französischen Revolution und sein Einfluss auf Rechtsetzung und Rechtsprechung der Helvetischen Republik, Zürich, 1984.

Ambos, Kai, Individual criminal responsibility, in: Triffterer (Hrsg.), Commentary on the Rome Statute of the International Criminal Court, Baden-Baden, 1999, S. 475 ff.

Ambos, Kai, Zur Rechtsgrundlage des Internationalen Strafgerichtshofs, ZStW 1999, S. 175 ff.

Ambos, Kai, Der allgemeine Teil des Völkerstrafrechts, Berlin, 2002.

Ambos, Kai, Vorgerücktenklausur Strafrecht: „Das fehlgeschlagene Attentat", Jura 2004, S. 492 ff.

Ambos, Kai, Internationales Strafrecht, München, 2006.

Ambos, Kai / **Rackow**, Peter, Institutionelle Ordnung der Europäischen Union und Europäischen Gemeinschaft, Jura 2006, S. 505 ff.

* Die griechische Literatur ist mit lateinischen Buchstaben geschrieben.

Amelung, Knut, Die Anstiftung als korrumpierende Aufforderung zu strafbedrohtem Verhalten, in: Hoyer, Andreas u.a. (Hrsg.), Festschrift für Friedrich-Christian Schroeder zum 70. Geburtstag, Heidelberg 2006, S. 147 ff.

Amelung, Knut / **Boch**, Gerhard, Hausarbeitsanalyse – Strafrecht: Ein Ehestreit mit dem Hockeyschläger, JuS 2000, S. 261 ff.

Anagnwstopoulos, Athanasios, Paratiriseis stin AP 1270/2003, PChr 2004, S. 701 ff.

Andenaes, Johs, Das norwegische Strafrecht, in: Das ausländische Strafrecht der Gegenwart, Berlin, 1962, S. 263 ff.

Andrejew, Igor, Das polnische Strafrecht, in: Das ausländische Strafrecht der Gegenwart, Mezger, Edmund/Schönke, Adolf/Jescheck, Hans-Heinrich (Hrsg.), Berlin, 1982, S. 7 ff.

Andrejew, Igor, Die Täterschaft im polnischen Strafrecht, in: Drittes deutsch-polnisches Kolloquium über Strafrecht und Kriminologie, Baden-Baden, 1988, S. 9 ff.

Androulakis, Nikolaos, Simmetoxi eis mi dolian praxi, PChr 1976, S. 193 ff.

Androulakis, Nikolaos, Poinikon Dikaion, Geniko Meros, Athina-Komotini, 1986.

Arzt, Gunther, Literatur, JZ 1981, S. 412 ff.

Arzt, Gunther, Straf- und Strafprozessrecht, Anmerkung zu BGH, Urteil v. 23. 11. 1983 – 3 StR 256/83 (S) – (OLG Frankfurt/Main), JZ 1984, S. 423 ff.

Ashworth, Andrew, Grunderfordernisse des Allgemeinen Teils für ein europäisches Sanktionenrecht. Landesbericht England, ZStW 1998, S. 461 ff.

Ashworth, Andrew, Principles of Criminal Law, Oxford, 2003.

Ashworth, Andrew, Human Rights, Criminal Law, and the Principles of Legal Certainty and Non-Retrospectivity, in: Arnold Jörg u.a. (Hrsg.), Menschengerechtes Strafrecht, Festschrift für Albin Eser, München, 2005, S. 49 ff.

Aulie, Andreas, Das Strafrecht, die Strafverfolgung und der Strafvollzug in Norwegen, in: Monatsschrift der Vereinigung Deutscher Auslandsbeamten Ev., 1961, S. 239 ff.

B

Bacigalupo, Enrique, Probleme der Täter- und Teilnahmelehre in der spanischen Strafrechtsreform 1986, in: Deutsch-Spanisches Strafrechtskolloquium, Baden-Baden, 1987, S. 89 ff.

Bacigalupo, Enrique, Die Europäisierung der Strafrechtswissenschaft, in: Bernd, Schünemann (Hrsg.), Festschrift für Claus Roxin, Berlin, 2001, S. 1361 ff.

Bacigalupo, Enrique, in: Das spanische Strafgesetzbuch, 2002, S. 1 ff.

Bauknecht, Gesine / **Lüdicke**, Lieselotte, Das französische Strafgesetzbuch, Code Penal, Freiburg im Breisgau, 1999.

Baumann, Jürgen, Mittelbare Täterschaft oder Anstiftung bei Fehlvorstellungen über den Tatmittler?, JZ 1958, S. 230 ff.

Baumann, Jürgen, Die Tatherrschaft in der Rechtsprechung des BGH, NJW 1962, S. 374 ff.

Baumann, Jürgen, Täterschaft und Teilnahme, JuS 1963, S. 51, 85, 126.

Baumann, Jürgen, Dogmatik und Gesetzgeber. Vier Beispiele, in: Vogler, Theo (Hrsg.), Festschrift für Hans-Heinrich Jescheck, Erster Halbband, 1985, S. 105 ff.

Baumann, Jürgen/**Weber**, Ulrich, Strafrecht, Allgemeiner Teil, Bielefeld, 1985.

Baumann, Jürgen/**Weber**, Ulrich/**Mitsch**, Wolfgang, Strafrecht, Allgemeiner Teil, Lehrbuch, Bielefed, 2003.

Baunack, Martina, Grenzfragen der strafrechtlichen Beihilfe, Berlin, 1999.

Baur, Peter Paul, Die Anstiftung. Art. 24 des schweizerischen Strafgesetzbuches, Diss., Winterthur, 1962.

Behrendt, Hans-Joachim, Der Vorsatz im englischen und amerikanischen Strafrecht, Diss, Freiburg im Breisgau, 1969.

Bekas, Giannis, O provokatoras ithikos autourgos, in: Provlimata tis simmetoxis sto egklima, Athina-Komotini, 1998, S. 107 ff.

Beling, Ernst, Die Lehre vom Verbrechen, Tübingen, 1906.

Beling, Ernst, Gründzüge des Strafrechts, 1928.

Bemmann, Günter, Die Objektsverwechslung des Täters in ihrer Bedeutung für den Anstifter, in: Wilfried, Küper (Hrsg.), Festschrift für Walter, Stree/Johannes, Wessels, Heidelberg, 1993, 397 ff.

Bemmann, Günter, Beiträge zur Strafrechtswissenschaft, Baden-Baden, 1993.

Benakis, Anna, Täterschaft und Teilnahme nach deutschem und griechischem Strafrecht, Bonn, 1961.

Benakis, Anna, Über den Begriff des Unrecht-tuns bei Aristoteles anläßlich einer Kritik gegen die finale Handlungslehre, in: Wilfried Küper (Hrsg.), Festschrift für Hans Welzel, Heidelberg, 1974, S. 213 ff.

Benakis, Anna, Theoria kai Praxi tou Poinikou Dikaiou, Athina, 2004.

Benakis, Anna, in: Sistimatiki Erminia tou Poinikou Kodika, Athina, 2005, S. 664–682.

Graf v. Bernstorff, Christoph, Einführung in das englische Recht, München, 2006.

Bertel, Christian / **Scheil**, Andreas / **Schwaighofer**, Klaus / **Venier**, Andreas, Österreichisches Strafrecht. Fälle und Lösungen, Wien, New York, 2003.

Beulke, W., Straf- und Strafprozessrecht, Anmerkung zu OLG Köln v. 5. 9. 1978 – 1 Ss438/78, JR 1980, S. 422 ff.

Bindokat, Heinz, Anmerkung zu OLG Köln, Beschl. v. 19. 10. 1961 – Zs 859/60, NJW 1962, S. 686 ff.

v. **Birkmeyer**, Teilnahme Am Verbrechen, in: Vergleichende Darstellung des Deutschen und Ausländischen Strafrechts, Allgemeiner Teil, Band II, Berlin, 1908, S. 1 ff.

Bitzilekis, Nikolaos, H simmetoxiki praxi, Thessaloniki, 1990.

Bitzilekis, Nikolaos, H amesi sinergeia: Metaxi sinautourgias kai aplis sinergeias, in: Provlimata tis simmetoxis sto egklima, Athina-Komotini, 1998, S. 135 ff.

Bitzilekis, Nikolaos, Oi peri simmetoxis diataxeis tou Katastatikou tou Diethnous Poinikou Dikastiriou, in: Diethnopoiisi tou Poinikou Dikaiou, Athina-Thessaloniki, 2003, S. 151 ff.

Bloy, Rene, Die Beteiligungsform als Zurechnungstypus im Strafrecht, Berlin, 1985.

Bockelmann, Paul, Strafrechtliche Untersuchungen, Göttingen, 1957.

Bottke, Wilfried, Täterschaft und Gestaltungsherrschaft, Heidelberg, 1992.

Bottke, Wilfried, Die Struktur von Täterschaft bei aktiver Begehung und Unterlassung als Baustein eines gemeineuropäischen Strafrechtssystems, in: Bausteine des europäischen Strafrechts, Coimbra-Symposium für Claus Roxin, Köln, Berlin, Bonn, München, 1995.

Börker, Zur Abhängigkeit der Teilnahme von der Haupttat, JR 1953, S. 166 ff.

Böse, Martin, Die Zuständigkeit der Europäischen Gemeinschaft für das Strafrecht. Zugleich Besprechung von EuGH, Urteil vom 13. 9. 2005, GA 2006, S. 211 ff.

Brammsen, Joerg, Anmerkung zu OLG Hamm 3 Ss 1128/91 vom 29. 1. 1992, StV 1994, S. 134 ff.

Braum, Stefan, Das „Corpus Juris"-Legitimität, Erforderlichkeit und Machbarkeit, JZ 2000, S. 493 ff.

Bringewat, Peter, Grundbegriffe des Strafrechts, Baden-Baden, 2003.

Buchala, Kazimierz, Das Schuldprinzip und seine Funktion im polnischen Strafrecht, ZStW 106 (1994), S. 766 ff.

Buchala, Kazimierz / **Kubicki**, Leszek, Die mittelbare Täterschaft in der polnischen Strafrechtslehre und Rechtsprechung, in: Drittes – polnisches Kolloquium über Strafrecht und Kriminologie, Baden-Baden, 1988, S. 55 ff.

Burgstaller, Manfred, Zur Täterschaftsregelung im neuen StGB, RZ 1975, S. 13 ff.

Burgstaller, Manfred, Die Strafrechtsreform Österreichs im Vergleich mit der Strafrechtsreform der Bundesrepublik Deutschland, in: Strafrechtreform und Rechtsvergleichung, Berlin, New York, 1979, S. 39 ff.

Burgstaller, Manfred, Vollendung oder Ende der Einheitstäterschaft? RZ 1982, S. 216 ff.

v. **Buri**, Die Kausalität und ihre strafrechtliche Beziehungen, 1885.

C

Carlen, Louis, Rechtsgeschichte der Schweiz. Eine Einführung, Bern, 1988.

Cassese, Antonio, International Criminal Law, Oxford, 2003.

Castaldo, Andrea, Welches Strafrecht für das neue Jahrtausend?, in: Bernd, Schünemann (Hrsg.), Festschrift für Claus Roxin, Berlin, 2001, S. 1095 ff.

Cerezo Mir, Jose, Die Auseinandersetzung um den finalen Täterbegriff in der spanischen Strafrechtswissenschaft, in: Festschrift für Hans Welzel, Berlin, 1974, S. 635 ff.

Charalampakis, Aristoteles, Oi prosfates exelixeis tis dogmatikis tis simmetoxis sto poiniko dikaio, PChr 1990, S. 1073 ff.

Charalampakis, Aristoteles, O vathmos exartiseos tis simmetoxikis draseos apo tin upokeimeniki stasi tou autourgou kata tin prosfati vomologia tou Areiou Pagou, Yperaspisi 1991, S. 1233 ff.

Charalambakis Aristoteles, Zur Problematik der psychischen Beihilfe, in: Bernd, Schünemann (Hrsg.), Festschrift für Claus Roxin, Berlin, 2001, S. 625 ff.

Chorafas, Nikolaos, Genikai Arxai tou Poinikou Dikaiou, Band I, Athina, 1960.

Christmann, Jörg, Zur Strafbarkeit sogenannter Tatsachenarrangements wegen Anstiftung. Ein Beitrag der Lehre von der objektiven Zurechnung zum Strafgrund der Anstiftung, Frankfurt am Main, 1997.

Cornils, Karin, Grundlagen der Strafverfolgung völkerrechtlicher Verbrechen in Schweden, in: Albin, Eser/Ulrich, Sieber/Helmut, Kreicker (Hrsg.), Nationale Strafverfolgung völkerrechtlicher Verbrechen, Freiburg im Breisgau, 2003.

Cornils, Karin / **Jareborg**, Nils, Das schwedische Kriminalgesetzbuch, Brottsbalken, Freiburg im Breisgau, 2000.

Cornils, Karin /**Greve**, Vagn, Das dänische Strafgesetzbuch, Straffeloven, Freiburg im Breisgau 2001

Cramer, Peter, Anmerkung zu BGH, Urteil v. 3. 6. 1964 – 2 StR 14/64 (LG Wuppertal), JZ 1965, S. 30 ff.

Cramer, Peter, Die Beteiligung an einer Zuwiderhandlung nach § 9 OWiG, NJW 1969, S. 1929 ff.

Cramer, Peter, Gedanken zur Abgrenzung von Täterschaft und Teilnahme, in: Arthur, Kaufmann (Hrsg.), Festschrift für Paul Bockelmann, München, 1979, S. 389 ff.

Cramer, Peter/**Heine**, Günter in: Schönke/Schröder, Strafgesetzbuch Kommentar, München, 2006 S.482–576.

Courakis, Nestor – Contantin, Struktur und Auslegungsaspekte des angelsächsischen Strafrechts, GA 1981, S. 533 ff.

Czepluch, Anna-Katharina, Täterschaft und Teilnahme im französischen Strafrecht, Berlin 1994.

D

Dahm, Georg, Anmerkung zu OLG Stuttgart, Urt. v. 6. 3. 1959 – 2 Ss 49/59, MDR 1959, S. 508 ff.

Dallinger, Wilhelm, Aus der Rechtsprechung des Bundesgerichtshofes in Strafsachen, MDR 1974, S. 544 ff.

Dannecker, Gerhard, Strafrecht in der Europäischen Gemeinschaften, JZ 1996, S. 869 ff.

Dannecker, Gerhard, Der Allgemeine Teil eines europäischen Strafrechts als Herausforderung für die Strafrechtswissenschaft, in: Thomas, Weigend (Hrsg.), Festschrift für Hans Joachim Hirsch, Berlin, 1999, S. 141 ff.

Dannecker, Gerhard, Die Dynamik des materiellen Strafrechts unter dem Einfluss europäischer und internationaler Entwicklungen, ZStW 2005, S. 697 ff.

Dannecker, Gerhard, Das materielle Strafrecht im Spannungsfeld des Rechts der Europäischen Union, Jura 2006, 95, S. 173 ff.

Dannecker, Gerhard, Der zeitliche Geltungsbereich von Strafgesetzen und der Vorrang des Gemeinschaftsrechts, in: Hoyer, Andreas/Müller, Henning Ernst/Pawlik, Michael/Wolter, Jürgen, Festschrift für Friedrich-Christian Schroeder, Heidelberg, 2006, S. 761 ff.

David, Rene/**Grasmann**, Günther (Übers.), Einführung in die großen Rechtssysteme der Gegenwart, München, Berlin, 1966.

Delmas-Marty, Mireille (Hrsg.), Corpus Juris der strafrechtlichen Regelungen zum Schutz der finanziellen Interessen der Europäischen Union, Köln, Berlin, Bonn, München, 1998.

Detzer, Klaus, Die Problematik der Einheitstäterlösung, Erlangen, Nürnberg, 1972.

Dietz, Wolfgang, Täterschaft und Teilnahme im ausländischen Strafrecht, Bonn, 1957.

Dimakis, Alexandros, in: Sistimatiki Erminia tou Poinikou Kodika, Athina, 2005, S. 682–796.
Dreher, Eduard, Die vierte Arbeitstagung der Großen Strafrechtskommission, ZStW 67, S. 428 ff.
Dreher, Eduard, Anmerkung zu BGH, Urt. V. 14. 8. 1963 – 2 StR 181/63 (LG Duisburg), MDR 1964, S. 335 ff.
Dreher, Eduard, Plädoyer für den Einheitstäter im Ordnungswidrigkeitenrecht, NJW 1970, S. 217 ff.
Dubber, Markus, Einführung in das US-amerikanische Strafrecht, München 2005.

E

Ebert, Udo, Strafrecht, Allgemeiner Teil, Heidelberg, 2001.
Eisele, Jörg, Einführung in das Europäische Strafrecht, JA 2000, S. 896 ff.
Engelhart, Marc, Der Weg zum Völkerstrafgesetzbuch – Eine kurze Geschichte des Völkerstrafrechts, Jura 2004, S. 734 ff.
Engert, Florian, Einheitstäter oder getrennte Behandlung von Täter und Teilnehmer? Die Wege des österreichischen und deutschen Strafrechts, Frankfurt am Main, 2005.
Engisch, Karl, Die Kausalität als Merkmal der strafrechtlichen Tatbestände, Tübingen, 1931.
Engländer, Armin, Selbsttötung in „mittelbarer Täterschaft“, Jura 2004, S. 234 ff.

F

Fabrizy, Ernst Eugen, in: Höpfel, Frank / Ratz, Eckart, Wiener Kommentar zum Strafgesetzbuch, Wien 2000.
Fastenrath, Der Internationale Strafgerichtshof, JuS 1999, S. 632 ff.
Filopoulos, Panagiotis, Europarecht und nationales Strafrecht. Eine rechtsvergleichende Untersuchung des deutschen und des griechischen Strafrechts unter dem Blickwindel des Europäischen Gemeinschaftsrechts, Aachen, 2004.
Fletcher, George P., Basic Concepts of Criminal Law, New York, Oxford, 1998.
Fletcher, George P., Reasonableness im amerikanischen und im Völkerstrafrecht, in: Menschengerechtes Strafrecht, Festschrift für Albin Eser, München, 2005.
Foregger, Egmont / **Serini**, Strafgesetzbuch, 1991.

Frände, Dan, Grundlagen der Strafverfolgung völkerrechtlicher Verbrechen in Finnland, Freiburg im Breisgau, 2003.

Frände, Dan / **Nuutila**, Ari-Matti, Landesbericht Finnland, in: Eser, Albin / Huber, Barbara (Hrsg.), Strafrechtsentwicklung in Europa, Freiburg im Beisgau, 1997, S. 359 ff.

Frank, Reinhard, Das Strafgesetzbuch für das deutsche Reich, Tübingen, 1925.

Franzheim, Horst, Die Teilnahme an unvorsätzlicher Haupttat, Berlin, 1961.

Franzheim, Horst, Der Einsatz von Agents provocateurs zur Ermittlung von Straftätern, NJW 1979, S. 2014 ff.

Freund, Georg, Strafrecht, Allgemeiner Teil, Personale Straftatlehre, Berlin, 1998.

Friedrich, Wilhelm, Triffterers Beteiligungslehre – eine vermittelnde Lösung? Zugleich eine Buchbesprechung, RZ 1986, S. 227, 258.

Friedrich, Wilhelm, Zur Beteiligung an einem Versuch (§ 15 Abs. 1 StGB), ÖJZ 1995, S. 9 ff.

Frisch, Wolfgang, Tatbestandsmäßiges Verhalten und Zurechnung des Erfolgs, Heidelberg, 1988.

Fuchs, Helmut, Probleme der Beteiligung mehrerer, in: Strafrechtliche Probleme der Gegenwart, Ottenstein,1986, S. 1 ff.

Fuchs, Helmut, Probleme des Deliktsversuchs, ÖJZ 1986, S. 257 ff.

Fuchs, Helmut, Österreichisches Strafrecht, Allgemeiner Teil I, Grundlagen und Lehre von der Straftat, Wien, New York, 1997.

Fuchs, Helmut, Überlegungen zu Fahrlässigkeit, Versuch, Beteiligung und Diversion, in: Grafl, Christian / Medigovic, Ursula (Hrsg.), Festschrift für Manfred Burgstaller, Wien-Graz, 2004, S. 41 ff..

Fuchs, Helmut / **Maleczhy**, Oscar, Kodex des österreichischen Rechts, Strafrecht, Wien, 2005.

G

Gallas, Wilhelm, Anmerkung zu BGH 4. StS v. 5. 4. 56 – 4 StR 49/56, JR 1956, S. 225 ff.

Gallas, Wilhelm, Beiträge zur Verbrechenslehre, Berlin, 1968.

Geerds, Friedrich, Schrifttum, GA 1965, S. 216 ff.

Geerds, Friedrich, Mehrfacher Versicherungsmißbrach mit demselben Schrottauto, Jura 1986, S. 438 ff.

Geerds, Friedrich, Täterschaft und Teilnahme – Zu den Kriterien einer normativen Abgrenzung-, Jura 1990, S. 173 ff.

Georgakis, I.A., Poinikon Dikaion, Geniko Meros, Athina, 1958.

Geppert, Klaus, Die Anstiftung (§ 26 StGB), Jura 1997, S. 299 ff.
Geppert, Klaus, Abschlussklausur im Strafrecht, Jura 2002, S. 278 ff.
Gerling, Theodor, Die Anstiftung im kommenden deutschen Strafrecht auf rechtsvergleichender Grundlage, Diss., Erlangen-Bruck, 1936.
Germann, Das Verbrechen im neuen Strafrecht, Zürich 1942.
Gilly, Thomas, Deutsche und französische Strafrechtskultur im Kontrast. Versuch über eine gestörte Kommunikation, in: Eine deutsch-französische Rechtswissenschaft?, Baden Baden, 1999, S. 325 ff.
Golla, Joachim, Das geltende polnische Strafrecht, Übernahme sowjetischen Rechts oder Weiterführung der eigenen Strafrechtstradition, Bonn, 1984.
Gonzalez, Carlos Suarez, Rechtsvergleichende Bemerkungen zum Allgemeinen Teil des neuen spanischen Strafgesetzbuches, GA 1998, S. 111 ff.
Gössel, Karl Heinz, Sukzessive Mittäterschaft und Täterschaftstheorien, in: Festschrift für Hans-Heinrich Jescheck, Erster Halbband, 1985, S. 537 ff.
Graul, Eva, Anmerkung zu BGH v. 29. 10. 1997 – 2 StR 239/97, JR 1999, S. 248 ff.
Grebing, Gerhardt, Die Strafrechtreform Frankreichs im Vergleich mit der Strafrechtreform der Bundesrepublik Deutschland, in: Strafrechtsreform und Rechtsvergleichung, Berlin, New York, 1979, S. 86 ff.
Gropengießer, Helmut, in: Nationale Strafverfolgung völkerrechtlicher Verbrechen, Eser, Albin/Kreicker, Helmut, (Hrsg.), Freiburg im Breisgau, 2003.
Gropp, Walter, Strafrecht, Allgemeiner Teil, Heidelberg, 2005.
Grünhut, Max, Das englische Strafrecht, in: Das ausländische Strafrecht der Gegenwart, Berlin 1959, S. 133 ff.
Grünwald, Gerald, Der folgenschwere Rat, JuS 1965, S. 311 ff.

H

Haefliger, Das schweizerische Strafgesetzbuch als Schuldstrafrecht in der Rechtsprechung des Bundesgerichtes, ZStR 69 (1954), S. 388 ff.
Haft, Fritjof, Strafrecht, Allgemeiner Teil, München, 2004.
Hake, Manfred, Beteiligungsstrafbarkeit und „besondere persönliche Merkmale„ Berlin, 1994.
Hamdorf, Kai, Beteiligungsmodelle im Strafrecht, Ein Vergleich von Teilnahme- und Einheitstätersystemen in Skandinavien, Österreich und Deutschland, Freiburg im Breisgau, 2002. (Zitiert als „Beteiligungsmodelle im Strafrecht")
Hanack, Ernst-Walter, Zur Problematik der gerechten Bestrafung nationalsozialistischer Gewaltverbrecher, JZ 1967, S. 329 ff.
Hardwig, Werner, Über den Begriff der Täterschaft, JZ 1965, S. 667 ff.

Hardwig, Werner / **Buschendorf**, Ernest, Nochmals: Betrachtungen zur Teilnahmelehre, JZ 1967, S. 86 ff.
Hassemer, Winfried, Produktverantwortung im modernen Strafrecht, Heidelberg, 1996.
Hassemer, Winfried, „Corpus Juris“: Auf dem Weg zu einem europäischen Strafrecht?, KritV 1999, S. 133 ff.
Hassemer, Winfried, Ein Strafrecht für Europa, in: Strafrecht und Kriminalität in Europa, (Hrsg.) F. Zieschang/E. Hilgendorf/K. Laubenthal, Baden-Baden, 2003, S. 11 ff.
Hauf, Claus-Jürgen, Strafrecht, Allgemeiner Teil, Neuwied und Kriftel, 2001.
Hecker, Bernd, Europäisches Strafrecht, Berlin, Heidelberg, New York, 2005.
Heghmanns, Michael, Überlegungen zum Unrecht von Beihilfe und Anstiftung, GA 2000, S. 473 ff.
Heimberger, Joseph, Die Teilnahme am Verbrechen in Gesetzgebung und Literatur von Schwarzenberg bis Feuerbach, Freiburg und Leipzig, 1896.
Heine, Günter, Die Totalrevision des Schweizerischen Allgemeinen Teils des Strafgestzbuches. Entwicklung und Schwerpunkte im Vergleich, in: Menschengerechtes Strafrecht, Jörg, Arnold (Hrsg.), Festschrift für Albin Eser, München, 2005, S. 493 ff.
Heinrich, JuS 1995, S. 1117 ff.
Heinrich, Bernd, Strafrecht, AT II. Besondere Erscheinungsformen der Straftat, Unterlassungs- und Fahrlässigkeitsdelikt, Irrtums-, Beteiligungs- und Konkurrenzlehre, Stuttgart, 2005.
Herlitz, Carl Erik, Parties to a Crime and the Notion of a Complicity Objekt, Uppsala, 1992.
Hermann, Joachim, Strafrechtsreform in den Vereinigten Staaten, in: Strafrecht Strafrechtsvergleichung Kolloquium, Freiburg in Breisgau, 1975, S. 25 ff.
Hermann, Joachim, Neuere Entwicklungen in der amerikanischen Strafrechtspflege, JZ 1985, S. 602 ff.
Hermsdörfer, Willibald, Auswirkungen der Errichtung des Internationalen Strafgerichtshofs auf das deutsche Recht, DRiZ 2000, S. 70 ff.
Herzberg, Rolf Dietrich, Anstiftung und Beihilfe als Straftatbestände, GA 1971, S. 1 ff.
Herzberg, Rolf Dietrich, Die Unterlassung im Strafrecht und das Garantenprinzip, Berlin, New York, 1972.
Herzberg, Rolf Dietrich, Grundfälle zur Lehre von Täterschaft und Teilnahme, JuS 1976, S. 40 ff.
Herzberg, Rolf Dietrich, Täterschaft und Teilnahme, München, 1977.
Herzberg, Rolf Dietrich, Der agent provocateur und die „besonderen persönlichen Merkmale“ (§ 28 StGB), JuS 1983, S. 737 ff.

Herzberg, Rolf Dietrich, Anstiftung zur unbestimmten Hauptat – BGHSt 34, 63, JuS 1987, S. 617 ff.

Herzberg, Rolf Dietrich, Täterschaft, Mittäterschaft und Akzessorietät der Teilnahme, ZStW 99 (1987), S. 50 ff.

Herzberg, Rolf Dietrich, Eigenverantwortliche Selbsttötung und strafbare Mitverursachung, Jura 2004, S. 670 ff.

Herzog, Felix, Rechtsstaatliche Begrenzungen der Verbrechensbekämpfung. – Eine kritische Bilanz der höchstrichterlichen Rechtsprechung zum tatprovozierenden Einsatz polizeilicher Lockspitzel-, NStZ 1985, S. 153 ff.

Hilgendorf, Eric, Was meint „zur Tat bestimmen" in § 26 StGB?, Jura 1996, S. 9 ff.

Hilgendorf, Eric, Fallsammlung zum Strafrecht, 3. Auflage, München, 1998.

Hilgendorf, Eric, Nationales oder transnationales Strafrecht? Europäisches Strafrecht, Völkerstrafrecht und Weltrechtsgrundsatz im Zeitalter der Globalisierung, in: Raum und Recht, Dreier, H./Forkel, H./Laubenthal, K. (Hrsg.), Festschrift 600 Jahre Würzburger Juristenfakultät, Berlin, 2002, S. 333 ff.

Hillenkamp, Thomas, Anmerkung zu OLG Celle v. 13. 1. 1987 – 1 Ss 475/86, JR 1987, S. 256 ff.

Hillenkamp, Thomas, 32 Probleme aus dem Strafrecht Allgemeiner Teil, Neuwied und Kriftel, 2006.

Hirsch, Hans Joachim, Zur Notwendigkeit der Auslegungsänderung und Neufassung der Teilnahmeregelung bei „besonderen persönlichen Merkmalen", in: Strafrecht Biorecht Rechtsphilosophie, Knut, Amelung (Hrsg.), Festschrift für Hans-Ludwig Schreiber, Heidelberg 2003, S. 153 ff.

Hoffmann, Markus / **Bacigalupo**, Enrique, Das spanische Strafgesetzbuch, Codigo Penal, Freiburg im Breisgau, 2002.

Honig, Richard, Das amerikanische Strafrecht, in: Das ausländische Strafrecht der Gegenwart, Berlin, 1962, S. 7 ff.

Honig, Richard, Entwurf eines Strafgesetzbuches für die Vereinigten Staaten von Amerika (Model Penal Code), ZStW 75 (1963), S. 63 ff.

Honig, Richard, Entwurf eines amerikanischen Musterstrafgesetzbuches (Model Penal Code) Teil II, ZStW 77 (1965), S. 37 ff.

Honig, Richard, Entwurf eines amerikanischen Musterstrafgesetzbuches, Berlin, 1965.

Honkasalo, Brynolf, Das finnische Strafrecht, in: Mezger, Edmund/Schönke, Adolf/Jescheck, Heinrich, Das ausländische Strafrecht der Gegenwart, 1957, S. 7 ff.

Höpfel, Frank, Einige Fragen der subjektiven Tatseite bei Beteiligung mehrerer, ÖJZ 1982, S. 314 ff.

Hruschka, Joachim, Regreßverbot, Anstiftungsbegriff und die Konsequenzen, ZStW 1998, S. 581 ff.

Huber, Barbara / **Braun**, Yvonne, Landesbericht Großbritannien in: Eser/Huber, Strafrechtsentwicklung in Europa, Freiburg im Breisgau, 1999, S. 1043 ff.

Hübner, Ulrich / **Constantinesco**, Vlad, Einführung in das französische Recht, München, 2001.

Hünerfeld, Peter, Beteiligung mehrerer an einem Verbrechen, Einheitstäterschaft oder Differenzierung unterschiedlicher Formen der Beteiligung?, in: Strafrechtsreform in der Bundesrepublik Deutschland und in Italien, 1981, S. 116 ff.

Hünerfeld, Peter, Mittelbare Täterschaft und Anstiftung im Kriminalstrafrecht der Bundesrepublik Deutschland, ZStW 99 (1987), S. 228 ff.

Hünerfeld, Peter, Mittelbare Täterschaft und Anstiftung im Kriminalstrafrecht der Bundesrepublik Deutschland, in: Drittes deutsch-polnisches Kolloquium über Strafrecht und Kriminologie, Baden-Baden, 1988, S. 117 ff.

I

Ingelfinger, Ralph, Anstiftervorsatz und Tatbestimmtheit, Heidelberg, 1991.

Ingelfinger, Ralph, „Schein"-Mittäter und Versuchsbeginn, JZ 1995, S. 704 ff.

J

Jakobs, Günther, Strafrecht, Allgemeiner Teil, Die Grundlagen und die Zurechnungslehre Lehrbuch, Berlin, New York, 1991.

Jakobs, Günther, Akzessorietät. Zu den Voraussetzungen gemeinsamer Organisation, GA 1996, S. 253 ff.

Janssen, Bernhard, Anmerkung zu OLG Düsseldorf, Beschl. V. 29. 11. 1990 – 130/90 II – 2 Ss 330/90, NStZ 1992, S. 237 ff.

Jescheck, Hans-Heinrich, Versuch und Rücktritt bei Beteiligung mehrerer Personen an der Straftat, ZStW 1987, S. 111 ff..

Jescheck, Hans-Heinrich, Der Allgemeine Teil des Entwurfs eines polnischen Strafgesetzbuchs von 1990 in rechtsvergleichender Sicht, in: Manfred, Seebode (Hrsg.), Festschrift für Günter Spendel, Berlin, New York, 1992, S. 849 ff.

Jescheck, Hans-Heinrich/**Weigend**, Thomas, Lehrbuch des Strafrechts Allgemeiner Teil, Berlin, 1996.

Jescheck, Hans-Heinrich, Neuere Entwicklungen im nationalen, europäischen und internationalen Strafrecht: Perspektiven für eine Kriminalpolitik im 21. Jahrhundert ?, in: Menschengerechtes Strafrecht, Jörg, Arnold (Hrsg.), Festschrift für Albin Eser, München, 2005, S. 991 ff.

Joecks, Wolfgang, in: Münchener Kommentar zum Strafgesetzbuch Band 1 §§ 1–51 StGB, München, 2003, S. 994–1097 ff.

Joecks, Wolfgang, Studienkommentar, München, 2005.

Jung, Heike, Konturen und Perspektiven des europäischen Strafrechts, JuS 2000, S. 417 ff.

K

Kaiafa-Gbandi, Kritiki episkopisi nomologias kata themata, Yperaspisi 1997, S. 385 ff.

Kaiafa-Gbandi, Maria, Das Corpus Juris und die Typisierung des Strafphänomens im Bereich der Europäischen Union, in: Barbara Huber (Hrsg.), Das Corpus Juris als Grundlage eines Europäischen Strafrechts, 2000, S. 91 ff.

Kaiafa-Gbandi, Maria, Bemerkungen zur Entwicklung rechtsstaatlicher Grundlagen Europäischen Strafrechts, KritV 2001, S. 290 ff.

Kaiafa-Gbandi, Maria, The Development towards Harmonization within Criminal Law in the European Union-A Citizen's Perspective, in: European Journal of Crime, Criminal Law and Criminla Justice, 2001, S. 239 ff.

Kaiafa-Gbandi, Maria, To Poiniko Dikaio stin Europaiki Enosi, Athina-Thessaloniki, 2003.

Kaiafa-Gbandi, Maria, Die allgemeinen Grundsätze des Strafrechts im Statut des Internationalen Strafgerichtshofs: Auf dem Weg zu einem rechtsstaatlichen Strafrecht der Nationen?, in: Strafrecht, Biorecht, Rechtsphilosophie, Knut, Amelung (Hrsg.), Festschrift für Hans-Ludwig Schreiber, Heidelberg, 2003, S. 199 ff.

Kaiafa-Gbandi, Maria, Oi Genikes Arxes tou Poinikou Dikaiou sto Katastatiko tou Diethnous Poinikou Dikastiriou – Pros ena dikaiokratoumeno poiniko dikaio twn ethnwn?, in: Dietnopoiisi tou Poinikou Dikaiou, Athina-Thessaloniki, 2003, S. 111 ff.

Kaiafa-Gbandi, Maria, Neoteres Exelixeis tou poinikou dikaiou stin E.E. kai dikaiokratika elleimata, PChr 2006, S. 577 ff.

Karanikas, Dimitrios, Das griechische Strafgesetzbuch, Berlin, 1953.

Katsantonis, Alexandros, O sigxronos prosanatolismos ton ennoion tou autourgou tou egklimatos kai tis simmetoxis eis to egklima, PChr 1958, S. 1 ff.

Kaufmann, Arthur, Literatur, JZ 1962, S. 782.

Kelker, Brigitte, Ein Kneipenbesuch mit Folgen, Jura 1996, S. 89 ff.
Keller, Rainer, Rechtliche Grenzen der Provokation von Straftaten, Berlin, 1989.
Kellerbauer, Manuel, Von Maastricht bis Nizza, Neuformen differenzierter Integration in der Europäischen Union, Berlin, 2003.
Kienapfel, Diethelm, „Beteiligung" und „Teilnahme", NJW 1970, S. 1826 ff.
Kienapfel, Diethelm, Erscheinungsformen der Einheitstäterschaft, in: Müller-Dietz, Heinz (Hrsg.), Strafrechtsdogmatik und Kriminalpolitik, Köln, Berlin, Bonn, München, 1971, S. 21 ff.
Kienapfel, Diethelm, Der Einheitstäter im Strafrecht, Frankfurt am Main, 1971.
Kienapfel, Diethelm, Das Prinzip der Einheitstäterschaft, JuS 1974, S. 1 ff.
Kienapfel, Diethelm, Zur Täterschaftsregelung im StGB, RZ 1975, S. 165 ff.
Kienapfel, Diethelm, Der Einheitsgedanke-lebendiger denn je, in: Strafrechtliche Probleme der Gegenwart, Ottenstein, 1979, S. 53 ff.
Kienapfel, Diethelm, Zum gegenwärtigen Stand der Lehre von der Einheitstäterschaft in der höchstricherlichen Praxis, ÖJZ 1979, S. 90 ff.
Kienapfel, Diethelm, Zur Einheitstäterschaft im Ordnungswidrigkeitsrecht, NJW 1983, S. 2236 ff.
Kienapfel, Diethelm / **Höpfel**, Frank, Strafrecht, Allgemeiner Teil, Wien, 2005.
Kindhäuser, Urs, Anmerkung zu BGH, Beschl. v. 12. 2. 1997 – 2 StR 28/97 (LG Frankfurt), NStZ 1997, S. 273 ff.
Kindhäuser, Urs, Strafrecht Allgemeiner Teil, Baden-Baden, 2005.
Kindhäuser, Urs, Nomos Kommentar, Strafgesetzbuch, Baden-Baden, 2006.
Kindler, Peter, Einführung in das italienische Recht, München, 2003.
Klip, Andre, Strafrecht in der Europäischen Union, ZStW 2005, S. 889 ff.
Kodek, Gerhard / **Foregger**, Egmont / **Fabrizy**, Ernst Eugen, Strafgesetzbuch samt ausgewählten Nebengesetzen, Kurzkommentar, Wien, 1999.
Kohlrausch, Eduard, Das kommende Deutsche Strafrecht, ZStW 55, S. 384 ff.
Kostaras, Alexandros, Provlimata ithikis autourgias, Provlimata tis simmetoxis sto egklima, Athina-Komotini, 1998, S. 69 ff.
Köhler, Michael, Strafrecht, Allgemeiner Teil, Berlin, Heidelberg, New York, 1997.
Köhler, Michael, Form und Inhalt europäischer Strafrechtsangleichung. Beitrag zum Frankfurter Forum zur Wahrung rechsstaatlicher Grundlagen europäischen Strafrechts, KritV 2001, S. 305 ff.
Kreß, Claus, Völkerstrafrecht in Deutschland, NStZ 2000, S. 617 ff.
Krey, Volker, Deutsches Strafrecht Allgemeiner Teil, Band 2, Stuttgart, Berlin, Köln, 2002/ 2005.
Kudlich, Hans, Strafrecht, Allgemeiner Teil, Prüfe dein Wissen, Rechtsfälle in Frage und Antwort, München, 2006.

Kühl, Kristian, Europäisierung der Strafrechtswissenschaft, ZStW 109 (1997), S. 777 ff.

Kühl, Kristian, Strafrecht Allgemeiner Teil, München, 2005.

Kuhlen, Lothar / **Roth**, Frank, Der praktische Fall – Strafrecht: Ein Experiment in der U-Bahn, JuS 1995, S. 711 ff.

Kunz, Karl-Ludwig, Schweizerisches Strafrecht, Allgemeiner Teil, Zürich, Basel, Genf, 2003.

Küpper, Georg, Anspruch und wirkliche Bedeutung des Theorienstreits über die Abgrenzung von Täterschaft und Teilnahme, GA 1986, S. 437 ff.

Küpper, Georg, Grenzen der normativierenden Strafrechtsdogmatik, Berlin, 1990.

Küpper, Georg, Anmerkung zu BGH v. 25. 10. 1990 – 4 StR 371/90 (BGHSt. 37, 214), JR 1992, S. 294 ff.

Küpper, Georg, Der gemeinsame Tatentschluß als unverzichtbares Moment der Mittäterschaft, ZStW 105 (1993), S. 295 ff.

Küpper, Georg, Besondere Erscheinungsformen der Anstiftung, JuS 1996, S. 23 ff.

Küpper, Georg, Zur Abgrenzung der Täterschaftsformen, GA 1998, S. 519 ff.

Küpper, Georg, Der Täter als „Werkzeug" des Opfers? – BGH, NJW 2003, 2326, und OLG Nürnberg, NJW 2003, 454, JuS 2004, S. 757 ff.

Küper, Wilfried, Der „agent provocateur" im Strafrecht, GA 1974, S. 321 ff.

Küper, Wilfried, Ein „neues Bild" der Lehre von Täterschaft und Teilnahme. Die strafrechtliche Beteiligungsformenlehre Ulrich Steins, ZStW 105 (1993), S. 445 ff.

L

Lackner Karl/**Kühl** Kristian, Strafgesetzbuch mit Erläuterungen, München, 2004.

Lagodny, Otto, Legitimation und Bedeutung des Ständigen Internationalen Strafgerichtshofes, ZStW 113 (2001), S. 80 ff.

Lahti, Raimo, Die jüngsten Entwicklungen im finnischen Strafrecht, ZStW 115 (2003), S. 753 ff.

Lahti, Raimo, Zur Kriminal- und Strafrechtspolitik des 21. Jahrhunderts. Der Blickwindel eines nordischen Wohlfahrtsstaates und dessen Strafrechtskodifikation (1972–2003), in: Menschengerechts Strafrecht, Jörg, Arnold (Hrsg.), Festschrift für Albin Eser, München, 2005, S. 1393 ff.

Lampe, Ernst-Joachim, Über den Begriff und die Formen der Teilnahme am Verbrechen, ZStW 77 (1965), S. 262 ff.

Lange, Richard, Zur Teilnahme an unvorsätzlicher Hauptat, JZ 1959, S. 560 ff.
Lange, Richard, Literaturbericht, Allgemeiner Teil, ZStW 77, S. 312 ff.
Lange, Richard, Beteiligter und Teilnehmer, in: Friedrich-Christian Schroder (Hrsg.), Festschrift für Reinhardt Maurach, Karlsruhe, 1972, S. 235 ff.
Langer, Winrich, Das Sonderverbrechen, Berlin, 1972.
Langer, Winrich, Zum Begriff der „besonderen persönlichen Merkmale", in: Günter, Warda (Hrsg.), Festschrift für Richard Lange, Berlin, New York, 1976, S. 241 ff.
Less, Günter, Der Unrechtscharakter der Anstiftung, ZStW 69 (1957), S. 43 ff.
Leukauf, Otto / **Steininger**, Herbert, Kommentar zum Strafgesetzbuch, Eisenstadt, 1979.
Liadi, Maria, Landesbericht Griechenland, in: Eser/Huber (Hrsg.), Strafrechtsentwicklung in Europa, Freiburg im Breisgau, 1999, S. 969 ff.
Ligeti, Katalin, Strafrecht und strafrechtliche Zusammenarbeit in der Europäischen Union, Berlin, 2005.
von Liszt, Franz, Lehrbuch des Deutschen Strafrechts, Berlin, 1900.
Livos, Nikolaos, To axiopoino tou agent provocateur, PChr LZ 1987, S. 577 ff.
Lobe, Adolf, Einführung in den Allgemeinen Teil des Strafgesetzbuches, Berlin, 1993.
Lony, Fritz, Extensiver oder restriktiver Täterbegriff?, Breslau-Neukirch, 1934.
Löschnig-Gspandl, Marianne, Gibt es ein „europäisches Strafrecht"?, in: Strafrechtliche Probleme der Gegenwart, Ottenstein, 1997, S. 1 ff.
Lüderssen, Klaus, Zum Strafgrund der Teilnahme, Frankfurt am Main, 1966.
Lüderseen, Klaus, Die V-Leute-Problematik...oder: Zynismus, Borniertheit oder „Sachzwang"?, Jura 1985, S. 113 ff.
Lüderssen, Klaus, Der Typus des Teilnehmertatbestands, in: Hans Heiner Kühne (Hrsg.), Festschrift für Koichi, Miyazawa, Baden-Baden, 1995, S. 449 ff.
Lüderssen, Klaus, Beihilfe, Strafvereitelung und objektive Zurechnung, in: Festschrift für Gerald Grünwald, 1999, S. 329 ff.
Luther, Gerhard, Einführung in das italienische Recht, Darmstadt, 1968.
Luzon Pena, Diego-Manuel, Conlledo, Miguel Diaz Garcia, Objektive positive Tatbestimmung und Tatbestandsverwirklichung als Täterschaftsmerkmale, in: Bernd, Schünemann (Hrsg.), Festschrift für Claus Roxin, Berlin, 2001, S. 575 ff. (Na mpoun Bold)
Lyall, Francis, An Introduction to Britisch Law, Baden Baden, 2002.

M

Maaß, Wolfgang, Die Behandlung des „agent provocateur" im Strafrecht, Jura 1981, S. 514 ff.

Magkakis, Georgios, Das griechische Strafrecht, Allgemeiner Teil, in: Das ausländische Strafrecht der Gegenwart, Berlin, 1959, S. 255 ff.

Magkakis, Georgios, O katalogismos eis to poinikon Dikaion, Athina, 1962.

Magkakis, Georgios, Poiniko Dikaio, Diagramma Genikou Merous, Athina, 1984.

Maiwald, Manfred, Historische und dogmatische Aspekte der Einheitstäterlösung, in: Festschrift für Paul Bockelmann, München, 1979, S. 343 ff.

Maiwald, Manfred, Täterschaft, Anstiftung und Beihilfe – Zur Entstehung der Teilnahmeformen in Deutschland, in: Hoyer, Andreas/Müller, Henning Ernst/Pawlik, Michael/Wolter, Jürgen (Hrsg.), Festschrift für Friedrich-Christian Schroeder, Heidelberg, 2006, S. 283 ff.

Malinverni, Alessandro, Was erwartet die italienische Strafrechtsreform von der Rechtsvergleichung?, in: Strafrechtsreform in der Bundesrepublik Deutschland und in Italien, 1981, S. 137 ff.

Mallison, Jochen, Rechtsauskunft als strafbare Teilnahme, Tübingen, 1979.

Manacorda, Stefano, Die allgemeine Lehre von der Straftat in Frankreich: Besonderheiten oder Lücken in der französischen Strafrechtswissenschaft?, GA 1998, S. 124 ff.

Manoledakis, Ioannis, Poiniko Dikaio, Epitomi Genikou Merous, Thessaloniki, 1992.

Manoledakis, Ioannis, Meletes gia emvathinsi sto poiniko dikaio, Thessaloniki, 1995.

Manoledakis, Ioannis, Das Corpus Juris als falsche Grundlage eines gesamteuropäischen Strafjustizsystems, KritV 1999, S. 181 ff.

Manoledakis, Ioannis, Poiniko Dikaio, Geniki Theoria, Athina-Thessaloniki, 2004.

Marcus, Franz, Das Strafrecht Dänemarks, in: Das ausländische Strafrecht der Gegenwart, Berlin, 1955, S. 67 ff.

Margaritis, Lampros, Autoforo egklima kai simmetoxi, Yperaspisi 1997, S. 789 ff.

Margaritis, Mihail, Poinikos Kodikas, Erminia-Efarmogi, Athina, 2003.

Martin, Jacqueline, Criminal Law, London, 2004.

Martin, Sigmund, Vorsatz hinsichtlich des Eintritts der Gefahr für Menschenleben – BGH, Urt. v. 22. 7. 1999 – 4 StR 185/99 (LG Münster), JuS 2000, S. 96 ff.

Marty, Mireille Delmas, Corpus Juris der strafrechtlichen Regelungen zum Schutz der finanziellen Interressen der Europäischen Union, Köln, Berlin, Bonn, München, 1998.

Maurach, Reinhardt, Schuld und Verantwortung im Strafrecht, Wolfenbüttel und Hannover, 1948.

Maurach, Reinhart / **Gössel**, Karl Heinz / **Zipf**, Heinz, Strafrecht, Allgemeiner Teil, Teilband 2, Heidelberg, 1989.

Mayer, Hellmuth, Strafrecht, Allgemeiner Teil, Stuttgart und Köln, 1953.

Mayer, Hellmuth, Täterschaft, Teilnahme, Urheberschaft, in: Siegfried, Hohenleitner, Festschrift für Theodor Rittler, Aalen 1957, S. 243 ff.

Meier, Bernd-Dieter / **Loer**, Annette, Der erfolglose Kläger, Jura 1999, S. 424 ff.

Melia, Manuel, Cansio, Rechtsvergleichende Bemerkungen zum Allgemeinen Teil des portugiesischen Strafgesetzbuches aus spanisch-deutscher Sicht, GA 1998, S. 118 .

Meyer, Dieter, Nochmals: Der mißverständliche Bestehungsversuch, JuS 1970, S. 529 ff.

Meyer, Dieter, Das Erfordernis der Kollusion bei der Anstiftung, Hamburg, 1973.

Meyer, Dieter, Anstiftung durch Unterlassen?, MDR 1975, S. 982 ff.

Meyer, Maria-Katharina, Die Strafwürdigkeit der Anstiftung dem Grade nach, Hamburg, 1970.

Meyer, Maria-Katharina, Tatbegriff und Teilnehmerdelikt, GA 1979, S. 252 ff.

Mezger, Edmund, Deutsches Strafrecht, Berlin, 1943.

Mezger, Edmund, Mittelbare Täterschaft und rechtswidriges Handeln, ZStW 52, S. 529 ff.

Mezger, Edmund, Teilnahme an unvorsätzlichen Handlungen, JZ 1954, S. 312 ff.

Mezzetti, Enrico, Perspektiven eines neuen italienischen Strafgesetzbuchs, ZStW 105 (1993), S. 625 ff.

Mitsch, Wolfgang, Urenkel von Rose und Rosahl?, Jura 1991, S. 373 ff.

Mitsch, Wolfgang, Der praktische Fall-Strafrecht: Die wertvolle Uhr, JuS 1999, S. 372 ff.

Mitsch, Wolfgang, Recht der Ordnungswidrigkeiten, Berlin, 2005.

Moccia, Sergio, Das korrumpierte Strafrechtssystem, in: Bernd, Schünemann (Hrsg.), Festschrift für Claus Roxin, Berlin, 2001, S. 1487 ff.

Momsen, Carsten, Anmerkung zu BGH, Beschl. v. 25. 11. 1997 – 5 StR 526/96, NStZ 1999, S. 306 ff.

Mpekas, Giannis, O provokatoras ithikos autourgos, in: Provlimata tis simmetoxis sto egklima, Athina-Komotini, 1998, S. 107 ff.

Mueller, Gerhard, Entwicklung und Stand der amerikanischen Strafrechtswissenschaft, JZ 1960, S. 465 ff.
Murmann, Uwe, Tatherrschaft durch Weisungsmacht, GA 1996, S. 269 ff.
Müther, Detlef, Anmerkung zu BGH v. 9. 7. 1998 – 4 StR 599/97, JR 2000, S. 246 ff.
Müller, Kai, Beihilfe durch wirtschaftliches Handeln, in: Strafrecht Biorecht Rechtsphilosophie, Knut, Amelung (Hrsg.), Festschrift für Hans-Ludwig Schreiber, Heidelberg 2003, 343 ff.
Munoz, Condo, Francisco, Die Verleitung zum Suizid durch Täuschung, ZStW 106 (1991), S. 547 ff.
Murmann, Uwe, Tatherrschaft durch Weisungsmacht, GA 1996, S. 269 ff..
Mylonopoulos, Christos, Über das Handlungs- und Erfolgsunwert im Strafrecht, Köln, Berlin, Bonn, München, 1981.
Mylonopoulos, Christos, Efarmoges Poinikou Dikaiou, Athina-Komotini, 1997.

N

Neidlinger, Hans-Joachim, Zur Abgrenzung von Anstiftung und Beihilfe; insbesondere: der bedingt Tatentschlossene und Tatgeneigte, Heidelberg, 1989.
Nelles, Ursula, Europäisierung des Strafverfahrens – Strafprozeßrecht für Europa?, ZStW 109 (1997), S. 727 ff.
Neumann, Ulfrid, Das Corpus Juris im Streit um ein europäisches Strafrecht, in: Huber (Hrsg.), Das Corpus Juris als Grundlage eines Europäischen Strafrechts, Freiburg im Breisgau, 2000, S. 67 ff.
Nikolidakis, Marios, Grundfragen der Anstiftung, Strafgrund – agent provokateur – Objektsverwechslung, Berlin, 2003.
Nill-Theobald, Anmerkungen über die Schaffung eines ständigen internationalen Strafgerischtshofs, ZStW 108 (1996), S. 229 ff.
Noltenius, Bettina, Kriterien der Abgrenzung von Anstiftung und mittelbarer Täterschaft, Frankfurt am Main, 2003.
Noll, Peter, Schweizerisches Strafrecht, Allgemeiner Teil I, Allgemeine Voraussetzungen der Strafbarkeit, Zürich 1981.
Nowak, Carsten, Der Tatteilnehmer als sein eigenes Opfer – Zugleich Überlegungen zum Strafzweck der Anstiftung, JuS 2004, S. 197 ff.
Nowakowski, Friedrich, Das österreichische Strafrecht in seinen Grundzügen, Graz, Wien, Köln, 1955.
Nowakowski, Friedrich, Tatherrschaft und Täterwille, JZ 1956, S. 545 ff.
Nowakowski, Friedrich, Das österreichische Strafrecht, in: Das ausländische Strafrecht der Gegenwart, Berlin, 1959.

Nowakowski, Friedrich, Zur Einheitstäterschaft nach § 12 StGB insbesondere im Hinblick auf § 15 Abs 2 StGB und § 314 StPO, RZ 1982, S. 124 ff.

Nuvolone, Pietro, Schlussbemerkungen aus italienischer Sicht, in: Strafrechtsreform in der Bundesrepublik Deutschland und in Italien, 1981, S. 165 ff.

O

Oehler, Dietrich, Internationales Strafrecht, Köln, Berlin, Bonn, München, 1973.

Ordeig, Enrique Gimbernat, Gedanken zum Täterbegriff und zur Teilnahmelehre, ZStW 80 (1968), S. 915 ff.

Ordeig, Enrique Gimbernat, Das spanische Strafrecht, in: Mezger / Schönke / Jescheck (Hrsg.), Das ausländische Strafrecht der Gegenwart, Sechster Band, Berlin, 1982, S. 315 ff.

Ostendorf, Heribert / **Meyer-Seitz**, Christian, Die strafrechtlichen Grenzen des polizeilichen Lockspitzel-Einsatzes, StV 1985, S. 73 ff..

Otto, Harro, Straflose Teilnahme?, in: Günter, Warda (Hrsg.), Festschrift für Richard Lange, Berlin, New York, 1976, S. 197 ff.

Otto, Harro, Anstiftung und Beihilfe, JuS 1982, S. 557 ff.

Otto, Harro, Das Corpus Juris der strafrechtlichen Regelungen zum Schutz der finanziellen Interessen der Europäischen Union, Jura 2000, S. 98 ff.

Otto, Harro, Mittelbare Täterschaft und Verbotsirrtum, in: Bernd, Schünemann (Hrsg.), Festschrift für Claus Roxin, Berlin, 2001, S. 483 ff.

Otto, Harro, Grundkurs Strafrecht, Allgemeine Strafrechtslehre, Berlin, New York, 2004.

Otto, Harro, „Besondere persönliche Merkmale" im Sinne des § 28 StGB, Jura 2004, S. 469 ff.

P

Paeffgen, Hans-Ullrich, Überlegungen zu § 111 StGB. § 111-wirklich ein janusköpfiger Tatbestand ?, in: Ebert, Udo u.a. (Hrsg.), Festschrift für Ernst-Walter Hanack, Berlin, New York, 1999, S. 591 ff.

Pagliaro, Antonio, Grenzen der Strafrechtsvereinheitlichung in Europa, in: Bausteine des europäischen Wirtschaftsstrafrechts, 1994, S. 379 ff.

Pagliaro, Antonio, Die Reform des italienischen Strafrechts, in: Jescheck, Hans-Heinrich (Hrsg.), Strafrechtsreform in der Bundesrepublik Deutschland und in Italien, 1981, S. 27 ff.

Paliero, Carlo Enrico, Grunderfordernisse des Allgemeinen Teils für ein europäisches Sanktionenrecht. Landesbericht Italien, ZStW 1998, S. 417 ff.

Papadamakis, Adam, O dolos tou simmetoxou, in: Provlimata tis simmetoxis sto egklima, Athina-Komotini, 1998, S. 165 ff.

Pedrazzi, Cesare, Probleme der Strafrechtsreform in Italien, ZStW 1955, S. 495 ff.

Perez del Valle, Carlos, Landesbericht Spanien, in: Eser/Huber (Hrsg.), Strafrechtswentwicklung in Europa, Freiburg im Breisgau, 1997, S. 729 ff.

Perron, Walter, Rechtfertigung und Entschuldigung im deutschen und spanischen Recht, Baden-Baden, 1988.

Peter, Bernhard, Zur Mittäterschaft nach schweizerischem Strafrecht, Diss., Zürich, 1984.

Pfeiffer, Stefan, Notwendigkeit und Legitimität der fahrlässigen Mittäterschaft, Jura 2004, S. 519 ff.

Pfenninger, Felix, Das schweizerische Strafrecht, in: Mezger, Edmund / Schönke, Adolf / Jescheck, Heinrich (Hrsg.), Das ausländische Strafrecht der Gegenwart, 1957, S. 149 ff.

Pieth, Mark, Internationale Harmonisierung von Strafrecht als Antwort auf transnationale Wirtschaftskriminalität, ZStW 109 (1997), S. 756 ff.

Piotet, Paul, Systematik der Verbrechenselemente und Teilnahmelehre, ZStW 69 (1957), S. 14 ff.

Pradel, Jean, Wege zur Schaffung eines einheitlichen Europäischen Rechtsraums, in: Wirtschaftsstrafrecht in der Europäischen Union, 2002, S. 55 ff.

Puig, Santiago Mir/**Guirao**, Rafael Alcacer, Richtungswechsel in der spanischen Kriminalpolitik: Die letzten Reformen des Strafgesetzbuches, GA 2005, S. 244 ff.

Puppe, Ingeborg, Der objektive Tatbestand der Anstiftung, GA 1984, S. 101 ff.

Puppe, Ingeborg, Verwechslung des Opfers durch Angestifteten, NStZ 1991, S. 123 ff.

Puppe, Ingeborg, Strafrecht Allgemeiner Teil im Spiegel der Rechtsprechung, Baden-Baden, 2005.

Puppe, Ingeborg, Anmerkung zu BGH v. 14. 6. 2005 – 1 StR 503/04, JR 2006, S. 74 ff.

Puppe, Ingeborg, Was ist Anstiftung?, NStZ 2006, S. 424 ff.

R

Rabenstein, Christiane/**Bahrenberg**, Ralf, Grundlagen der Strafverfolgung völkerrechtlicher Verbrechen in England und Wales, in: Albin, Eser/Ulrich, Sie-

ber/Helmut, Kreicker (Hrsg.), Nationale Strafverfolgung völkerrechtlicher Verbrechen, Berlin, 2005, S. 262 ff.
Ranft, Otfried, Tödliche Freundschaft, Jura 1994, S. 660 ff.
Rasner, Andreas, Erforderlichkeit, Legitimität und Umsetzbarkeit des Corpus Juris Florenz, Berlin, 2005.
Rehberg, Jörg, Schweizerisches Strafgesetzbuch, 1997.
Rehberg, Jörg / **Donatsch**, Andreas, Strafrecht I, Verbrechenslehre, Zürich 2001.
Renzikowski, Joachim, Restriktiver Täterbegriff und fahrlässige Beteiligung, Tübingen, 1997.
Retalis, Michalis, Prosecution of International Crimes in Greece, in: Albin, Eser/Ulrich, Sieber/Helmut, Kreicker (Hrsg.), National Prosecution of International Crimes, Berlin, S. 190 ff.
Riezu, Antonio Cuerda, Struktur der Täterschaft bei Begehung und Unterlassung im spanischen Strafrecht, in: Bernd, Schünemann (Hrsg.), Bausteine des europäischen Strafrechts, Coimbra-Symposium für Claus Roxin, Könn, Berlin, Bonn, München, 1995, S. 259 ff.
Riz, Roland, Das italienische Strafgesetzbuch, Zweisprachige Ausgabe, Berlin, 1969.
Rodriguez Montanes, Teresa, Einige Bemerkungen über das Kausalitätsproblem und die Täterschaft im Falle rechtswidriger Kollegialentscheidungen, in: Festschrift für Claus Roxin, Berlin, 2001, S. 307 ff.
Roeder, Hermann, Versuch und Teilnahme nach der „Strafrechtsangleichungsverordnung", ZStW 62, S. 303 ff.
Roeder, Hermann, Exklusiver Täterbegriff und Mitwirkung am Sonderdelikt, ZStW 69, S. 223 ff.
Rogall, Klaus, Die verschiedenen Formen des Veranlassens fremder Straftaten, GA 1979, S. 11 ff.
Roggemann, Herwig, Die Internationalen Strafgerichtshöfe, Berlin, 1999.
Rosenfeld, Ernst Heinrich, Mittäterschaft und Beihilfe bei subjektiv gefärbter Ausführungshandlung, in: Festgabe für Reinhard von Frank, Band II, Tübingen 1930, S. 161 ff.
Rosenkötter, Günter, Das Recht der Ordnungswidrigkeiten, Boorberg, 2000
Ross, Alf, Über den Vorsatz, Studien zur dänischen, englischen, deutschen und schwedischen Lehre und Rechtsprechung, Baden-Baden 1979.
Roxin, Glaus, Zur Dogmatik der Teilnahmelehre im Strafrecht, JZ 1966, S. 293 ff.
Roxin, Claus, Ein „neues Bild" des Strafrechtsystems, ZStW 83 (1971), S. 369 ff.

Roxin, Claus, Unterlassung, Vorsatz und Fahrlässigkeit, Versuch und Teilnahme im neuen Strafgesetzbuch, JuS 1973, S. 329 ff.

Roxin, Claus, Über den Tatentschluß, in: Walter, Stree (Hrsg.), Gedächtnisschrift für Horst, Schröder, München, 1978, S. 153 ff.

Roxin, Claus, Anmerkung zu BGH, Beschl. V. 26. 10. 1984 – 3 StR 438/84 (LG Düsseldorf), StV 1985, S. 278 ff.

Roxin, Claus, Anmerkung zu BGH, Urt. V. 29. 1. 1986 – 2 StR 613/85 (LG Bonn), StV 1986, S. 384 ff.

Roxin, Claus, Zum Strafgrund der Teilnahme, in: Wilfried, Küper (Hrsg.), Festschrift für Walter, Stree/Johannes, Wessels, Heidelberg, 1993, S. 365 ff.

Roxin, Claus, Anmerkung zu BGH, Urteil v. 26. 7. 1994 – 5 StR 98/94 (LG Berlin), JZ 1995, S. 45 ff.

Roxin, Claus, Was ist Beihilfe, in: Hans Heiner Kühne (Hrsg.), Festschrift für Koichi, Miyazawa, Baden-Baden, 1995, S. 501 ff.

Roxin, Claus, Zur Bestimmtheit des Teilnehmervorsatzes, in: Albin, Eser (Hrsg.), Festschrift für Hannskarl Salger, Köln, 1995, S. 129 ff.

Roxin, Claus, Anmerkung zu BGH, Urteil v. 18. 4. 1996 – 1 StR 14/96 (LG Stuttgart), JZ 1997, S. 210 ff.

Roxin, Claus, Höchstrichterliche Rechtsprechung zum Allgemeinen Teil des Strafrechts, München, 1998.

Roxin, Claus, Täterschaft und Tatherrschaft, Berlin, New York, 2000.

Roxin, Claus, Strafrecht Allgemeiner Teil, Band II Besondere Erscheinungsformen der Straftat, München, 2003.

Roxin, Claus, in: Leipziger Kommentar, Strafgesetzbuch, Berlin 2003.

Roxin, Claus/**Arzt**, Gunther/**Tiedemann**, Klaus, Einführung in das Strafrecht und Strafprozeßrecht, Heidelberg, 2003.

Rudolphi, Hans-Joachim, Inhalt und Funktion des Handlungsunwertes im Rahmen der personalen Unrechtslehre, in: Friedrich-Christian Schroeder (Hrsg.), Festschrift für Reinhart Maurach, Karlsruhe, 1972.

Rudolphi, Hans-Joachim, Zur Tatbestandsbezogenheit des Tatherrschaftsbegriffs bei der Mittäterschaft, in: Arthur, Kaufmann (Hrsg.), Festschrift für Paul Bockelmann, München, 1979, S. 369 ff.

Rudolphi, Hans-Joachim, Anmerkung zu BGH 2 StR 201/82 v. 17. 5. 1982 und 3 StR 398/81 v. 10. 2. 1982, StV 1982, S. 517 ff.

Rudolphi, Hans-Joachim, Die zeitlichen Grenzen der sukzessiven Beihilfe, in: Festschrift für Hans-Heinrich Jescheck, Erster Halbband, 1985, S. 559 ff.

Rudolphi, Hans-Joachim, Fälle zum Strafrecht, Allgemeiner Teil, München, 2000.

Ruegenberg, Guido, Tagungsbericht, JZ 1998, S. 453 ff.

Ruegenberg, Guido, Tagungsbericht, JZ 1999, S. 30 ff.

Rutkowsky, Heinz, Die psychisch vermittelte Kausalität, NJW 1952, S. 606 ff.

S

Sahm, Ulrich, Täterschaft und Teilnahme im norwegischen Strafrecht und in der deutschen Strafrechtsreform, Diss., Freiburg i. Br. 1941.

Satzger, Helmut, Die Internationalisierung des Strafrechts als Herausforderung für den strafrechtlichen Bestimmtheitsgrundsatz, JuS 2004, S. 943 ff.

Satzger, Helmut, Internationales und Europüisches Strafrecht, Baden-Baden, 2005.

Sax, Walter, Der Begriff der „strafbaren Handlung" im Hehlereitatbestand (§ 259 StGB). Ein Beitrag zur Problematik der sog. limitierten Akzessorietät der Teilnahme, MDR 1954, S. 65 ff.

Sax, Walter, Dogmatische Streifzüge durch den Entwurf des Allgemeinen Teils eines Strafgesetzbuches nach den Beschlüssen der Großen Strafrechtskommision, ZStW 69, S. 412 ff.

Sax, Walter, Der Bundesgerichtshof und die Täterlehre, JZ 1963, S. 329 ff.

Sax, Walter, Zur Problematik des „Teilnehmerdelikts", ZStW 90 (1978), S. 927 ff.

Satzger, Helmut, Rechtspolitische Möglichkeiten zur Realisierung der Tatbestandsvorschläge der „Europa-Delikte", in: Wirtschaftsstrafrecht in der Europäischen Union, 2002, S. 71 ff.

Schaffstein, Friedrich, Die allgemeinen Lehren vom Verbrechen in ihrer Entwicklung durch die Wissenschaft des Gemeinen Strafrechts, Berlin, 1930.

Schick, Peter J., Grunderfordernisse des Allgemeinen Teils für ein europäisches Sanktionenrecht. Landesbericht Österreich, ZStW 1998, S. 473 ff.

Schild, Wolfgang, Die Täterformen des § 12 StGB, ZfRV 1976, S. 182 ff.

Schlüchter, Ellen, /**Duttge**, Gunnar, Strafbarkeit eines DDR – Amtsträgers wegen Verschleppung, Anmerkung zu BGH, Urt. V. 3. 12. 1996 – 5 StR 67/96 (LG Berlin), NStZ 1997, S. 595 ff.

Schmidhäuser, Eberhard, Strafrecht, Allgemeiner Teil, Tübingen, 1975.

Schmidhäuser, Eberhard, „Täterschaft" als Decknahme der ganzheitlichen Abgrenzung von Täterschaft und Teilnahme im Strafrecht, in: Wilfried, Küper (Hrsg.), Festschrift für Walter, Stree/Johannes, Wessels, Heidelberg, 1993, S. 343 ff.

Schmidt, Eberhard, Die mittelbare Täterschaft, in: Festgabe für Reinhard von Frank, Band II, Tübingen 1930, S. 106 ff.

Schmoller, Kurt, Grundstrukturen der Beteiligung mehrerer an einer Straftat – die objektive Zurechnung fremden Verhaltens, ÖJZ 1983, S. 337, 379.

Schmoller, Kurt, Sukzessive Beteiligung und Einheitstäterschaft, in: Gössel, Karl Heinz / Triffterer, Otto (Hrsg.), Gedächtnisschrift für Heinz Zipf, Heidelberg, 1999, S. 295 ff.

Schnyder, Oscar, Täterschaft und Teilnahme bei den Sonderdelikten des Schweizerischen Strafgesetzbuches, Aarau, 1962.

Schobloch, Karen / **Kunz**, Karl-Ludwig, Schweizerisches Strafrecht. Allgemeiner Teil in Fragen und Antworten, Zürich, Basel, Genf, 2003.

Schöberl, Wolfgang, Die Einheitstäterschaft als europäisches Modell, Berlin, Wien, Zürich, 2006.

Schöneborn, Christian, Kombiniertes Teilnahme- und Einheitstätersystem für das Strafrecht, ZStW 87 (1975), S. 902 ff.

Schönke, Adolf / **Schröder**, Horst, Strafgesetzbuch, Kommentar, München, 2006.

Schroeder, Friedrich-Christian, Der Täter hinter dem Täter, Berlin, 1965.

Schroeder, Friedrich-Christian, Der Sprung des Täters hinter dem Täter aus der Theorie in die Praxis, JR 1995, S. 177 ff.

Schröder, Horst, Der Täterbegriff als „technisches" Problem, ZStW 1938, S. 459 ff.

Schröder, Horst, Anmerkung zu BGH 4. StS v. 23. 1. 58 – 4 StR 613/57, JR 1958, S. 426 ff.

Schubert, Katrin, Der Versuch – Überlegungen zur Rechtsvergleichung und Harmonisierung, Berlin, 2005.

Schultz, Hans, Täterschaft und Teilnahme im modernen schweizerischen Strafrecht, ZStR 71 (1956), S. 244 ff.

Schultz, Hans, Einführung in den Allgemeinen Teil des Strafrechts, Ein Grundriss, Erster Band, Bern 1982.

Schulz, Joachim, Die Bestrafung des Ratgebers, Berlin 1980.

Schulz, Joachim, Anstiftung oder Beihilfe, JuS 1986, S. 933 ff.

Schumann, Heribert, Zum Einheitstätersystem des § 14 OWiG, Berlin 1979.

Schumann, Heribert, Strafrechtliches Handlungsunrecht und das Prinzip der Selbstverantwortung der Anderen, Tübingen 1986.

Schumann, Heribert, Anmerkung zu BHG, Urt. V. 15. 9. 1988 – 4 StR 352/88 (LG Bochum), NStZ 1990, S. 32 ff.

Schumann, Heribert, Die „rechtswidrige" Hauptat als Gegenstand des Teilnahmevorsatzes, in: Wilfried, Küper (Hrsg.), Festschrift für Walter, Stree/Johannes, Wessels, Heidelberg, 1993, S. 383 ff.

Schünemann, Bernd, Der polizeiliche Lockspitzel – Kontroverse ohne Ende?, StV 1985, S. 424 ff.

Schünemann, Bernd, Die deutschsprachige Strafrechtswissenschaft nach der Strafrechtsreform im Spiegel des Leipziger Kommentars und des Wiener Kommentars, GA 1986, S. 293 ff.

Schünemann, Bernd, Fortschritte und Fehltritte in der Strafrechtspflege der EU, GA 2004, S. 193 ff.

Schünemann, Bernd/**Suarez**, Gonzales (Hrsg.), Bausteine des europäischen Wirtschaftsstrafrechts, Madrid – Symposium für Klaus Tiedemann, Köln, Berlin, Bonn, München, 1994.

Schwaighofer, Klaus, Die Strafbarkeit der (versuchten) Anwerbung eines Komplizen-Anmerkung zur Entscheidung des OGH 15 Os 102/98, ÖJZ 2000, S. 881 ff.

Schwaighofer, Klaus, in: Österreichisches Strafrecht, Fälle und Lösungen, 2003.

Schwalm, Georg, Zu einigen ungelösten Strafrechtsproblemen (Heilbehandlung, Täterschaft, Mitwirkung bei fremder Selbsttötung), in: Paul, Bockelmann (Hrsg.), Festschrift für Karl Engisch, Frankfurt am Main, 1969, S. 548 ff.

Seelmann, Kurt, Mittäterschaft im Strafrecht, JuS 1980, S. 571 ff.

Seelmann, Kurt, Zur materiell-rechtlichen Problematik des V-Mannes, ZStW 95 (1983), S. 797 ff.

Seier, Jürgen, Der Einheitstäter im Strafrecht und im Gesetz über Ordnungswidrigkeiten (Teil 1), JA 1990, S. 342 ff.

Sieber, Ulrich, Entwicklugsstand und Perspektiven des europäischen Wirtschaftsstrafrechts, Bausteine des Europäischen Wirtschaftsstrafrechts, 1994, S. 349 ff.

Sieber, Ulrich, Memorandum für ein Europäisches Modellstrafgesetzbuch, JZ 1997, S. 369 ff.

Sieber, Ulrich, Auf dem Weg zu einem europäischen Strafrecht – Einführung zum Corpus Juris der strafrechtlichen Regelungen zum Schutz der finanziellen Interessen der EU-, in: Delmas-Marty (Hrsg.), Corpus Juris der strafrechtlichen Regelungen zum Schutz der finanziellen Interessen der Europäischen Union, Köln, Berlin, Bonn, München, 1998, S. 2 ff.

Sieber, Ulrich, Das Corpus Juris als Grundlage eines Europäischen Strafrechts, in: Huber (Hrsg.), Das Corpus Juris als Grundlage eines Europäischen Strafrechts, Freiburg im Breisgau, 2000, S. 331 ff.

Simson, Gerhard, Das schwedische Kriminalgesetzbuch vom 21. Dezember 1962., Berlin, New York, 1976.

Smith K.J.M, A Modern Treatise on the Law of Criminal Complicity, Oxford, 1991.

Smith / Hogan, Criminal Law, Bath, 2002.

Sommer, Ulrich, Das tatbestandslose Tatverhalten des Agent Provocateur, JR 1986, S. 485 ff.

Sowada, Christoph, Das Opfer ist manchmal der Gärtner, Jura 1994, S. 37 ff.
Spendel, Günter, Zur Kritik der subjektiven Versuchs- und Teilnahmetheorie – BGHSt 11, 268, JuS 1969, S. 314 ff.
Spendel, Günter, Fahrlässige Teilnahme an Selbst- und Fremdtötung, JuS 1974, S. 749 ff.
Spinellis, Dionysios, Das Corpus Juris zum Schutz der finanziellen Interessen der Europäischen Union, KritV 1999, S. 141 ff.
Spotowski, Andrzej, Erscheinungsformen der Straftat im deutschen und polnischen Recht, Baden Baden, 1979.
Stein, Henrike, Die Regelungen von Täterschaft und Teilnahme im europäischen Strafrecht am Beispiel Deutschlands, Frankreichs, Spaniens, Österreichs und Englands, Herbolzheim, 2002. (Zitiert als „Die Regelungen von Täterschaft und Teilnahme)
Stein, Ulrich, Die strafrechtliche Beteiligungsformenlehre, Berlin, 1988.
Stratenwerth, Günter, Der agent provocateur, MDR 1953, S. 717 ff.
Stratenwerth, Günter, Schweizerisches Strafrecht, Allgemeiner Teil I, Die Straftat, Bern, 2005.
Stratenwerth, Günter /**Kuhlen**, Lothar, Strafrecht, Allgemeiner Teil, Köln, Berlin, München, 2004.
Straub, Gernot, Täterschaft und Teilnahme im englischen Strafrecht, Bonn, 1952.
Stree, Walter, Bestimmung eines Tatentschlossenen zur Tatänderung, in: Lüttger, Hans (Hrsg.), Festschrift für Ernst Heinitz, Berlin, 1972, S. 277 ff.
Streng, Franz, Die Strafbarkeit des Anstifters bei error in persona des Täters (und verwandteFälle) – BGHSt 37, 214, JuS 1991, S. 910 ff.
Suhr, Christian, Zur Strafbarkeit von verdeckt operierenden Polizeibeamten, JA 1985, S. 629 ff.
Symeonidou-Kastanidou, Elisavet, Meletes Ousiastikou Poinikou Dikaiou, Athina 2003.
Symeonidou-Kastanidou, Elisavet, Nomimopoiitiki vasi kai oria dikaiodosias tou Diethnous Poinikou Dikastiriou, in: Diethnopiisi tou Poinikou Dikaiou, Athina-Thessaloniki, 2003, S. 79 ff.

T

Tiedemann, Klaus, Europäisches Gemeinschaftsrecht und Strafrecht, NJW 1993, S. 23 ff.
Tiedemann, Klaus, Das neue Strafgesetzbuch Spaniens und die europäische Kodifikationsidee, JZ 1996, S. 647 ff.

Tiedemann, Klaus, Die Europäisierung des Strafrechts, in: Die Europäisierung der mitgliedstaatlichen Rechtsordnungen in der Europäischen Union, Kreuzer, Karl f./ Scheuning, Dieter H./ Sieber, Ulrich (Hrsg.), Baden-Baden, 1997, S. 133 ff.

Tiedemann, Klaus, Grunderfordernisse des Allgemeinen Teils für ein europäisches Sanktionenrecht. Generalbericht, ZStW 1998, S. 497 ff.

Tiedemann, Klaus, in: Albin, Eser (Hrsg.), Festschrift für Theodor Lenckner, München, 1998, S. 411 ff.

Tiedemann, Klaus, Die Regelung von Täterschaft und Teilnahme im europäischen Strafrecht, in: Albin, Eser (Hrsg.), Festschrift für Haruo Nishihara, Baden-Baden, 1998, S. 496 ff.

Tiedemann, Klaus, Lehren von der Straftat im Allgemeinen Teil der Europäischen Rechtssysteme, GA 1998, S. 107 ff.

Tiedemann, Klaus, Der Allgemeine Teil des Corpus Juris (Art. 10–14), in: Huber (Hrsg.), Das Corpus Juris als Grundlage eines Europäischen Strafrechts, Freiburg im Breisgau, 2000, S. 61 ff.

Tiedemann, Klaus, EG und EU als Rechtsquellen des Strafrechts, in: Bernd, Schünemann (Hrsg.), Festschrift für Claus Roxin, Berlin, 2001, 1401.

Tiedemann, Klaus, Grunderfordernisse einer Regelung des Allgemeinen Teils, in: Wirtschaftsstrafrecht in der Europäischen Union, 2002, S. 3 ff.

Thornstedt, Hans, Die Strafrechtsreform der skandinavischen Staaten im Vergleich mit der Strafrechtreform der Bundesrepublik Deutschland, in: Strafrechtsreform und Rechtsvergleichung, Berlin, New York, 1979, S. 66 ff.

Trechsel, Stefan, Der Strafgrund der Teilnahme, Diss. Bern, 1967.

Trechsel, Stefan, Schweizerisches Strafgesetzbuch, Kurzkommentar, Zürich, 1989.

Triffterer, Otto, Die Österreichische Beteiligungslehre, Eine Regelung zwischen Einheitstäter- und Teilnahmesystemen?, Wien 1983.

Triffterer, Otto, Völkerstrafrecht im Wandel?, in: Festschrift für Hans-Heinrich Jescheck, Zweiter Halbband, 1985, S. 1477 ff.

Triffterer, Otto, Österreichisches Strafrecht, Allgemeiner Teil, Wien, New York, 1994.

Triffterer, Otto, Preliminary Remarks: The permanent International Criminal Court-Ideal and Reality, in: Triffterer (Hrsg.), Commentary on the Rome Statute of the International Criminal Court, Baden-Baden, 1999, S. 17 ff.

Triffterer, Otto, Kriminalpolitische und dogmatische Überlegungen zum Entwurf gleichlautender „Elements of Crimes“ für alle Tatbestände des Völkermordes, in: Bernd, Schünemann (Hrsg.), Festschrift für Claus Roxin, Berlin, 2001, S. 1415 ff.

Triffterer, Otto, Der lange Weg zu einer internationalen Strafgerichtsbarkeit, ZStW 114 (2002), S. 337 ff.

Tröndle, Herbert/**Fischer**, Thomas, Strafgesetzbuch und Nebengesetze, München, 2006.

Tsolka, Olga, Der allgemeine Teil des europäischen supranationalen Strafrechts i.w.S., Grundlegung und Ausgestaltung, Frankfurt am Main 1995.

Tzannetis, Aristotelis, Einai dinati ithiki autourgia se mi dolia praxi?, PChr MA 1991, S. 618 ff.

V

Vathiotis, Konstantinos, Dolos, Themeliosi kai Apokleismos sto Poiniko Dikaio, Athina, 2003. (Zitiert als „Dolos").

Vathiotis, Konstantinos, Paratiriseis stin AP 1596/2003, PChr 2004 S. 600 ff.

Vassilaki, Irini, Ist eine alternative Tatsachenfeststellung bei fahrlässiger Beteiligung möglich?, in: Amelung, Knut u.a. (Hrsg.), Strafrecht Biorecht Rechtsphilosophie, Festschrift für Hans-Ludwig Schreiber, Heidelberg, 2003, S. 499 ff.

Vest, Hans, Landesbericht Schweiz, in: Eser/Huber, Strafrechtsentwicklung in Europa, Freiburg im Breisgau, 1997, S. 669 ff.

Vest, Hans, Humanitätsverbrechen – Herausforderung für das Individualstrafrecht?, ZStW 2001, S. 487 ff.

Vogel, Joachim, Wege zu europäisch-einheitlichen Regelungen im Allgemeinen Teil des Strafrechts, JZ 1995, S. 331 ff.

Vogel, Joachim, Elemente der Straftat: Bemerkungen zur französischen Straftatlehre und zur Straftatlehre des common law, GA 1998, S. 127 ff.

Vogel, Joachim, Europäische Kriminalpolitik – europäische Strafrechtsdogmatik, GA 2002, S. 517 ff.

Vogel, Joachim, Voraussetzungen und Ausschluß der subjektiven Zurechnung, in: Wirtschaftsstrafrecht in der Europäischen Union, Köln, Berlin, Bonn, München, 2002, S. 125 ff.

Vogel, Joachim, Individuelle Verantwortlichkeit im Völkerstrafrecht, ZStW 114 (2002), S. 403 ff.

Vogel, Joachim, Stand und Tendenzen der Harmonisierung des materiellen Strafrechts in der Europäischen Union, in: F. Zieschang / E. Hilgendorf / K. Laubenthal (Hrsg.), Strafrecht und Kriminalität in Europa, (Hrsg.), Baden-Baden, 2003, S. 27 ff.

Vogler, Theo, Zur Frage der Ursächlichkeit der Beihilfe für die Haupttat, in: Lüttger, Hans (Hrsg.), Festschrift für Ernst Heinitz, Berlin, 1972, S. 295 ff.

Vogler, Theo, Zur Bedeutung des § 28 StGB für die Teilnahme am unechten Unterlassungsdelikt, in: Günter, Warda (Hrsg.), Festschrift für Richard Lange, Berlin, New York, 1976, S. 265 ff.

Vogler, Theo, Bemühungen um eine europäische Strafrechtsvergleichung, in: Strafrechtsreform und Rechtsvergleichung, Berlin, New York, 1979, S. 144 ff.

Volk, Klaus, Strafrecht und Wirtschaftskriminalität, JZ 1982, S. 85 ff.

Volk, Klaus, Tendenzen zur Einheitstäterschaft – Die verborgene Macht des Einheitstäterbegriffs, in: Bernd, Schünemann (Hrsg.), Festschrift für Claus Roxin, Heidelberg, 2001, S. 563 ff.

W

Wahrig, Gerhard, Deutsches Wörterbuch, Gütersloh/München, 2000.

Waltos, Stanislaw, Beziehungen zwischen dem polnischen und dem deutschen Strafrecht in Vergangenheit und Gegenwart, ZStW 108 (1996), S. 630 ff.

Wasek, Andrzej, Strafbare Mitwirkung im polnischen Strafrecht, ZStW 88, S. 530 ff.

Wasmeier, Martin, Das Strafrecht der Europäischen Union, Baden-Baden, 2003.

Waßmer, Martin Paul, Tagungsbericht, JZ 1999, S. 1099 ff.

Wattenberg, Andreas, Der „Corpus juris" – Tauglicher Entwurf für ein einheitliches europäisches Straf-und Strafprozeßrecht, StV 2000, S. 95 ff.

Watzek, Jens, Rechtfertigung und Entschuldigung im englischen Strafrecht, Freiburg im Breisgau, 1997.

Weigend, Ewa, Das polnische Strafgesetzbuch, Kodeks karny, Freiburg im Breisgau 1998.

Weigend, Ewa, Das neue polnische Strafgesetzbuch von 1997, ZStW 1998, S. 114 ff.

Weigend, Ewa, Grundlagen der Strafverfolgung völkerrechtlicher Verbrechen in Polen, in: Albin, Eser/Ulrich, Sieber/Helmut, Kreicker (Hrsg.), Nationale Strafverfolgung völkerrechtlicher Verbrechen, Berlin, 2003, S. 78 ff.

Weigend, Thomas, Strafrecht durch internationale Vereinbarungen – Verlust an nationaler Strafrechtskultur?, ZStW 105 (1993), S. 774 ff.

Weigend, Thomas, Grenzen strafbarer Beihilfe, in: Albin, Eser (Hrsg.), Festschrift für Haruo Nishihara, Baden-Baden, 1998, S. 197 ff.

Weigend, Thomas, Zur Frage eines „internationalen" Allgemeinen Teils, in: Bernd, Schünemann (Hrsg.), Festschrift für Claus Roxin, Berlin, 2001, S. 1375 ff.

Weigend, Thomas, Bemerkungen zum „Allgemeinen Teil“ der „Europa-Delikte“, in: Wirtschaftsstrafrecht in der Europäischen Union, Köln, Berlin, Bonn, München, 2002, S. 407 ff.

Weigend, Thomas, Mindestanforderungen an eine europaweit geltendes harmonisiertes Strafrecht, in: F. Zieschang/E. Hilgendorf/K. Laubenthal (Hrsg.), Strafrecht und Kriminalität in Europa, Baden-Baden, 2003, S. 57 ff.

Weigend, Thomas, Völkerstrafrecht, Grundsatzfragen und aktuelle Probleme, in: Entwicklungen und Probleme des Strafrechts an der Schwelle zum 21. Jahrhundert, Berlin, 2004, S. 11 ff.

Weigend, Thomas, Grund und Grenzen universaler Gerichtsbarkeit, in: Menschengerechtes Strafrecht, Jörg, Arnold (Hrsg.), Festschrift für Albin Eser, München, 2005, S. 955 ff.

Weik, Beate, Objektive und subjektive Verbrechenselemente im US-amerikanischen Strafrecht, Freiburg im Breisgau, 2004.

Welzel, Hans, Studien zum System des Strafrechts, ZStW 58 (1939), S. 491 ff.

Welzel, Hans, Anmerkung zu BGH, Urteil v. 1 10. 1953 – 4 StR 224/53 (LG Detmold), JZ 1953, S. 762 ff.

Welzel, Hans, Teilnahme an unvorsätzlichen Handlungen?, JZ 1954, S. 429 ff.

Welzel, Hans, Anmerkung zu BGH, Urteil v. 22. 10. 1953 – 4 StR 112/53 (LG Dortmund), JZ 1954, S. 127 ff.

Welzel, Hans, Das deutsche Strafrecht, Berlin, 1969.

Welzel, Hans, Abhandlungen zum Strafrecht und zur Rechtsphilosophie, Berlin, New York, 1975.

Werle, Gerhard, Konturen eines deutschen Völkerstrafrechts, JZ 2001, S. 885 ff.

Werle, Gerhard, Völkerstrafrecht, Tübingen, 2003.

Werle, Gerhard / **Jeßberger**, Florian, Das Völkerstrafgesetzbuch, JZ 2002, S. 725 ff.

Wessels, Johannes/**Beulke**, Werner, Strafrecht, Allgemeiner Teil, Heidelberg, 2006.

Widmaier, Gunter, Strafrecht: Der mißverständliche Bestehungsversuch, JuS 1970, S. 241 ff.

Williams, Sharon A., Issues of admissibility, in: Triffterer (Hrsg.), Commentary on the Rome Statute of the International Criminal Court, Baden-Baden, 1999, S. 383 ff.

Wittemann, Frank, Grundlinien und Grenzen der Notwehr in Europa, Frankfurt am Main, 1997.

Z

Zachariadis, A.K., „Simmetoxi“ kai efesi kata vouleumatos, Yperaspisi 1997, S. 795 ff.

Zacharis, Euaggelos, Sighrones morfes egklimatikotitas, PChr 2005, S. 481 ff.

Zapatero, Luis Arroyo, Grunderfordernisse des Allgemeinen Teils für ein europäisches Sanktionenrecht. Landesbericht Spanien, ZStW 1998, S. 438 ff.

Zimmerl, Leopold, Grundsätzliches zur Teilnahmelehre, ZStW 49 (1929), S. 39 ff.

Zimmerl, Leopold, Täterschaft, Teilnahme, Mitwirkung, ZStW 54, S. 575 ff.

Zielinski, Diethart, Handlungs- und Erfolgsunwert im Unrechtsbegriff, Berlin, 1973.

Zieschang, Frank, Der Allgemeine Teil des neuen französichen Strafgesetzbuchs, ZStW 106 (1994), S. 647.

Zieschang, Frank, Chancen und Risiken der Europäisierung des Strafrechts, ZStW 113 (2001), S. 255 ff.

Zimmermann, Andreas, Bestrafung völkerrectlicher Verbrechen durch deutsche Gerichte nach In-Kraft-Treten des Völkerstrafgesetzbuchs, NJW 2002, S. 3068 ff.

Zimmermann, Andreas, Auf dem Weg zu einem deutschen Völkerstrafgesetzbuch. Entstehung, völkerrechtlicher Rahmen und wesentliche Inhalte, ZRP 2002, S. 97 ff.

Zipf, Heinz, Die mittelbare Täterschaft und ihre Einordnung in § 12 StGB, ÖJZ 1975, S. 617 ff.

Zipf, Heinz, RZ 1980, 141.

Zoll, Andrej, Die Europäisierung des Strafrechts aus der polnischen Sicht, ZStW 2005, S. 749 ff.

FSC
www.fsc.org
MIX
Papier | Fördert
gute Waldnutzung
FSC® C083411

Kolibri 360 GmbH
Ferdinand-Jühlke-Straße 7
99095 Erfurt, Deutschland
produktsicherheit@kolibri360.de

Druck:
CPI Druckdienstleistungen GmbH
im Auftrag der
Kolibri 360 GmbH
Ferdinand-Jühlke-Str. 7
99095 Erfurt